戦術

Truth In History 9

名将たちの戦場

はじめに

　戦争は、人間の営みである。
　反戦平和思想が繰り返して唱えられようと、この事実は変わらない。人間は生き延びるために集団を作り、その集団を維持するために共通の価値観を作り上げ、生息域を増やしてきた。
　その過程で他の集団と接触したときに、勢力に明らかな優劣がある場合には、平和裡に合併され、上下関係を確立して、双方に有益な形で集団が組み替えられることもある。
　しかし、多くの場合は支配されることを潔しとせず、対決の道を選ぶ。
　その多くは武力対決となり、集団の長は使える限りの軍事力を動員して、勝利を得るために知略の限りを尽くす。
　武力対決となった場合には、大勢力がより小さな勢力に対して、必ず勝利を得るとは限らない。無論、大勢力が勝利する可能性が高いのは事実だが、必ずとも絶対ではないのが人間の営みのおもしろさだ。
　そして、小が大に勝利するとき、時代は動く。兵数の問題ではない。その戦いまでの、勢力の問題である。
　戦争の合間にも、時代は動いている。日常の暮らしのなかで、少しずつ変化が起こり、そのときどきの歪みが、目に見えないほどの速さで溜まっていく。その歪みを解放し、一気に時代の車輪を回転させるのに、戦争は大きなきっかけとなりうるのだ。
　そのように考えれば、小勢力が大勢力との戦争を余儀なくされたとき、勝利を得るための技術もまた、大きな意義を持ってくる。
　その技術を、戦略、戦術と呼ぶ。
　ごく大雑把にいってしまえば、きたるべき武力衝突をより有利に導くため、舞台を整える技術を戦略といい、武力対決の舞台で勝利を得るための技術を戦術と呼ぶ。
　戦略、戦術は、そのときどきの技術レベル、社会システム、経済状況によって左右される部分も大きい。一方で、洋の東西、古今を問わず、変化しない部分もまた多い。
　合戦の要諦は、機動力と通信能力、そして打撃力の連動にある。
　文明の発祥以来、地域の違いにかかわらず、軍隊は3つの兵種を発達させてきた。
　機動力と打撃力を担う騎馬隊と、投擲兵器を備え、遠距離から敵勢を攻撃する弓兵。そして歩兵である。
　組織立った軍隊が出現するのは、ある程度社会の組織化が進んでいることが条件となる。武器を用いた争い自体は、おそらく定住せず、狩猟、採集生活を送っていた時代からあったに違いない。しかし、それはあくまで狩りの縄張りを守る、配偶者を確保するといった目的による、偶発戦に近いものであったろう。
　そうした偶発的な争いが、組織立った戦争になるには、戦う双方に、共通の認識が不可欠となる。
　そうした共通認識が持てなければ、「戦争」そのものが成立しない。すなわち、集団の構成員を犠牲にして得られる成果がどのようなものであろうと、その条件が満たされたと

き、戦いを終えるという約束事が必要なためだ。

　この共通認識には、それぞれの集団が成立した地域の文化が色濃く影響する。組織立った社会集団同士の戦争は、当初は耕作地の確保、あるいはある集団で不足している食糧を、他の集団から強奪するといった目的があったのだろう。無論、そうした目的は根源的なものだから、社会の組織化が進み、文明が進歩したあとでも、最も大きな理由になりうる。しかし、そうした目的を閑止めなく追求していけば、どちらかの集団を完全に根絶やしにする——絶対戦争となってしまい、ひいては勝利を得た側にも多大な損害を与えてしまって、共倒れになる危険すら懸念される。

　こうした例は、全く異なる文化を持つ集団同士では、往々にして起こっている。

　たとえば、大航海時代以降のヨーロッパ各国によるアメリカ大陸——ことに南米に成立していた諸帝国に対する侵略戦争に顕著であった。

　この場合は、戦争目的の概念も違い、また兵器、戦術にも大きな違いがあった。戦争の概念そのものに、全く共通認識がない。こうした場合には、そもそも戦争として成り立たない。戦争の技術には、文化にかかわらず、普遍的な部分は確かにある。しかし一方で、ある程度共通の文化を持っていなければ、戦争そのものが成り立たない。この場合は、戦闘ではない。戦闘技術に長けた側が必ず勝つ。しばしば虐殺となってしまい、ひとつの文明が完全に滅ぼされてしまうことすら見受けられる。

　したがって、戦略、戦術には間違いなく、勝利を得るための普遍的な技術——定石がある一方で、その戦略、戦術を有効に働かせるためには、戦争目的、技術、文化面での共通認識が必要であろう。

　歴史上、時代を画した会戦の多くは、そうした同一の基盤に立ち、共通の認識を持つ集団同士で行われている。

　古くは中近東、中国、ギリシャ、ローマ。

　そしてキリスト教文化が普遍的になったヨーロッパに割拠する民族、国家の戦いが、共通認識を持つ集団同士の戦争として、戦史に記されている。

　そして、日本列島においてもまた、英雄たちはこの島国に培われた文化に基づいて、共通の認識のもとに戦った。社会秩序が整った大和、奈良朝廷の時代以降、日本列島に息づいてきた人々は、海外からもたらされる新たな技術、概念を取り入れ、従来の技術に取り入れつつも、智謀を駆使し、采配の妙を尽くして戦い続けてきた。

　本書では、日本列島において、最も戦争技術が発達した時代——それまでに培われてきた技術が醸成のときを経て、一気に開花したような軍事技術革命の時代ともいうべき戦国時代から、日本の戦史上特筆すべき合戦を取り上げる。

　そして、名将たちの采配から必勝の戦略、戦術を探り出し、そのなかの普遍的な戦争技術を探りつつ、日本史に残る合戦の経過と意義を見ていきたい。

戦術 名将たちの戦場

第一章 日本の戦闘技術

日本の戦闘技術 ——— 8
各戦国大名の特徴・戦略、戦術 ——— 12
　上杉家 ——— 13
　北条氏康 ——— 14
　毛利元就 ——— 16
　武田信玄 ——— 18
　上杉謙信 ——— 20
　織田信長 ——— 22
　島津義久、義弘 ——— 25
　豊臣秀吉 ——— 28
　徳川家康 ——— 30
　伊達政宗 ——— 32

第二章 陣形と用法

合戦の手順 ——— 36
野戦の陣形 ——— 41
戦国時代のおもな技術と戦法 ——— 52

第三章 実戦上の戦術

旧勢力と新勢力の交代 ——— 62
　川越合戦 ——— 66
　厳島合戦 ——— 83
　三増峠の合戦 ——— 96

目次

運命を決める総力戦 ————————————— 110
- 第4次川中島合戦 ————————————— 113
- 姉川の合戦 ————————————————— 131
- 長篠・設楽ヶ原合戦 ——————————— 144

土木工事を伴う大規模合戦 ——————— 160
- 武蔵松山城攻城戦 ———————————— 163
- 備中高松城攻略戦 ———————————— 170
- 賤ヶ岳の合戦 ——————————————— 183

中央以外の特徴ある戦術 ———————— 200
- 摺上原合戦 ———————————————— 203
- 耳川の合戦 ———————————————— 215

異国の軍隊との合戦、及び戦国時代の総決算 — 230
- 文禄の役 碧蹄館の戦い ————————— 233
- 関ヶ原の合戦 ——————————————— 248

第四章 軍師の肖像

軍師の肖像 ————————————————— 268
- 太原雪斎 —————————————————— 269
- 山本勘助 —————————————————— 270
- 竹中重治 —————————————————— 270
- 黒田孝高 —————————————————— 271
- 直江兼続 —————————————————— 271
- 片倉景綱 —————————————————— 272
- コラム・懸かり引きの戦法 ——————— 273

総索引 ————————————————————— 274
参考文献 ———————————————————— 286

第一章
日本の戦闘技術

日本の戦闘技術

 ## 日本古来の戦闘技術

　日本史上、共通の文化基盤を持つ社会集団同士が、組織化されて両者共通の目的のもとに戦ったのは、大和（やまと）朝廷のもとに曲がりなりにも統一が果たされたあとのことだった。

　このころ、それぞれの軍勢は、圧倒的な数の歩兵を少数の貴族が率いて、平野で向かい合い、白兵戦を戦うという形式を取っていた。

　貴族は騎馬兵であっただろう。しかし、騎馬集団というほどの数はなく、指揮官としての貴族を高々と聳（そび）えさせ、その威を示す手段として使っていたと思われる。

　また、遠距離での戦闘手段として、弓矢があった。後の源平（げんぺい）時代のような長弓ではなく、比較的短い短弓であったと思われる。その弓を持つ兵は決して多くはなく、距離を空けての射撃戦は比較的短時間で、白兵戦に移った。

　歩兵の武器は矛か直刀（ちょくとう）で、矛で敵の指揮官を馬上から引きずり下ろすか、歩兵同士の場合は敵の首を引っかけ、引き倒して剣で止めを刺すという戦い方だったらしい。

　元来、矛という武器は、集団戦には向かない。多人数が息を揃えて繰り出すという使い方ができる武器ではなく、殺傷効率も悪い。

　したがって、このころの戦争は、多人数の軍勢を揃えたとしても、集団として機能するものではなかった。膂力（りょりょく）のある者を中心として、個人対個人の戦闘が行われ、その積み重ねが合戦と呼ばれるものだった。

　また、弓は矢を揃えるのに費用がかかる。鏃（やじり）を作る設備や技術者も限られていて、この当時、弓兵を含む大規模な軍勢を組織できたのは、朝廷の大王か、その血族、あるいは大豪族に限られていただろう。

 ## 風土に合わなかった戦車と投げ槍

　大和朝廷の時代、戦争技術は中国大陸から導入されたものが主流であったと考えられる。

　しかし、中国で多用された馬車式の戦車は、日本では使用された形跡がない。馬の数自体が少ないうえに、戦車を使えるほどの平野がほとんどない。山地が

多い地形であるため、戦車を導入しても、戦場に運ぶこと自体、容易ではなかった。歩兵のほうが効率がよかったのだ。同じ理由によるものなのか、日本ではアッシリアやヒッタイトなどで多用された投げ槍も、さほど使われた形跡がない。

投げ槍が発達しなかった理由には、日本列島の気候も、ある程度影響しているようだ。投げ槍を多用した文明は、多くが砂漠型の気候で、兵士は裸体に近い。せいぜい小さな盾を持つ程度で、こうした装備の兵に対しては、投げ槍も十分役に立つ。

しかし、日本は温暖な気候ではあるが、戦争が行われるのはおもに秋から冬で、気候は寒い。兵士は簡単なものながら、それぞれ甲冑を着けていた。

投げ槍の貫通力は、投擲の補助器具を使わない限り、決して高いものではない。また、補助器具を使ったにせよ、その場合には長く重い槍が必要で、効率が悪いと考えられる。

山がちな日本の地形では、戦車が使われなかったのと同様に、車輪が用いられることも少なかった。戦に必要な兵糧や武具、幔幕などは小荷駄として馬に積まれ、軍旅に従った。

しかし、そのような役目に馬が使用されるようになったのは、木曽や関東などの荘園が整い、馬の飼育が広く行われるようになってからのことだろう。

馬の飼育が、次の革命的軍事改革を生むことになる。

騎馬を得手とし、戦闘に長けた、新たな階層——武士の出現である。

荘園領主から戦国大名へ

都に住む貴族が、収入源として与えられた地方の荘園を、野盗や隣接する他の荘園の管理者による略奪から守るため、土着の管理人が武装した。こうして、貴族とは一線を画する武士が現れた。

このころには、貴族制度は完全に固定化され、仕来りに縛られたものになっていた。しかし、かつては貴族自身がこなしていた軍事も、次第に専門職としての武士に任されるようになっていった。当初は貴族の仕来りに立っていた武士だったが、実際に荘園に住み、武力を蓄えているとあっては、実権もつかんでいくのは当然の成り行きだったろう。

一時、戦闘技術はある面で巻き戻される。かつての朝廷、大豪族が組み上げたような歩兵中心の大軍が編成されなくなり、代わりに戦闘集団として、小規模な武士団が集まって、軍勢を作るようになったのだ。

新たに出現した武士は、徒歩戦より馬上戦闘を"表看板"とした。山がちとはいえ、関東には平野がある。また、日本の馬は山道を移動するのに向いていて、優れた馬を育てた武士団は、大きな機動力を確保できた。

　武士たちの戦闘技術も、馬上戦闘を基本に置いたものに変わった。主力の武器は弓となり、遠距離戦闘が重視されるようになった。馬上から放つため、弓は長大なものになり、世界に類を見ない日本の長弓が発達した。

　武士たちは、弓の弦を張る人数や、放つ矢の長さで剛勇を競うようになった。

　俗にいう「五人張りの強弓」「十二束三伏」などという呼び方は、5人の男が弓をたわめて弦を張り、握りこぶし（指4本分）が12個プラス指3本を連ねた長さの矢を射るということで、日本の武士は飛び道具を表芸とする、世界でも珍しい戦士階級となった。

　そして、白兵戦となったとき、馬上から振り下ろした際に最も威力が発揮できる、反りのついた片刃の太刀が用いられた。

　武士団の単位は、荘園の管理者が自立し、その土地の所有権を得た領主と、その一族と使用人——家の子郎党である。

　武士の成立以降、それぞれの武士集団は、次第に利害を同じくする者同士で徒党を組むようになっていった。最も有力な領主を盟主として、その下に郎党ごとにつく、いわば連合軍である。そのような形式を取るようになれば、騎馬武者の下で働く歩兵が必要となる。

　それぞれの領地に住む農民の子弟を歩兵として駆り出し、騎馬武者のもとで使う方式が、ここでできた。武器は薙刀で、矛よりは扱いやすい。が、集団戦で使いにくいことは大同小異で、やはりこの段

■弓の各部の名称

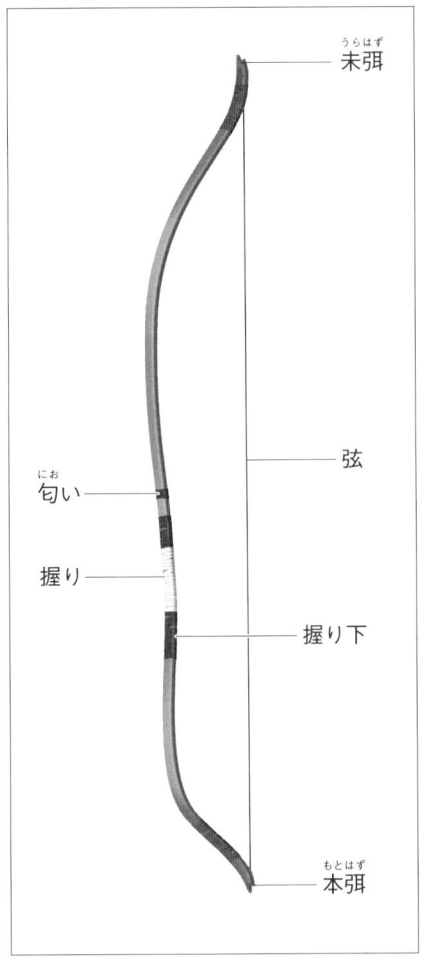

末弭
弦
匂い
握り
握り下
本弭

階でも、騎馬武者は騎馬武者、歩兵は歩兵同士の、個人戦闘の積み重ねが勝敗を決したものだろう。

こうした形式は、源平の時代を経て、後醍醐天皇の建武の新政、さらには室町幕府の成立あたりまで続く。

大きな軍事的技術改革が訪れたのは、室町幕府の政治を揺るがせ、戦国時代の幕開けにつながる応仁の乱のころだった。武士の家の子をおもな供給源として固定化していた歩兵に、戦闘を専門とする者たちが現れたのだ。

有名なところでは、骨皮道賢という男がいる。半ば野盗の頭目のような男だが、同じ境涯の仲間を集め、傭兵として戦を左右するほどの働きを示した。

重い甲冑を着けず、戦場を身軽に駆け回ることから、"足軽"の名称で呼ばれた。

初めは決まった主人を持たず、勝ちそうな側について戦場を駆けていた足軽を、応仁の乱で崩壊した室町幕府体制のなかからのし上がってきた新時代の領主──盟主の地位であろうと、応仁の乱以前とは比較にならない権力で麾下の武士団を統率し、弱体化した幕府に代わる"公儀"として、領地内での支配を確立した戦国大名たちが、それぞれ足軽を自軍の兵として定着させ、合戦の主戦力にあて始めたのである。

これら足軽を集団戦力として一括使用する発想も、このあたりで確立したと思われる。

日本史上、最も戦術が発達した時代、戦国乱世の、これが始まりであった。

■「十二束三伏」と矢の各部の名称

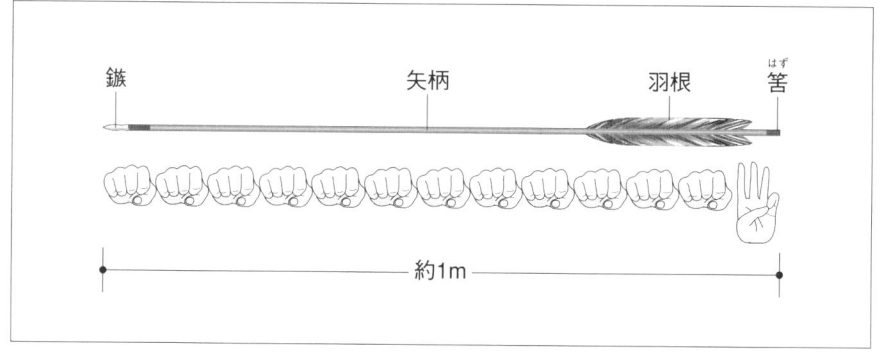

各戦国大名の特徴・戦略、戦術

　日本の戦国時代において特色があるのは、この列島のなかで割拠した大名たちが、それぞれ工夫を凝らし、独特の戦術を編み出してきた点である。

　弱肉強食の時代といわれているが、一方で日本が初めて西洋文明と出会い、その産物を取り入れた時代でもあった。

　劇的な時代の変換期であり、戦国大名たちは勝ち残るため、懸命に体制の変革を図った。戦略、戦術もそうした努力の一環であり、またこうした時代には、武士ならぬ庶民にも、変革の気運に乗じようとする者が現れる。また、大名と名乗るほどではない国人領主や豪族のあいだでも、より大きな勢力の傘下に加わって家の隆盛を望む者や、独自の道を進みつつも、技術と体制の革新を取り入れて乱世を遊泳しようという者が現れる。

　そうした欲求と努力が相まって、乱世は加速しつつ、新たな時代を開くものだった。

　しかし、一方で各大名家には、地勢や経済状況、あるいは成り立ちなどから、伝統的に受け継いでいる戦略、戦術があるものだ。

　古いからといって、劣ったものとはいえない。その戦略で生き残ってきたということは、すなわちその手段が、隣接する他の勢力に比しても優れたものであったという証しとなる。

　要は手覚えの戦略、戦術と、新たに出現した社会情勢や技術をどのように融合させるか、その融合した技術をどのように使いこなすかが、勝敗の分かれ目となったのであろう。

　本書に登場する主要な戦国大名の得意とした戦法を紹介して、それぞれの合戦を紹介する際の参考としてみよう。

上杉家

本格的な戦国大名になる以前の、室町期の典型的な大名。(後の戦国大名、越後の上杉家ではない。その名を長尾景虎に譲る前の、足利将軍家支配下の関東管領、山内上杉家、並びに扇谷上杉家である)

　上杉家は幕府の威勢のもとに、地域の国人領主、管轄地域の守護大名に対する統率権、指揮権を持っていた。

　管轄地域において"公儀"の役割を代行する存在で、事実上、関東における幕府の職権を行う立場にあった。

　室町幕府体制下にあって、関東の統治は制度上は関東管領・上杉氏のもとにあったが、一方で所領支配を通じて実権を握っていた足利家の一族、鎌倉公方と呼ばれた足利成氏の勢力が保たれていたため、それぞれの支配下にある豪族たちのあいだで争いを生じていた。

　この争いは結局、上杉氏が勝利を収めることになったが、その過程で足利家も上州古河に勢力を保ち、古河公方として関東の勢力地図に大きな位置を占めるに至った。

　さらに上杉家は、関東管領に任ぜられた山内上杉家と、半ば自立した扇谷上杉家に分かれ、支配権の分立が起こったため、その隙間を縫って血筋ではなく、実力で地位を得た新興勢力──戦国大名が現れる原因を作った。

　上杉家の軍事力は、室町幕府が開かれた南北朝初期のものから、本質的には変わっていない。

　公儀として豪族たちの土地領有権を裁き、彼らの統率を行うという幕府制度上の動員力で、軍勢の本質は、その動員令に応じて集まった豪族たちを、関東管領の職名で押さえつけるものだった。

　したがって、統一指揮は執りにくい。集団戦の技術はないといってよく、個々の豪族たちが、おおまかな指示に従って、その場ごとに戦端を開くといったものだった。

　主要な武器は、長柄槍や太刀、長巻といった白兵武器以外は、弓矢、投石といったもので、運用、統率ともに、ごく古いものだったと思われる。

北条氏康

関東管領上杉氏と、鎌倉公方足利氏の抗争に乗じる形で頭角を現し、伊豆国から始まって相模国、さらには関東一円に勢力を及ぼし、最後の戦国大名として滅亡するまで生き抜いた、戦国大名の嚆矢。

　初代・伊勢新九朗長氏が下克上を果たし、伊豆を土台に相模国に進出して、鎌倉公方足利家に代わって領国支配を果たしたあと、従来関東の公儀が地盤としてきた鎌倉に代わって、海と山地のあいだに平野を持ち、他の地方とのあいだに山地を持つため、いざという際の封鎖が容易にできる小田原を本拠に定めた。
　北条氏の特徴は、城を兵站の供給地として使うと同時に、強靱な防御力を積極的に利用した点にある。
　元来、関東の公儀を務めていた上杉氏と足利氏は、関東各地に点在する豪族を傘下に組み込むため、各地に多くの城を築き、前線基地として兵を入れ、支配の拠点としていた。
　上杉氏と足利氏の勢力圏を奪い、関東最大の強豪となりおおせた北条氏は、これらの城を受け継ぎ、またさらに築城した。
　そして地域の要となる城に一族の武将を入れて、支城のネットワークを構築した。
　外敵との合戦にあたっては、侵攻してきた敵軍は必ずこれら城塞ネットワークのどれかに入る。その情報を得た小田原城では、籠城させて時間を稼ぐ一方、戦場の付近から動員した軍勢を同じネットワークに属する他の城に集め、敵の背後を断ち、消耗を強いるという戦法を多用した。
　本城の小田原は、当時初めて、城下町までを完全に含む城郭都市として整備されていた。海に面していることから海上輸送力を持ち、温暖な気候の小田原は、その周辺に豊かな経済力を育み、小田原城のみで籠城しても、一地方程度の軍勢ならば敗北することはなかった。
　城の防御力を基礎に軍略を組み立て、敵勢を引き受ける城を軸にして軍勢を機動させる防御重視型の戦略が、北条氏の戦略の基本である。したがって、他国への進出には積極的ではなく、また得意ではない。本拠地防衛を優先する、堅実な戦略、戦術を得意とした戦国大名であった。
　戦国期に活躍した当主は、初代早雲、2代氏綱、3代氏康で絶頂に達した。この間、公的には関東旗頭、関東管領などに就任することはなかったが、事実上、関東の公儀として機能し続けた。氏康はことに優れていて、小田原城の防御力で相

手を消耗させたあと、敵が撤退にかかるところを、勢力圏から最寄りの支城群に集めた兵力をもって追撃、追い討ちをかけるという戦法で、北条領に侵攻する余裕を奪い取るという、必勝より不敗を目指した戦術を得意としていた。

■北条氏のおもな城と交通網

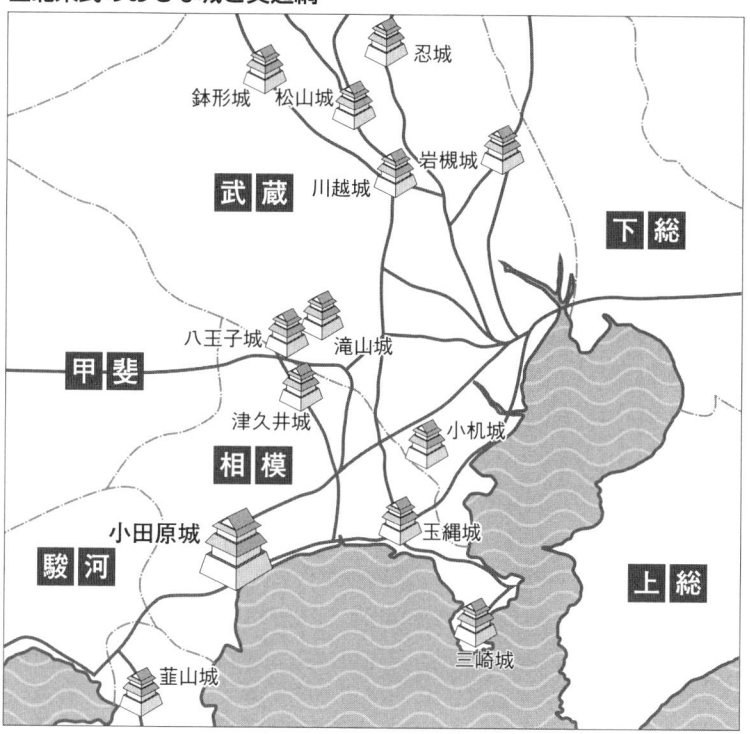

■北条氏の防御重視型の戦略

毛利元就

足利幕府が重点を置いた西方、中国地域にあって、大内氏、尼子氏、または大内氏に取って代わった陶晴賢といった大勢力の膝下に喘いできた、国人領主の出身である。

　元就の戦略、戦術は、徹底した意図の秘匿と、それに裏打ちされた調略、誘降戦術であった。

　大内氏や尼子氏らの大勢力の狭間で生きていくには、一国人領主の立場でなく、大勢力をも含めた大情勢を俯瞰し、総合的に判断する能力が必要となる。元就は敵味方、あらゆる地域に諜者を置き、彼らが知らせてくる情報から、相手の弱点、または長所を炙り出し、それに合わせた戦略を駆使して、国人領主たちをまとめ上げ、次第に旧来の勢力を超えた大勢力へと成長した。

　後に毛利両川として知られるようになった吉川家、小早川家を一族に組み入れたのも、有力国人を一族として、支配基盤を強化しようとする考えに裏打ちされたものだった。

　毛利家は国人領主の集団を家臣団化し、その盟主として戦国大名化したもので、そうした勢力をまとめるのに、血のつながりは有効なものだった。それぞれの家が元来地盤としていた地域に、毛利家の支配を受け入れさせる。そして作戦行動時には、やはり諜者を用いて偽情報を流し、敵を意のままに操るようにして望みの戦場に誘導して、敵に知られぬよう迅速に行動し、謀略で作っておいた弱点を衝く。

　そうした状況に疑うことなく敵を追い込む戦法が、元就の真骨頂であった。

　毛利輝元の代になってからの毛利軍は、やはり敵軍の意図を探り出し、毛利本家、吉川家、小早川家がそれぞれ軍勢を統率して別ルートを進撃し、予定戦場で合同し、敵軍を圧倒する分進合撃戦法を多用している。

　この戦法は敵軍を包囲殲滅するのには有効だが、万が一敵が急進すれば、合同前に各個撃破されてしまうことになりかねない。

　成功条件としては、敵が地理を知らず、毛利側が熟知していることが必要で、元就が遺言として天下を望まず、領国の維持に徹せよといい残したのは、そうした得意の戦法が、地元でなければ使いにくいという意味があったのかもしれない。

■折敷畑の合戦で見せた分進合撃戦法

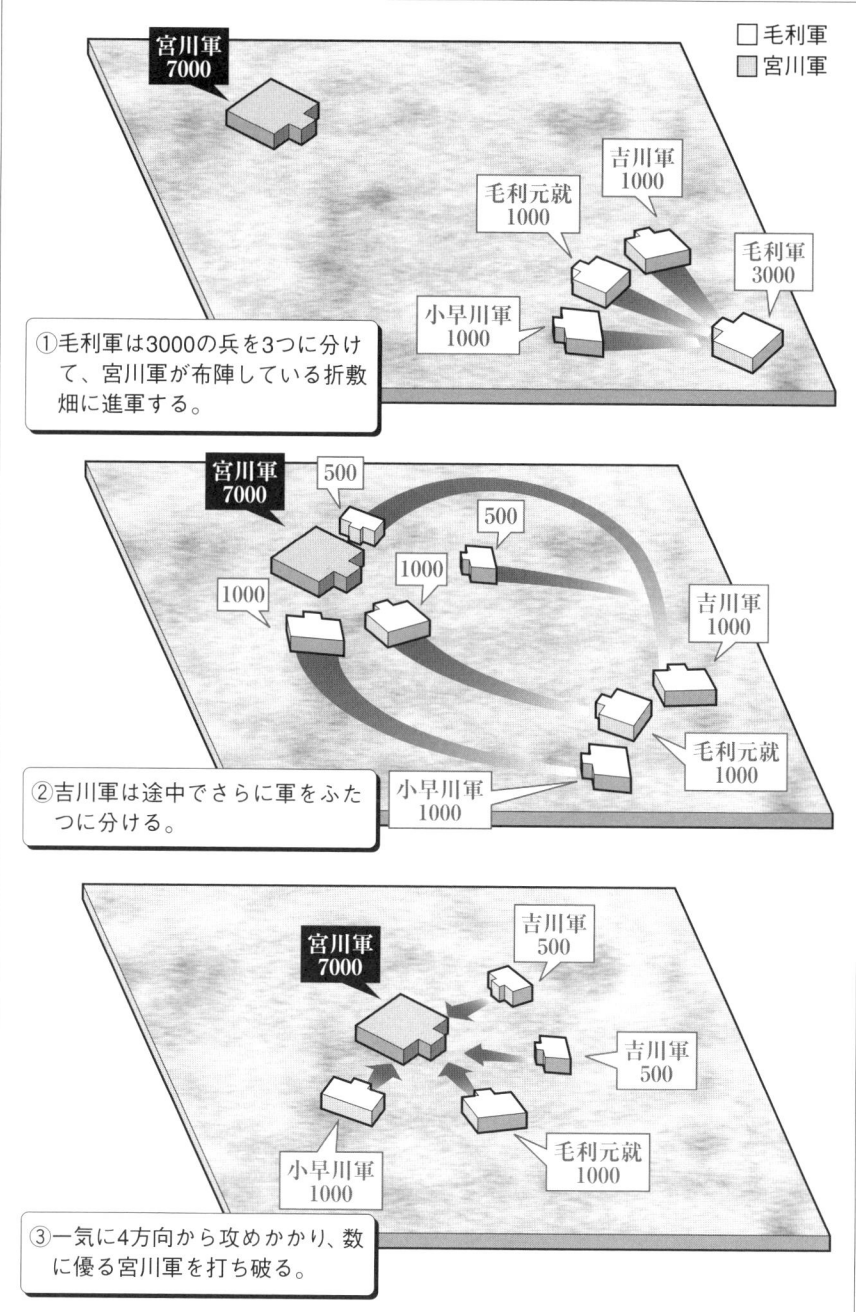

甲州武田家は、甲斐源氏と呼ばれるように由緒のある家柄で、甲斐守護に任命され、室町幕府の全国支配網の一翼を担う存在であった。

武田家は源氏の名族で、安芸の守護、若狭守護なども務めていた。しかし鎌倉幕府の時代、一度幕府軍の追討を受けてから衰退し、以降永享10年（1438）に武田信重が守護の任命を受けて入国し、国人領主との抗争を続けて甲斐国内の統一に努め、18代信虎に至って、ようやく国内を安定させ、一族の長として戦国大名に脱皮した。

その信虎を、同じく幕府の重臣として誼を通じていた隣国、駿河の今川義元のもとに追放し、実権を握った晴信（後の信玄）の代に、武田家の権勢は最大のものとなる。

武田家の戦術を特徴づけるものは、さまざまな権謀術策を弄して敵陣を動揺させ、心理的に不安定な状態にして城外に誘い出し、野戦で決着をつける戦法だった。

信玄は、信濃に勢力を浸透させるにあたって国人領主間の離反を図り、婚姻政策や所領の安堵、あるいは敵方の家臣を調略し、亀裂を作ってから攻め寄せるといった戦略的手段を愛用した。

戦場においても、その傾向が見て取れる。ことに野戦においては、軍勢を2分、3分して敵の退路を断つ、あるいは無視して通り過ぎ、敵将の自尊心を刺激する、または一度攻勢をかけてから兵を退き、敵勢が気を抜いたところで逆寄せし、勝利を得るといった臨機応変の戦法を得意とした。

本書に取り上げた「第4次川中島合戦」、または北条家と対決した「三増峠の合戦」などは、その好例である。

しかし、この戦法は兵力分散を伴うため、敵にその意図を見抜かれたときには、苦戦を強いられることもある。

川中島合戦で、大量の人的損害を被ったのは、その一例である。また、信濃攻略時に国人領主の雄である村上義清を相手に、上田原合戦、砥石崩れと称される攻城戦の失敗と、2度にわたって苦杯をなめているのは、兵力分散を相手に衝かれ、各個撃破の対象となったためだった。そうしたとき、信玄は優れた機動力で分散した兵力を集結し、あるいはいち早く戦場を離脱して、致命的な損害を免れている。

その機動力を担ったのが、頑強な甲斐の馬であり、また鍛え抜かれた歩兵の足

であった。

　武田騎馬軍団の伝説が教えるものとは若干異なるが、武田家における馬の役目は、山間を通した物資輸送の優越にあったのだろう。それらの馬のなかで、ことに馬格の雄大なものは、戦場の軍用馬として、突撃時の突破戦力として有効利用されたに違いない。

　また、信玄は諜者、忍び者の類を有効に活用して、諸国の情報を積極的に集めていた。実戦で槍を交えるにあたっては、そうした情報を十分活用し、敵将の性格を考えに入れて、陽動、攪乱作戦を考え出していたことだろう。

■三方ヶ原の誘い出し作戦

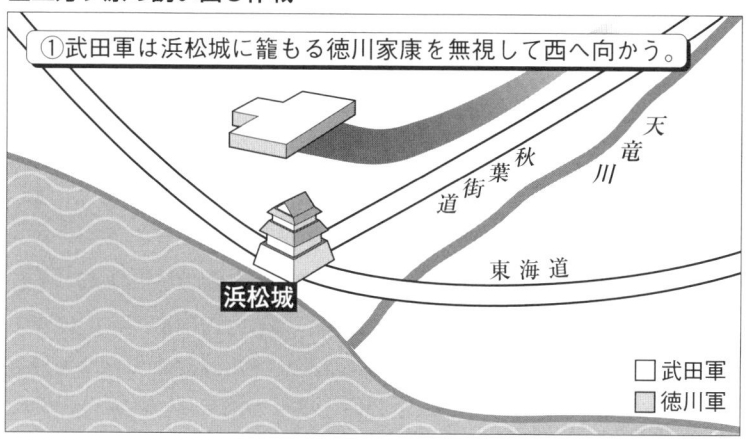

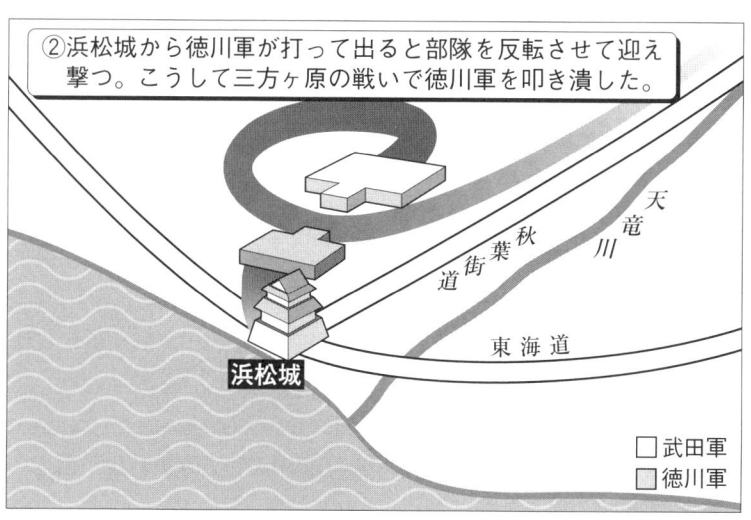

関東管領・山内上杉氏の家宰として関東各地に分派した長尾一族のうち、越後の守護となった上杉氏の守護代を務めた、越後長尾氏の末裔。

謙信の父・為景は越後守護の上杉房能を倒して実権を握り、越後国内の国人領主統一を目指し、また隣国越中の一向一揆を収めるべく、出兵を繰り返した。

謙信は為景とは折り合いが悪く、仏門に入れられそうになったともいう。

越中栴檀野の合戦で為景が討ち死にしたあと、家督は兄の晴景が継いでいたが、武将としての器量が父に及ばず、見切りをつけた諸将は景虎（後の謙信）を擁立して対立。国内を2分した抗争となったが、景虎の精妙を極めた用兵の前に晴景は敗北し、守護を継いだ上杉定実の調停を経て、景虎は長尾家の当主となった。

後に関東を追われた上杉憲政を保護し、その養子になって上杉政虎を名乗り、関東管領の職を譲り受けた。

従来の権威を敬うこと厚く、足利将軍家と朝廷に敬意を忘れず、幾度か上洛して、正式に関東管領の職を認められた（将軍・足利義輝の「輝」をもらい輝虎と改名、後に謙信と改名したのは1570年ころ）。その職を果たすべく、関東に出兵を繰り返し、また隣国信濃を支配した武田信玄とも、幾度も合戦を繰り広げた。

謙信は義に厚く、領土の拡張や自身の栄達にはほとんど興味がなかったと思われる。合戦のみに興味を寄せる戦争芸術家といった傾向が顕著に認められ、実際に戦いぶりは天才的なものだった。

信長のように新兵器を取り入れ、長年をかけて圧迫していくというタイプではなく、また信玄のように、挑発、陽動を重ねて決戦に誘い出すというタイプでもない。

謙信個人の直感で用兵を行い、軍評定すら、ほとんど行わなかったという。謙信といえども、信長型の絶対君主ではなく、国人領主の連合体をカリスマ的な統率力でまとめていた以上、出兵の判断をする評定は行ったようだが、それに続く実戦にあたっての作戦討議はなかったらしい。

自らを北方の守護神である毘沙門天の化身になぞらえ、居城・春日山城の毘沙門堂にひとりで籠もって、作戦の構想を練ったという。そして、一度着想を得るや、己のみの胸にその構想を秘めて陣割りを行い、疾風迅雷のごとく出兵した。

関東管領としては10万以上の兵を集めたが、最も得意とする人数は謙信自らが直接把握できる、1万前後の軍勢であった。

得意とする戦法は、麾下の軍勢を展開して敵勢と全面対決し、戦力が拮抗するなかで自らの直属軍を率いて戦力を一点集中し、中央を突破して敵の本陣を直接叩くというものだった。
　上杉勢の強さは、ほとんど謙信ひとりの天才的軍事能力によっていた。それだけに、麾下の軍勢すべてに謙信への信仰が及べば、兵力以上の戦闘力を発揮する。戦機をとらえての電撃的な攻撃と中央突破を特徴とする、天才型としかいいようのない戦術であった。

■上杉謙信の一点突破の戦法（唐沢山城の戦い）

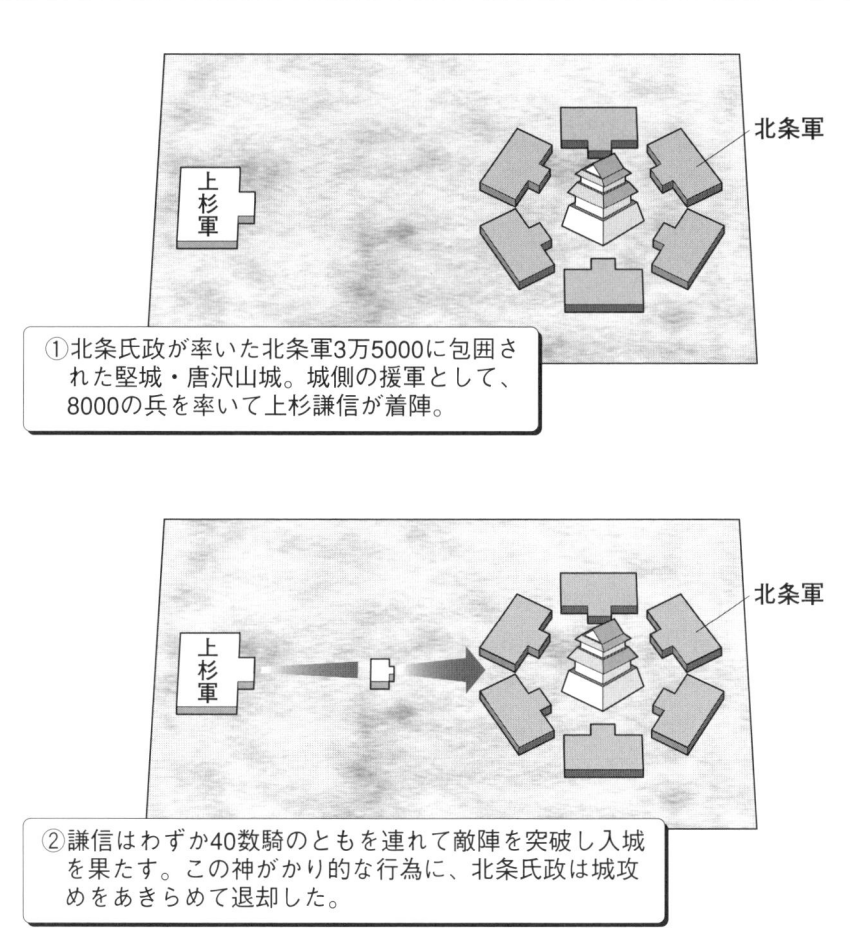

①北条氏政が率いた北条軍3万5000に包囲された堅城・唐沢山城。城側の援軍として、8000の兵を率いて上杉謙信が着陣。

②謙信はわずか40数騎のともを連れて敵陣を突破し入城を果たす。この神がかり的な行為に、北条氏政は城攻めをあきらめて退却した。

織田信長

越前守護と尾張守護、遠江守護を兼ねていた斯波氏の守護代・織田家の傍流で、清洲織田家を継ぎ、他の織田家を従えて尾張を統一した。

信長は、伝統的な思考や仕来りに縛られない性格の持ち主で、生地の尾張が元来交通の要衝であり、水上、陸上ともに発達した交通網を持っていたことを活用して、戦国乱世の終焉を演出した。

商業資本が発達していた土地柄から、豊富な資金をもって軍備を整え、近隣諸国を従えて、真っ先に上洛を果たした。信長の合戦には際立った特徴があり、尾張統一後には、自国領ではほとんど戦っていない。

気候が温暖で、商業網も発達していた尾張では、兵ひとりひとりの資質は、武人としては高いものではなく、そうした弱い兵でも勝てる工夫が求められた。

その命題に対して信長が出した答えは、強い兵を擁する敵勢を圧倒するだけの大軍を、自身が望むとき、望む場所に集結させる動員力の達成であり、また可能な限り、人的損害を抑える戦術であった。

顕著なものとして、当時は非常に高価な新兵器だった鉄砲の大量採用と、多数の兵を配置して敵勢の突進力を吸収し、戦闘力を削いでいく縦深防御戦法がある。また、一戦ごとに相手の研究を怠らず、その長所と短所をとらえて、長所を活かさず短所を衝く戦法を、臨機応変に整えた。

外敵に対する合戦としては、天下統一に向けて戦った事実上最初の合戦である今川義元との一戦を除いては、ほとんどすべてを、自身の勢力圏から踏み出して戦っている。

会戦の場所を敵の勢力圏にすることで、敵味方の対陣がもたらす風土の荒廃を、敵に与える影響のみに限定できる。なおかつ敵を外線に置き、味方には内線作戦を取ることで、防御と攻勢を効率的に使い分けることができよう。

また、以前に戦った合戦から、自身が取った作戦の長所、短所をふるいにかけ、次の合戦では、さらに長所を活かす進化した作戦を展開した。野戦築城と火力を組み合わせた長篠・設楽ヶ原合戦はその好例であり、信玄以来の武田勢が得意とした、挑発行動によって野戦に引き込むという手法を逆手に取った。そして野戦陣地が武田勢の野戦衝撃力を減殺し、豊富な火力で敵戦力を削いでいくという戦法が、以降の信長戦術の基本となった。

敵に数倍する兵力を対峙させ、豊富な資金力を背景に常に圧迫を加えながら時

機をとらえて決戦に持ち込み、その決戦兵力を奪っていく。

　そのたびに相手が衰退しても、なお急な侵攻は行わない。誘降、調略を重ねて、敵勢力の有力な家臣の転向工作を続け、敵の主体が有効な軍事的抵抗を行いえないと判断して、初めて圧倒的な大軍を催し、一気に敵の本拠を突き、滅ぼし尽くす——という手順を踏むのが、信長が取った基本戦略であった。

　こうした流れを見るとき、信長が最後に計画した中国地方の太守・毛利家の攻略が、信長の言葉通りに、一気に毛利家を滅ぼし尽くすものだったかどうかは疑問が残る。

　毛利輝元は、信長には敵しえないと判断し、家を残すために5か国の割譲を申し出ていた。それが聞き入れられず、本家も討滅されるとなれば、死にもの狂いの抵抗を行ったに違いない。

　天正10年(1582)の時点で、毛利家の兵力はおよそ5万人。小早川隆景、吉川元春も健在である。

　地勢を熟知し、また瀬戸内海の海流を知り尽くした水軍を持つ毛利勢が、そう簡単に敗れたとは思いがたい。後継者となった秀吉は九州を容易に攻略したが、信長の兵力で中国方面に向けられるものは、秀吉のそれを加算しても9万ほどで

■織田信長の野戦築城戦術

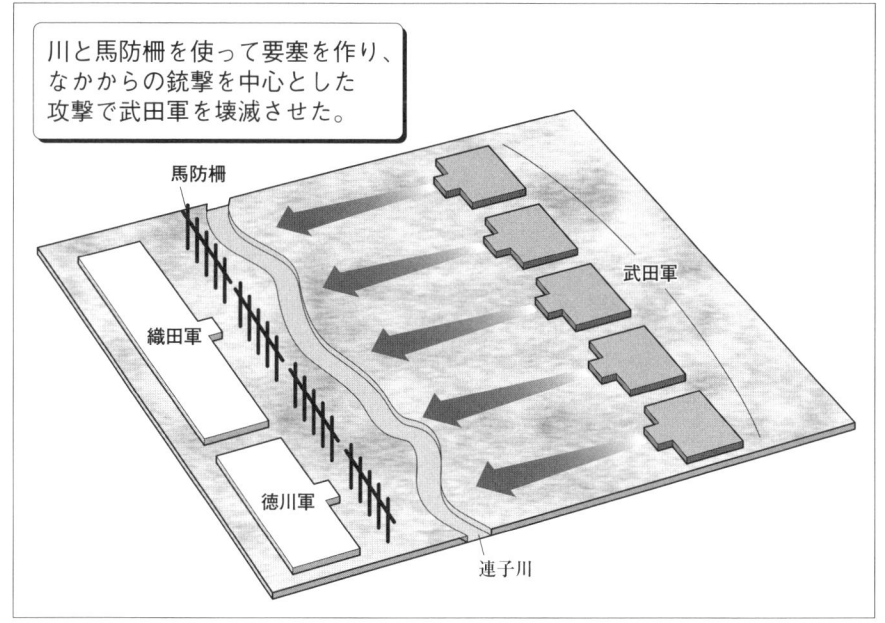

川と馬防柵を使って要塞を作り、なかからの銃撃を中心とした攻撃で武田軍を壊滅させた。

ある。敵の抵抗を無視できるほど圧倒的なものではないのだ。

この時点では、信長は示威行動に留め、毛利家のさらなる譲歩を求めたものと思われる。もしもそうでなく、信長自身が語ったように我攻めにして毛利家を滅ぼすつもりであったとすれば、信長といえども後方を遮断され、窮地に陥った可能性は高い。

あるいは、武田勢の討滅に浮かれてしまい、従来の時間をかけて圧迫を加え続けるという戦略を転換しようとした可能性もある。

巷間、伝えられる明智光秀の領国、丹波、近江を取り上げて、代わりにいまだ毛利家の支配下にある出雲、石見を下された、という挿話は、そうした無理を表すものであろう。それが信長の戦略全体を綻びさせ、性急な侵攻を強いられた明智光秀の謀反を呼んだとすれば、信長の最期もまた、必然のものであったのかもしれない。

■織田信長の勢力範囲の変遷

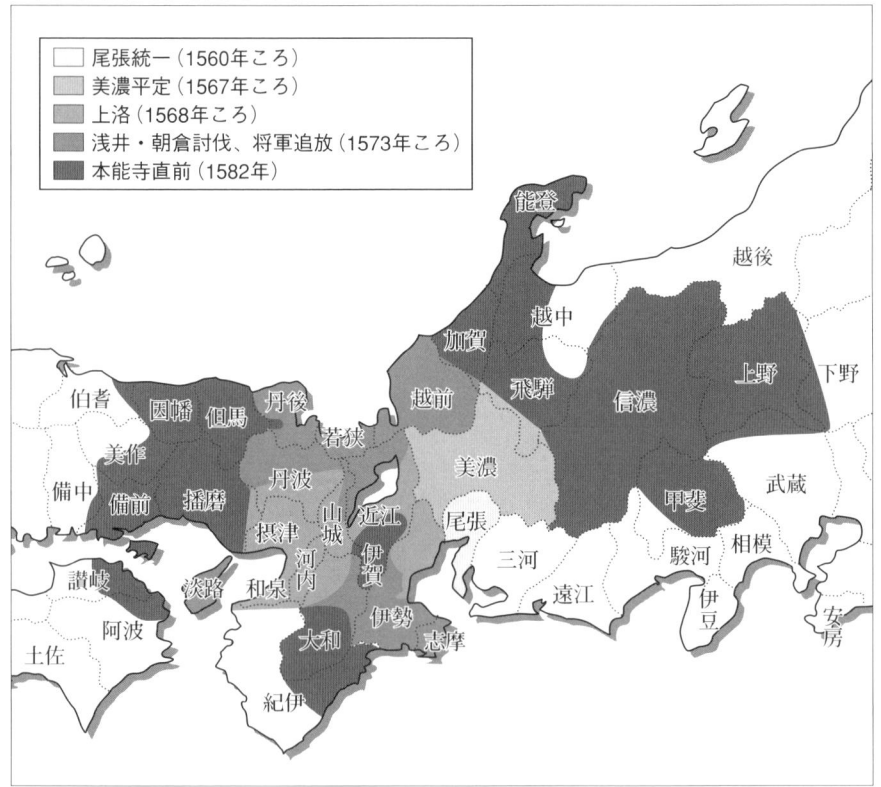

島津義久、義弘

九州の薩摩に本拠地を置き、鎌倉時代から一貫して薩摩、大隅、日向を領国として、守護職を守り続けてきた名族。

　国内に外城と呼ばれる国人領主、あるいは一族や島津氏直属の家臣を派遣して守りを固めた武士団の居住地を点在させ、いざ外敵の侵攻にあたっては、そのことごとくが砦となり、また鹿児島から出撃した本軍の兵站補給地となる戦略を取った。

　島津義久は島津家16代当主で、一族間の抗争を制して戦国大名となった15代貴久の跡を継ぎ、九州全土の征服に乗り出す実力を蓄えていた。

　洋の東西、時代の如何を問わず、戦争に勝つ普遍的な条件は、敵より多くの兵力を、決戦の地に集中することである。しかし、島津氏はしばしばその鉄則を覆し、多数の敵勢を、劣勢な戦力で破ってきた。

　その勝利をもたらしたものは、島津家の伝家の宝刀とも呼ぶべき、常勝の戦法であった。

　島津勢は歩兵が中心の軍勢で、他の軍勢に比して騎馬の割合が少ない。それだけに兵の進撃速度に等質性が高く、また隠密性にも優れている。そうした特色を活かした戦法で、「釣り野伏せり」という戦術を島津軍は使った。

　戦術自体は単純なもので、全軍を3手から4手に分け、1軍を先手として前面に出し、残る2隊は後方の、多数の軍勢を秘匿できる地形に伏せておく。

　4隊ある場合には、予備兵力、または本陣として後方に置く。そして先手が仕場居(敵勢との間合)を詰め、鉄砲戦を経て槍組が突撃、次いで徒歩武者、数は少ないが騎馬武者の槍入れと続いて、白兵戦に移行する。

　そのまま、しばし死闘が続く。そのうちに敵勢の圧力に押された島津勢は崩れ始め、じりじりと後退して、やがて敗走が始まる。

　相手より劣勢な戦力であることが多いのだから、敗走したとしても不思議ではない。敵勢は勢いのままに追撃して戦果の拡大を図るが、追ってきた敵の攻勢限界点を見計らったように、左右から伏兵が湧き出して、敵勢に横槍を入れるのだ。

　同時に、それまで敗走していた先手も反転し、逆撃をかける。横腹を砕かれ、混乱するところに反転攻勢をかけられた敵勢は、文字通り粉砕される。これが「釣り野伏せり」の戦術である。

　また、鉄砲の用兵についても、島津氏は独特のものを持っていた。

幾列かに折り敷いた鉄砲組が、最前列が撃つと最後尾の列が横に走り、スライドするように前に出る。そして発砲し、また最後列が前に回る。もちろん、後方になった列は、その間に銃腔の掃除と装填を終える。

　これは、鉄砲組が回転するように前進を続けながら発砲するため、「車撃ち」と呼ばれる。

　ほかにも、撤退にあたって、鉄砲組を置き捨てていく戦術もある。路上に座り込み、弾の続く限り撃ち続けて、敵の進撃を遅らせる戦術で、「捨てがまり」と呼ばれる。「かまり」とは伏兵を意味する言葉で、島津勢は剽悍な戦いぶりと、個人より集団を重視した軍制により、10年という短期間で九州全土をうかがうまでの戦勝を上げ続けてきたのである。

■釣り野伏せり

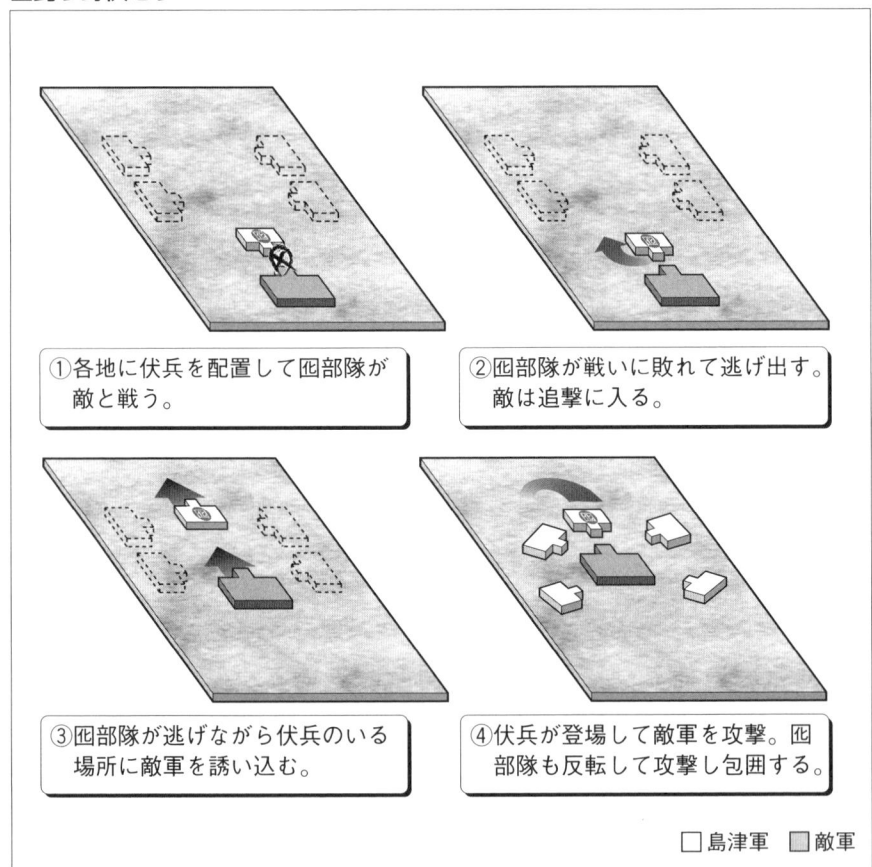

①各地に伏兵を配置して囮部隊が敵と戦う。

②囮部隊が戦いに敗れて逃げ出す。敵は追撃に入る。

③囮部隊が逃げながら伏兵のいる場所に敵軍を誘い込む。

④伏兵が登場して敵軍を攻撃。囮部隊も反転して攻撃し包囲する。

□島津軍　■敵軍

■捨てがまり

通常、撤退戦は敵の追撃をこらえながら殿軍も逃げるものだが、島津の捨てがまりは全滅するまで戦い、本隊を逃がすものである。この戦法は関ヶ原の合戦で実践され、5度にわたる兵力の分散、全滅で、1000人が50数人になって大将の島津義弘を逃がしている。

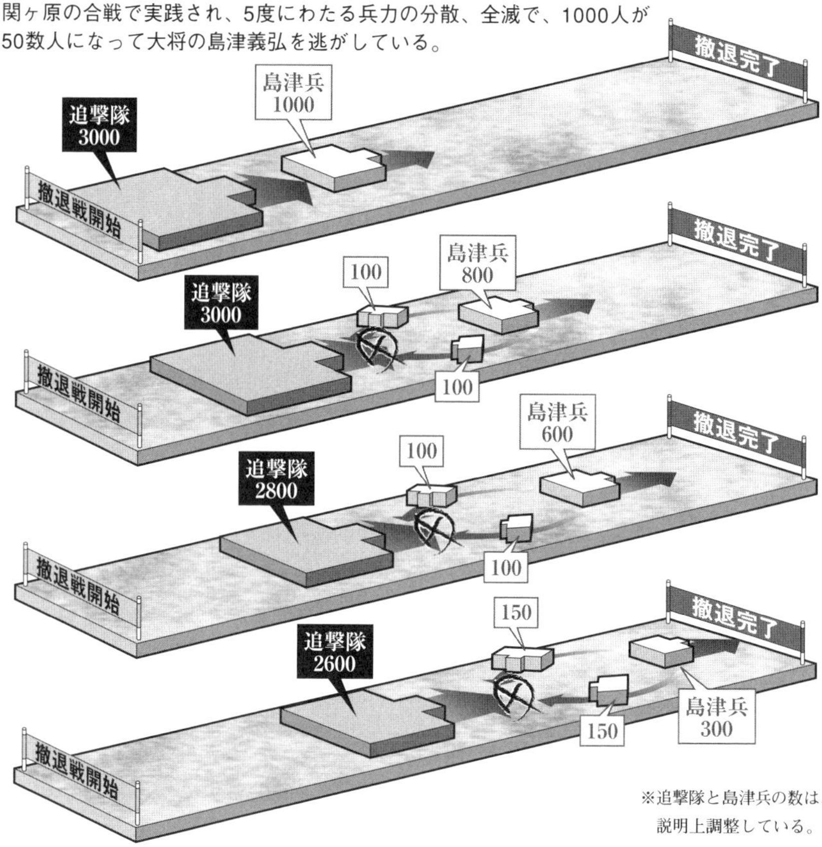

※追撃隊と島津兵の数は、説明上調整している。

■車撃ち

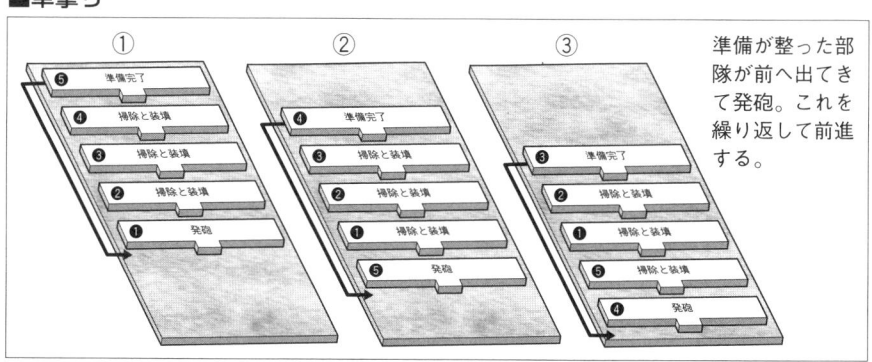

準備が整った部隊が前へ出てきて発砲。これを繰り返して前進する。

尾張中村の農家に生まれ、当時は尾張半国の領主に過ぎなかった織田信長の家来となって、やがて五大軍団のひとつを任せられるまでになった織田家の重臣。信長が本能寺に倒れたあとはその跡を継ぎ、織田家の同僚たちとの戦いを制して、天下統一を成し遂げる。

　秀吉の得意とした戦術は、信長譲りの臨機応変、大兵力を予定戦場に集中する戦法だった。

　ことに際立った特徴として、敵味方を問わず、人命を尊重する傾向が見られる。

　農民から身を起こし、譜代の家臣を持たない秀吉は、人望を集めることで勢力を養い、一国一城の主人になった。そのための手段でもあったのだろうが、元来秀吉は、人間が好きだったらしい。

　人誑しという異名があるように、秀吉と会った者は、たとえ敵であっても、その笑顔の虜になったという。いつでも開けっ広げで、人間が大好きな奇妙な戦国武将。それが、羽柴秀吉（後の豊臣秀吉）という男であった。

　秀吉は、野戦より城攻めを得意としていたという評がある。それは、一面では事実であった。人的損害をできるだけ出さないために、我攻めをしない。時間に余裕がない場合は別だが、余裕があるときには城の周りを厳重に封鎖し、付け城を築いて後詰めを防ぎ、補給を完全に遮断する。

　こうした方法を取ることで、敵の出戦も受けつけず、交戦もしない。城内は水の手を断たれ、食料が尽きて悲惨な有り様となるが、無理攻めで必死の敵兵と槍交ぜするほどには、死者は出ない。

　力尽きた城将が、自身と一族の主立った者の自害と引き替えに城兵の助命を願い出れば、それを許す。秀吉の城攻め名人という評判は、資金と人手を厭わず、大規模な土木工事を起こして城を孤立させ、ゆっくりと落城に追い込むという、特異な姿勢からきたものだろう。

　一方、秀吉は野戦が不得手なわけではなかった。野戦を戦う場合には、信長と同じく敵に数倍する兵力を集中し、圧倒的な兵力で、押し崩すようにして勝利をつかむ。そして顕著なものは、敵の誰もが信じられないほど迅速に、大部隊を移動させる速度であった。

　明智光秀を討滅した山崎の合戦、そして本書でも扱った、柴田勝家との決戦を意図した賤ヶ岳の合戦でも、長距離を短時間で移動して敵の意表を衝いている。

　秀吉の軍団は、他の軍勢に倍する速度で移動した。こうした戦法を取るには、前もって街道筋の状況を整え、補給と休息まで整備しておく必要がある。信長の

麾下で、台所奉行や普請奉行といった仕事を歴任した秀吉は、段取りを整え、一気に仕事を成し遂げる信長のやり方を、間近に見て習得したのだろう。

晩年、天下を取ってからの秀吉は、信長の一部将だったころとは異なり、無制限に兵力を投入して、人的損害を意に介せず、圧倒する戦法も見せている。

北条氏政を倒し、天下統一を達成した小田原城攻城戦で、各地の支城を陥落させるにあたって、そうした無制限の兵力投入を行っている。名うての堅城の多くが1日から2、3日で落城しているのが好例だが、これとて長引くより総合的な人的損害は少なくてすむ。

秀吉が用いた戦術は、大規模な工事を経て自軍に有利な状況を作り出し、腰を据えて落城を待つ。あるいは、野戦では大量の兵力を投入して、短時間で圧勝する。それがうまく運ばなければ、野戦築城して敵の動きを止め、その間に、敵の弱点を衝く。たとえば敵将が同盟している相手を攻め、無力化するのだ。その手段は、討滅するか、あるいは講和を強いるかは問わない。要は無力化して、敵将を孤立させればいいということだ。

秀吉が天下を取ったのは、必ずしも敵の命を奪うことにこだわらない、懐の広さがあったためであろう。

長年続いた乱世のなかで、人々はそうした温かみに飢え、秀吉のなかにそれを見出した——そのように思えてならないのだ。

■歴史に残る中国大返しの行程

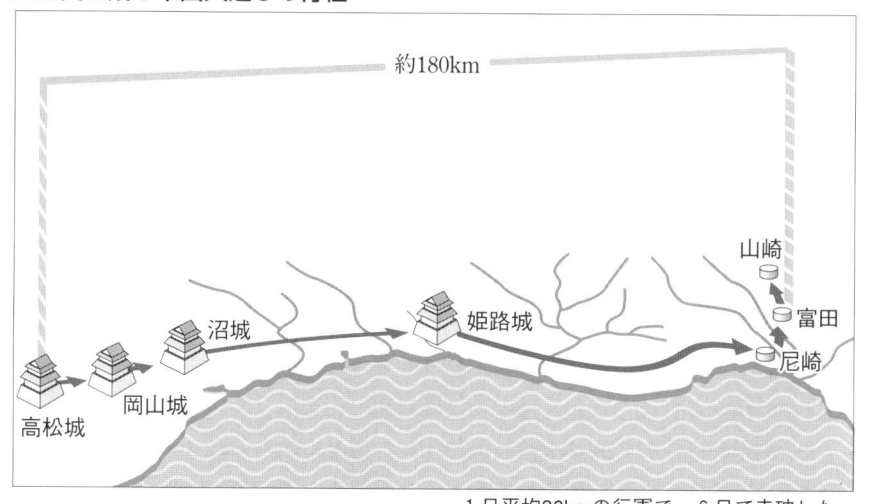

1日平均30kmの行軍で、6日で走破した。

徳川家康

三河の国人領主・松平清康の孫(父は松平広忠)で、松平本家の嫡流——という。清康は室町幕府の将軍家に連なる、上野国世良田郷の発祥と自称し、家康は、初め藤原氏の子孫としていたが、後に祖父と同じ源氏につながる世良田氏の末裔と主張した。その後は今川義元の勢力下に被官化されていた松平の姓を嫌ったものか、義元が織田信長に敗れ、独立を果たして三河一向一揆を平定し、国内統一を果たした後に、徳川姓を名乗った。

　家康は三河国人領主のうちでは最大の勢力で、その主君として盛り立てられ、信長の唯一の同盟相手として果敢な働きを示す。

　尾張兵3人に対して三河兵ひとりといわれた精強な軍勢を擁し、信長が挑む決定的な合戦では、よく動員されて一翼を担った。野戦では織田勢を上回る戦闘力を示し、姉川合戦、長篠・設楽ヶ原合戦では信長の勝利を呼び込む活躍を見せた。

　信長の同盟相手にふさわしい働きぶりで、信長からは大名としては丁重な扱いを受けるものの、軍事上では家臣同様の待遇であった。

　武田家との密通を疑われた正室の築山の方と嫡男の信康を、信長の命令で殺害するという苦難もなめている。しかし、そうした扱いを受けたにもかかわらず、終始信長の期待に背かぬ献身的な働きを見せ、「徳川殿の律儀ぶり」と称される評価を得た。これが、最終的には家康の、生涯を通じての最大の武器となった。

　野戦の名人と評される家康だが、同時代の卓越した大名たちにくらべて、特に優れているとは思えない。

　ただ、軍立場(戦場)での家康は、他に例を見ないほど粘り強い。

　野戦の場では、自分から攻勢に出ることはほとんどない。強力な突破部隊として、井伊直政の指揮する軍勢を先手に立て、緒戦は守りに徹して、井伊勢に敵の攻撃を集中させる。

　敵勢が業を煮やし、先手に向ける戦力を増やして、その結果布陣が乱れ、備えのあいだに亀裂が生じたと見るや、動かずにいた予備兵力を投入する。その兵力が敵陣の備えを崩し、こじ開けた間隙をさらに大きくして、敵勢が浮き足立つところで全面攻勢に出るという、忍耐を基礎に置いた戦術であった。

　この戦法は、西欧にあった多くの武将に共通するものだった。ただし、多くの名将たちが精鋭を集めた部隊を敵陣の突破に用い、決戦兵力としていたのに対して、家康の用法はその精鋭部隊を持久に用い、敵勢が乱れるのを待って、予備として温存していた兵力を決戦用に投入するというものだった。

　意外なようだが、この用法はナポレオンが全盛期に用いていた戦法に近い。

決戦場に赴くまでは、ナポレオンの大陸軍は秀吉に似た、電撃戦を得意とした。しかし戦場に着いてからは、自分の本陣を中心に、外線を移動する敵軍を内線機動で迎え撃ち、敵の乱れを待って勝負を決めるという、持久決戦型の用兵だった。

　また、家康は城攻めは苦手といわれているが、攻城戦の成績を見るとそうでもない。

　むしろ、野戦のときそのままの堅実な用兵で、いくつもの城を落としている。得意の用兵は付け城で、陣城とも呼ぶ。秀吉も常用していた戦法で、敵城の交通を扼する位置に砦を築き、後詰めを防ぎつつ、間断なく圧迫を続けるというものだ。秀吉ほど大規模なものではないが、家康の用兵は、地に足のついた堅実なものだった。その用兵が、群雄割拠の戦国乱世を生き抜いて、群雄中最も長い寿命を保ち、天下を取る遠因になったと見ていい。

　関ヶ原合戦の際には、石田三成に反感を持つ豊臣家諸将を味方に引き込むために、常に己を殺して行動してきた"律儀者"という評判を、最大限に利用した。

　落ち着いて家康の行動を観察していれば、家康こそが豊臣家の天下を奪い取ろうとしていると、見抜くことができただろう。しかし、豊臣恩顧の大名たちは、三成がその奸臣であると思い込み、心ならずも家康の覇業に協力する結果となった。

　キリスト教世界に伝わる魔王のなかに、常に偽りしか口にしない者がいる。だから当然、他の者はその言葉を、すべて偽りと知っていて、なにひとつ信用しない。

　しかし、決定的に重要な場面で、その魔王は真実を口にする。当然、誰も信用せず、結果として、勝利を得るのはその魔王であるという。

　家康は生涯を通じて、それとは逆の戦略を通し切った。9割9分の真実のなかで、ただ1分の偽り。それを信じ込ませることで、家康は天下分け目の決戦を制し、天下人への道を歩み始めたのだった。

■徳川家康の特徴的な戦術

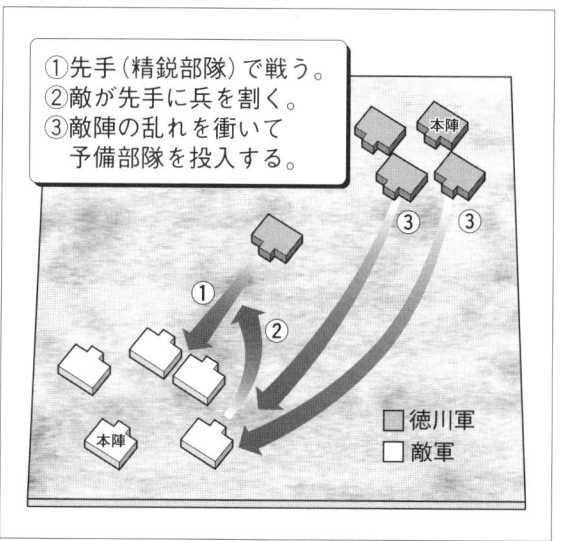

①先手（精鋭部隊）で戦う。
②敵が先手に兵を割く。
③敵陣の乱れを衝いて予備部隊を投入する。

□徳川軍
□敵軍

伊達政宗

源平の時代に奥州を支配していた奥州藤原家の後裔を自認する、奥州探題伊達家の当主。一時衰微していたが、伊達輝宗に至って周辺の国人領主を従え、領地の確保に乗り出す。

　陸奥の有力な国人領主たちは、強力な中心勢力が不在だったため、かえって権力の集中が遅れ、近代戦国大名へ脱皮できずにいたが、伊達晴宗は遅ればせながら、その一歩を踏み出した。

　さらに、周囲の国人勢力が常陸の佐竹家の血族に組み込まれ、互いに牽制し合っていたのが、ある意味では幸いした。

　岩城家、会津芦名家といった勢力は、本家の佐竹家に遠慮して、自由に勢力を伸ばすことはない。伊達家はその間隙を縫う形で勢力を蓄え、大内氏、畠山氏を勢力下に組み込んで、地方の一大勢力として勃興してきた。

　そうした勢力拡大の過程で、輝宗は二本松城城主・畠山義継との講和交渉中、義継に拉致され、二本松城に連れ去られんとした。後を追った嫡子の政宗に、輝宗は「儂もろともに撃て」と命じ、伊達勢鉄砲組の射撃のなかで生涯を終えた。

　家督を継いだ政宗は、芦名氏、岩城氏と戦い、陸奥国随一の大勢力にのし上がった。その得意とする戦術は、周辺の諸豪族を扇動し、その地域の強力な勢力に対して一揆を起こさせて、自ら鎮圧に乗り出すという謀略であった。

　秀吉政権下にあっても、そうした謀略を試みてピンチに陥っている。また、実際に戦火を交えても実に強い。

　勃興期、芦名氏の猛攻を受けた政宗は、敵勢の半数にも満たない寡勢で熾烈な防御戦を戦い抜き、ついに敵が撤退するまで粘り通した。

　このとき、政宗は伊達成実を中心として、兵力を分けた。分離した1、2の勢力を囮にして、敵の主力を本拠地から引き離す。そして本隊は、急進して敵の本陣を突き、撤退に追い込むという、大胆な戦法を多用した。

　また、本書に取り上げた摺上原の合戦では、佐竹家、岩城家の援軍を得た芦名氏が、同盟相手の田村氏討伐に乗り出している隙を衝いて、芦名氏の本拠である会津黒川城の間近に侵攻した。

　このときには、芦名家の家中で反主流派となっていた猪苗代盛国を調略し、また芦名家中の親伊達勢力に根回しして、戦場への進出を見合わせさせている。

　そして決戦にあたっては、敵の備えを味方から分離した複数の陣に吸収し、手薄になった本陣を突く。

戦略レベルで用いる戦法を、戦術レベルにも応用した、いわゆる「肉を切らせて骨を断つ」戦法である。
　当然、敵勢が複数の方面に向かい、本陣が手薄になるまで、伊達の本隊は敵の攻撃にさらされる。
　それから攻勢の主軸が逸れるまで、持ちこたえなければならないのだ。政宗が培ってきたのは、その攻勢に耐えるだけの持久力と、主攻が逸れてから敵の中枢を突くのに必要な、全軍が一致して動く機動力である。
　国人領主統一の過程で、政宗はその機動力を身につけ、実戦に応用してきた。そうした機動力に加えて、政宗は既成概念にとらわれない戦法を開発し、実戦に使っている。自らを囮とする戦術や、鉄砲を騎馬で使ったとされる、いわゆる"騎砲隊"が、その好例といえよう。
　信長、秀吉はもとより、家康にすら遅れを取った「最後の戦国大名」は、自身の経験を応用し、百戦錬磨の中央部の武将たちに拮抗する戦術を、身につけていたのであった。

■伊達政宗の特徴的な戦術

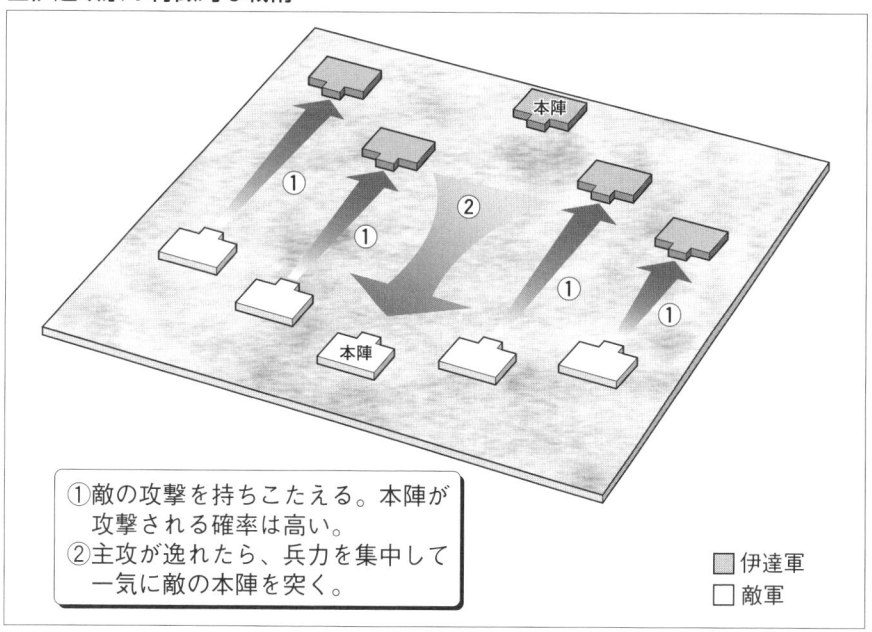

①敵の攻撃を持ちこたえる。本陣が攻撃される確率は高い。
②主攻が逸れたら、兵力を集中して一気に敵の本陣を突く。

■伊達軍
□敵軍

第二章
陣形と用法

合戦の手順

　戦国大名にとって、合戦は国運をかけた重大な行事であった。ことに、自らが一国を領する太守であり、また敵将も同じような立場にある場合、雌雄を決する合戦は、文字通り国運を賭した戦いとなった。軍兵の動員と軍夫の徴用、軍勢の移動、食料の確保と補給——そのどれを取っても、日常の消費とは比較にならない、莫大な費用を費やすものだった。
　そうした合戦が、どのような流れで行われたのかを見てみよう。

□軍評定（いくさひょうじょう）

　敵対する大名が、味方の城に侵攻してきたとき、あるいは、こちらから敵の城を攻め、領土の拡大を図るといった軍事的な行動について、家臣一同を集め、意見を求める。そして、最終的な結論を出すのは大将（主君）で、その結果によって、「出陣か」「籠城か」あるいは「第三者の有力者に斡旋を頼み、講和を目指すか」といった大方針を決定する。

□動員

　方針が後詰め、あるいは合戦と決すれば、家臣の分限（ぶげん）に合わせた動員が行われる。
　家臣たちは知行地、あるいは領地に戻って、麾下の地侍に動員令を伝え、領地の住民に割り当てた軍役を実行させる。ひとつの村あたり何人などという人数が割り当てられていて、そのなかには、幾度かの合戦経験がある者が何人かいた。新しく軍役に就く者は、そうした経験者から一応の手ほどきを受ける。大柄で体力のある者は長柄組、年を取っていたり、体格に劣る者は小荷駄や陣屋、柵の普請といった形で、それぞれ一定の訓練を受ける。
　また、足軽という形で常雇いになっている兵は、陣触れに従って編成され、それぞれの領主の「頭（とう）」として、集結地に向かう。

■合戦の流れ

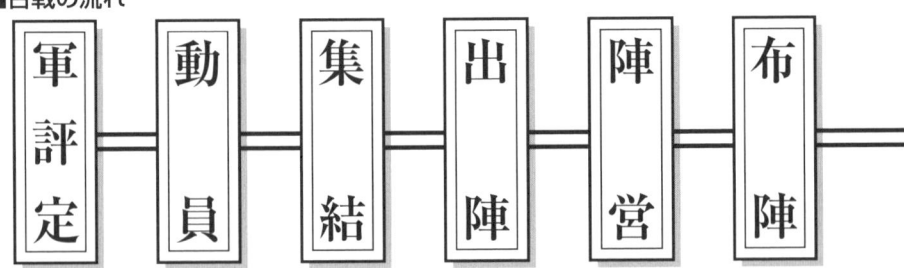

軍評定 → 動員 → 集結 → 出陣 → 陣営 → 布陣

36

◻ 集結

　主君の居城が集結地である場合、それぞれ分限によって人数を定めた着到帳を軍奉行に差し出し、承認を受ける。

　士分の者は騎馬武者と徒歩武者に分かれていて、騎馬武者は一部隊の指揮を執る将校、徒歩武者はその下で、現場の指揮を執る下士官といった立場にある。

　戦国時代の末期には、騎馬武者ひとりに対して、徒歩の者は武者と足軽、雑兵を合わせて10倍以上が基本となった。そのなかには戦闘員だけでなく、小荷駄を扱う輜重兵、鍛冶や甲冑、弓、鉄砲などの修理を行う職人、料理番、馬の口取り、大工といった、戦闘以外の任務に携わる者が1/3ほどを占めている。

　そして、大将は家臣の着到帳を確認して、軍勢を編成し、実戦に備える。

◻ 出陣

　出陣にあたっては、軍師が吉凶を占い、吉日、吉方向を選んで行う。出陣のときには出陣式を行い、打ち鮑、勝ち栗、昆布を肴に三献の儀式に続いて、場合によっては「血祭」を行う。敵の捕虜がいる場合などにはその首を刎ね、夜叉、軍神に勝利を祈願する。

　そして、鬨の声を上げるが、この場合は左から右に上げ、逆は不吉として忌み嫌う。

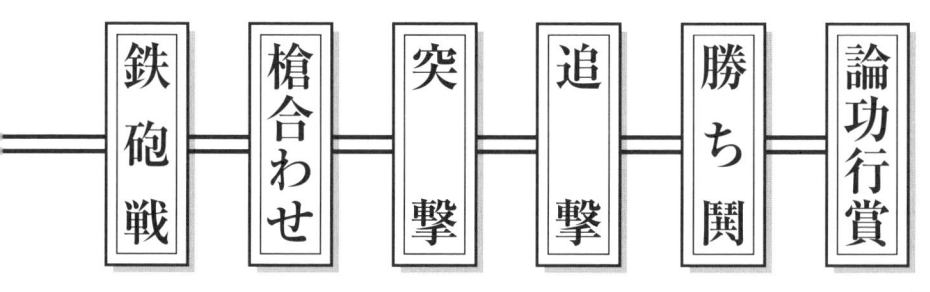

| 鉄砲戦 | 槍合わせ | 突撃 | 追撃 | 勝ち鬨 | 論功行賞 |

🔲 陣営

　予定の戦場に着けば、野営の陣を張る。本陣の周りには幔幕を張り、大工が大将や侍大将といった幹部のために陣屋を建てる。
　これは合戦が終わるまでの生活の場所であり、また大将の陣屋は、軍評定が開かれる重要な設備となる。

🔲 布陣

　通常、情報を得るために、陣営と同時に物見を放つ。物見とは偵察だが、敵の出現を見張るのみの小物見、ある程度の戦力を有していて、敵の勢力圏内まで踏み込んで強行偵察を行う中物見、敵の軍勢と戦ってみてその戦力を推し量る、威力偵察の大物見といった区別がある。
　物見の巧拙は合戦の結果にも直結するため、その巧者は重く用いられた。たとえば武田信玄は、後の上田城の城主・真田昌幸と足軽大将の曽根昌世を、物見の名人として「我が両目」と呼び、重用している。
　物見の結果、敵の動向が明らかになれば、予定戦場に進んで布陣する。このときにも、敵の陣容によって取るべき陣形が変わる。敵勢の規模や装備、城の後詰めとしてきたのか、こちらが後詰めをしているのかなどの状況によって、守りを固めるなら方円の陣や衝軛の陣、攻撃を主体とするなら魚鱗の陣や鋒矢の陣、味方が大勢なら鶴翼の陣、戦況によって攻防いずれかに変化するなら雁行の陣、といった形に布陣する。
　敵もまた、陣形を整える。

魚鱗の陣

鋒矢の陣

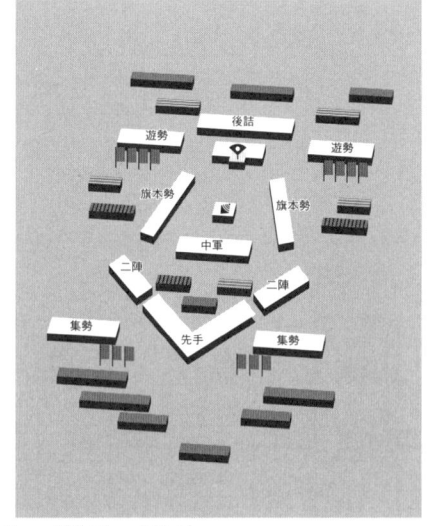

♦ 大将　　🐚 貝・太鼓・鐘　　🚩 旗　　▬ 鉄砲　　≡ 弓　　▦ 槍

□ 鉄砲戦

かつては戦いの合図として、鏑矢を放ったり、一騎打ちから始めた時代もあるが、元亀天正の時代ともなれば、いきなり射撃戦から始まることが多かった。

両軍、射程距離に接近するまでに、竹束や鉄張りの盾などの防御用具を前面に出し、その間に折り敷いた鉄砲組が狙いを定め、鉄砲組物頭の下知に応じて発砲する。

1度撃った者は後方に下がり、銃腔の掃除と装填を終え、再び前面に出て撃つ。早合（木や竹の小さな筒に、火薬と紙の押さえ、弾丸が仕込んであって、装填を迅速にするよう工夫されたもの）を使っても、次第に発砲できる間隔が開いてくる。その隙間を埋めるために弓組も配置されていて、鉄砲射撃の合間に弓を射た。

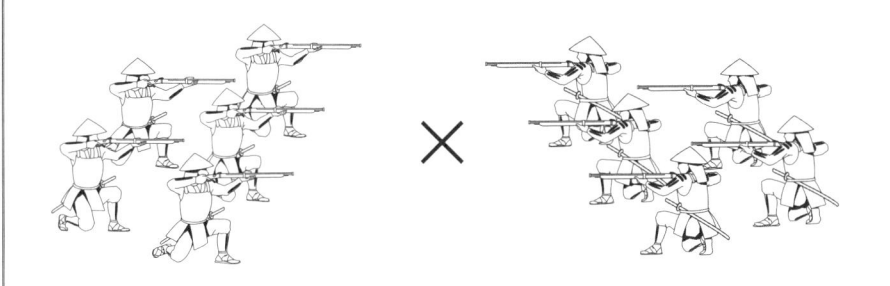

□ 槍合わせ

射撃戦で一定の被害を敵に与えたと見れば、その後方に控えていた長柄組の足軽が、押し太鼓や銅鑼、鐘に合わせて前進し、敵の長柄槍と激突する。

長柄槍は突く武器ではなく、声を合わせて振り上げ、叩き伏せたりする。また、長柄槍同士を絡ませて、ねじ伏せるなどの戦いを繰り広げる。やがて力の差が出てきて、一方が押され気味になってくる。すかさず新たな下知が下り、穂先を揃えて突撃する「槍衾」や、槍絡みのまま押し崩すなどして、味方のための血路を開く。

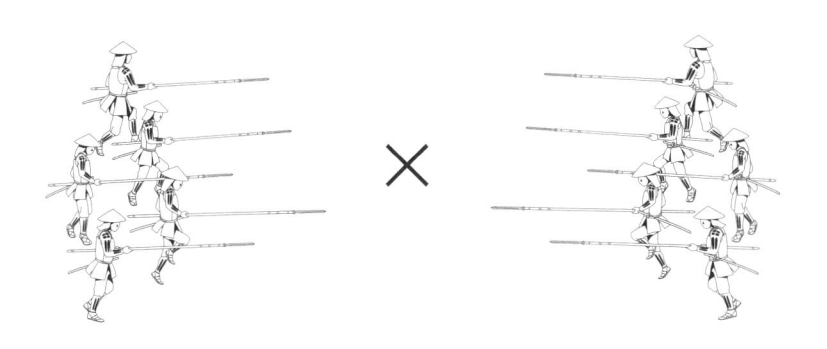

突撃

　槍合わせの際、敵勢に綻びが見えれば、そこに騎馬武者、徒歩武者が突撃する。長柄槍のあいだをすり抜け、あるいは押し崩すなどして敵の布陣に押しかかれば、敵も武者が出て防ぎにかかる。その間、戦況によっては騎馬武者が突撃し、「乗り切り」「乗り崩し」などの戦法を駆使して、敵勢を攪乱する。

追撃

　敵勢が崩れたなら、追い討ちをかける。どれほど精強な軍勢でも、一度崩れればもろい。戦果拡大の機会だが、迂闊に追えば伏兵があったり、殿軍の繰引き（ふた組の殿軍が協力し合い、一方が危機になればもう一方が、その逆の場合には助けられていたほうが助けるなど、ふたつの軍勢が繰り返し動きながら退く）にかかって、思わぬ損害が生じることになりかねない。

勝ち鬨

　大将の音頭に合わせて、将兵が鬨を作る。大将が右手を突き上げ、「えい、えい」と叫ぶのを受けて、将士が「おう」と応える。

論功行賞

　次いで、討ち取った首の首実検を行い、簡単な論功行賞を行う。本格的なものは本拠地に戻ってから行う。そして、生け捕り人、負傷者の処置、そして新たに占領した土地があれば、それらの仕置きを終えて、凱旋する。

　こうした流れが、一般的な合戦の一部始終である。多額の費用と人的資源を浪費するため、よほどの大々名でも、国の浮沈をかけるほどの合戦は、数年に一度の大事件であった。

　大将は、家臣の論功行賞を正確に行わねばならない。恩賞に不満があれば、その家臣の忠誠心は下がり、敵の調略につけ込まれるもととなる。

　真に合戦は、勝利したとしても、華々しい反面、大将にとっては出陣前から凱旋後まで、気が抜けない事件であった。

野戦の陣形

　野戦にあたっては、敵と味方の人数、それぞれが布陣する地形に合わせて、有利に合戦を進められるように布陣する。
　『太平記』巻八に、「呉子の八陣」という記述がある。中国の兵書から取ったもので、呉子に限らず、いまだに兵法の基本とされる孫子、諸葛亮孔明、太公望といった伝説的な軍学者の書には、ほとんど8種の陣が紹介されている。
　その代表的な分類は、魚鱗、鶴翼、雁行、衝軛、鋒矢、長蛇、方円、偃月の8種となる。

■代表的な8種の陣形

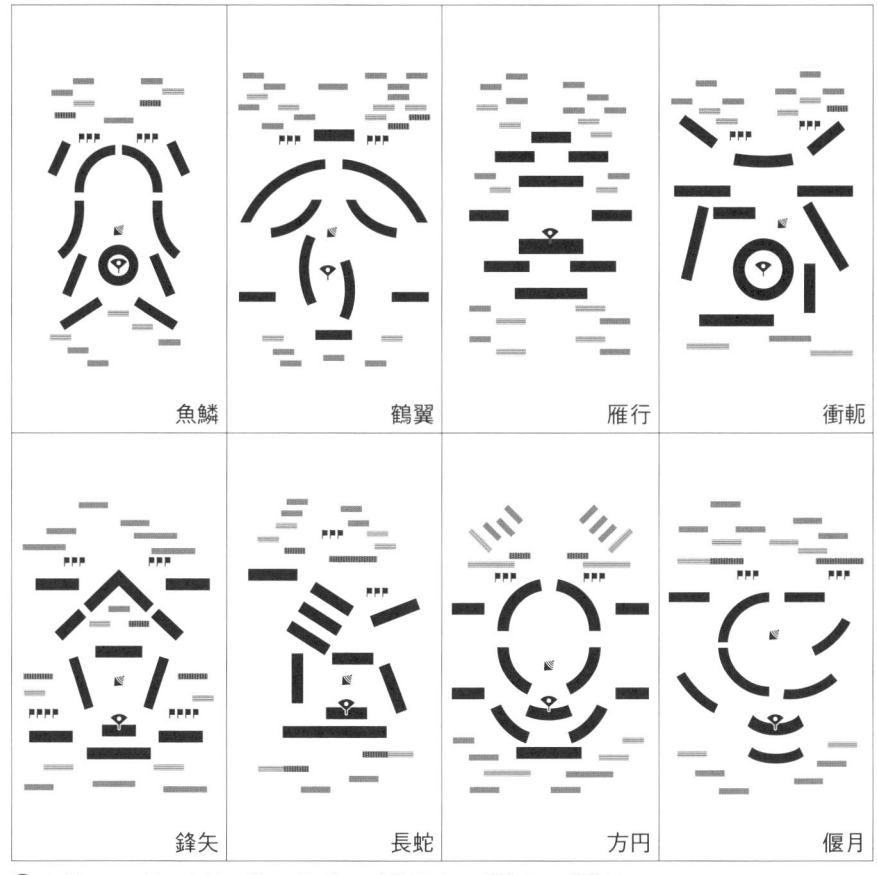

| 魚鱗 | 鶴翼 | 雁行 | 衝軛 |
| 鋒矢 | 長蛇 | 方円 | 偃月 |

♦ 大将　▮ 貝・太鼓・鐘　▮ 旗　▬ 鉄砲　≡ 弓　▥ 槍

魚鱗の陣
ぎょりん

　先手と二の陣を鏃の形に組み、その背後に馬廻りを含む本備え、大将を置いて、その両後方に後ろ備えを置く。さらに、先端部両側に浮き備えを置き、臨機応変に対処させる。

　比較的小勢で、敵陣の中央突破を図るときに用いられる。この陣形をふたつ重ねて、第1陣で敵の備えを破り、牽制するうちに第2陣が突入し、敵の本陣を突くという戦い方もできる。

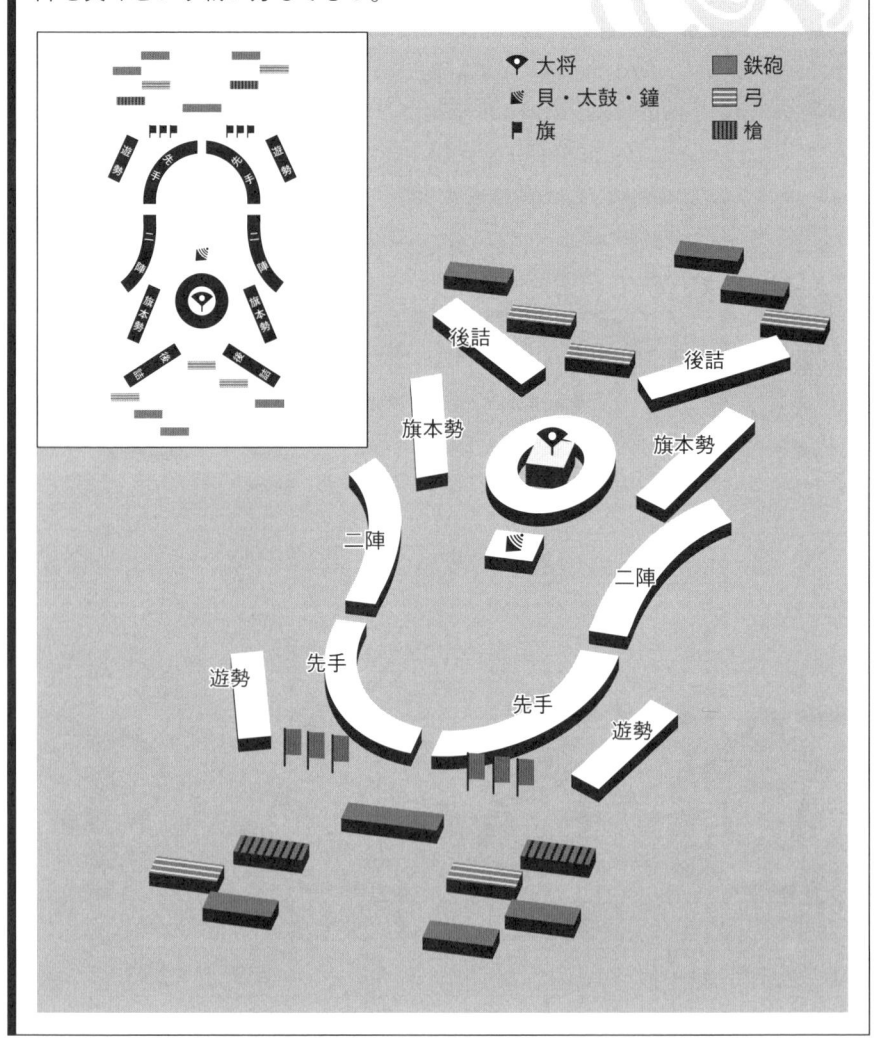

鶴翼の陣
かくよく

　鶴が翼を広げたように、突進してくる敵を両翼から包み込み、さらに中央で迎撃して、包囲殲滅する陣形。

　先手と前線を雁行状に置き、敵を迎撃するあいだに両翼の二の陣、三の陣が前進しつつ左右に展開し、敵勢を包囲する。

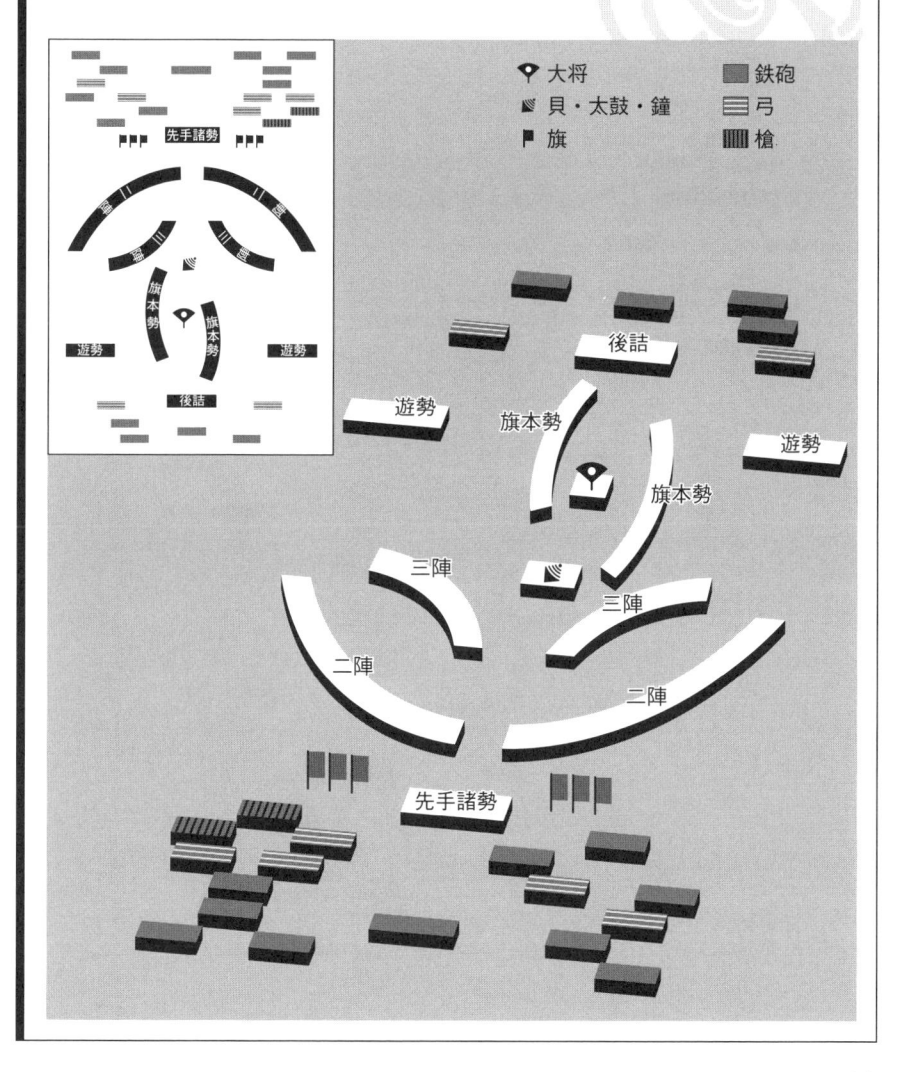

第二章　陣形と用法

雁行の陣(がんこう)

　先手、二の陣、三の陣と斜めに布陣し、敵の動向によって魚鱗(ぎょりん)にも鶴翼(かくよく)にも変化できる陣形。

　また、中央部に敵の主力を受け止め、側面の備えを一斉に転回させ、敵勢の側面を打ち崩すことが可能な陣形で、ヨーロッパの斜線陣にも通じる。

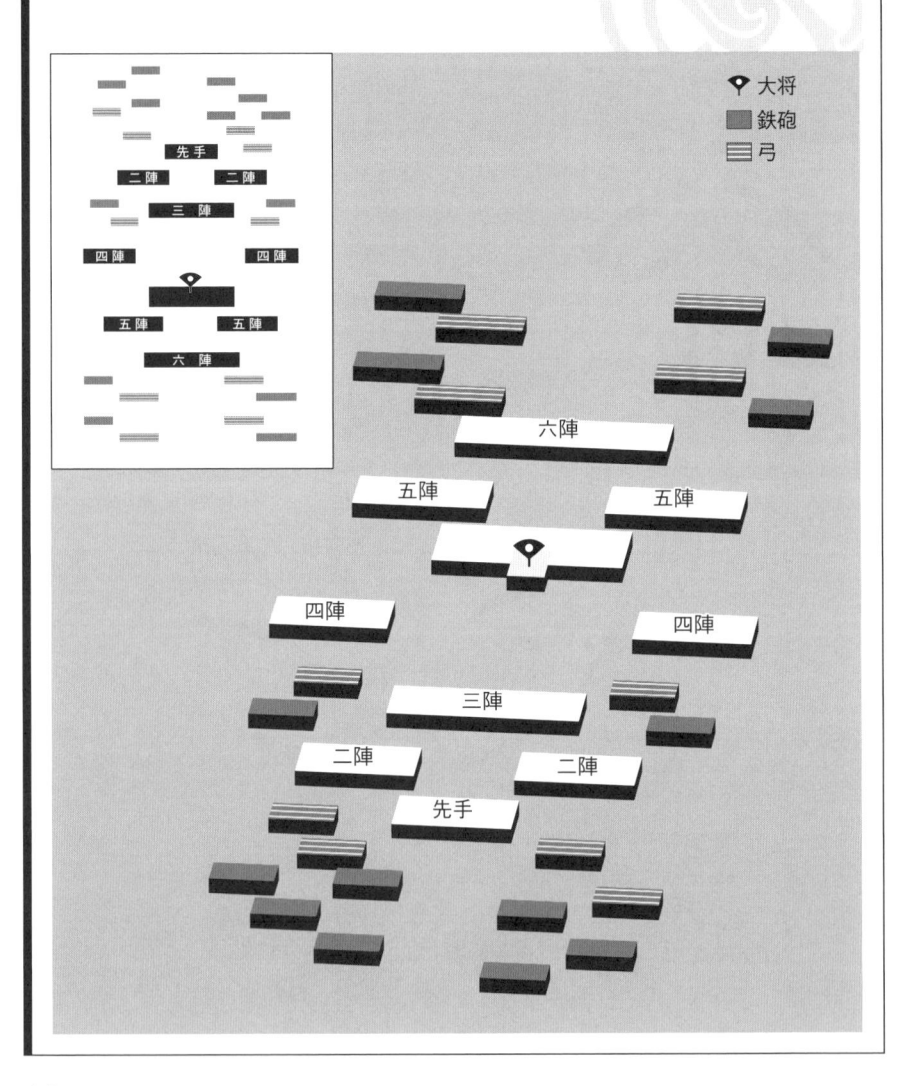

衝軛の陣
<small>こうやく</small>

　先手と一の陣を鶴翼の形に配置、二の陣をその背後に浮き備えとして置き、本陣と馬廻りをその後方に、三の陣は本陣の両翼に、側面に向けた構えとした陣形。多方面からの攻撃に対処でき、また敵が鋒矢の陣で攻めてきたときに、両翼から包み込める利点がある。

　衝軛とは牛の軛を指す言葉で、自由を束縛する意味がある。つまり、敵の動きを拘束し、敵勢を自軍の思うがままに操るための陣形である。

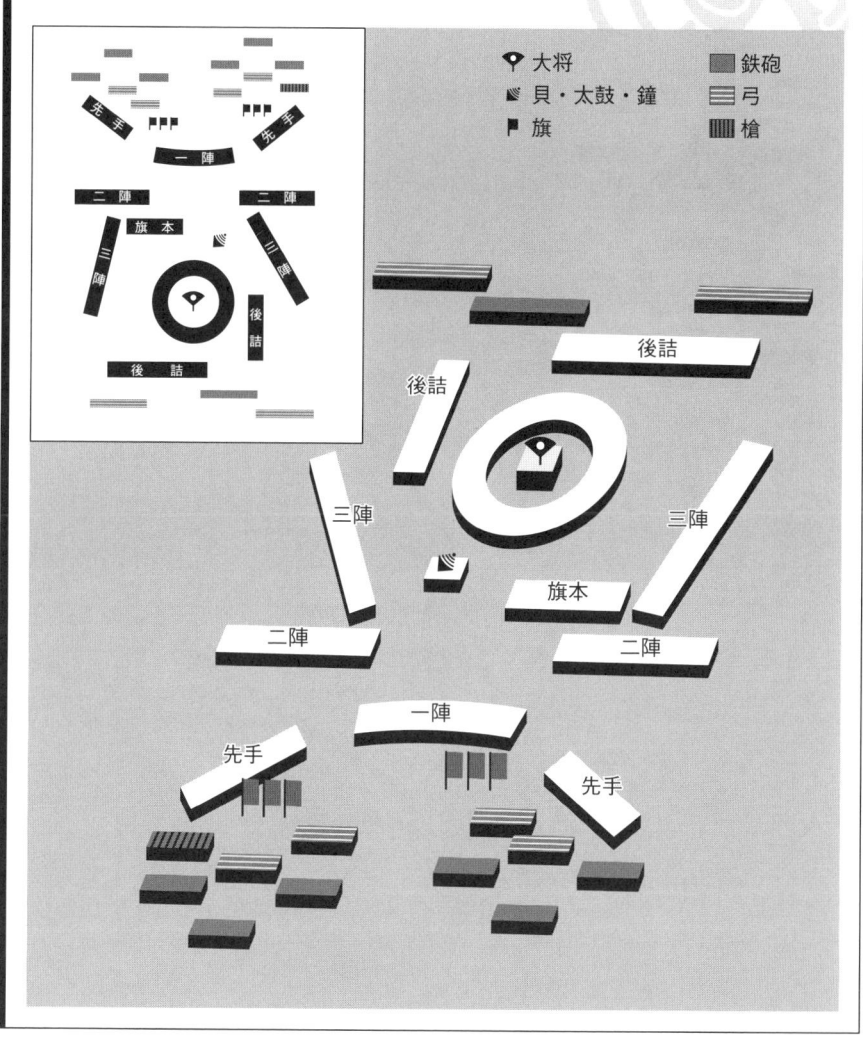

凡例：
- ◉ 大将
- 貝・太鼓・鐘
- ▮ 旗
- 鉄砲
- 弓
- 槍

配置：先手、一陣、二陣、旗本、三陣、後詰

鋒矢の陣（ほうし）

　先手、二の陣を鏃（やじり）の形に備え、先頭の衝撃力に戦力を集中する。本陣、馬廻りはその背後で、ともに突進し、敵陣の中央突破を図る。魚鱗（ぎょりん）の陣に似ているが、両翼の展開は狭く、それだけ突進力に重きを置く。小勢で大軍に向かう際に多用された。

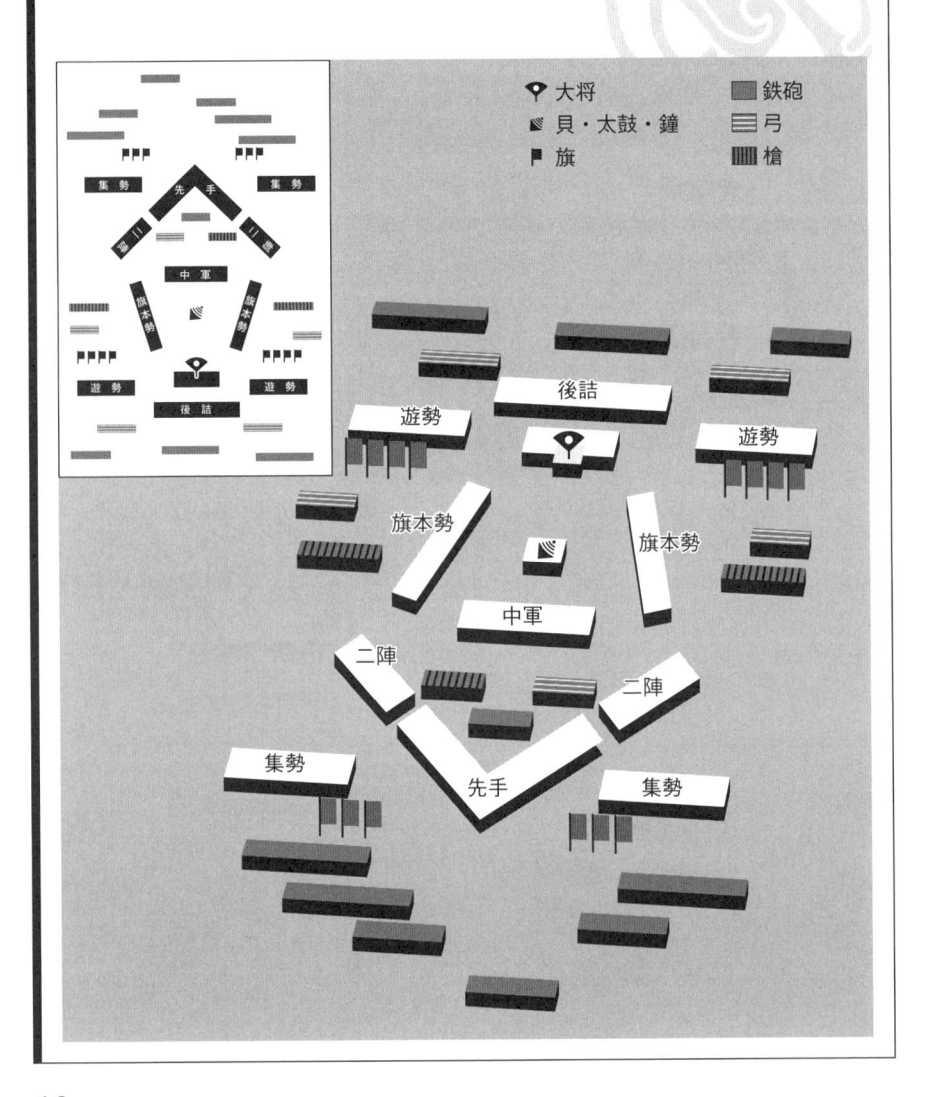

長蛇の陣
ちょうだ

　先手、二の陣、三の陣、中備え、馬廻り、本陣と、蛇が蛇行するような形に布陣し、敵の出方に備えて、複数の陣が連携して迎撃する陣形。

　頭を打てば中軍と後軍が進出して横撃し、中央部を横撃すれば、頭部と尾が敵勢を包み込む。そして、後部に攻めかかれば、後ろ備えが進出して本陣を防ぎ、その間に中軍と先手が戻って後ろ備えと挟撃する。それぞれの陣の緊密な連携が必要となる。

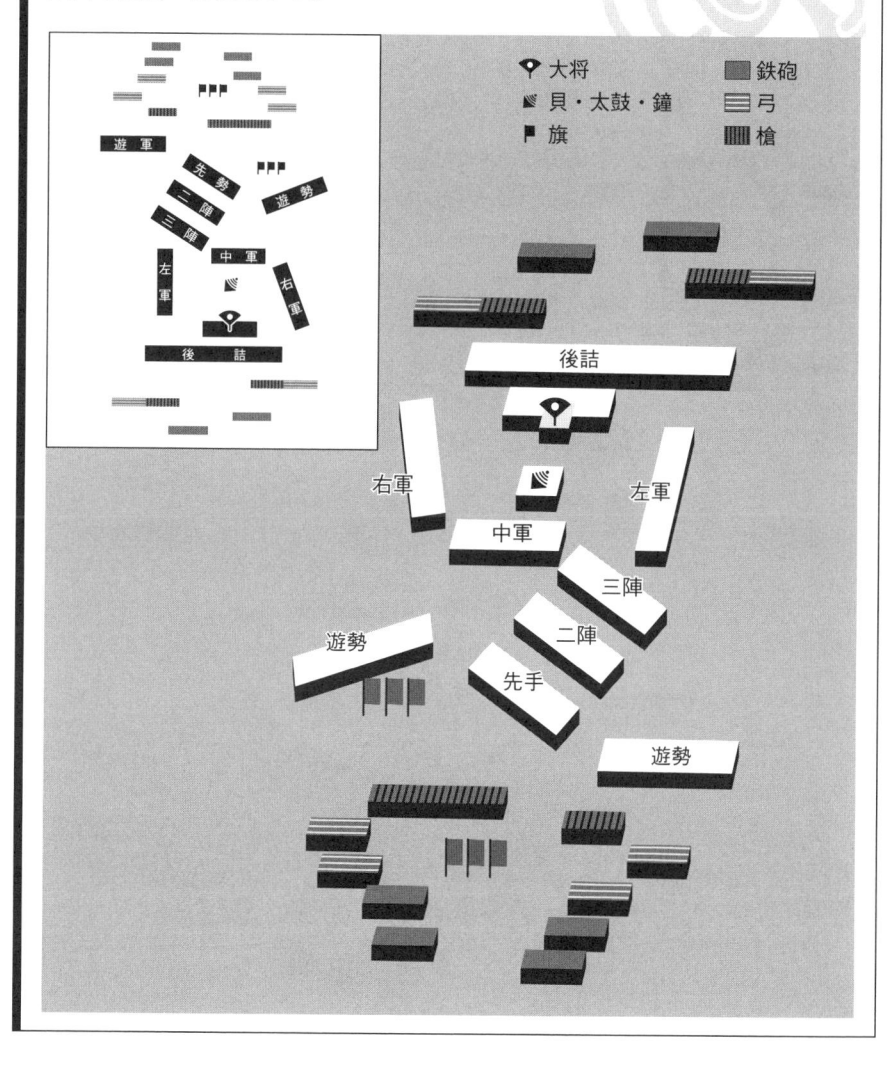

凡例：
- 大将
- 貝・太鼓・鐘
- 旗
- 鉄砲
- 弓
- 槍

陣配置：
- 遊軍
- 先勢
- 二陣
- 三陣
- 遊勢
- 左軍
- 中軍
- 右軍
- 後詰

後詰　右軍　中軍　左軍　三陣　二陣　先手　遊勢　遊勢

方円の陣
ほうえん

　本陣を最も守りの堅い中央部やや後方に置き、先手と二の陣、馬廻りが本陣を包む形で、あらゆる方位に向けた守りを固める陣形。攻撃より守りに適していて、敵の勢力圏に侵入し、野営する場合などに多用される。

　また、野戦で孤立し、味方の救援を待つときなどにも有効な陣形だ。

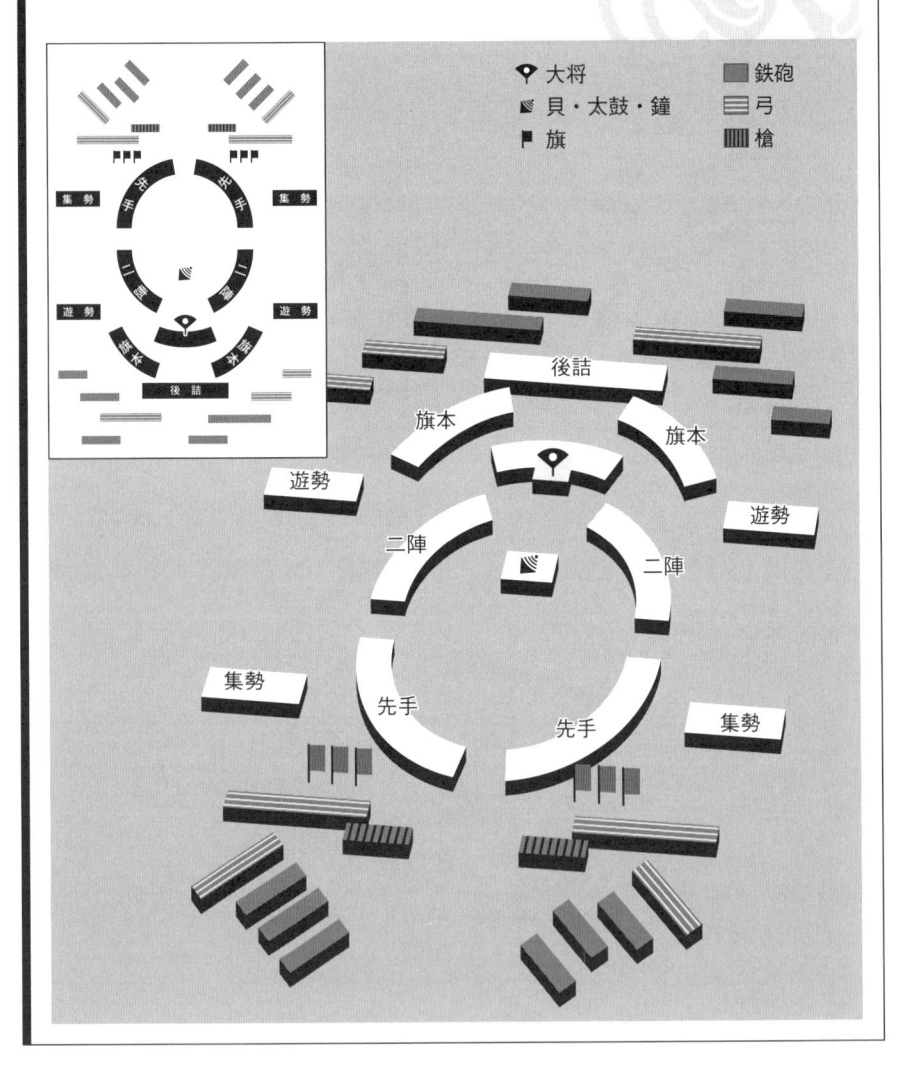

凡例:
- ◉ 大将
- ▨ 貝・太鼓・鐘
- ▮ 旗
- ▬ 鉄砲
- ▤ 弓
- ▦ 槍

偃月の陣
えんげつ

　先手、二の陣、三の陣を湾曲した半月形に組み、本陣をその後方に配置する。敵が小勢で、味方も数が多いとはいえないとき、敵が鋒矢の陣、魚鱗の陣などで強襲してきた場合に、敵勢を包み込むようにして受け止め、その勢いを逸らしつつ、包囲していく陣形。

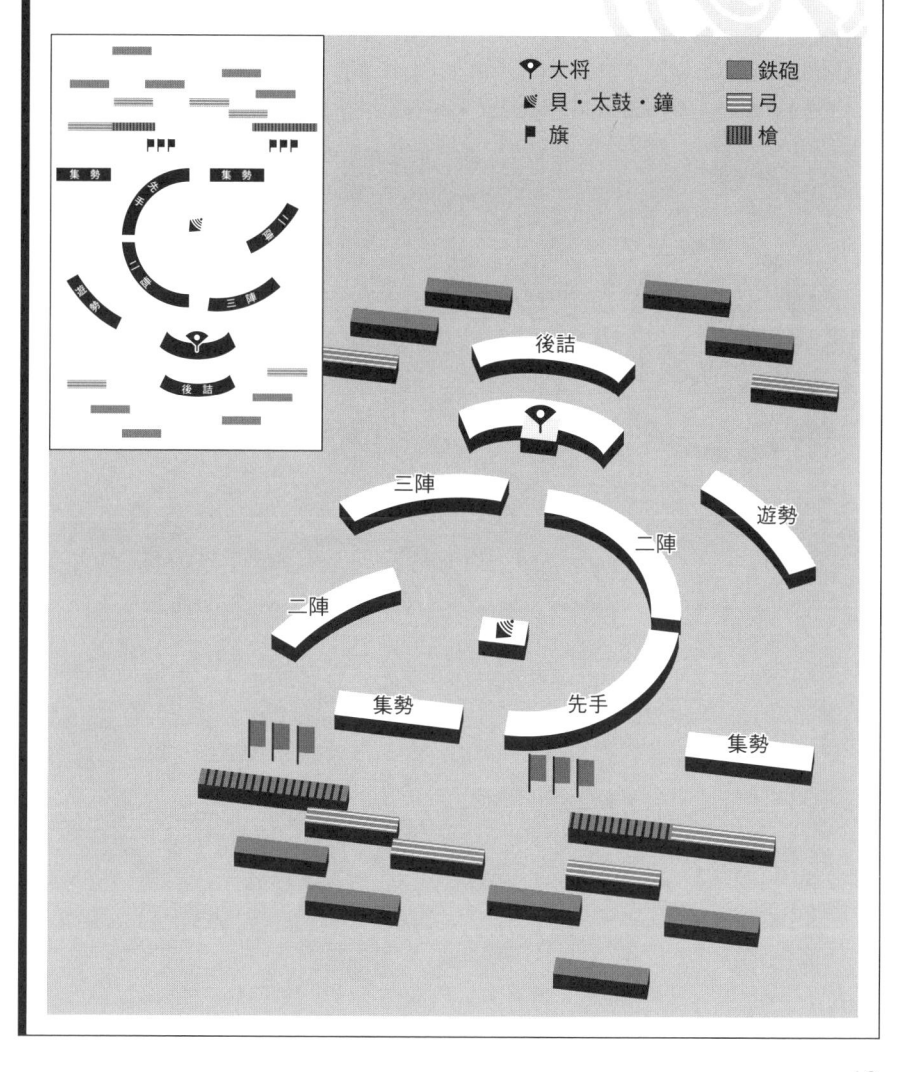

ほかに、流派によって虎乱の陣、臥龍の陣、輪違いの陣などがあるが、ほとんどが前記8陣と基本的には同様のもので、用法、効果もそれほど大きな差はない。

　ただ、第4次の川中島合戦で上杉勢が用いたという「車懸かりの陣」のみは、ほかに似たものがない。

　兵書では、本陣を中心に放射状に配置した各陣が、回転鋸が回るようにして敵陣に食い込み、最終的に本陣同士が激突する決死の戦法とされている。しかし、これでは敵勢と戦っていない陣が敵前で横腹を見せて行進することになり、また兵の疲労も大きい。

　私は、本陣同士を衝突させる決死の戦法であることは確かであろうが、雁行状に配置した各陣を横殴りに敵勢にぶつけ、それぞれを剥ぎ取っていって、最終的に本陣同士が剥き身で激突するものと考えたが、いかがなものであろうか。

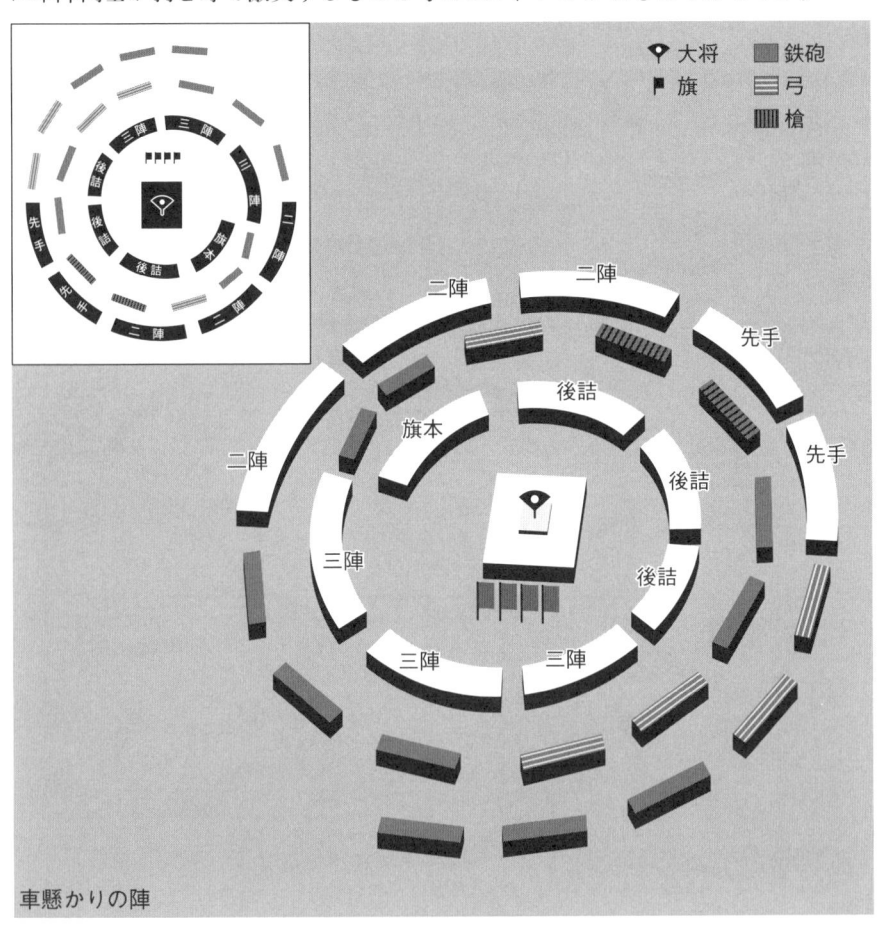

車懸かりの陣

どの陣形を取るにせよ、成果を発揮するには、兵の戦意と各陣を預かる部将の統率力、そして主将がどれだけ自軍を掌握し、制御できるかであろう。

　基本的には、兵を多く投入した側が有利であることは否めない。また、どれほど精緻な陣形を組んだからといって、それが機能的に働かなければ、合戦に勝つことはできない。

　戦国時代の陣形は、要は自軍の戦力を効率的に働かせるものであり、どのような陣形でも、衝突の前段階に鉄砲によって敵の陣形を乱し、また白兵戦時に、敵陣の綻びに投入できる浮き備え——予備戦力が不可欠であった。

　戦機をとらえ、そうした対応ができる主将があってこそ、先にあげたようなさまざまな陣形が、効果的に働いていくわけだ。

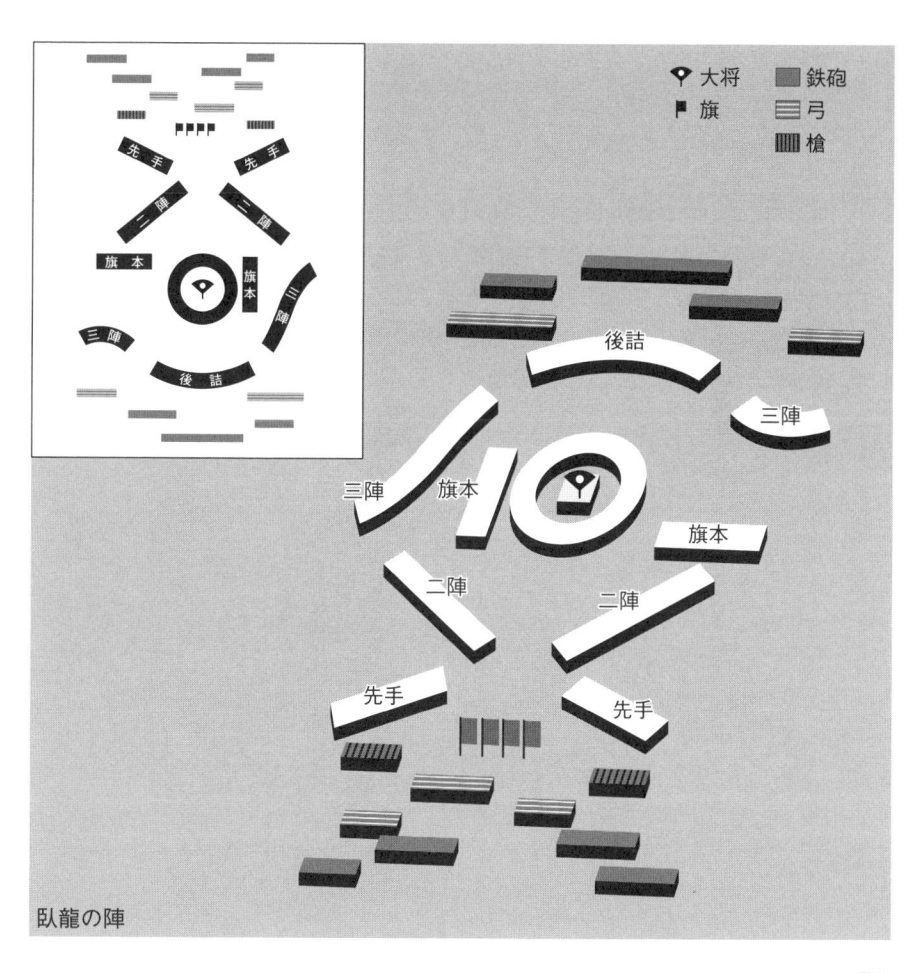

臥龍の陣

戦国時代のおもな技術と戦法

馬防柵(ばぼうさく)

　文字通り、馬を防ぐための柵。馬防ぎの柵は、騎馬武者が馬上から矢を撃ち合う騎射戦が中心だった源平(げんぺい)の時代から用いられ、そのころには丘陵にそうした柵を並べて、いくぶんかの櫓を築いた程度のものが、城と称されていた。もともと、柵は城の攻防に用いるもので、杭を乱れ打ちに打ち込んで綱を張り、兵や馬の足止めに使った「乱杭」や、尖った木を逆さにして埋め込み、やはり敵の進撃を防ぐ「鹿砦(ろくさい)」と同じく、防御に使われるものだった。

　合戦の場以外では、軍勢が野営する際に陣営の周りに築き、敵の夜討ち、朝駆けを防いだものだが、これを野戦に積極利用し、野戦築城に用いて敵の攻撃を防ぐと同時に動きを制約し、味方の攻撃につなげたのが織田信長(おだのぶなが)だった。

　信長が用いた馬防柵(ばぼうさく)は、鉄砲を狙い撃てるだけの間隔を空けて縦木と横木を組み合わせたものを、空堀を掘った前後に2重、3重に配置し、敵の兵がその隙間を通ろうとしても即座に突き殺せるような配置であった。武田勢(たけだ)はその柵と空堀と川が組み合わさった野戦陣地に拘束されて、国力を大いに消耗する大敗北を喫したのである。

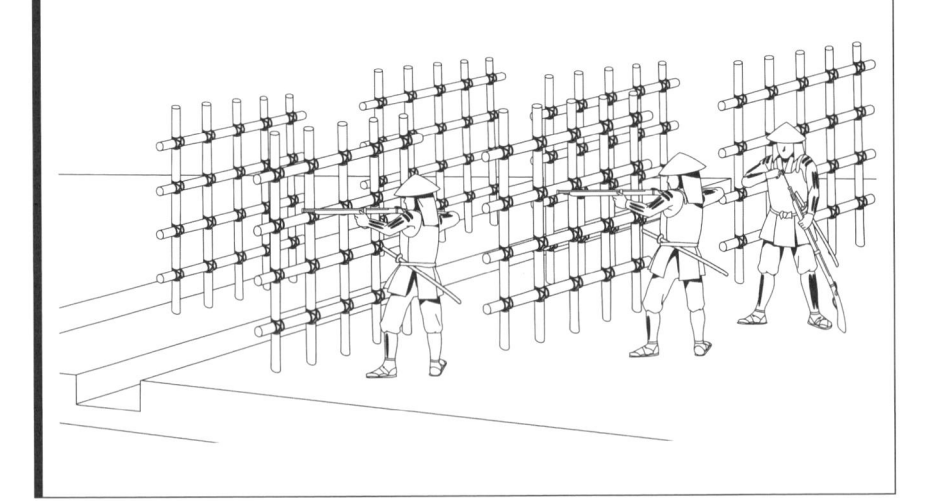

竹束
  竹束は、従来から飛び道具に対する防具として使用されてきた木製の盾に対して、新兵器である鉄砲への防御に特化した防御用兵器として発展した。
  『甲陽軍鑑』によれば、天文21年（1552）、信濃国苅屋原城攻めにおいて、武田家の甘利左衛門尉晴吉（昌忠）の家臣・米倉丹後守重継が、城側の矢弾を防ぐために考案したと記している。竹の強靭な防弾力は、鉄砲の出現を待たずとも弓矢に対してのそれとして知られていたようで、鉄砲の破壊力に対処するために、それが用いられるのは自然な流れといえる。
  ただ重ねただけでなく、丸く巻いて縛ったものを横に並べ、前面に並べて鉄砲への防ぎとした。
  火縄銃の弾丸に対しては、有効射程1町の半分ぐらいまでなら貫通せず、高い防御効果を発揮したらしい。接近して直撃すれば貫通するが、筒状に編んでいれば被弾経始（命中した弾丸を弾き飛ばす形状のこと）の効果も出て、すべての弾丸が有効となるとは限らない。竹束が無効となる距離では、どのみち長柄組が槍柵を組んで突撃し、両軍の白兵戦となるので、竹束は無用になる。
  何本かの竹束を連ね、移動できるようにした「車仕掛」は、野戦においては敵との距離を詰める効果を発揮した。そして攻城戦においては、敵の鉄砲を防ぎ、死傷者を減らした。その効果が期待されたものだった。

・防御用の竹束

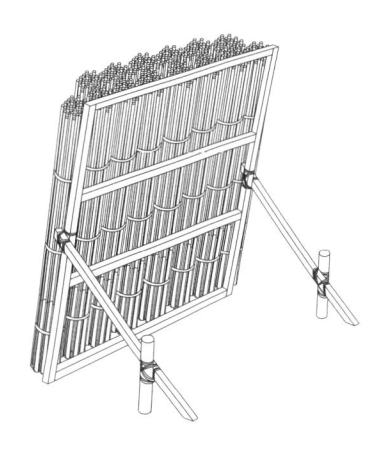

・仕寄り用の竹束
（上げ下ろし可能な竹束）

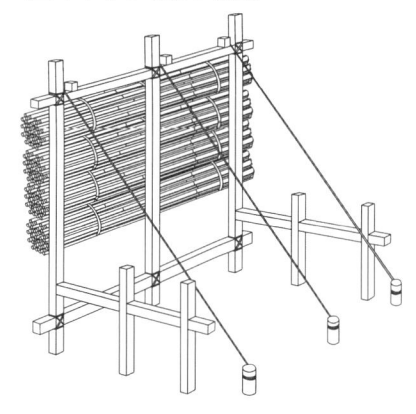

鉄砲

　戦国時代に使われていたのは、前装式の火縄銃。天文12年(1543)、明国人・王直の船が種子島に漂着し、便乗していたポルトガル人が伝えたといわれるが、伝来の時期には異説もあり、弘治元年(1555)とも、永正年間(1504～1521)ともいう。ヨーロッパの戦場で使われていたマスケット銃よりは小型で、ヤクトビュクスという銃に近い。

　軍用銃ではなく、東南アジアで使われていた、マラッカ・タイプと呼ばれる狩猟用の銃であったというが、マスケット銃より弾丸が小さく、また重量も軽い。1発ごとの威力には欠けるが、敵兵の戦闘力を失わせる役を果たせればよく、むしろ取り回しが楽なほうが戦場では役立った。さらに、マラッカ・タイプの瞬発式点火機は、ヨーロッパ・タイプの緩発式点火機にくらべて、安全性、操作性には劣るが、命中率では優る。ヨーロッパ・タイプの点火機にはバネがなく、点火の速度は引き鉄を引く速度に左右される。一方、マラッカ・タイプはバネにより、引き鉄を引けば即座に火縄が落ち、点火する。このため、命中率はマラッカ・タイプが優るわけだ。日本では命中率が優先され、後にヨーロッパ・タイプが伝えられても、ほとんど採用されていない。

■火縄銃各部の名称

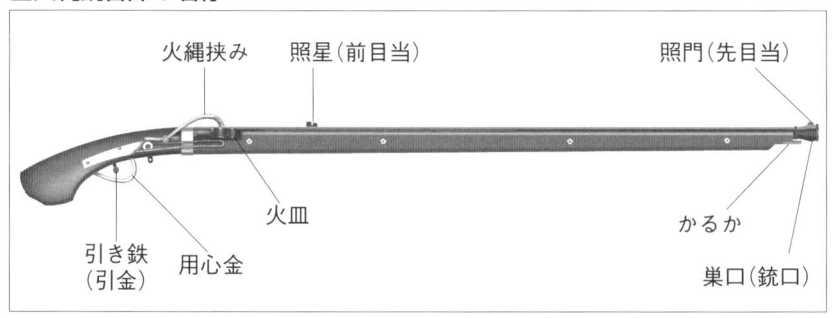

火縄挟み　照星(前目当)　照門(先目当)　火皿　かるか　引き鉄(引金)　用心金　巣口(銃口)

■早合

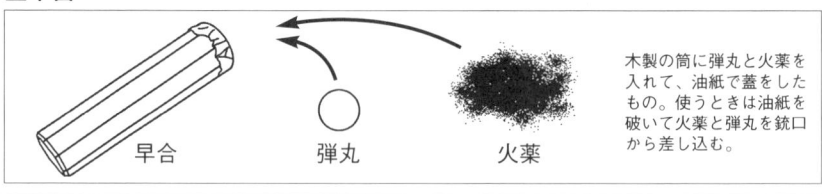

早合　弾丸　火薬

木製の筒に弾丸と火薬を入れて、油紙で蓋をしたもの。使うときは油紙を破いて火薬と弾丸を銃口から差し込む。

6匁（約22.5g）から10匁（約37.5g）の弾丸を使うのが一般的で、なかには100匁（約375g）や200匁（750g）といった弾丸を撃ち出す大鉄砲（大筒）もあり、これらは城の門扉の破壊や、敵勢に撃ち込んで混乱させるために用いられた。

　大鉄砲のなかには、多くの弾丸を袋に包み、銃腔に詰めて発射する散弾もあったという。これは千人殺しと呼ばれ、接近戦で威力を発揮した。

　5、6発も撃てば火薬の滓が銃腔にこびりつき、装填の間隔が欠点とされたが、各大名は1発分の発射薬と弾丸を筒に入れた早合を利用し、また鉄砲自体の数を増やすことで、その欠点を補った。

　鉄砲の登場で、ことに攻城戦の死傷者数が飛躍的に増えた。甲冑、戦術に至るまで、日本の合戦に最も大きな影響を与えた兵器であった。

■火縄銃の発射手順　装填から発射まではおよそ20秒を要する。

①　銃腔内のチェックと弾丸の装填を行う。まず、銃口から息を吹き込み、火皿から空気を出して、目詰まりしていないかチェックする。早合から火薬と弾丸を入れる。着火しやすくしたい場合には、口薬を少量入れてから行う。

②　かるかを銃口から差し込み強く突き固める。

③　火蓋を開けて口薬を火皿に入れ、火縄挟みに火縄の先が1cm出るように挟む。頬にしっかりと銃を当てて右手をすべらせて火蓋を切る（開く）。

④　右手でしっかりと銃把を固定（握り）し、前後の目当を合わせて発射する。

第二章　陣形と用法

長柄槍(ながえやり)の戦法

　源平(げんぺい)の時代、歩兵の主力武器であった薙刀は、扱いに技術を必要とする一方、切断武器であるために、集団での統一使用には適していなかった。

　その欠点を補うために、応仁(おうにん)の乱前後から、雑兵が使う武器として槍が普及し始めた。武士の使う槍に比して柄が長い槍は、戦術としては基本的な、敵の得物が届かない距離から敵を叩く、アウトレンジ戦法に属する。

　切る機能を持たず突き刺すのみの武器は、密集した部隊で集団運用しても、隣り合う味方を傷つける危険は少ない。扱いも個人の資質に左右される技術は必要とせず、指揮官の号令に応じて、振り上げ、叩きつけて、敵陣を打ち据える効果が期待された。

■槍各部の名称

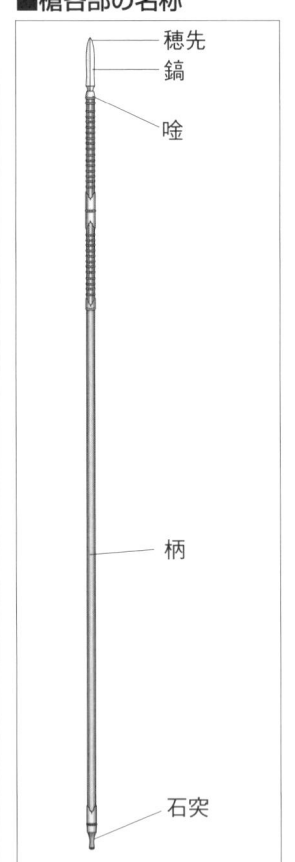

- 穂先
- 鎬
- 喰
- 柄
- 石突

■槍の長さ

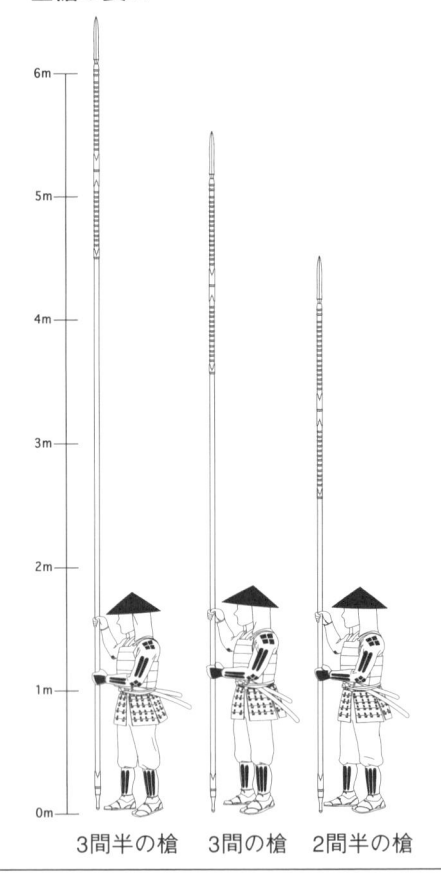

3間半の槍　3間の槍　2間半の槍

また、より高度な運用法として、槍絡み、槍衾といった使い方があった。
　槍絡みは、敵の長柄槍に対するもので、自軍の槍を敵の槍に絡ませ、押し合うことで敵の備えを崩す。
　槍衾は自軍が優勢に立ったとき、あるいは劣勢を挽回するための用法で、膝を折って穂先を前方に揃え、一斉に突き出す使い方をいう。
　左右に隙を作らず、1列になって突きかけることで、どのような武芸の達人でも対処ができずに突き殺される。信長が使い始めたといわれる3間半もの長柄槍は、こうした用法に使うもので、以降戦場の主力戦術となった。
　また、武者が使う槍は長柄槍より短く、基本的に個人で使用するものである。馬上から振るうにも、また徒歩武者が馬上や徒歩の敵と戦うにも、刀より射程が長く、突きを主体とするために動作が速い。刀に長柄をつけた長巻よりも取り回しが機敏であるため、武士の表芸として、戦国時代の主力武器となった。

■槍衾

①

槍隊が1列に並んで敵を待ち構える。

②

一斉に槍を突き出し、敵の進撃を止める。

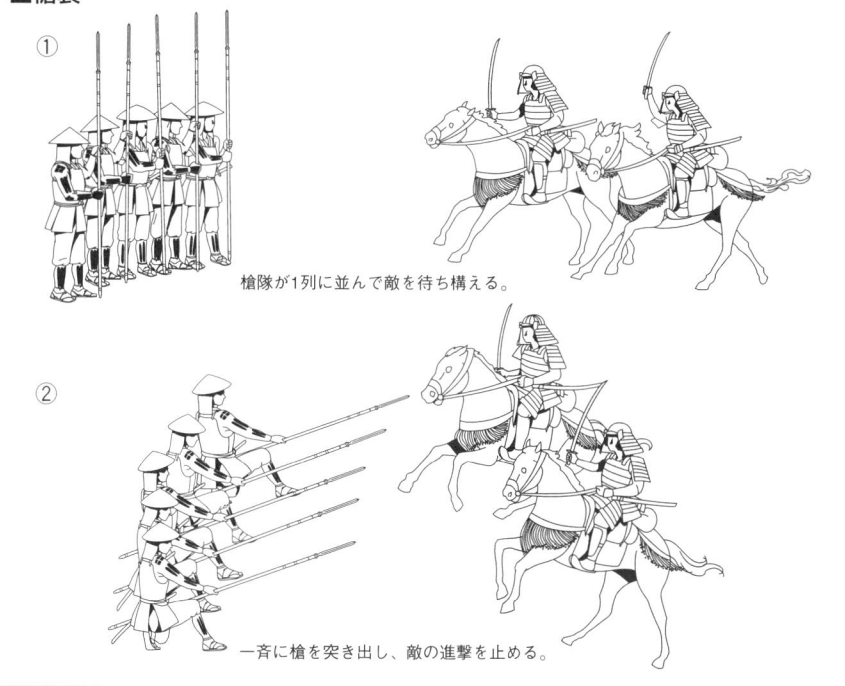

騎馬武者の戦法

　戦場における騎馬武者の役割は、馬高に自身の背丈を加えて視点を高所に置き、大将の指示をいち早く見つけ、また自分の指示を、徒歩（かち）の部下に間違いなく伝えるところにある。

　また、視点が高いため、乱戦となったときに、より俯瞰的に戦況を把握できる。その指示を受けた徒歩の兵が、敵の伏兵などを掃討し、また騎馬武者の弱点である足下からの攻撃を未然に防ぐ。現代の陸戦で、戦車に歩兵がつき従い、敵の歩兵による攻撃を防ぐのに似た用法である。

　当時の軍用馬は、馬格の大きなものを選び出し、調教したと多くの軍書に書かれている。日本馬は小さいとはいっても、まだ品種として固定されたものではなく、個体の差は大きかっただろう。そのなかでもことに巨大なものを選び、跨（またが）った武者の体重と、馬の突進力を乗せた突撃は凄まじい威圧感を伴っていただろうし、衝撃力も絶大なものがあったと考えられる。

　騎馬を用いて行う戦法に、「乗り切り」と「乗り崩し」という2種類の戦法があった。乗り切りは合戦中、敵が浮き足立ったときに少数の騎馬で乗り入れ、隊列を攪乱する用法で、乗り崩しは合戦の転換点と見えたとき、剛強の武者に突撃させて前衛を押し崩し、すかさず歩兵が突撃して、敵勢を押し崩すものであった。

■乗り切り

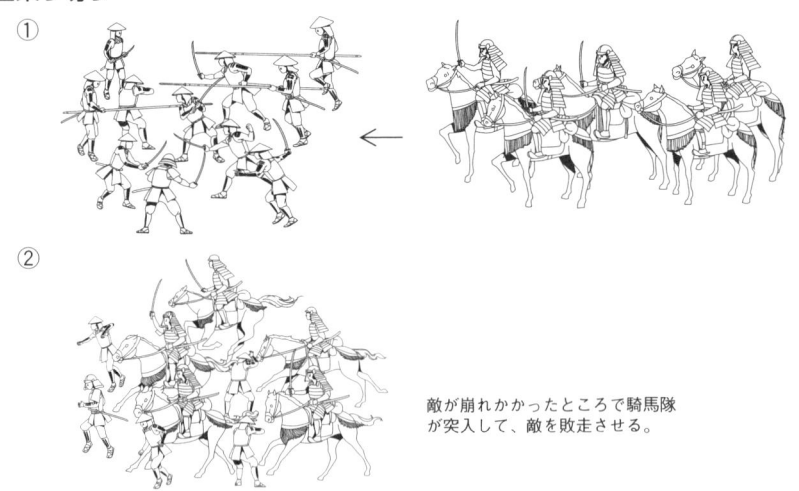

①

②

敵が崩れかかったところで騎馬隊が突入して、敵を敗走させる。

乗り切り、乗り崩しが、戦端が開かれてから後、白兵戦に至ってからの戦法であるのに対して、「乗り込み」という戦法がある。
　本格的に戦端が開かれる前、敵勢が不用意に仕場居を詰めて布陣しようとしているとき、後詰めの兵が配置されていず、また陣形が粗漏なものと見えれば、勢力を計るために騎馬武者のみで大物見を立てる。
　そのまま敵中に突入し、備えが固まっていない敵勢を混乱に陥れて素早く引く。その乱れが大きければ、すぐさま主力が押し出して押し崩すが、そうでなくても緒戦で敵の士気を挫き、味方の士気を上げる効果が望める。
　乗り切り、乗り崩し、乗り込みは、敵の人数が多いほうが効果がある。敵も同士討ちを恐れて飛び道具が使えないため、人数の薄いところに打ち込めば、遠くから狙い撃たれる危険が大きくなる。
　歩兵の切り込みも同じで、敵の人数が多い部分に戦力を集中して突入する戦法を総捲りといい、統制が取れていない大軍には大きな効果を発揮する。
　騎馬の突撃は洋の東西を問わず強力なもので、その防御のためにも、さまざまな道具が考案された。実際に使用されて効果を発揮したのは、騎馬の突撃を防ぐ馬防柵であった。

■乗り崩し

①

敵陣に向かって騎馬隊が突撃し、敵が崩れたところで歩兵が突撃する。

②

弓を使った戦法

　白兵戦に移行する前、距離を置いての射撃戦は、鉄砲が登場するまでは素手、あるいは投石器を用いての石礫か、弓矢によるものが主流であった。
　日本の弓は貫徹力に優れ、速射性を活かして、鉄砲の伝来後にも一定の地位を保っていた。
　ここでは、戦国時代の代表的な弓の戦法を紹介しよう。「両懸かり」と「指矢懸かり」である。
　両懸かりは、長柄組を前面に並べ、その後方に鉄砲組と弓組をひとり置きに配置する。そして押し太鼓に合わせて前進しながら、まず鉄砲を撃ち、次いで弓を矢継ぎ早に射かけて、敵の動きを押さえ込む。
　そこに槍組が突撃し、次いで弓、鉄砲も撃ちかけ、得物を抜いて突入する。
　速射のきかない鉄砲の欠点を弓の速射で補うもので、弓と鉄砲の両懸かりの意味であるという。
　指矢懸かりは、相手が鉄砲組を揃えているとき、できる限り多くの弓矢を集め、矢継ぎ早に射かけて敵の鉄砲を封じ込める戦法である。
　矢は鉄砲より威力は劣るが、速射性に優れ、鉄砲の弾込めのあいだに射すくめることで圧倒が可能となる。

■指矢懸かり

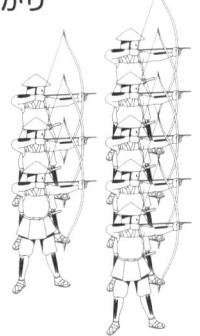

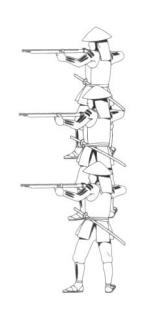

　また、矢は鉄砲と違い、上方に撃つことで、敵の頭上から文字通り矢の雨を降らせて、足を止めるという使い方ができる。
　こうした使い方のため、鉄砲が普及した後でも、弓は制圧武器として使われ続けた。強弓の矢に兜割りの鏃をつけた矢は、兜で防御した敵も打ち倒せたうえ、山間の遭遇戦などでは鉄砲より使い勝手がよかったともいう。

第三章

実戦上の戦術

旧勢力と新勢力の交代

　日本の合戦は、従来からひとつの、典型的な形態を取ってきた。
　これは「異国の軍隊との合戦、及び戦国時代の総決算」で詳しく語るが、日本には東洋に特徴的な、ある種の兵力が存在しなかった。
　正確にいえば、一時は確かに存在した。しかし、武力を担う者が「兵士」から「武士」に変わっていくにつれ、その兵力は、必然的に解体を余儀なくされたのだ。
　すなわち"官軍"である。世界各地に起こった民族は、自身の部族を統一し、次いで別集団を構成している同部族の統一を図り、さらに統一が進むと、周辺に存在する別の部族とのあいだで抗争が始まり、やがてある地域のなかで他の部族を征服し、ひとつの統一政体が生成される。その段階まで進めば、武力はその政体の中心──征服者の王朝が握ることになる。
　それが、支配者たる王が徴兵し、維持し、派遣する政府の軍隊、官軍である。東洋では、大陸に勃興と衰退を繰り返す中華民族の歴代王朝が、そのたびに官軍を組織した。
　軍事力を持つ者が、支配者のみである必要があるためだ。こうした中央集権制では、中央で支配する征服集団が、他の被征服集団を従わせなければならない。法制を整え、経済力の枷をはめるにしても、その裏打ちとなるものは、常に武力なのだ。

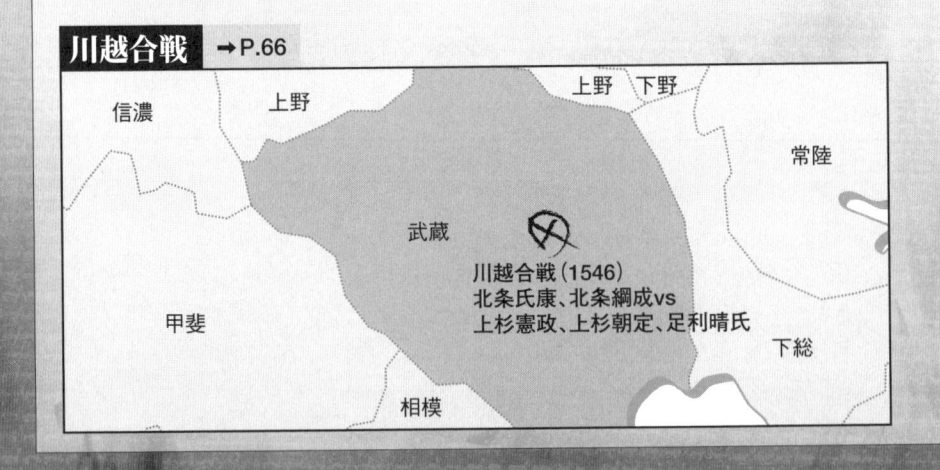

川越合戦 →P.66

信濃　上野　　　上野　下野
　　　　　　　　　　　　常陸
　　　　武蔵
　　　　　　　川越合戦(1546)
　　　　　　　北条氏康、北条綱成vs
甲斐　　　　　上杉憲政、上杉朝定、足利晴氏
　　　　　　　　　　　　　下総
　　　　相模

日本でも、大和王朝が成立してしばらくは、中央集権制を取り、官軍が組織されていた。貴族が政権を握っていた時期、武力は朝廷の勢力が及ぶ地域から徴兵を受けた庶民の兵で、彼らは朝廷が欲するままに、海を越えて半島に送られ、また九州に送られて、防人の任務に就かされた。

　その状況に変化が起きたのは、貴族が地方に与えられた領地や荘園の管理を、地元の有力な集団に任せ始めたときだった。

　そうした集団は、当初は貴族の家来として、一族郎党で荘園の警備にあたった。ことに関東では、馬の扱いに長け、馬上での弓の扱いが得意な勢力が、朝廷との血のつながりを得た集団を中心に、縁組を通じて勢力を伸ばし、他の荘園との抗争に備えて武力を蓄えた。

　そうした集団の者が、次第に朝廷に重宝されて、武力の中心に据えられるようになっていった。官軍の維持には、莫大な費用がかかる。朝廷が常備軍の維持をやめ、基本的に軍事行動を生業とする集団に軍事を委ねるに至ったのは、朝廷の本質が征服王朝から、国家の鎮護を主要な目的とした祭祀王朝になり代わっていったためだった。

　こうした変化がなぜ起きたかは、本書では語る場がない。確かなのは、そのようにして発生した地方の武装集団が武士団となり、いくつかの戦乱を経て実権を掌握し、武家の政権を打ち立てたことだった。

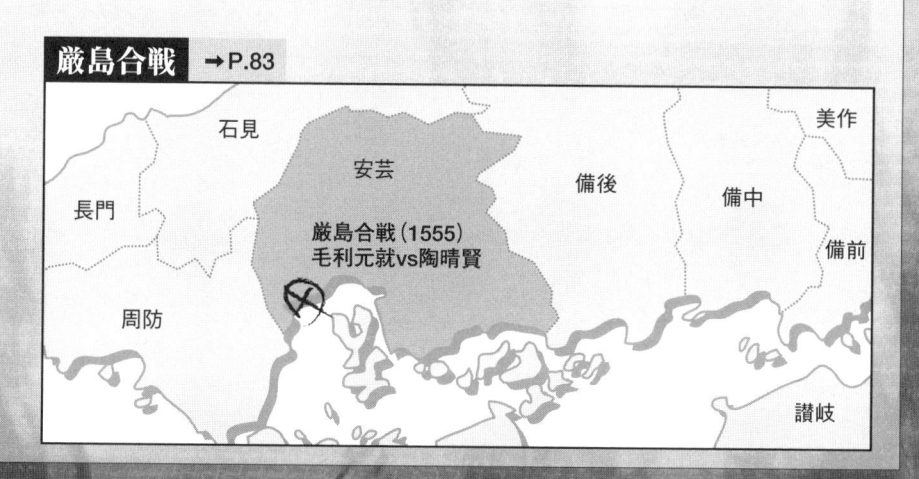

厳島合戦 →P.83

厳島合戦（1555）
毛利元就vs陶晴賢

石見　安芸　備後　美作　備中　備前
長門　周防　讃岐

第三章　実戦上の戦術

こうした過程を経て成立した日本の武家政権は、以降も庶民を徴兵する常備軍を作らなかった。各地域の武力は、それぞれの地域にあった荘園を母体に成長した武士の血縁集団、国人領主に委ねられ、平氏の政権、源氏が開いた鎌倉幕府、足利氏の室町幕府は、すべて総帥、あるいは将軍の血縁者や有力な被官をそれぞれの地域に送り込み、中央政府の権限を委任する形で、各地の国人領主を動員した。

　その見返りは、たとえば本書で扱う天文中期(1545年ころ)から慶長前期(1600年代初頭)にかけての前半期まで統一政体とされていた室町幕府では、将軍の職務を補佐する管領、訴訟などを担当する引付衆、あるいは有力な大名家が任命された守護大名が、それぞれの担当地域で"公儀"の地方機関として、おもに領地を保証することでもたらされた。

　しかし、応仁の乱(1467～1477)以降は、将軍の実権は衰え、また戦乱に巻き込まれた有力な大名や管領が勢力を失っていくなかで、国人領主たちは自ら領地を守り、生き残るために実力で同盟し、また征服と臣従を通じて、幕府の制度から独立した勢力圏を作り上げるようになってきた。

　天文から永禄(1532～1570)にかけては、各地でそうした新興勢力と、前時代の残滓を残した勢力の合戦が行われた。

　双方ともに、主力は国人領主である。しかし指揮を執る者が、新興勢力では

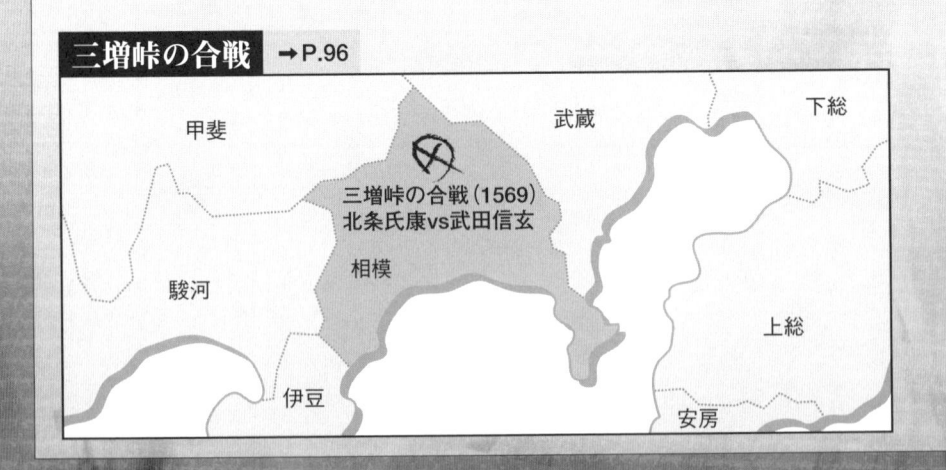

三増峠の合戦　→P.96

三増峠の合戦(1569)
北条氏康vs武田信玄

甲斐　武蔵　下総
駿河　相模　上総
伊豆　安房

64

有力な国人領主のなかから台頭し、同じ階層にある領主たちの盟主となった者か、旧来の支配者層の綻びを衝いて勢力を得た下克上の典型のような武将であるのに対して、後者は実力によるものではなく、旧来の制度に則った動員を行った者である点に、大きな違いがあった。
　こうした状況でよく見られるのが、合戦の常識に反して、少数の軍勢が多勢を破るという結果であった。少数の側は連絡が末端まで行き届き、また制度の外にある勢力、たとえば厳島の合戦では地元の水軍を味方につけて、制海権の奪取を図っている。
　また、三増峠の合戦は、旧来の制度から脱皮を果たした戦国大名が、それぞれの国人領主を大量動員した山間機動戦という、情報の伝達が難しい状況下での合戦であった。そうした状況下、自軍の把握力が勝敗に直結した戦例である。

前時代の制度による大軍に対する
戦国大名が率いる少数の軍勢による奇襲戦

川越合戦

年号	天文15年（1546）
対戦者	北条氏康、北条綱成 VS 上杉憲政、上杉朝定、足利晴氏
兵力	北条勢　1万1000　｜　上杉勢　8万

関東を支配する3つの勢力と北条氏の台頭

　天文6年（1537）、応仁の乱以降70年足らずで、室町幕府の威光は地に落ちた。
　足利家が天下を取って以来、政事の基本となってきた60余州の統治機構——守護、守護代の制度は各国で崩壊し、諸国で下克上の風潮が顕著となった結果、仕置きや軍事の制度をより効率的に整えることができた者が台頭して、新たな領主となりつつあった。
　足利将軍家が認めた守護大名で、そうした体制に変革を遂げえた者も少なくない。甲斐の守護・武田家や駿河の守護を務める今川家、あるいは中国筋の大内家や因幡の尼子家、西海道には大友家、島津家といった名門が、国内の豪族たちを支配下に組み込み、戦国大名への脱皮を果たしていた。
　しかし、足利家が元来地盤としていた関東では、室町幕府体制の崩壊が、他の地方より早く進んだ。
　もともと武蔵国と上野、下野といった国々一円を支配する大勢力が育っていなかった。室町幕府に先立つ鎌倉幕府が間近にあったため、幕府を脅かす可能性のある大勢力を、意図的に排除したこともあるかもしれない。
　室町、鎌倉の双方で、幕府開幕の原動力となったのは坂東武者であり、彼らは源氏の眷属という点で結ばれている以外は、それぞれ個別の国人領主であった。
　それぞれの所領を守り、家臣を養うことを第一義とし、そのために争いを繰り返している。足利氏と上杉氏は、こうした小豪族たちを傘下に取り込んで用いることで、地域の支配を果たしてきた。
　足利幕府のもとで一国支配を果たしてきた守護大名たちは、誰もが多かれ少な

かれ、同じような問題を抱えていた。

　しかし、甲斐の武田家、駿河の今川家などは、曲がりなりにも一国のうちで最も強大な勢力である。こうした場合、もともとの守護大名家が相続争いなどで自壊せず、強力な統率力を保っている限り、実力で国人領主たちを統率して、戦国大名に脱皮することが可能となるものだ。

　しかし、関東においては山内、扇谷の両上杉家に古河公方が並立していたため、鼎立の状態になってしまい、国人領主たちの支配が遅れた。

　3つの大勢力が互いに牽制し合う形となったため、国人領主たちも一方が形勢不利となれば、その勢力に対抗しうるもうひとつの勢力を呼び込むという手立てを用い、結果として小勢力の並立が続いていた。

　こうした状況下、上杉家の嫡流にあたる山内上杉家が、扇谷上杉家の家臣のあいだに勃発した諍いに乗じて扇谷家の家宰・太田資長を殺させ、さらに古河公方を引き込んで圧迫を強めた。

　こうした大勢力の争いの隙を衝き、元室町幕府政所執事の一族から分かれた伊勢長氏が、駿河守護・今川氏親の家督相続にあたってあげた功績を賞されて得た駿河東部を地盤に、足利家の一族で堀越公方を称していた足利茶々丸を討って伊豆を平定し、韮山城を根拠地として関東進出を画策した。

　明応4年（1495）、長氏は扇谷上杉方の小田原城を攻略して相模国に進出し、早雲と名乗って鎌倉、三浦と攻略し、関東をうかがう大勢力に成長した。

関東の要衝をめぐる駆け引き

　早雲の子・氏綱の時代に、かつての関東の雄である北条氏の後裔を名乗って北条姓に改姓し、本城を小田原に移して地盤を整え、扇谷上杉家麾下の武蔵江戸城、さらには扇谷上杉の当主・朝定の本城である武蔵川越城を攻略して、関東進出の橋頭堡とした。

　川越は武蔵と上州、甲斐といった国々を結ぶ要地にあり、この要衝を北条氏に押さえられているのは関東管領としての上杉家の支配を根底から揺るがせることから、山内上杉家の当主で関東管領の上杉憲政は、川越城の奪還を計画した。

　北条家の当代は、早雲以来の3代目・北条氏康。29歳の若年で、氏綱ほどの声望はまだない。しかも、本城小田原からは距離があり、川越城に入っているのは主将、本姓は福島ながら北条の姓を与えられた左衛門大夫綱成以下、3000に過ぎない。

　一方、上杉憲政は、関東管領として関東の国人領主たちに動員をかければ、数

万の軍勢が集められる。加えて、かつて両上杉家と古河公方の争いで生じた亀裂を衝かれて北条家の台頭を許した轍は踏むまいと、憲政は上杉嫡流として上杉朝定を味方につけ、さらに関東管領として古河公方の足利晴氏をも引き込んだ。

このとき、古河城にあって関東の公権力の一翼を担っていた晴氏は、立場としてはむしろ、北条家に味方せねばならない状況にあった。

自ら古河城を訪ねた憲政に、晴氏は困惑していった。

「管領殿は左様にいわれるが、儂の妻女は左京大夫殿の娘じゃ。この儂が古河公方を名乗っておられるのも、国府台の戦で北条殿の兵を借り、小弓御所と里見義弘の軍勢を退ければこそ。舅殿に弓引くような真似は、いたしかねる」

「これは異なことを申される。左様に申せば、左京大夫こそは晴氏殿が仕置きなされるべき土地を奪い、公儀をないがしろにする悪人にござる。晴氏殿が将軍家の威光をお背負いなされる足利の御一族なれば、かような下克上の風潮を断ち切りなされるこそ、忠節の道とお心得なされよ」

熱を込めた説得に晴氏は反論を封じられ、やがて不承不承に頷いた。

憲政は勇躍し、関東一円の兵をもって、川越城奪還の兵をあげる計画を立てにかかった。

衰えたとはいえ、上杉家は関東管領を務めてきた家柄である。天下の形勢を眺め、大戦略を立てる手立ては知っている。北条氏康の勢力は隆盛の一途にあり、なまなかな手立てでは止めがたいと悟ってもいた。

ならば、どうするか。憲政が立てた軍略は、関東管領と古河公方の権威をもって関東一円の兵を駆り集め、圧倒的な大軍で北条勢を押し潰す戦法を基本に置いていた。

勇将といい、智将という。しかし、古来ほとんどの合戦は、敵勢より多くの兵を、合戦が行われようとしている土地に、開戦に合わせて集合させえた側が勝利している。にもかかわらず、日本では少数の兵をもって多数の軍勢を破る者が智将、名将とされていた。源平合戦の源義経しかり、また南北朝合戦の楠木正成しかりである。

彼らは思わぬ用兵で敵の虚を衝き、裏崩れを呼んで勝利した。しかし、それは野戦において、思わぬ方角からの横入れを受けたためだった。またこうした名将たちも、最終的には天下を取った側の大軍に攻められ、あえない最期を遂げている。

結局は、最後の勝敗を決するのは兵の数だ。

上杉憲政は、将としては凡庸な男であったかもしれない。しかし、合戦になに

より重要な要素は兵の多寡であることを悟っていた。

「氏康はただならぬ器量の持ち主じゃ。いかな大兵を集めたとて、彼奴に北条勢すべてを采配させれば、いかような奇手を弄するやもしれぬ。我が大兵を活かすには、彼奴の兵が川越の軍立場に集められず、分散するように仕向けねばならぬ」

憲政には、長年培ってきた名門の知恵があった。そして、室町幕府の重職として保ってきた人脈があった。名門には名門が連なり、新興の勢力には思いもかけないつながりがあるものだ。

氏康を追い詰める憲政の軍略

下克上の世にあっては、そうした名門が必ずしも力を持つわけではない。しかし、憲政が協力を求められる名門で、北条氏康ほどの英傑と5分以上に渡り合えるだけの実力者が、氏康の後背を扼する位置にいた。

駿河、遠江、三河の3国にまたがる太守、「東海一の弓取り」と異名を取る今川大膳大夫義元に、憲政は使者を送った。氏康の父・氏綱に奪われた川越城を奪還し、北条の関東進出を頓挫させる計略に、力を貸してほしいとの要請である。

義元としても、いずれ上洛し、足利将軍家の威光を回復させようという意志を持っている。天下第一等の身代を持ち、兵の精強さでも他国に引けを取らない義元だが、それでも行く手には尾張の織田信秀や美濃の斎藤道三、近江の佐々木氏、浅井氏といった侮りがたい敵がいる。

また、山を隔てた隣国の甲斐には武田氏という強敵がいる。

西国の障害を打ち払う一方、留守になる国許が侵される危険を排除しなければならない。北条家も警戒すべき敵のひとつで、その勢力を削いでおくことは必要だった。

天文14年（1545）10月、今川義元は北条方の西の守り、駿河長久保城に兵を向けた。

北条氏康は長久保城救援の兵を起こすべく、重臣たちと協議した。その一方、足利晴氏のもとに使者を送り、上杉憲政に合力しないよう、説得に取りかかった。

晴氏は憲政の旧主であり、また奥方には氏綱の娘を迎えている。双方から安全保障を取りつけているようなものであったが、憲政は川越城を奪還し、関東管領として川越に移ったあとには氏康を倒し、しかる後に古河公方を鎌倉に戻すとの提案を行った。

対して、氏康は川越攻めに荷担しないよう、縷々申し入れた。

「管領殿がさまざまに申されている様子にございまするが、御当家と北条家は親戚の間柄、なぜに御当家を攻めましょうや。北条家も公方様の家人にござれば、此度の戦はどちらが勝とうとも、戦に加わるは敵も味方も御当家の家人。それゆえ、一方に御荷担なされるいわれはござりますまい」

この言い分は道理が通っていた。

もっともだと考えた晴氏は、憲政の誘いには乗らぬと返答した。

安堵した氏康は、長久保城との2面作戦ながら、川越城後詰めの見通しが立ったと判断し、出陣の支度を調え始めた。

しかし、古河城では事態が変わりつつあった。

氏康の説得に応じた晴氏が出陣を見合わせると知った憲政が、難波田弾正左衛門、小野因幡守らを派遣して、決意を翻させるべくいい募らせたのである。

「関東管領と鎌倉公方は、尊氏公の昔より君臣水魚の交わりにてござり申した。なれど長春院持氏公のころより君臣に諍い起こり、それより関東が乱れてござりまする。此度、君臣ひとつになり申し、関東を治めるなによりの好機。氏康は御縁者なれば不憫と思われるもごもっともなれど、北条は早雲以来、本来は公方様の御領地なる伊豆、相模、武蔵を横領して参り申した。此度こそ氏康をお退治なされ、公方様の御代をお保ちなされるが肝要と存じまする」

このように説得されて、ついに晴氏は前言を翻し、憲政に荷担の兵をあげると決した。

氏康は窮地に追い込まれた。長久保城に後詰めを送り、他の今川、上杉ほか、敵対勢力と接する地域の守りも強化するとなると、川越城に送ることのできる兵の数は、ごく限られたものになる。

上杉憲政の軍略は、順調に進んだ。

開戦、連合軍対川越城守備隊

天文14年(1545)9月26日、憲政は関東諸州の地侍を糾合し、大軍を率いて川越城に侵攻した。

川越城の城将は北条左衛門大夫綱成。北条の姓を名乗ってはいるが、もとは今川家の家臣で、福島正成の息子であった。

北条氏綱の娘を娶り、綱の一字を与えられたうえ、北条家の一員に列せられた男である。

それだけ有能だった証しで、事実、綱成は川越城の守りを固め、3000余の城兵を采配して、見事な防御戦を展開した。

川越城は複数の河川を天然の濠に利用し、湿原の広がるなかに設けられた要害堅固な城である。
　このころ、城を攻めるには、まず兵力差を活かして徹底的な力攻めを試みる。
　城は周囲に濠をめぐらせ、垣を盛り上げて、攻め手の足を阻む。攻城方は低所から高所に攻め上ることになり、最初から不利は否めない。
　攻め手のおもな攻撃手段は、まず弓である。
　川越合戦のとき、鉄砲は正式に伝来してから2年しか経っていず、組織的に合戦で使える状態にはなかった。
　また、川越城は山城ではないが、新河岸川と伊佐沼、そして、やや離れた入間川という河川と沼を利用し、湿原を城の周りに配して防御の要としている。
　かつて上杉朝定が居城としていただけあって、防御力は高い。湿原が多いので仕寄りも思うに任せず、力押しの我攻めを行っても、彼我ともに、さほどの損害

> **川越合戦の経緯①**
> 上杉憲政率いる連合軍8万が川越城を包囲し攻撃。川越城の城主・北条綱成以下3000が奮戦し、連合軍は兵糧攻めに移る。

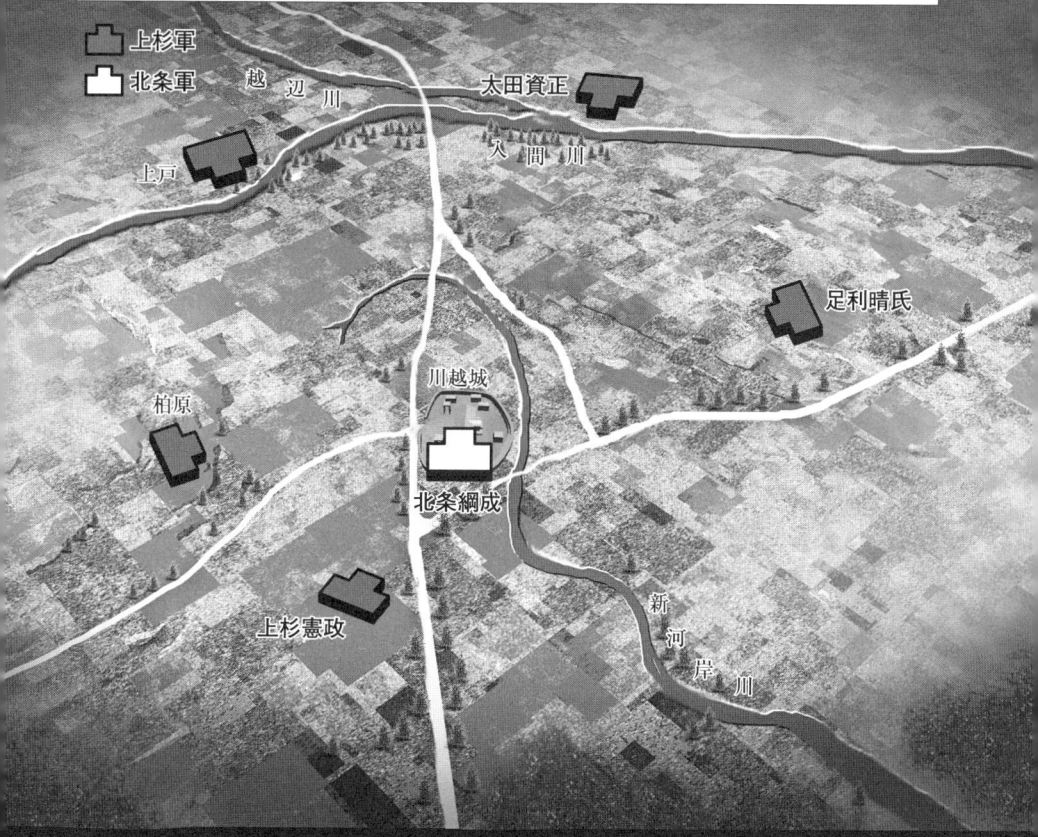

第三章　実戦上の戦術

を与えられない。圧倒的な戦力差がある現状では、城方が城外に出撃してくるとも考えにくい。かといって、我攻めにすれば城方の抵抗も激しくなり、寄せ手の損害も大きくなる。

　寄せ手の人数は6万5000から8万という大軍とはいえ、多くは国人領主の集合体である。憲政や朝定の家臣というわけではなく、関東管領の動員令に合わせて出兵していても、自家が危うくなるほどの損害を受けてまで戦う義理はない。

　我攻めを強行して、損害を恐れた国人領主たちが勝手に陣を離れてしまうことも十分ありえた。関東の国人領主たちは独立性が強く、大勢力の命令でもおいそれとは聞かない。無理に戦わせて、せっかく優っている兵力を減らしてしまっては元も子もない。憲政はくまなく兵力を分けて、川越城に向かう街道をことごとく封鎖し、兵糧攻めに出た。

　憲政が本陣を置く砂久保（すなくぼ）を南に置き、西の柏原（かしばら）、北西の上戸（うわど）に上杉勢を配置した。北を流れる入間川の対岸に猛将・三楽斎（さんらくさい）こと岩槻城（いわつき）の城主・太田資正（おおたすけまさ）が布陣している。そして、川越城に最も近い伊佐沼の畔には、古河公方の足利晴氏が陣を敷いた。

　川越城を完全に包囲した、水も漏らさぬ布陣である。

　しかし一方でこの陣形は、せっかくの大軍を5か所に重点を置く小集団に分割してしまうことにもなった。

　その情報を、北条氏康は小田原城で知った。

　有力な戦国大名の例に漏れず、北条家は戦乱波（いくさらっぱ）を効果的に使っていた。元来が多くの情報を集め、その意味を分析して、相模、伊豆の太守になりおおせた勢力である。そうした情報の獲得は得意としていたのだろう。

「管領殿は、手立てを兵糧攻めにお変えなされた。これならば、つけ入る隙はあろう」

　氏康の顔に生色が戻った。両面作戦を強いられて苦戦している氏康だったが、決して恐慌状態には陥っていない。北条家にとってどの戦線が最も重要かを考え抜き、ひとつの決断を下した。

　隣接する甲斐の太守・武田晴信（たけだはるのぶ）に使者を送り、今川義元との和睦仲介を依頼したのである。

　晴信としても、義元の勢力がさらに強大になるのは好まない。氏康が思い切った条件を提示していることを義元に伝え、和睦を勧めた。それは、氏綱以来、北条家が切り取ってきたかつての今川家の領地を返還するという、思い切ったものだった。

義元としても、それらの領地を取り戻すために合戦に訴えれば、かなりの損害は避けえない。義元はその条件を受け入れ、長久保城の囲みを解いた。
　晴信に借りは作ったが、それでも強大な今川家と戦わずにすむのは、今の氏康にはありがたかった。

後詰めの氏康、出陣！

　氏康は500ばかりの兵を長久保城に入れ、動員可能な全軍を率いて、川越城の後詰めに出陣した。その数およそ8000。管領の軍勢に比較すれば、およそ1割から1割2分の寡勢である。
　いかに戦上手といえども、それだけの兵力差があっては、まともに戦っては勝ち目がない。
　寄せ手は分散しているとはいえ、ひとつの陣が1万を超えている。それでは一

```
川越合戦の経緯②
後詰めとして北条氏康以下8000の北条軍が着陣。上杉憲政の陣との小競り合いがあるが、北条軍はすぐに兵を引く。
```

気に撃滅することはかなわず、戦っているうちに、他の陣から兵が駆けつけてくるだろう。そうすれば腹背を衝かれ、敗北は必至となる。
　氏康は敵情を目の当たりにし、正攻法では無理と悟った。
　後詰めを成功させるには、敵が分散している状況を利用する以外になかった。しかし、分散したひとつの陣にも、まともに合戦を挑めない。
　勝利を確実なものにするためには、敵勢が分散したまま、他の陣かせがどのような状態にあるか、知られないようにすることだ。
　それでも、いざ合戦に及ぶときには、短時間で決着をつけねばならない。氏康は思案を重ね、ひとつの手立てを考え出した。
　川越城の主将・左衛門大夫綱成の弟で、九島弁千代という17歳の少年が陣中にいる。氏康の側近として仕えていたが、この少年が、氏康の考えを聞いて申し出た。
「御館様、それがしが敵を謀り、城内に入り込み申して、兄に御館様のお考えを告げて参ります。御館様の謀り事は、城内と御陣が心を合わせねばならぬこと。どうか、お申しつけくださいますよう」
「おう、よくぞ申した。なれば、そなたに任せよう」
　喜んだ氏康は、綱成に伝えるべき言葉をつぶさにいって聞かせた。
「尋常の戦にては、到底勝ちを得ることはできぬ。時期を待たねばならぬが、城方が耐えかね、打って出ればすべては水泡に帰す。城を堅く守って、後詰めを待つことじゃ」
　そして、決戦を挑む際にはこれこれと、合図を取り決めた。
　申しつかった弁千代は、上杉の兵を装い、ただ1騎で関東勢の重囲を駆け抜けた。なにぶん寄せ集めの軍勢である。顔を知らぬ武者が通ったとしても、誰か豪族の郎党かもしれぬ。誰もがそう考え、みすみす見逃した。
　一方、氏康は決戦に向けての布石を打ち始めた。
　憲政が集めた大軍に恐れ入った態度を示し、晴氏と憲政に使者を送る。関東勢の主将、それぞれの本陣に迎え入れられた使者は、悲壮な顔つきで言上した。
「川越には、すでに兵糧が尽きかけ、城兵は飢えております。城兵どもの命をお助けいただけるならば、主将の左衛門大夫は腹を切り、城地はことごとく差し上げますゆえ、なにとぞお願いしとうござりまする」
　こうした口上を、氏康は憲政、朝定、晴氏のみならず、その重臣たちに向けても多数、送り届けた。
　憲政たちは、しかし氏康の申し出を聞き届けようとはしなかった。

かえって北条一党が追い詰められたと判断し、包囲を堅くした。

「川越には、相州、豆州の軍兵が数多く籠もっておる。3000を討ち殺したならば、小田原の軍勢は大きく削られよう。さすれば、小田原を落とすも造作なし。和睦の申し出なぞ受けてはならぬぞ」

己が軍略は、間違っていなかった。憲政は自信を深め、北条勢を迎え撃つよう命を下した。

一方、氏康は軍勢を率いて入間川近くまで後詰めに出た。

えたりとばかりに、上杉方が攻めかかる。氏康は軽く戦って、いかにも恐れをなしたとばかりに引く。

こうした小競り合いのうちに、半年が過ぎた。

城は落ちないが、氏康の後詰めもまた、成果を見ていない。ただ、恐る恐る寄せてきては、上杉方にはね返されるのみだった。

川越合戦の経緯③
夜陰に紛れて、全軍で上杉憲政の軍を奇襲。上杉軍はたまらず敗走。ときを同じくして、北条綱成が城から打って出て足利軍に襲いかかる。

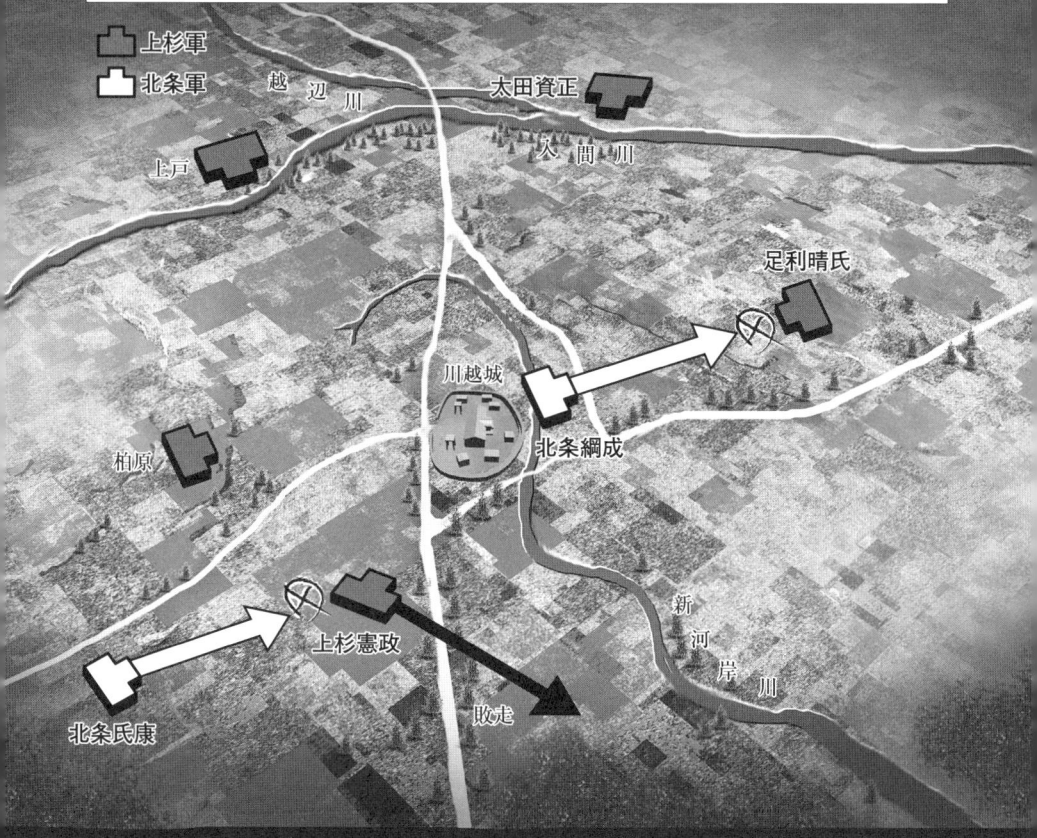

そのうちに、憲政の心に慢心が生じた。かつて氏康の武略を警戒していたことを忘れ、氏康が、己(おのれ)が集めた大軍に恐れをなしていると信じるようになったのだ。
「もはや氏康めの軍勢など、いちいち追い払うに及ばぬ。彼奴には、我が軍勢とまともに戦う気力なぞ、持ち合わせぬのじゃ。それよりも城への備えを堅くいたせ！」
氏康には大軍と戦う気力はよもやあるまいと信じての、憲政の言葉である。
その言葉を、氏康の放った乱波(らっぱ)が聞いていたに相違ない。
8万ともいわれる大軍であるうえに、すでに半年にも及ぶ攻囲を続けている。大軍が長期間布陣するならば、それはいくつかの町が出現したようなものだった。食べ物を商う者もやってくるし、戦(いくさ)にはつきものの戦遊女が群がりきて、小屋がけして商売を始める。武具甲冑の職人までが集まって、長い戦に傷んだ武器や鎧(いくさ)の手入れを引き受ける。
こうした雑多な人々に紛れて、乱波(らっぱ)が諜者として入り込むのは造作もないことだった。

決戦！　川越夜戦！

天文15年(1546)4月20日。夜に至って、氏康は全軍をいくつかの「頭(とう)」に分けた。資料によっては、この合戦は昼に行われたとするものもある。しかし、ここでは情報の伝達が鍵であるため、夜とした。
「頭」とは現在でいう師団か連隊にあたり、それぞれの大将が率いるひと塊の人数である。ひとつの「頭」で、足軽雑兵、徒歩(かち)武者、騎馬武者を揃え、槍や弓、石礫の投擲(とうてき)など、あらゆる兵を含む。
独立して戦(いくさ)ができる、いくつもの「頭」を前にして、氏康は檄(げき)を飛ばした。
「戦(いくさ)とは、必ずしも大勢が勝つものではない。多勢、寡勢にかかわらず、士の和か、不和によるものだ。勝敗は、今宵の一戦にて決する。ただ力を合わせ、袖印の違う者は討て。首は討ち捨てにいたし、引き金、貝に合わせて進退いたせ！」
氏康の軍勢からは、鬨(とき)の声は上がらない。
兵糧の飯を炊くこともない。朝までに決着をつける。その決意をたぎらせて、氏康はさらに指示を重ねた。
「首は取るな！　皆、紙を肩衣のごとく具足にかけ、白からざる者はすべて討て！　采配は音をもって取る。法螺の音を聞けば、一度引け！　それゆえ、聞き漏らすな！」
念を押し、自ら馬上の人となった。篝火(かがりび)が火の粉を散らすなか、氏康の軍配が

夜空を掃き、真っ直ぐ前方に突き出された。
「いざ、進め！」
采配を振りつつ、馬を乗り出した。松明を掲げた北条方の軍勢が、先備え、一番備え、二番備えと、一斉に突進した。
刻は子の刻(午前0時ころ)。北条勢は一丸となって、川越城に向かうことなく真っ直ぐに砂久保の地に殺到した。
上杉憲政は仰天した。まさか北条勢が攻め寄せるとは、思ってもいなかった。
それゆえ、味方の混乱は目を覆うほどのものだった。
「何事じゃ!?　喧嘩か!?」
夜着をはねのけて呼び立てた憲政だったが、陣屋のなかは慌ただしく駆け回る者ばかりで、応える者はいない。ようやく駆けつけた家臣のひとりが、息せき切

> **川越合戦の経緯④**
> 上杉憲政の軍を敗走させた氏康は、そのまま柏原、上戸の陣に攻め込み、大将を失った上杉軍は混乱のなか敗走する。足利軍も綱成に敗れて敗走する。入間川の対岸に布陣していた太田資正は戦わずに撤退する。

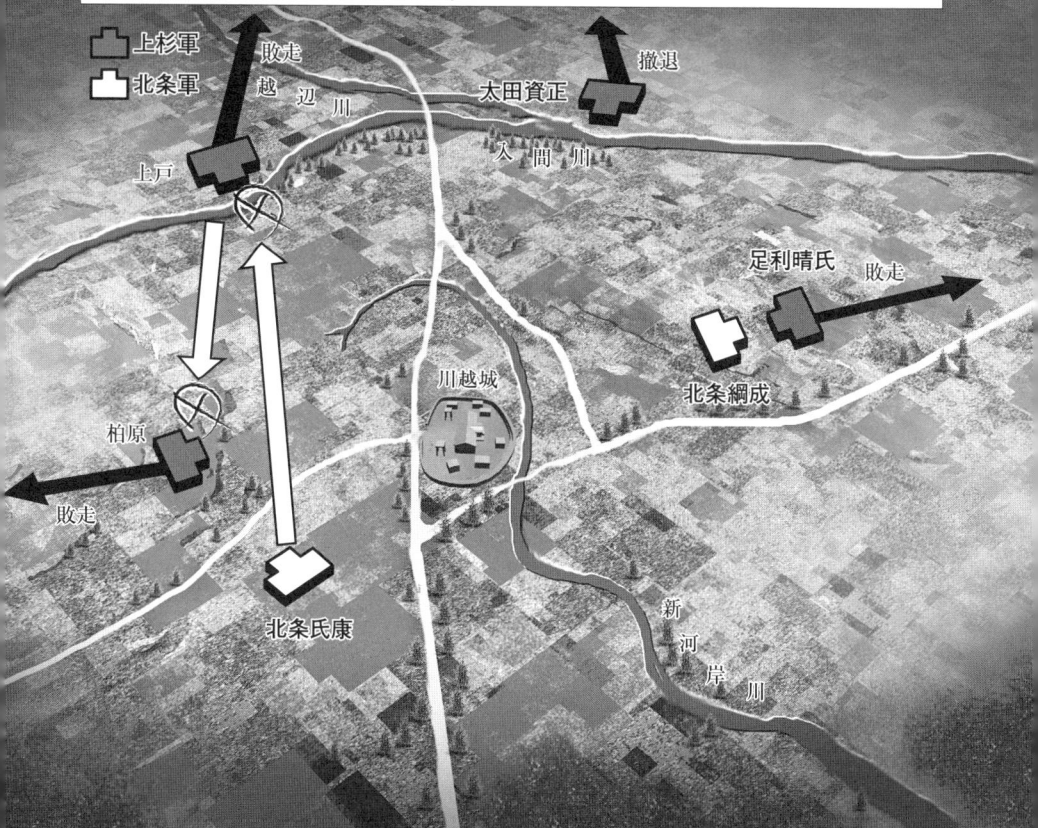

って言上した。
「しかとはわかりかねまする！　なにやら武具の響き、喚声が聞こえて参りますれば、陣中の喧嘩か、あるいはお味方の寝返りかと存じまする！」
「寝返りじゃと⁉　馬鹿なことを申せ！　寝返らねばならぬ理由が、どこにあると申すのじゃ！」
　叱りつけた憲政だったが、すでに混乱は取り返しのつかないほどのものになっていた。
　当初は陣中の喧嘩だと、誰もが思っていたに相違ない。しかし、寝ぼけ眼で陣屋の外に出たところに、長柄槍を揃えた足軽集団が、なにものをも踏み潰すような勢いで突進してきて、なにがなんだかわからぬままに、長柄槍の穂で突き崩され、叩き伏せられてしまう。
「うろたえるな！　我らは敵ではあるまい。敵を前にして、同士討ちしてなんとする！」
　慌てた武者がたしなめるが、かえって注意を引きつけてしまった。足音を轟に駆け寄ってきた足軽たちの長柄槍に、よってたかって叩き伏せられ、むやみやたらと穂先を突き立てられて、なにものともわからぬ死骸と変わり果ててしまう。
　無論、足軽ばかりではなかった。徒歩武者、騎馬武者は篝火のなかに血槍を振るって荒れ狂い、当たるを幸いに薙ぎ払う。
　北条勢にしてみれば、行く手に現れる者すべてを敵として、踏み潰していけばよかった。紙の肩衣も返り血を浴び、千切れてしまう。が、目印がなくなっても、北条勢の兵は全軍火の玉と化したような味方と、うろたえ騒ぐ敵の見分けは容易についた。
「敵が侵入しておるぞ！　各々方、迎え撃て！」
　ようやく敵襲と気づいた関東勢が、大慌てで甲冑を着け、得物を手にして飛び出した。
　しかし、混乱のなかでは誰が敵やらわからない。そこかしこで同士討ちが始まり、血が血を呼んで、関東勢同士の壮絶な殺し合いが始まった。
　砂久保の陣の混乱は、もはや収拾がつかないものだった。
　上杉憲政は、わけがわからぬままに逃げ出した。その姿が、誰か大将格の目に止まったのだろう。
「管領様がお逃げなされるぞ！」
　その叫びが、全軍の崩れを呼んだ。戦場の大将が最も恐れる、見崩れ、聞き崩れと呼ばれる現象である。

憲政が逃げた。その知らせは、乱軍のなかで采配を振るう氏康にも伝わった。
「ころぞよし、貝を吹け！」
　氏康の命を受けた旗本の多目周防守(ためすおうのかみ)が、息も嗄(しゃが)れよと法螺を吹く。
　出陣前の申し渡し通り、散々に暴れ回った軍兵が、全身を鮮血に濡らして戻ってきた。
　人数はほとんど減っていない。甲冑を濡らす血も、多くは敵方が流した返り血で、氏康は血震いするように命を下した。
「この勢いで、柏原、上戸の敵も攻め崩すぞ！　東側の三楽は、入間川が邪魔しておいそれとはこられまい」
　おう、と応える兵たちの耳に、東の方角から鬨(とき)の声が、地鳴りとなって響いてきた。
「左衛門大夫殿、討って出た御様子にござりまする！」
　物見(ものみ)の者が駆け戻って伝えた。顔をほころばせた氏康は、力強く頷いた。
「勝ちを得るは、まさにこのときぞ。息もつかせず攻め続けよ！　左衛門大夫と出逢うて後は、松山(まつやま)の城に入るのじゃ。ゆめ夜が明けて後、敵に当たろうとするでないぞ！」
　下知を下しつつ、氏康は麾下(きか)の兵を励まして、兵を南に転じた。

守備兵乱入、北条軍大勝利

　弟の知らせにより、満を持して氏康勢の突入を待っていた綱成は、西方に吶喊(とっかん)の叫びが聞こえたとの知らせを聞くなり、すぐさま全軍に出陣を下知した。
「門を開け！　敵方は、御館様の軍勢の夜討ちに遭い、四分五裂の有り様ぞ。今なれば、我らを迎え撃ちにいたす暇もなし。存分に暴れ、古河公方の肝をひしいでやるべし！」
　自ら馬に跨(またが)り、大身槍をしごいて、籠城全軍を大門から突出させた。
　足軽が長柄槍を連ね、騎馬武者の周りを士分の徒歩武者(かちむしゃ)が固める。旗指物をなびかせて突撃した川越城の城兵たちが目指すのは、正面に位置する伊佐沼の畔、下老袋(しもおいぶくろ)に布陣する足利晴氏である。
　折から、晴氏は油断し切っていた。北条氏康の本軍が来援しながら、ろくに戦いもせず、川越城の開城、譲渡を条件に和睦を乞い続けていたため、氏康は怖じ気づいているものと侮り切っていたためだ。
　北条勢の8倍から10倍に及ぶ人数が、その裏打ちとなっていた。確かに、正面から野戦で戦えば、わずか8000ほどの人数で太刀打ちできるはずがない。だから

こそ、氏康の和睦要請をはねつけ、居丈高な態度でいたのだが。

こと夜戦となり、しかも油断していたところの夜討ちである。足利勢は周章狼狽し、甲冑を着ける間もなく押し崩されて、大混乱に陥った。

「公方様、危のうござりまする！　お引きあそばせ！」

老臣たちに促され、足利晴氏は蒼白になって逃げた。

見通しがきかない夜で、しかも分散している関東勢に対し、北条勢は本軍、川越城勢ともに、それぞれ一丸となっての奇襲である。あたら大軍も、分散してしまったために、ひとつの陣あたり1万余。奇襲の効果を考え合わせれば、数の差など吹き飛んでしまっていた。

まして、全員が氏康の指揮下に統制されている北条勢に対して、関東勢はそれぞれが独立した国人領主の連合軍であった。関東管領に古河公方という、室町幕府の職責を代行する2大権威の命令に応じて出陣しただけの話である。

このあと関東の実権が北条氏に移るなら、その傘下に入ればいいだけのことだ。今まで従ってきた2大権威は、氏康と綱成の夜襲に混乱し尽くし、弱体ぶりを露にした。

不利な戦場で、無理に戦うことはない。己の戦力を損ずるのみだ。そう考えた者が大部分だったのだろう。無傷の国人領主たちは、自分の兵を率いて続々と戦場を離脱し、あたら大軍も春の雪が解けるように消え去ってしまった。

この混乱のなかで、扇谷上杉家当主の上杉朝定は討ち死にし、上杉憲政と足利晴氏は壊乱して敗走した。関東勢の猛将・太田資正は、入間川の対岸に布陣していて戦闘に参加できず、傍観せざるをえなかった。

氏康は10倍もの敵に大勝利を収め、以降、上杉・足利両家は、川越城奪還の兵を起こすことはなかった。室町幕府の勢力は関東から駆逐され、関東においても、近代に連なる戦国時代が、はっきりと幕を開けたのだ。

全力をもって、敵の分力を討つ

この合戦の意義は、ひとえに中世的な秩序を引きずっていた関東が、その象徴たる権威統制型の統治者である古河公方と関東管領の手から、本格的戦国大名の北条家の手に移ったということだろう。

軍事的にいえば、どれほどの大軍を擁していようと、全体の統一指揮権を実態として持たない軍勢は、全軍を統率する戦国大名の軍勢には勝てないという事実が露になった。

北条氏康は、初代・早雲、2代・氏綱が作り上げた新興の北条家を、本格的な

強豪に育て上げた英傑である。政治と軍事の双方に優れた資質を持ち、合戦の本質を、よく理解していた。

　多数の兵力を軍立場──すなわち、現に合戦が行われる現場に集中することは、勝利を得るための重要な条件である。

　上杉憲政は、関東管領としての権威を用いて関東の国人領主を動員し、川越城攻囲に当時の関東では最大級の大軍を集めえた。そしてまた、古河公方の足利晴氏を担ぎ出すことで、将軍家の権威をも間接的に利用している。

　しかし、その権威を実際の統率力に転換することができなかった。関東管領は古河公方同様、室町幕府の開祖・尊氏が組み上げた制度のもと、本来は国人領主に対する指揮権を持つ。それは、このころすでに実力を失い、多くの国で有名無実と化していた守護や守護代と同じく、幕府の制度が実効性を持っていてこそ機能するシステムだった。管領が持つのは指揮権であって、国人領主を支配しているわけではない。一方、北条勢は一族衆や国人衆を、北条家を頂点とする支配体制に組み込み、氏康の采配（麾下）に下の全員が服する制度を作り上げていた。

　そうしたシステム上の優位に加え、氏康は戦略目的を達成するために、戦術上の運用を的確に行った。

　戦略目的は川越城の救援であり、その手段として上杉憲政の軍勢に勝たねばならない。その目的を達成するため、敵勢を慢心させ、油断を強いたうえで奇襲を実行した。兵力に優る敵に対して、こちらの情報把握を困難にしたうえ、軍令が行き届いた兵を一手に集中して、局所的な優勢を確保したのである。

　ここでは夜間としたが、昼間であったとしても、なんらかの手段によって情報の伝達を遅らせたのだろう。敵が分散しているために、「我が全力をもって、敵の分力を討つ」状況を作り上げたものだった。

　小田原城を本拠として定めて以来、北条勢が基本としている戦略は、ヨーロッパでいう「内線作戦」であった。

　北条氏の基本戦略は、当時天下随一の規模を持つ堅城を拠点として、放射状に勢力圏を広げていくという形を取っている。この戦略で有利な点は、作戦を実施する側がある程度以上の規模を持った場合、攻撃する側は常に外線作戦を強いられるという点だ。

　ことに北条氏は、関東に割拠していた国人領主を服属させていく過程で、無数の城を手に入れている。その城塞群の中心となる城を定め、それぞれの城に兵站（へいたん）と兵力の集積地を置いて、麾下（きか）の城に向けた兵力と兵站の供給源としているのだ。

　敵の来寇（らいこう）を受けた場合、防御側は豊富な補給を受けつつ、侵攻軍に消耗を強い

第三章　実戦上の戦術

て、可能な限り侵攻の遅滞を図る。そして得た時間で、本軍は本城に兵力を集中し、決戦の準備を図る。

侵攻軍は敵地に深く侵攻するにつれ、兵力を消耗させていく。その消耗が、本城に至る前に限界に達すれば、本城は集結させた兵力を解き放ち、撤退する敵を追撃する。

また、多方向から侵攻を受けた場合、基本的に防御を中心とすることで他方向の敵を少数の兵で支え、そのあいだに主力を機動させて、各個撃破することが可能になる。

外線を攻める侵攻軍に対して、内線を機動する防御側は移動距離が少なく、結果的に敵より効率的に動ける。18世紀のヨーロッパで、ナポレオン・ボナパルトが得意とした機動戦と同様のものといっていい。

また、内線に取り込んだ敵に対しては、一度戦った外縁部の拠点に周辺から兵力を集中させ、後背を断つという戦法も可能となる。

もっとも、そうした北条氏の基本戦略が確立するのは、川越合戦で関東に確固とした勢力圏を築いたあとのことだった。上杉憲政と足利晴氏を敗走させ、関東の権力構造を根底から覆してしまったのは、この合戦の結果起こったことで、氏康はそこまで想定していなかったであろう。

しかし、川越の夜戦を境に関東での幕府の権力は全く失墜し、時代に即応した強固な支配体制を調えた戦国大名が、関東の地政学的な位置や豊かな生産性をめぐって争う時代が幕を開けたのだ。

小数軍による敵軍誘引と機動奇襲戦
厳島合戦

年　号	弘治元年（1555）
対戦者	毛利元就　VS　陶晴賢
兵　力	毛利勢　4000　｜　陶勢　2万

周防(すおう)の守護大名・大内(おおうち)氏

　応仁(おうにん)の大乱による室町(むろまち)幕府の権威失墜、"公儀"としての資格喪失は、中央から波紋が広がるようにして諸国に影響を及ぼした。

　その最も大きなものは、諸国を統治していた大名を秩序づけていた、統治序列の崩壊だった。

　日本最初の武家政権は、源平(げんぺい)抗争時に先立つ平清盛(たいらのきよもり)が行った、京の六波羅(ろくはら)を拠点とした統治であった。しかし、この政権は公家による中央集権の機構を、武力を背景に乗っ取ったものに過ぎず、全国の武家を納得させられるものではなかった。清盛の持つ国家としての日本の概念が、相当に早過ぎたといっていい。清盛は中央集権政府として成立していた公家の政権を、そのまま国家としてとらえ、統治の中枢を武家に入れ替えることで、日の本全体を動かせると考えていたのだろう。

　しかし、当時の中央集権機構は地方に出現した武力集団——武士を想定していなかった。

　本来は政治の中枢に住む公家の地方領地の管理者、運営者であり、またその役目を果たすために武装していたに過ぎなかった地方武士団が、次第に土地の実行支配を強めて独立の意志を強め、実態としての武力を持たない公家を圧倒して、平氏(へいし)の政権が誕生したのである。その経緯がある以上、全国の武士から支持を得られないシステムを取る政権は、統治者が武士であろうとも、武士の存在を想定していない以上、決定的な矛盾がある。源氏の蜂起(ほうき)は、本質的には公家のために作られたシステムを、武士のためのシステムに切り替えるための、必然のもので

83

あったといっていい。

その結果、成立した鎌倉幕府は、武家の権利を保障するための政権となった。極限すれば、武士のあいだで起こった土地争いを裁定し、どちらが正しいかを決める裁判所である。しかし、そうした限定的な機能を司る幕府は、全国的な統治機構の整備が行えず、公家支配の揺り戻しによって崩壊させられることになった。

その反省に基づいて、続く武家政権として登場した室町幕府は、武家による地方統治機構を整備した。

幕府が任命した守護や守護代が国を治め、その大名たちを、やはり幕府が任命した三管領が、公儀として統制するシステムだった。

この方法で、初めて武士が、諸国の主権者として制度上、位置づけられた。

しかし、この制度では中央集権とはいいがたい。守護大名といえども、必ずしも強力な軍事力を常備しているわけではなく、その土地に根づいた土着の武士団を、いわば役人として監督しているに過ぎない。

それでも、応仁の乱を経て幕府の権威が崩壊したあとにも、幾人もの守護大名がかなりの期間、勢力を保っていた。

この現象には、幕府に任命された守護の勢力範囲が大規模で、個々の国人領主の規模が小さく、守護に刃向かうだけの勢力が持てなかった場合、または守護大名がもともとその土地に根ざしていて、自前で戦力を保持できた場合があった。

周防国の守護大名である大内氏は、その両者の性格を合わせ持つ強豪だった。

鎌倉幕府の時代、国人領主の盟主といった存在で、南北朝の時代に周防守護に任ぜられた大内氏は、その後長門、豊前、筑前の諸国守護を兼任し、また安芸、石見の一部も領有した。

大内家は有力な国人領主を被官として家臣団を形成し、地方政権として政治の中枢にかかわらせて、権力を維持するシステムになっていた。大内氏の実態は、有力な国人領主の家臣たちを陪臣として間接支配し、その主人たちを被官とする制度上の主君であった。

したがって、権威が薄れれば崩壊も速い。大内家の政治中枢を担っていた重臣集団・評定衆の一員だった陶晴賢が、間接支配されていた国人領主たちを配下に収め、下克上を露にして主家を没落させてから、中国筋の混乱が始まった。

安芸で台頭する毛利氏の分進合撃戦法

大内氏が直接守護大名として臨んでいたわけではないが、安芸と備後の両国にも、大内家崩壊の波が及んできた。

安芸国の守護大名である武田家と備後国の山名家は、応仁の乱に巻き込まれて影響力を失い、この両国の国人領主は早くから独立性を強めていた。
　そうした混乱のなかで、両国の国人領主たちは結束して、生き残りを図らねばならなかった。安芸の国人領主たちは、大内氏と出雲の尼子氏のあいだで、ときに応じてそれぞれの傘下に入り、また国人領主の一揆を結んで、勢力の結集を図ってきた。
　安芸の国人領主・毛利氏は、そうした国人一揆を指導して他の国人領主たちを血族に加え、譜代の家臣に組み込んで、戦国大名に脱皮した。
　強豪としての大内氏の、最後の当主となった大内義隆を自害させ、周防と長門の支配者となった陶晴賢に対して、毛利家を大勢力に発展させた功労者である毛利元就は一時臣従していたものの、大内義隆の姉婿だった石見国、三本松城の城主・吉見正頼が晴賢の攻撃を受けるに及んで、吉見側に立って参戦した。
　天文23年(1554)、晴賢に味方する有力な諸将が三本松城攻めに参加しているのを奇貨として、元就は安芸一国を勢力下に押さえた。
　国人領主たちの指導役を務めていた実績に、主君として仕えていた大内義隆の仇を討つという、大義名分が大きかった。その勢いを駆って石見との国境近くにまで兵を進めたが、三本松城の吉見正頼は攻囲に耐え切れず開城。元就が晴賢方から奪った桜尾城にいることを知った晴賢は、手が空いた麾下の兵7000を、重臣・宮川甲斐守房長を主将に、桜尾城奪還に向かわせた。
　元就は、敵方につけておいた物見の知らせで、宮川勢が桜尾城の西方に広がる折敷畑という場所に布陣し、明朝に朝駆けで攻め寄せる算段でいると知った。
　天文23年(1554)9月15日、元就は家臣の福原貞俊と宍戸隆家に、息子で有力国人の吉川家を継いだ吉川元春を加えて1隊を作り、また、やはり息子で有力な国人領主の小早川家の跡取りとなった小早川隆景に1隊、そして自身も1軍を率いて、3方向に分かれて進軍。さらに吉川元春の部隊を、元春が率いる部隊と、福原、宍戸が率いる部隊のふたつに分けて、朝駆けの支度をしていた宮川勢に、4方から襲いかかった。
　このとき取った戦法が、後々まで毛利勢の得意となった分進合撃戦法である。
　毛利勢は、このとき総勢3000。宮川勢は7000ほどであったが、夜間に4方向から攻め込まれたため、包囲された形になった宮川勢は狼狽し、大混乱に陥って、主将、副将ともに討ち死にした。
　分進合撃戦法は、数に優る敵に集中攻撃を加えることで、人数の差を補える。しかし、逆に人数を分けて進軍していることを悟られては、敵に各個撃破の好機

を与えてしまう。したがって、この戦法を取るときになにより重要なのは、自軍の情報は秘匿して、敵の情報を逐一集めることにある。

元就はこうした情報の取得が巧みで、また家臣のうち最も信頼できる者として、ふたりの息子を吉川と小早川の両家に入れ、軍勢の中核とした。

後に「毛利の両川（りょうせん）」と呼ばれ、毛利家の柱石となったふたりである。

毛利勢の特徴は、絶対に信頼でき、呼吸も合わせられるふたりに主力軍の1/3ずつを任せて、息を合わせた連携作戦が取れることだった。

情報の管理を徹底し、自軍の動きを秘匿して、敵の動きをつかんでいるという点でも、元就の特徴は際立っている。そして、情報を収集するばかりではなく、その情報を駆使して、敵勢を自分が最も望む戦場に誘引するという作戦にも優れていた。

折敷畑の合戦で有力な家臣を失った晴賢は、元就を大きな障害として認めた。

元就得意の情報戦

一方、元就は晴賢の勢力を切り崩すため、大内家の家臣で晴賢の軍門に下った者たちに向けた調略（ちょうりゃく）を開始した。

彼らにしてみれば、晴賢は重臣とはいえ、主家を乗っ取った奸物である。豊後（ぶんご）の大友宗麟（おおともそうりん）の弟・大友晴英（はるひで）が大内家に迎えられて跡を継いでいたが、実権を握っているのは晴賢で、大内家の旧臣たちはおもしろいはずがない。

その不満を梃子（てこ）にして、多くの大内家旧臣を傘下に加えた元就は、晴賢の陣営を弱体化させる方策に打って出た。

元就は一計を案じた。江良丹後守房栄（えらたんごのかみふさひで）が、晴賢が大内義隆を自刃に追い込んだ主殺しが大内家家臣団を遠ざけていると、常々諫言していることを元就は知っていた。その諫言を、晴賢は快く思っていない。この主従の確執を、元就は利用することにした。

「晴賢の重臣で、江良丹後守は傑物じゃ。あの男がいる限り、こちらが策を仕かけたとて、晴賢はうかとは出まい。丹後が諫めるに相違ない」

元就得意の情報戦であった。房栄は、晴賢が主殺しを行った件を快く思っていない。そこで諜者を用いて、晴賢の周囲に噂を流した。

「丹後守様は、晴賢様のなさり様がいよいよ気に入られぬ御様子じゃ。これは、口にはできぬことじゃがな。このままでは、晴賢ともろともに、いずれ滅び去らねばならぬ。それくらいならと、安芸の元就殿と同心なされ、晴賢様のお命をお縮めなされる算段に取りかかられたというぞ」

「なんと、それでは丹後守様も、主殺しの大罪を犯すことになろう」

秘密めかしたその話に、多くの者はそうした驚きの声で問い返したに違いない。

しかし、元就が放った諜者はさればこそ、ともっともらしく、

「なんの、先に主人殺しをなされたのは晴賢様よ。されば、晴賢様を討ったとて、仇討ちというものじゃ。一向に差し支えはあるまい」

大内家の家運が傾き、晴賢が権勢をほしいままにしていることは、室町時代初期に大内氏が築いた山口に住む者ならば、誰もが感じていることだった。

それに大内氏は、もともとが京の官人で、京風の雅な文化を山口に持ち込み、根づかせている。勢力が大いに振るっていたころには、繁栄をもたらすいい殿様であったから、住民たちには義隆を懐かしむ声が高い。

自然、江良房栄が晴賢を除こうとしているという噂は、城下に蔓延した。こう

厳島合戦の経緯①
宮尾城を狙い陶軍2万が厳島に上陸。宮尾城を完全に包囲する。宮尾城は猛攻を受け、陥落寸前に追い込まれる。

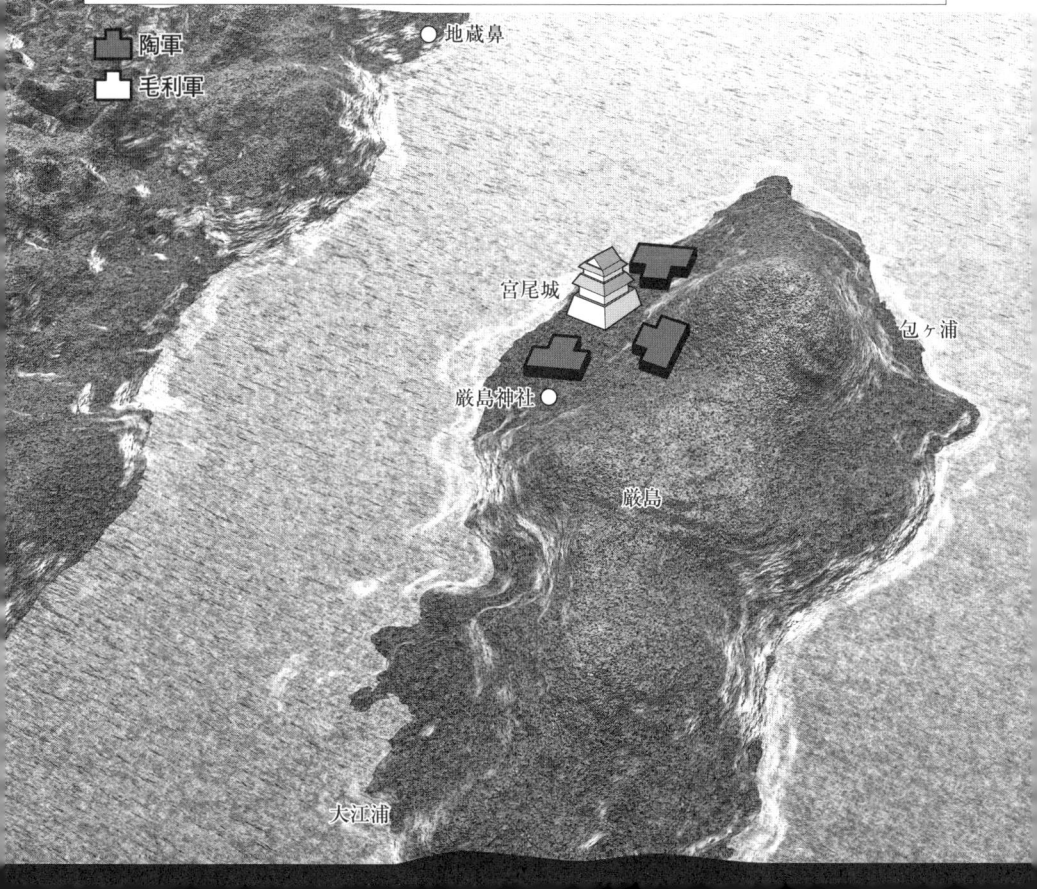

した場合おもしろいもので、噂の的になっている本人には、その噂が入りにくい。晴賢には知らせる者が事欠かなかったろうが、房栄はそんなこととは知る由もなく、たびたび諫言を続けていた。

晴賢にしてみれば、自分を除こうとしている房栄が、こうも口やかましく諫言してくるには、なにか裏があるだろうと疑いを持つ。

そうした知らせを聞いた元就は、かねてから房栄の筆跡に似た書を作れるように練習していた祐筆(ゆうひつ)に命じて、房栄の書状を偽造させた。元就に内通し、晴賢討伐の兵をあげるという内容のものだった。その書状を晴賢の手に入るよう仕向け、その目論見通り晴賢は激怒した。

「丹後守は、元就めに通じておるぞ。おのれ、憎い奴じゃ。たびたび儂(わし)に諫言いたしたは、左様な寝返りの心あってのことか！」

晴賢は兵を起こし、弁明を聞く間もなく、房栄の一族を攻め滅ぼしてしまった。そして元就を討滅すべく、周防、長門、豊後、筑前の兵を集めて、およそ2万の軍勢を編成した。

兵力の集中分散の駆け引き

対して元就である。房栄を除くためとはいえ、自身の名を、晴賢を倒すための核として堂々とあげてしまった。自ら戦うことなく房栄を殺したものの、晴賢の大軍を安芸に呼び込むことになる。安芸一国の国人領主は、多くが元就の味方についたとはいえ、動員できるのはせいぜい4000程度に過ぎない。

得意の分進合撃戦法を取るにせよ、5倍の敵は多過ぎる。活路を見出すには、味方の有利な戦場を想定し、そこに誘い出すしかなかった。

「2万の兵を相手に、平野で平押しの戦(いくさ)はできぬ。敵方の大軍が自在な動きを取れぬよう、厳島(いつくしま)に城を築き、そこに誘い寄せれば、厳島は島の中央に絵馬ヶ岳が聳(そび)えて、海に面した周囲は狭い土地しかない。大軍をもってきたとて、動きが鈍るのみじゃ」

「されば、厳島に誘い寄せる手立てを取らねばなりませぬな」

元春、隆景の両名に、家臣となった国人領主たちを交えて、合戦の計略を練り上げる。その計画には、元就麾(き)下の軍勢を迅速に運べるだけの船足が必要だった。元就はそのために、瀬戸内水軍(せとうちすいぐん)の協力を求めた。

毛利が拠点とする安芸に面した瀬戸内海を縄張りにして、この海を通る船から通行税を徴収し、「海の公権力」として振る舞う海賊衆である。

なかでも、能島(のしま)水軍と来島(くるしま)水軍(後の能島村上、来島村上水軍)の協力が不可欠

だった。元就は厚遇を約して、彼らを味方に引き入れた。瀬戸内で勢力を維持するには、軍勢に渡海の能力を持たせることである。元就は水軍を味方に引き入れて、陶晴賢討伐の自信を得た。

しかし、渡海能力の強化も、陶勢が注文通りの行動を取ってくれなければ瓦解する。さらに、元就側の諜者が山口に入っているのと同様に、陶側の諜者も安芸に入っている。そうと察した元就は、家臣たちとのあいだに、ことさらに意見の対立を作ってみせた。

「厳島に築城し、海の彼方とこなたで、両方に睨みを利かせるのじゃ。さすればこの城は小城ゆえ、ひと揉みと寄せてこよう。儂が討てるとあれば、晴賢殿もそぞろ戦で茶を濁しはすまぬ。儂を討ち取らんとして、すべての兵を集めよう」

「これは、御館様の申されようとも思えませぬ。いかさま、陶殿は左様に考え

厳島合戦の経緯②
暴風雨をついて、毛利軍4000余りが厳島に向けて出陣。部隊をふた手に分ける得意の戦術を取る。

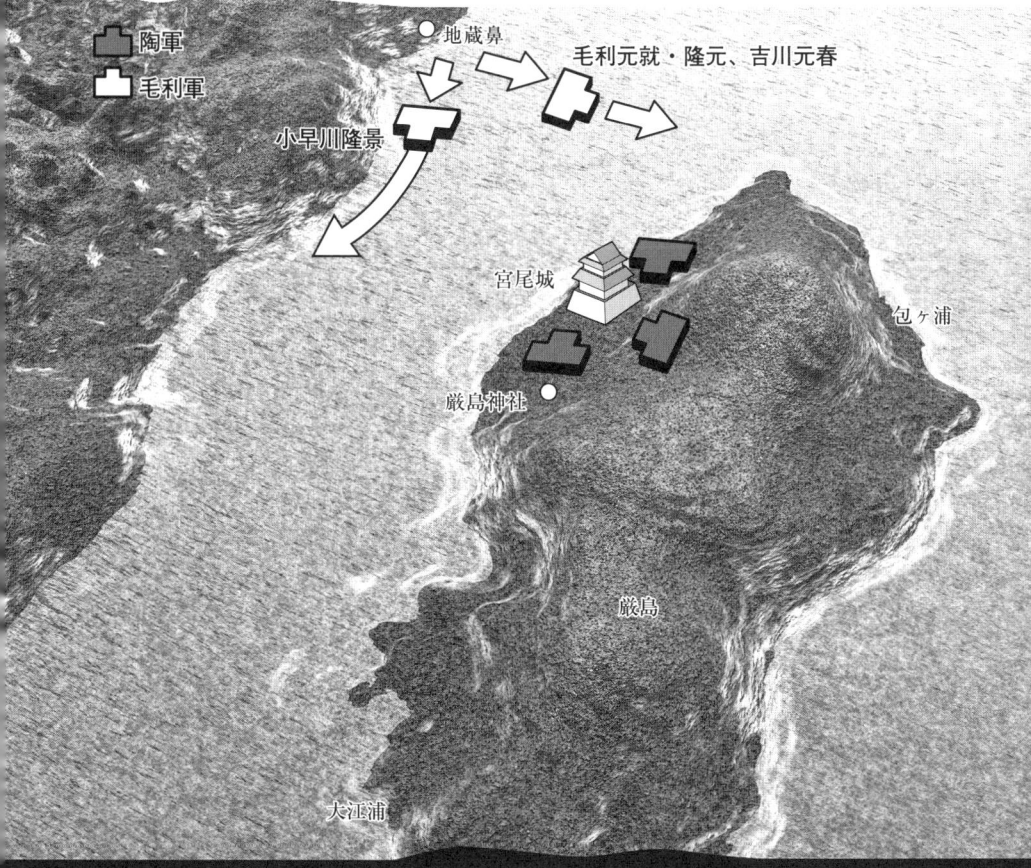

陶軍
毛利軍

地蔵鼻
毛利元就・隆元、吉川元春
小早川隆景
宮尾城
包ヶ浦
厳島神社
厳島
大江浦

ましょうが、事実、海を越えての城になど、後詰めを送ることもできますまい。ただでさえ少ない兵を、いたずらに分けるのみのこと。お考え直しくだされ！」

家臣たちが口々に諫めるが、日ごろは諫言に耳を傾ける元就が、今度に限って聞こうとしない。そのまま意志を押し通し、海を隔てた対岸、厳島の有ノ浦に出城を築いた。弘治元年(1555)6月に竣工し、兵数百を入れて守りとした。

これに対して、元就の家臣たちは誰に憚ることもなく憂えた。実際、城といってもさほどの要害ではなく、数百の兵を入れた程度で守りおおせるはずもない。陶勢が攻め寄せた場合、後詰めを送るには、当然ながら船がいる。

能島水軍、来島水軍に協力を申し入れてはいるものの、瀬戸内の水軍は、多くが晴賢に従っている。船の数だけでも陶の5、600艘に対して毛利勢が使える船は多くて100艘程度に過ぎず、これでは兵力の逐次投入となって、有ノ浦に築いた宮尾城を救援するどころか、ほかに確保している桜尾城、草津城、仁保島城なども連携を断たれ、孤立して攻め落とされてしまうに違いない。

そのように、城下の至るところで悲憤慷慨した。晴賢も元就同様、多くの諜者を撒いてある。毛利家家臣団の憂えは、そのまま晴賢のもとに知られた。

折から、元就の討伐を計画していた晴賢である。宮尾城を攻め落とし、そこに兵を入れれば、一衣帯水で元就の本拠に刀の切っ先を突きつけた形になって、元就は動きを封じられる。

好機到来であった。9月に至って、晴賢は兵2万を率いて岩国に出陣し、軍評定を開いた。

晴賢が取るべき戦略は、ふたつあった。2万の大兵を3手に分け、1手は折敷畑の合戦で元就のものとなった桜尾城に兵を向け、後詰めに出る元就の軍勢を、もう1手の軍で迎え撃つ。そして、そのあいだに残る1手で、元就の本拠吉田郡山城を突く。元就は本拠を失い、圧倒的多数の陶勢に包囲されて、敗亡せざるをえない。もうひとつの作戦は、宮尾城に全軍をもって進撃し、奪い取って、元就の喉元に刃を突きつけるものだった。

晴賢は逡巡したが、桜尾城を攻めた場合は野戦となり、元就が見せた折敷畑の鮮やかな夜襲が頭にあったのだろう。また、どれほどの大軍を擁していても、3手に分けてはそれぞれ圧倒的な大軍とはいえなくなる。

晴賢とて、大内勢で評定衆を務め、実績をあげてきた歴戦の武将である。兵力分散の愚を犯すことなく、全軍で元就の後詰めを迎撃できる厳島攻めの策を決断した。この判断は、決して間違っていない。兵力の分散と逐次投入は、いつの時代のどの文化圏でもタブーとなっている、必敗の戦術といっていい。

晴賢は、元就の計略に乗せられたわけではなかった。兵力で5倍もの差をつけ、その全軍で、多くて4000余りの敵軍を迎え撃てる戦略である。負けるはずがなかった。それが、戦術の常道である。常道で必勝の策を取る相手に対しては、常道をはずした行動を取る以外になかった。

　その行動を、元就は取った。

　行動としては、常識をはずれたものだった。しかし、その基礎に置くものは、元就の戦術を特徴づけてきた、急速な兵力移動による分進合撃戦法であった。

陶軍厳島に着陣

　9月半ば、陶晴賢は2万の軍勢を厳島に上げ、宮尾城攻めを開始した。

　このとき、陶勢、毛利勢ともに、数十挺の鉄砲を持っていたらしい。従来の弓

> **厳島合戦の経緯③**
> 小早川隆景の部隊は大きく迂回し海上から。毛利元就率いる本隊は敵の背後から襲いかかり、陶軍は大混乱に陥る。

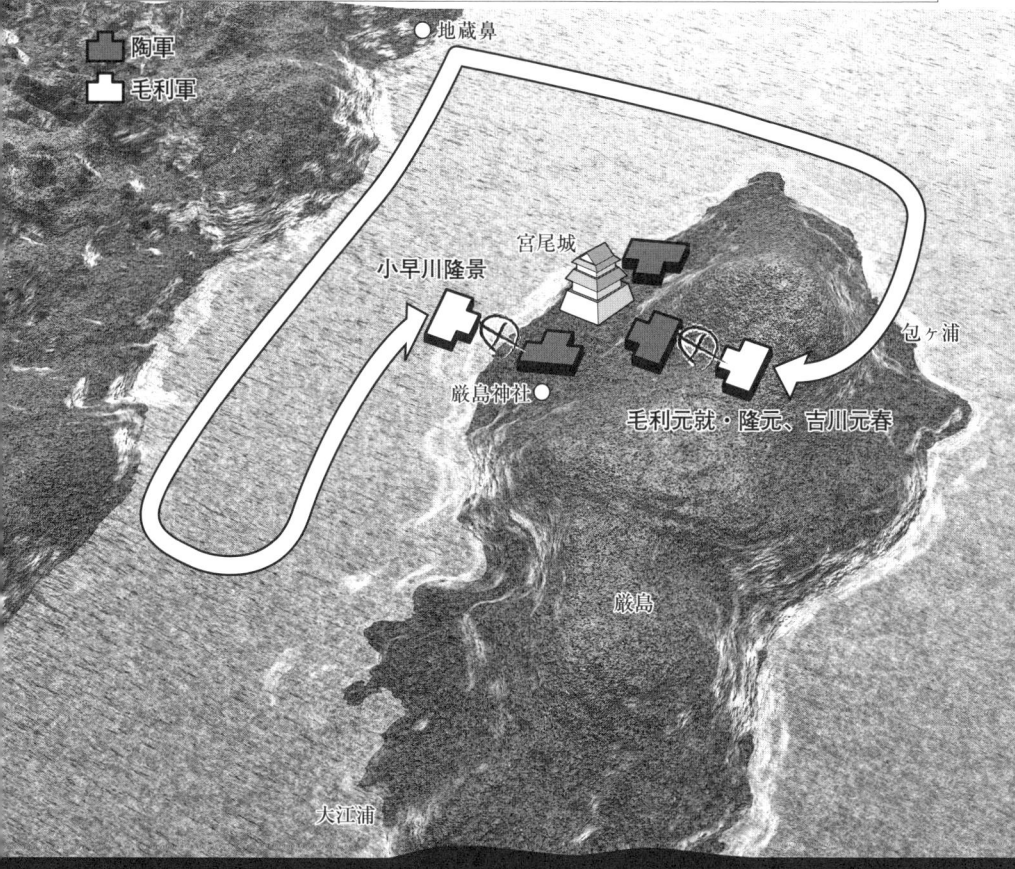

矢に加えて弾丸の応酬が始まり、城方は土垣を盛り上げて射撃を防ぎつつ、元就の救援を待った。

晴賢が厳島攻めに移ったと知った元就は、まず嫡男の隆元が草津城に先乗りし、次いで部将の熊谷信直が厳島に渡った。

熊谷の兵が宮尾に布陣し、陶勢を牽制する。そして9月27日、元就は草津城に移った。しかし、安芸の国人領主たちは、元就の敗北を予想して病と偽り、兵を出さない。元就は手持ちの4000で、5倍の敵と戦わなければならなくなった。

翌28日、かねてから協力を要請していた能島、来島両水軍が到着した。300艘ほどの船を得た元就は、小荷駄を草津に返した。

小荷駄は兵站である。常識として、小荷駄を伴わない合戦はありえない。晴賢はこの知らせを得て、元就は決戦を回避し、兵を引くつもりだと考えたに違いない。

「毛利の輩め、我が人数を目の当たりにして、胆を潰しおったに相違ない」

晴賢はからからと高笑いして、元就の臆病ぶりを嘲り笑う。

「後詰めに参れば攻め潰してやろうものを、怖じ気づいたとは致し方なし。このうえは城を攻め取り、吉田に我らの切っ先を突きつけてやるのみよ」

「者ども、此度は楽な戦ぞ！　不覚を取るはずのない合戦ゆえ、存分に功名をあげるがよいぞ！」

重臣の弘中隆兼が将士を煽り、陶勢は天地をどよもすような鬨を上げた。

暴風雨のなかの出陣

その夜は、暴風雨となった。

おそらくは台風だったのだろう。瀬戸内の海は陰暦9月の末には台風の通り道となり、たびたび高潮や暴風に襲われる。

宮尾城を攻める陶勢も、旗指物を吹き倒し、矢も射ることのできないほどの風雨では戦にならない。晴賢は塔ノ岡に布陣したまま、その夜は陣をすくめて、暴風雨を耐えるのみだった。

一方元就は、この天候こそ渡海の好機と覚悟した。

「これぞ天佑ぞ！　今宵、我らは厳島に渡る。晴賢を討つは天の意ぞ！　皆、励み戦え！」

おう、と鬨が上がる。暴風雨のなかで奇襲をかければ、乱戦となるに違いない。同士討ちを避けるため、元就は全軍に揃いの袖印を着けさせ、合い言葉を徹底させて、3日分の兵糧を持たせて船に乗り込んだ。

「水軍衆、篝火を消しなされ。将船に一燈を掲げ、その火を目印に、海を押し

渡っていただきたい。我が人数をお渡しなされれば、すぐさま対岸にお戻りあれ」

この条件が、水軍の棟梁・来島通康をして、元就に手を貸させたものだった。

水軍衆は、毛利、陶のいずれにも臣従していない。しかし、通康は元就が渡海のため、1日のみ船を貸せとの言葉に、勝利の目算があると踏んだ。

無論、晴賢も元就同様、協力の見返りに金子を約束した。しかし、敗北する側に力を貸しても、当然ながら収入は得られない。水軍のように、海上交通と水上戦力を商品とする傭兵稼業を統べる身にとっては、商売相手の見定めは大切な仕事であった。

来島、能島両水軍は、波浪のなかに乗り出した。さすがに潮流の複雑な瀬戸内で、自在に船戦を戦う手練れ揃いである。余人ならば船を出すことさえ怖じ気を振るう闇夜の暴風雨を突いて、見事に厳島に元就の軍勢を上陸させた。

> **厳島合戦の経緯④**
> 陶軍は壊滅状態に陥る。陶晴賢は退却することもかなわず、大江浦まで逃げるが、追っ手が迫り、そこで自刃する。

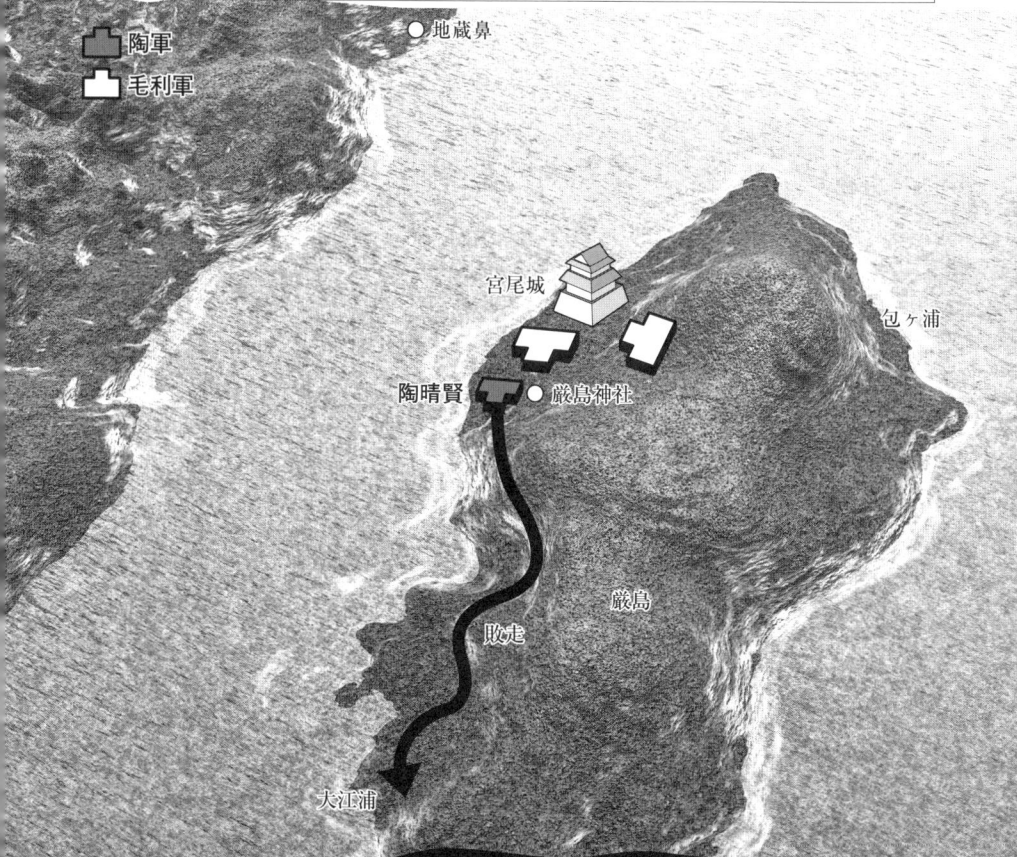

元就はすぐさま兵を集め、山の背を進軍した。
　陶勢が布陣する塔ノ岡の背後である。一方、小早川隆景は別の進路を取り、海を渡った。
　こちらは、陶勢の船が警戒している正面に船を進めた。最も風雨が激しく、波浪が船を翻弄するなか、篝火を焚いて巡回する船はいない。ただ碇を下ろしている兵船が、突然波浪を突いて突入してきた船団を不審に思い、問い質した。
「何者じゃ!?　この嵐のなか、船団を押し込むとは無謀な者どもじゃ！」
　隆景の船団に緊張が走った。しかし、重臣の浦宗勝が、暴風雨の喧噪を吹き飛ばすような大音声で呼ばわった。
「これなるは、筑前の兵にござる！　お召しに応じて、かく参上つかまつった！」
　その答えに、陶勢の船は驚いた。天地を揺るがせる暴風雨のなか、はるばる筑前から乗りつけるとはなんという忠誠かと、感動すら露にして呼びかけた。
「それはご殊勝な。御無礼つかまつった。お通りなされよ」
　かくして、隆景の船団は妨害を受けることなく厳島に達した。

毛利軍の総攻撃、壊滅する2万の陶軍

　上陸した軍勢は、宮尾の熊谷勢と合流した。元就の本軍と隆景の別動軍が展開し終えたころには、さしもの嵐も通過しつつあり、台風一過の晴れた空が曙光のなかに現れた。
「今ぞ、討ち込め！」
　元就の下知に応じて、高々と法螺が鳴る。塔ノ岡の背後に上がった元就勢は、一斉に雪崩落ちた。鉄砲が轟発し、その轟音が鬨の声と相まって、嵐のなかで不安な眠りに就いていた陶勢に、驚天動地の衝撃を与えた。
「て、敵ぞ！　敵の不意打ちぞ！」
「馬鹿な、あの嵐だぞ!?　どのようにして、海を渡ったと申すのじゃ!?」
　信じられない。その思いが、動揺に拍車をかけた。
　どう対処すればいいのか判断がつかぬままに、晴賢の本陣に先を争うようにして駆けつけた。
　平野で戦えばなによりの強みとなったはずの大軍が、陶勢にとっての災厄となった。山が浜にまで迫る狭い地勢で布陣していたうえに、その本陣に人数が押し寄せたため、全く動きが取れなくなった。
「この戦、勝ったぞ！　柵を破れ！　命を惜しまず、名をあげよ！」

元就の叫びに応じて、毛利勢の将士は仕寄りの陣を囲む柵を破り、そこかしこから突き込んだ。

　陶勢(すえ)は、対処の術を知らない。あたら大兵を擁しているだけに、誰が味方かもわからず、同士討ちさえ各所で起こった。

「あ、慌てるでない！　元就とて、小勢ぞ！　慌てず、腰を据えて迎え撃ちいたせ！」

　顔色をなくした晴賢が、混乱のなかで必死に采配を振ろうと試みる。

　が、誰も従えない。混乱が混乱を呼び、度を失った陶勢(すえ)は先を争って船に乗り、必死の遁走を図る。ついには船の奪い合いから、切り合い、突き合う者も続出した。浜を紅く染め、海中に落ちて甲冑の重みに浮き上がれず、溺死する者も数知れない。収拾のつかない混乱のなか、抗戦を断念した晴賢は、馬廻りの者に助けられて塔ノ岡を下り、ようやく浜まで逃げてきたが……。

　晴賢は、目を疑った。朝の光に照らされた浜は一面血に染まり、陶勢(すえ)の将士が累々と倒れ伏している。そして、海を圧していたはずの数百艘もの船は、ただの1艘も残ってはいなかった。

「船が、ない……」

　茫然と、晴賢は口走る。

　信じられなかったことだろう。前日の夕刻までは、晴賢は確かに勝っていた。元就は救援を断念して撤兵し、宮尾城を悠々と攻略して、吉田郡山城を攻める拠点とするはずだったのだ。しかし現実には、浜を埋め尽くしていた2万の兵は泡が吹き飛ばされるようにして消え失せ、背後からは毛利の兵が迫ってくる。

　夢でも見ているかのような、現実感のない心地のまま、晴賢は腹を切った。

　元就はその首級を上げ、安芸一国の支配を確実なものにした。

　また、大内氏の実権を乗っ取り、中国から九州にかけての広大な領地を己(おのれ)のものにした陶晴賢(すえ)の死により、この地域はやがて元就が引き受けることになる。

　暴風雨を突いての海上移動は、戦術の常道をはずれた奇道であった。

　しかし、その裏打ちになるものは、兵力の迅速な移動と、予定した戦場に集中させる技術である。元就は来島、能島両水軍という、その移動を可能とする技術を手に入れた。

　戦術構想を実現するための戦略を作り上げ、その戦略を実現するために必要な能力を獲得することに焦点を絞って、得意の分進合撃戦法を実行に移す。元就はその目的のために情報戦を繰り広げ、中国地方10か国に跨(またが)る大勢力圏の礎となる大勝利を得たのであった。

追撃と迎撃の山間機動戦
三増峠の合戦

年　号	永禄12年(1569)
対戦者	北条氏康　VS　武田信玄
兵　力	北条勢　2万　｜　武田勢　2万

関東をめぐる両雄の戦略

　永禄12年(1569)の秋、信濃の経略をほぼ終えた武田晴信入道信玄と、関東の勢力圏をほぼ固め、広大な帝国を築いた北条氏康のあいだに起こった合戦。

　もっとも、この合戦自体は一連のキャンペーンの最終期にあたって生起したものであり、信玄による関東攻略戦と、それを迎撃する北条氏康による縦深防御戦略という、戦国乱世を代表する名将同士ががっぷり四つに組んだ一大戦役として見るべきものと考えられる。

　川越城の合戦で関東管領と古河公方の影響力をほぼ完全に廃し、関東における最大勢力となった北条氏と、甲斐、信濃、駿河を押さえて中部最強を謳われ、上洛を視野に入れ始めた信玄の、力を尽くした合戦であった。

　長年にわたる上杉輝虎入道謙信との合戦に区切りをつけた《甲斐の虎》武田信玄の目は、戦国大名なら誰もが夢見る最終目標——京の都に攻め上り、天下に号令する道へと向けられた。

　信濃国をめぐる謙信との抗争は、5次にわたる川中島合戦を経て、信玄の戦略的勝利で決着した。

　信濃国を得た信玄は、京に続く東海道を見据えて、駿河国からさらに先、浜松城の徳川家康を標的に定めた。

　家康は、かつて信玄が同盟していた駿河、遠江、三河の太守である今川義元の嫡子・氏真を居城から追い、その領地の半ばを手に入れていた。

　一方、信玄もまた、東海3国をしっかりと固めていた英傑の義元が思わぬ最期を遂げた後、今川家との同盟を破棄して、家康と歩調を合わせるように、駿河へ

の進出を果たしている。山国に生まれ、塩の補給ひとつにも苦労していた信玄が、念願の海を手に入れたのだ。

　しかし、信玄が謙信との死闘に足を取られているあいだに、京の都へは尾張の織田信長が上洛し、着々と勢力を蓄えつつあった。

　信玄は信長に警戒心を抱いていたことだろう。尾張は土地が豊かで、熱田神宮を中心に商業が発展し、軍勢にかける資金がふんだんにある。こうした土地を領地に持つ大名の軍勢は、数を揃えることができるし、海に面しているため遠い土地の情報も手に入りやすい。周辺から伝えられるさまざまな情報から、信長自身のこともなかなかの傑物と考えていたことだろう。

　いずれ手に負えなくなる前に、自身が上洛を果たして天下に号令しなければならない――と、信玄も考えていただろう。ただ、慎重な信玄のことである。信長の勢力が大きくなりつつあるうえ、こちらから敵地に侵攻する遠征になる。本拠地から遠くなるうえ、まず浜松の家康と戦わねばならない。

　消耗を補い、また背後を衝かれる恐れをなくすために、まずやはり以前の同盟相手であった小田原城の北条氏康を、押さえ込んでおかなければならなかった。

　信玄も関東の重要性を、よく認識していたに違いない。信濃を攻略して以来、着々と勢力圏を拡大しつつあった。

　信濃の制圧は、関東と中部、そして越後への通路確保につながった。

　4方を山に囲まれた甲斐は、守りは堅いが他の地域への進出では支障が大きい。

　勢力圏を広く取ることで、本拠地の守りにも余裕を得られる。信玄は100万石に匹敵する信濃を得たことで兵力を増強し、他方、戦略的にも、甲斐一国では取りえない、積極的な行動を取ることが可能となっていた。

　信玄がまず手をつけたのは、関東への進出であった。鳥居峠を越えて上野国に侵攻し、斎藤憲広を城主とする堅城の岩櫃城を攻略して橋頭堡としたのは、まず越後から関東への侵攻経路を確保し、一方で関東の国人領主たちを完全に服属させる作戦の拠点とするためであった。

　信濃をめぐって宿敵となった上杉輝虎――出家入道して謙信は、川越の合戦をはじめ、北条氏康に敗北を重ねて関東を追われた上杉憲政を越後に受け入れ、上杉家を継いだ。

　また、衰退著しかったとはいえ、名目上は天下の主だった足利将軍から関東管領の職を授けられ、関東を平定する名目を得たのである。信濃を支配下に置いた信玄に対して、謙信は関東を支配下に置くことで、東方から信玄への圧迫を強めようと考え、また北条氏康の勢力伸長を押さえ込もうという意図もあった。

しかし、謙信の場合には、そうした政略、戦略的な目的がすべてではなかったろう。本来、戦国乱世の時代に勢力を伸ばすほどの英傑ならば、行動のすべては天下統一に向けた熱情と、そのための冷徹な計算に裏打ちされている。しかし、謙信はそうした征服欲、天下人への欲求を、ほとんど持ち合わせていなかった。

　信玄や氏康、あるいは織田信長といった大名たちが色濃く持っているそうした資質が、謙信には欠けている。その空白部分を埋めていたものは、謙信の場合は潔癖な正義感と、より強い相手を求めてやまない、一種の芸術家のような心情であったろう。

　関東の国人領主たちを従わせ、関東管領としての実質を手に入れようとする謙信の行動は、彼にしてみれば正統な関東管領——上杉憲政を追い落とした北条氏康の討伐が、果たすべき正義であったからにほかならない。武田信玄に対する行動も同様で、先祖代々の領地を奪われた信濃の国人領主たちを越後に迎え入れ、その領地を回復するために出兵を始めたということが正直なところであったろう。

　加えて、氏康の祖父・早雲は旧主の領地を奪い、また信玄は実の父親を駿河に追放して実権を握った。謙信自身も、実の兄・長尾晴景と戦火を交えたものの、決着がついたあとには命を奪うこともなく、隠居させて平穏に過ごさせている。昔から伝えられてきた倫理を重視する謙信から見れば、親や主人を追放する信玄や早雲の行動は、滅ぼすべき悪と見えたことだろう。

　もちろん信玄から見れば、迷惑このうえないことであった。信濃を攻略し、生産力と兵力に余裕を得ながら、謙信との幾度にもわたる合戦に引きずり込まれ、無為に時を空費した。

　兵力、国力の消耗も、尋常ならぬものであったろう。川中島合戦に一応の区切りをつけた信玄は、まず東海道への出口を扼し、次いで関東に勢力圏を膨らませ、後顧の憂いを断つ行動に出た。

　越後からの出口を押さえ、謙信の関東進出を阻んだあとには、大規模な動員を行い、上野から武蔵の国に攻勢に出た。

　北条勢が得意とする、各地域の拠点となる城と、その支城群で構成される内線防御網を、複数の軍団に分かれた大兵力で圧倒し、連携を断ちつつ中枢に迫っていく。甲斐、信濃、それに関東西部の国人勢力を支配下に置き、大兵力を動員できるようになった信玄にして、初めて可能な戦略だった。

信玄の小田原攻めと氏康の縦深防御戦法

　信玄は自らも大兵を率い、小諸から碓氷峠を越えて上野に入った。

一方、重臣・小山田信茂の軍勢が、相前後して進撃した。こちらは上野を介さず、小仏峠を越えて八王子へ向かい、北条氏の本領を侵す姿勢を取った。

　八王子城をはじめ、武蔵や相模と甲斐の国境を守る城は、北条氏にとっては最前線の守りとなる。あえてその城を攻め、北条氏の外堀を埋める態勢を取った信玄は、おそらくこの機会に、氏康の勢力を覆して武田家の勢力下に収めようと目論んでいたのであろう。

　信玄が主力を率いながら、最短距離を取らずに碓氷峠から侵攻を図ったのも、その戦略によるものだった。

　信玄はこの3年後、東海道から尾張を目指した生涯最後の遠征で、同様の戦略を用いている。織田信長との決戦を前にして、三河の領主・徳川家康に、勢力圏を侵すことで挑発をかけ、決戦に引きずり出しているのだ。

　戦国大名にとって、名声を傷つけられるのは実際の合戦に負けるのにも劣らず、生存に大きな痛手となる。

　当時多くの大名は、後の信長や豊臣秀吉とは異なる支配体制を取っていた。主君が絶対権力をもって押さえつけているわけではなく、実質的には臣従ながら、形のうえでは多くの国人領主の同盟のもと、大名がまとめ上げるという体制を取っていたのである。

　実質的には主君と家臣の関係だが、家臣が忠誠を尽くすのは、主君が本領安堵を保証するに足る実力を保っているあいだのみであ

第三章　実戦上の戦術

る。一度その実力が揺らげば、家臣はたやすく離反する。したがって、家中をまとめている戦国大名は、いかに不利な状況にあろうと、侵攻してきた敵を迎撃せざるをえない。

　信玄は、そのように考えたのであろう。小田原城から遠く離れた上野を蹂躙し、北条氏の城塞群を侵掠して回ったのは、声望の失墜を恐れた氏康に出陣を強要し、後詰めに出たところを、野外決戦に引きずり込もうという軍略のためだと思われる。しかし、氏康は信玄の戦略に乗ることなく、北条氏本来の戦略に従った。外縁の城塞群突破に際して、侵攻軍に出血を強要し、攻勢終末点を導こうという戦略である。

　そのために、北条氏規ら北条一族の勇将たちを動員して、可能な限りの遅滞を行った。

　北条氏の基本戦略、縦深防御である。信玄の軍勢は上野、武蔵と勝利を重ねつつ進撃を続けたが、勝ち続けようとも兵力は消耗する。

　滝山城の攻略には跡取りの四郎勝頼を大将に据え、後詰めの押さえに武田逍遥軒信廉を大将として、山県昌景を配置するなど、武田勢の勇将を惜しげもなく使う布陣であった。しかし、どれほどの強兵を揃えても、戦えば兵は減る。本国を離れている限り、その補充はままならない。それでも信玄は武蔵侵攻軍と合流して、小田原城攻めに入った。

　とはいえ、それからが北条勢の真骨頂であった。本拠地全体を囲う広大な城郭に、さしもの信玄も攻めあぐねざるをえない。

　城攻めには最低でも籠城軍の3倍の兵力が必要といわれるが、武田勢の兵力は記録に残っているもののうち、最大でも4万前後である。

　多くの場合、記録に残っている兵力は誇大に書かれている。兵を起こした側は、自軍の兵力を多数にいい立て、敵勢の士気を阻喪させようと試みる。また、侵攻軍を首尾よく撃退したならば、勝った側は自軍の兵力は正しく書き残す一方、敵の人数は多めに書くものだ。

　少数の兵力で多数の敵を撃退したと喧伝したほうが、大将は名将と受け取られ、麾下の兵は強兵と謳われる。また、多くの英傑は大勢力となる前に、既成の大勢力と動員できる限りの兵で戦うという、乾坤一擲の合戦を強いられる。

　その試練を乗り越えた者のみが、新時代の名将となれるのだ。勢い、少数の兵で大軍と戦ったという合戦の常道に反する戦例が、名将の事績として記録に残ることになる。

　しかし、そうした場合でも、その後の戦いぶりが顕著に表れているものだ。

たとえば小説家の場合には、処女作にその作家のすべての要素が、すでに認められるという。他の分野でも、表現者とはそういったものなのだろう。他の時代、他の国の軍人でも、好みの作戦や用兵がある。戦国武将といえども合戦の采配を振るうときには軍人で、そして軍人という職業は、あらゆる職業のなかで最も芸術家に近い、個人の資質が大きく反映されるものなのだ。
　それはさておき、両軍の兵力である。軍記物や各種の記録に書き残された兵力は、多くの場合、2割から3割増しになっている。
　その通例から見ると、武田勢の兵力は3万2000から2万8000といったところか。
　越後の動きは押さえたとはいえ、全兵力を関東に向けられるわけではない。ある程度の兵で越後に備え、三河と美濃の方面にも守りを置くとなると、動員可能な兵力は2万ほどで、関東で服属している国人領主の兵を加えておよそ3万。その程度が妥当なところだろう。一方、北条氏は後年の豊臣秀吉による小田原攻めで

三増峠の合戦の経緯①
武蔵の各地から集まった北条軍2万が三増峠に布陣。武田軍2万は三増峠に向かう。

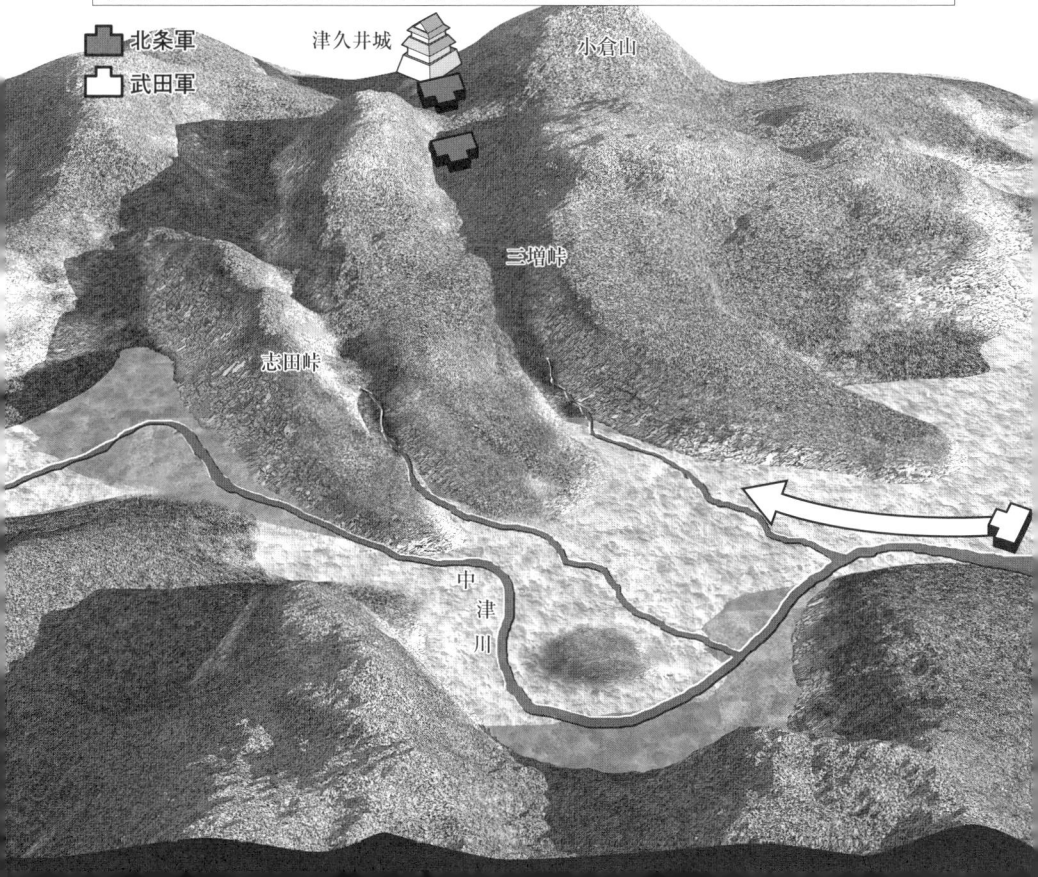

北条軍
武田軍
津久井城
小倉山
三増峠
志田峠
中津川

は、およそ7万を動員している。

　この当時は、小田原の役のころより支配している地域は少ない。だいたい5万から5万5000くらいか。そのうち1万から2万は関東諸城に配置しているから、小田原城に籠もるのは4万前後。

　武田勢が3万としても、これでは音に聞こえた堅城・小田原城は破れない。

　信玄の目論見は、はずれた格好となった。北条氏康は出陣せず、守りを固めている。信玄は数日城を攻め、北条勢が出戦してくる様子がないものと見て、退き陣に移った。この行動を、おそらく氏康は、物見や乱波を通じてすぐさま知ったに違いない。

　北条家は、有名な乱波を抱えていた。風魔小太郎として知られる頭領をいただく戦乱波で、ことに実戦の場において大きな威力を発揮した、現代でいう不正規戦の名手であったと思われる。

　こうした乱波の組織は、勢力圏にあまねく広がって、合戦時の情報を迅速に伝える効果を持っていたのだろう。また、3万程度の兵では、小田原城の周囲を囲み尽くすことは到底できない。囲みのあいだを縫って伝令を出すことは容易だったろうし、北条氏は小田原城に敵を引きつけて縦深防御戦法を取る場合には、本城と支城群の連絡を、緊密に取る必要があった。

　上杉謙信の来寇を受けたときにも、氏康は同じ戦法を用いている。もっとも謙信の場合には、侵攻軍がさほどの消耗を受けていず、追撃すれば、なにしろ相手は謙信である。逆撃を食らって手痛い損害を受ける心配があったろう。

　また、謙信は形のうえとはいえ、関東管領の資格をもって小田原に攻め寄せた。この場合、謙信勢に積極的な攻撃を仕かければ、足利将軍家に刃向かったという弱みを背負うことになる。その計算もあったろう。謙信が武田勢を上回る軍勢を揃えていたのは確かだったとみえ、さしもの北条氏も、積極的に迎撃を試みた様子はない。

　謙信の潔癖さが、従軍した国人領主のひとりが示した無礼な振る舞いを許せず、鞭打ってしまったことから結束が乱れて、撤退のやむなきに至ったときにも、形ばかりの追撃を試みたのみだった。このとき、数百騎を討ち取って、輜重の小荷駄を奪ったとされているが、謙信自身を討とうという意志はなかったろう。小荷駄を奪って長期戦を不可能にし、追い払うことが目的だったと見てよさそうだ。

　しかし、今回は違った。ひたすら城に籠もり、防御を固めていた氏康は、武田勢が撤退にかかったと知って、決戦を画していたとしか思えない、積極的な攻勢に出たのである。

撤退戦における駆け引きと信玄の采配

　10月6日、信玄の軍勢は撤退に移った。
　平塚から相模川の右岸を北上し、三増峠を越えて津久井に入り、山を縫って甲府に戻るという、小田原からの最短距離を取る計画だった。
　武蔵を席捲し、支城群の連携を断つことで氏康を後詰めに誘き出し、決戦を挑もうとした構想が崩れたからには、信玄にも長期戦を戦う余裕はない。
　このとき、武田勢が取ろうとしている進路には、小仏峠と三増峠の両方を扼する拠点として津久井城があった。
　八王子城を要とする山城である。北条氏照を責任者とする城で、氏康は武田勢が撤退するとき、最短距離の三増峠を取ると考え、かねてから武蔵の北条勢を津

三増峠の合戦の経緯②
武田軍は峠に入る前に部隊を3つに分ける。山県昌景率いる別働隊が志田峠を進み、信玄率いる本隊は三増峠を左手に見下ろす山に布陣。もう1隊は馬場信春らの小荷駄を守る部隊である。

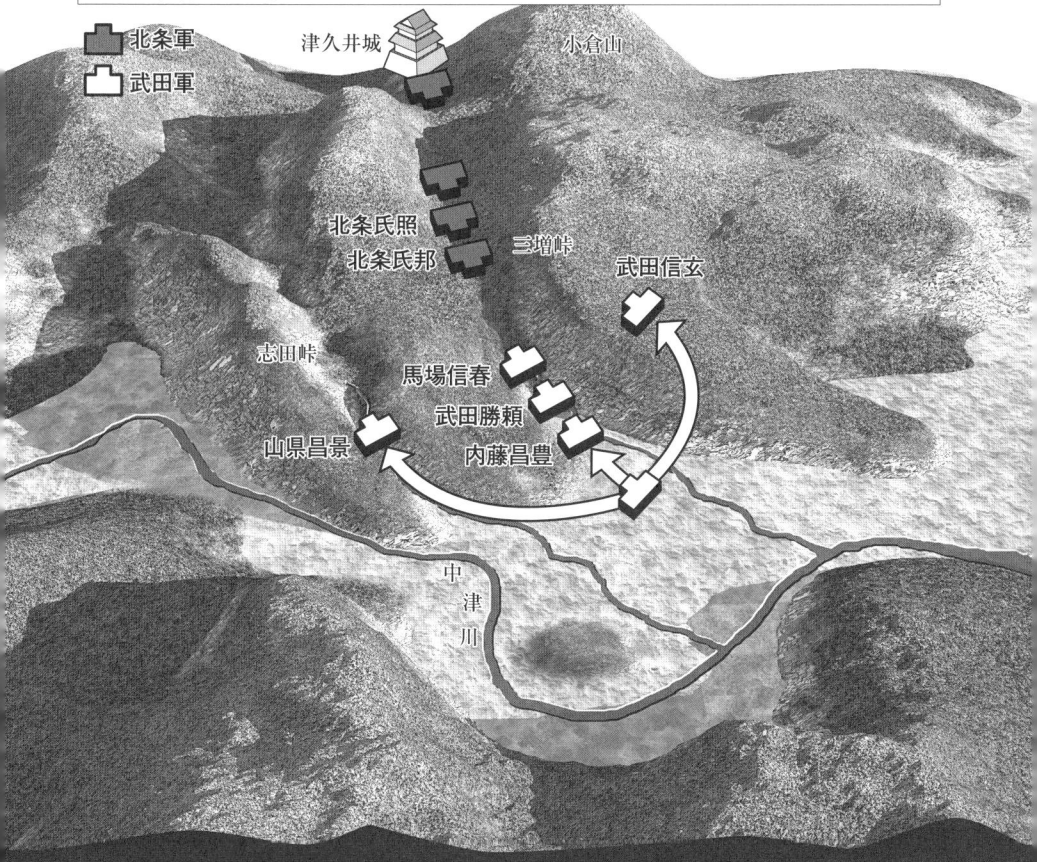

久井城や八王子城に集めて、後方を断つ準備を進めていた。
　北条家の防衛網は、各方面の要の城を一族衆に任せることで、有機的な連携を保っている。
　このとき、北条勢は氏照をはじめ、鉢形城の氏房、玉縄城の綱成といった、今回の武蔵、相模侵攻の前半に武田勢と渡り合い、敗退した諸将を召集して、信玄の後背を断つ兵力を揃えていた。
　武田勢が三増峠を通る、と物見からの知らせが届いたとき、氏康はこれら武蔵の南西部に集めた諸将に対し、出陣を命じた。
　そして、自らも嫡子の氏政ともども数万の軍勢を引き連れて、小田原城を出陣した。
「武田方は、三増峠を越えて甲州に戻る算段じゃ。山間にて防ぎ止め、追い落とすべし」
　氏康は大軍を揃え、ひしひしと進撃する。
　もっとも、山中の戦いになる。武田勢を上回る大軍を揃えていても、その大軍を展開し、自在に動かしての大会戦は不可能だった。
　また、平地から山地に入る北条本軍の進撃も、短兵急というわけにはいかない。数万の大軍を率いているだけに、氏康ほどの名将でも速度を上げることはできない。山岳地帯で武田勢を捕捉し、武田勢の動きを遅らせることを期待していたのであろう。
　氏康の命を受けた氏照は、自ら軍勢を率いて三増峠に布陣した。
　一方綱成は、三増峠に近い志田峠を押さえ、武田勢の動きを止めるよう陣を敷く。
　兵力は、武蔵の諸城から集中させた約2万程度であろう。これだけの兵力で峠を押さえれば、信玄は甲府に戻れない。
　信玄が武蔵に侵攻した真の目的、氏康を後詰め決戦に誘い出し、野戦で雌雄を決するという目論見を、そっくり返されることになる。小田原城を本拠地として以来、北条氏が取ってきた基本戦略——小田原城に届くまで、関東諸城の連携を用いた縦深防御で敵の戦力を削ぎ、攻勢限界点に達した敵を、小田原城に集結させた大軍で追撃して、包囲殲滅するという戦略に、まんまとはまった形になった。
　信玄は一転し、窮地に陥った。しかし信玄の本領は、可能な限り敵の情報を得て、その知らせに基づいて戦略を変更する、柔軟な運用にあった。
　三増峠に布陣している北条勢は、北条氏照、氏邦らを大将に、忍城、玉縄城といった武蔵の諸城から駆けつけた2万余りとの知らせを受けた信玄は、悠然と笑

っていった。

「氏康殿、氏政殿親子でさえ、この信玄とはまともに一戦に及ぼうとはせなんだものを、家中の者どもが幾万きたとて手に合うはずもなし。この者どものみが防ぎ戦うなれば、我らの勝ちは疑いがないぞ」

信頼する大将の、自信に満ちた言葉である。行く手を塞がれ、後方からは氏康親子が指揮する本軍の追撃が迫っていると知って、顔色をなくしていた武田の諸将も、すぐさま勇み立った。

翌7日、武田勢は三増峠に迫った。信玄は槍合わせを前にして、小荷駄衆を避難させた。

上杉謙信の小田原攻めの際、追撃した北条勢が小荷駄衆を襲った戦訓に鑑みたものだろう。

> **三増峠の合戦の経緯③**
> 山県隊は兵を分け、小幡信貞を行く手にある津久井城に向かわせる。そして、武田軍は山間に布陣する北条軍に側面と後方から攻めかかる。北条軍も奮戦するが、次第に押されて敗走。

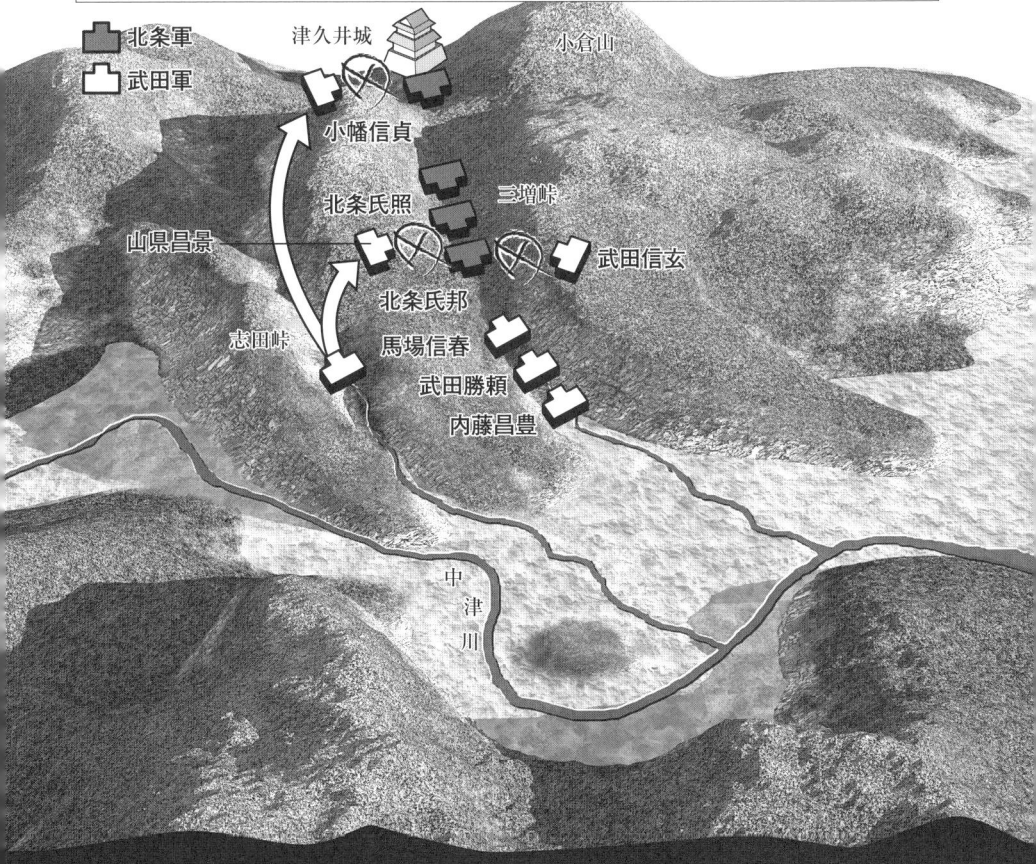

北条軍
武田軍
津久井城
小倉山
小幡信貞
北条氏照
三増峠
山県昌景
北条氏邦
武田信玄
志田峠
馬場信春
武田勝頼
内藤昌豊
中津川

第三章 実戦上の戦術

このとき信玄は、上州箕輪城の城代を務める内藤修理亮昌豊に小荷駄奉行を命じている。
　が、小荷駄＝兵站を軽視し、前線で華々しく戦うのが武士の本懐と考えていたのは、後代の日本軍だけではないらしい。昌豊はこの役目を渋り、箕輪城城代の役目である以上、殿軍を務めるほどの責任があるのに、小荷駄奉行は迷惑だ、と不満を漏らした。
　「それは心得違いぞ、修理。先年、輝虎殿が引き返すとき敗軍いたしたは、第1に小荷駄を討たれたからよ。明日の小荷駄奉行は儂が務めたいほどじゃ」
　まず兵站を叩き、敵軍の継戦能力を断つ氏康と、その守りを第1に考える信玄は、いずれも長期的な視野を持つ、似たタイプの名将であったろう。短期的な決戦に重点を置く謙信とは、両者とも異なっていたようだ。
　武蔵の北条勢が大挙して集合し、甲斐への出口を扼していると知った信玄は、小幡信貞に1400の兵力で桶尻沼という地まで進出を命じて、津久井城への押さえとした。
　そして山県昌景に7人の名立たる大将をつけて、三増峠の西側の志田峠を越えさせた。
　そのまま峠を横ざまに下り、真田沢という地点まで反転して、待ち構える敵勢の背後から攻めかかれと申しつけた。
　そしてまた、三増峠の南側に下って沢伝いに上り、後方に迂回するもうひとつの別働隊を組織した。
　こちらは人数は少ないが、大将に馬場信春、二の陣を武田勝頼という、打撃力に優れた部隊である。
　そして信玄は、夜のうちに移動して三増峠を左手に見下ろす山に布陣した。
　平地でもそうだが、山地ではことに、各陣備えがどこにいて、どのような戦況かを把握するのが勝敗の分かれ目となる。
　この時期、すでに山々は紅葉して、落葉も著しい。信玄は樹間に移動する旗指物を遠望して、手に取るように下知を行った。

奇襲戦での戦闘開始

　10月8日、戦闘が始まった。
　北条勢は、後方と側面という思いがけない方向から奇襲を受けた。
　さしもの氏照、氏邦の軍勢も、側背に攻撃を受けては支えがたい。次第に押され、やがて敗走に移った。

「逃げ道を塞ぐでないぞ！　追い詰めれば、彼奴らは死にもの狂いとなろう。山のなかにでも逃げ道を開けよ！」

信玄の下知が飛ぶ。山道で熾烈な戦闘が始まったが、北条勢を追い詰めることなく、上手に逃げ道が開けられる。

北条綱成は、そうした味方の戦いぶりに歯がみした。

「御館様さえおいでいただければ、武田の奴輩、挟み撃ちに討てるものを！　誰ぞ、急ぎ使者に立て！」

北条勢にもわかっている。武田勢が攻勢に出ていようと、背後から追撃している北条氏康の軍勢さえ到着すれば、勝利は北条のものだと。

小高い扨又山の山上から彼我の形勢を眺めていた信玄は、主力から離れて迂回した北条方の武者を防ぎ止め、反撃の芽を摘んだ。

三増峠の合戦の経緯④
北条軍が敗走し、武田軍は兵をまとめて三増峠を越えて無事に甲斐に帰還する。北条氏康は途中まで出陣してきていたが、引き返す。

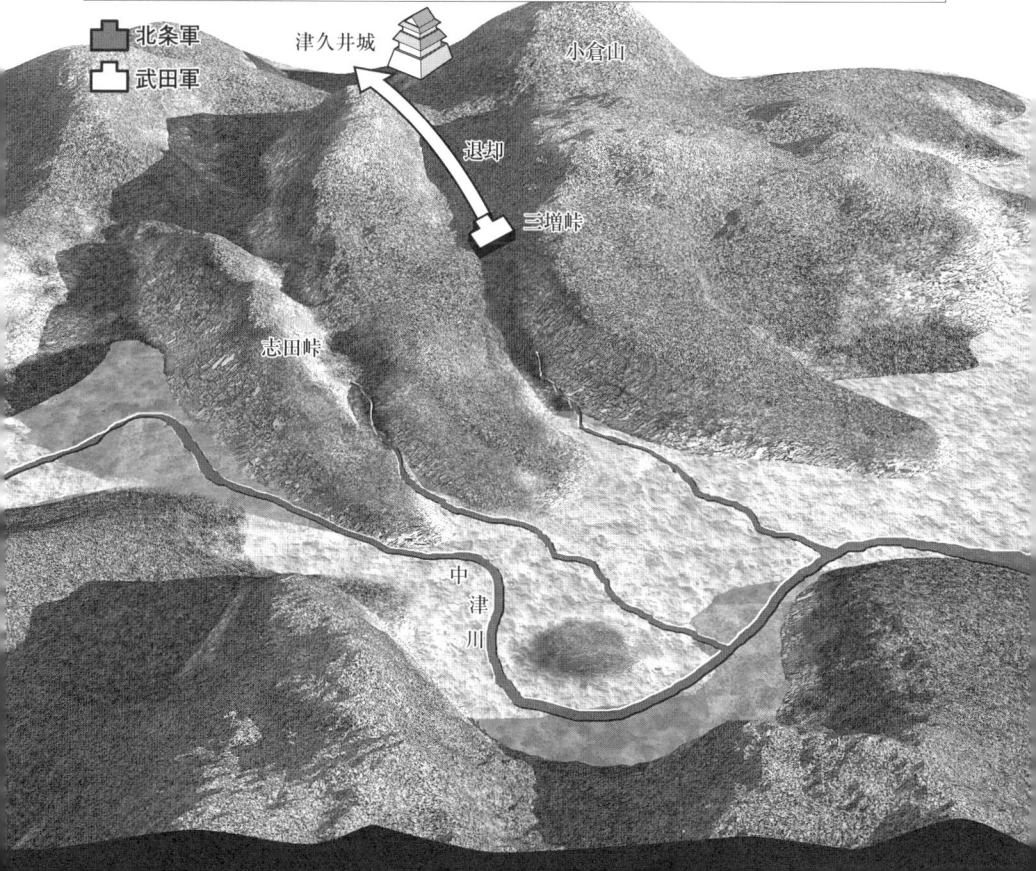

北条軍
武田軍

津久井城
小倉山
退却
三増峠
志田峠
中津川

押されながらも、北条勢主力は高所に避難した内藤昌豊麾下の小荷駄隊を探していた。氏康の命にも、小荷駄を叩け、とある。武田勢主力を足止めし、氏康の本軍が到着するまで縛りつけようという戦略だった。
　ようやく目指す相手を見つけた北条氏照は、にわかに襲いかかった。
　護衛についた浅利信種の人数に向けて、無数の鉄砲を轟発し、波状攻撃を繰り返す。小荷駄隊を守るべく先頭に立って奮戦していた信種が、やがて鉄砲傷から吹き出した鮮血で宙を染めて、転落した。
　嵩にかかった北条勢が、ますます勢いを増して攻めかかる。が、その槍先が小荷駄隊に届く前に、馬場信春、武田勝頼らの軍勢が駆け上がってきて、猛然と突き込んだ。
　さらに、崩れかかった浅利勢のただなかで、本陣から使わされた検見が大音声を張り上げた。
「今より、この曽根内匠が、この備えの大将を務める！　各々、勇み候え！」
　曽根昌世は物見の名手で、信玄をして「我が右目」といわしめた逸材である。その采配のもと、崩れかかった浅利勢は力を盛り返し、押し寄せる北条勢とせめぎ合う。一進一退の攻防が続くなか、背後に迂回した山県昌景が、雪崩落ちるようにして突っかけた。
　北条勢が揺らいだ。この機を逃がさじと、馬場信春、武田勝頼らの軍勢が攻め寄せた。
　北条勢の足場には地形の険しい場所が多く、大軍は動きが抑えられる。身動きがままならないところに、後方から攻めかかられて、北条勢は動揺した。
　一度崩れ始めれば、あたら大軍だけに、押し崩されるのは速かった。
　ついに崖が崩れるようにして、沢へと敗走した。
「今ぞ、追い討ちをかけよ！」
　小躍りするように信玄の軍配が躍る。武田勢は追撃し、2万のうち3269もの首を得た。
　北条勢には、もはや追撃してくる余力はない。そうと悟った信玄は、全軍をまとめて三増峠を越え、沓地川を渡ったところで勝ち鬨を上げた。
　そのころ、氏康、氏政親子は主力を率いて、戦場からさほど遠からぬところまで進出していた。しかし、そこで敗走してきた先手と出会い、武田勢はもはや三増峠を越えたと知った。
　そうなれば進撃は無用となる。氏康は軍勢を返し、信玄は山道伝いに西進して、無事に甲府に帰り着いた。

なお、武田勢が取った迂回路については異論も存在する。そちらも理に合うものだが、ここでは『甲陽軍鑑(こうようぐんかん)』の記述に従った。

北条氏の縦深防御と内線防御

　三増峠の合戦の結果、北条勢は全軍の2割近い大損害を被り、敗退した。

　合戦の目標だった信玄が、無事に逃げおおせたのである。目的を遂げることができなかった点から見れば、確かに敗退であった。

　しかし反面、北条氏の基本戦略は、外敵が本城に迫った場合には小田原城に籠城し、敵の進撃路に大量の戦力を配置して、消耗を強いることにある。

　その意味で、氏康は勝利した。武田勢は、本拠が盆地なので山中の戦いに長じている。山道で兵や兵糧を運ぶのに適した動物——馬を扱う術に長けていて、小荷駄がいち早く避難できたのも、また馬場信春や山県昌景ら別働隊が、迅速に山中を移動できたのも、こうした馬の活用があったからだろう。

　世にいう武田騎馬軍団とは、要するに輸送力としての馬を、戦闘力としても活用することから生まれた兵団なのだろう。

　戦場で馬を使うことで、武田勢は他の軍勢の数倍の速度で移動できる。合戦の要諦(ようてい)は、いかにして最大限の兵力を、こちらが望むとき、望む場所に運べるか、である。

　武田家が得意とした戦法は、山々に囲まれた甲斐で古くから飼育されていた、優れた馬——甲斐駒を活用した大きな輸送力と、合戦においてはそれを戦闘に転用し、限定的ながら相手より大きな機動力、打撃力を発揮させる、歩騎直協の機動戦術であった。

　基本的に、有力な国人領主の集合体である武田勢は、そうした独立性の強い家臣たちを統率できる主君がいるうちは、強大な戦闘力を発揮した。三増峠の合戦は、そうした武田勢の機動力、主君・信玄の戦術眼が、的確に発揮されたものだった。

　しかし、その信玄にして、北条氏康が培ってきた内線防御戦法には敗北した。

　三増峠の合戦だけを見れば、勝利を得たのは信玄であった。しかし、氏康は小田原城を核とする縦深防御戦法で武田勢を消耗させ、信玄を退けた。

　戦略目的の達成という面から見れば、勝利を得たのは氏康であった。そして、北条氏の縦深防御と内線防御を組み合わせた基本戦略は、外線全面を圧迫できるほどの戦力を揃えた強大な敵、天下人・豊臣秀吉との戦いを迎えるまでは、無敵を誇っていたのである。

運命を決める総力戦

　戦国時代といえども、大規模な合戦は、そう多くない。
　合戦は金がかかる。人的資源の消耗も甚大なもので、それも正規の家臣団ではなく、領内の農村から徴用した農民の次男坊、三男坊といった人々が、最も多く死傷する。
　戦国時代といえば、領主が絶対的な権力を持ち、領民を雑兵として徴用して、損害を顧みずに突撃させていた、人命がごく安い時代――という印象がある。
　『戦国自衛隊』という小説がある。SF作家、半村良氏が書かれた傑作で、現代の自衛隊が戦国時代にタイムスリップし、武田信玄と上杉謙信の川中島合戦に介入したことから、歴史が狂い出すという基本ストーリーだが、2005年から2006年にかけて、この小説からスピンアウトした新作が複数、製作、公開されている。
　そのとき評の多くで、兵の消耗を気にかけない戦国時代の軍勢に、人命重視の自衛隊は勝てないだろう、という意見があった。確かに戦国時代には、現代でいう人命重視の思想はない。合戦でなくても人は簡単に死ぬし、社会保障の思想はないとはいわないが、現代とは比較にならないほど粗末なものだった。
　しかし、それでもなお、領主は兵の死傷を極力避ける。合戦でもひと当てしてみて、損害が予想外に多いようなら無理攻めを控え、講和の道を探るものだ。
　理由は簡単だ。この時代、国力は米の生産力にほかならない。そして、その

第4次川中島合戦 →P.113

第4次川中島合戦（1561）
上杉輝虎vs武田信玄

米を作るのは、戦力の主力となる農民なのだ。

　跡取りや主人をはずしたといっても、それは農民の家を残すためだ。実際の農作業では、長男の下で働く次男、三男の男手が欠かせない。そのため、大抵の領主は農繁期には合戦を行わない。というより、行えないのだ。生産力が農民である以上、どれほど戦（いくさ）がしたくても、兵力の動員ができない。無理に人手を引き抜けば、そのツケは秋の収穫時に支払うことになる。

　軍勢の動員があるのは、秋から春にかけてである。大抵の場合、相手も同様だから、うまく時期は合う。首尾よく合戦に至った場合、武士は堂々と槍を上げ、名誉の戦（いくさ）を望むだろう。

　しかし、ここでも主力となるのは、圧倒的な人数の農民たちであり、彼らをまとめる地侍たちだった。

　地侍は、武士ではあっても半ば農民の性格を持っている。むしろ農民としての姿が実相に近く、自らが耕す田畑を守るために、一族郎党で武装して、同じような近隣の小領主との勢力争いを繰り返す――そうした存在であったろう。

　もともとの武士という階級が、貴族の荘園を管理し、防衛する必要から武装し、抗争を続けるうちに土着勢力として成長して、不在地主たる貴族に取って代わっていったことを考えるなら、こうした地侍は、武士の本来の姿を色濃く持っていた、地生（じば）えの武装集団であったといえよう。

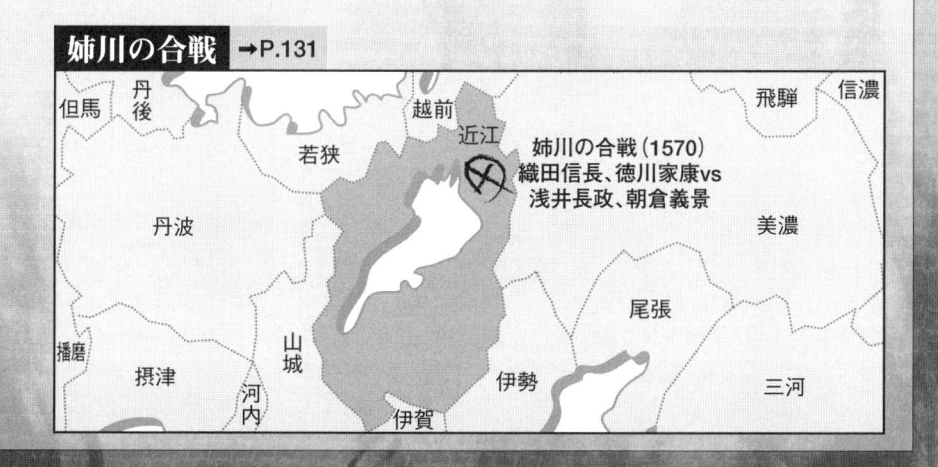

姉川の合戦　→P.131

姉川の合戦（1570）
織田信長、徳川家康vs
浅井長政、朝倉義景

但馬　丹後　若狭　越前　飛騨　信濃　近江　丹波　美濃　尾張　播磨　摂津　山城　河内　伊賀　伊勢　三河

第三章　実戦上の戦術

しかし、応仁の大乱を経て、幕府が整えた秩序が機能しなくなり、さまざまな階層から実情に即した支配者が実力に見合った地位にのし上がり、その地位を固めていくにつれ、地侍も自らを守るためにその配下に集合し、家臣として組み込まれることで生き残りを図るようになってきた。
　そのようにして勢力を伸ばした大勢力は、それまでの地侍や国人領主の盟主としての立場から、彼らを確固とした家臣団として再編し、その上に絶対的な支配者として君臨するに至った。
　かつては朝廷や幕府が行っていた公的な執務、調停機関としての機能を、大名が果たすようになったのだ。そうした機能を果たすには、少なくとも数か国を支配し、勢力圏のなかでは"公儀"として振る舞わねばならない。それだけの実力が求められる一方、限定的とはいえ、公儀としての地位を確立した大名たちは、その勢力をさらに普遍的なものにすべく、近隣の領主を支配下に収める活動に移った。
　この動きが顕著になったのは、応仁の乱から80年余を経た永禄年間（1558〜1570）であった。この時期を境に、時代は室町幕政下の秩序の組み替えから、その影響を脱した本格的な戦国大名たちの覇権争いに移っていく。
　そして合戦の様相も、それぞれの地域で公権力を確立した大勢力同士が天下人への挑戦権をかけた、総力戦へと変わっていく。

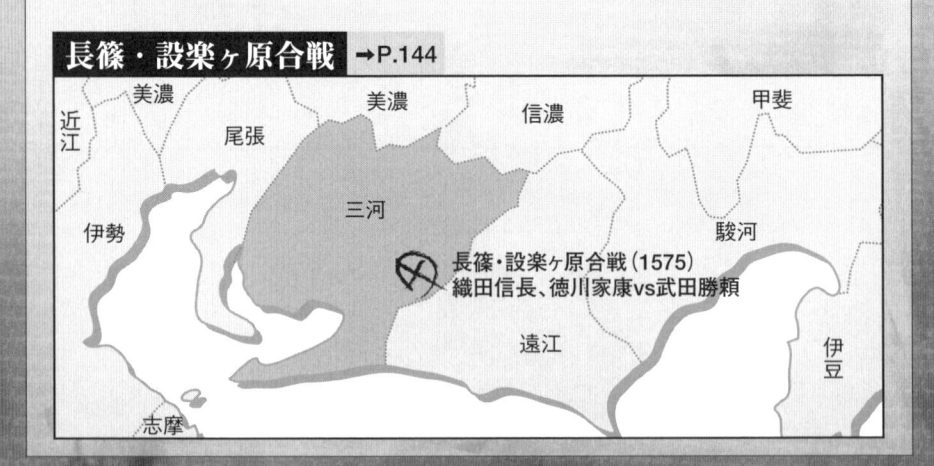

長篠・設楽ヶ原合戦 →P.144

長篠・設楽ヶ原合戦（1575）
織田信長、徳川家康vs武田勝頼

名将同士の駆け引きと野戦
第4次川中島合戦

年　号	永禄4年(1561)
対戦者	上杉輝虎　VS　武田信玄
兵　力	上杉勢　1万3000　｜　武田勢　2万

甲斐の虎と越後の龍

　室町幕府を開府した足利尊氏は、武家政治の正統を主張する必要性から、鎌倉幕府の制度を多く継承した。自然、鎌倉幕府が孕んでいた矛盾をも継承することになり、経済力と武力を蓄えた地方領主の台頭が、管領、関東公方、奥州、羽州、九州といった地域の探題が守護大名を治めるというシステムの破綻を招き、その土地に根ざした実力者が新たな土地の支配者となって、戦国時代が始まった。

　そのなかで、甲斐の守護大名・武田家は、守護から戦国大名への脱皮を果たした、いくつかの例のひとつとなった。

　父の信虎を追放して実権を握った武田晴信(後の信玄、第4次川中島の戦いのときは信玄)は、隣接する駿河と遠江の太守・今川義元や相模の北条氏康と、ときには衝突しつつも、息子や娘たちの結婚による三国同盟を結び、隣国の信濃に侵攻して、国力を蓄えていった。

　信濃は守護の小笠原氏が早くから統治に失敗し、山々で分断された盆地に国人領主が割拠していたため、それに代わる大勢力も出なかった。信玄はここに着目し、諏訪氏、村上氏、小笠原氏といった有力な国人領主を次々に攻略し、事実上家臣団化するなどして、信濃の領国化を成し遂げた。

　一方、北条氏康に敗れて、越後の元守護代である長尾氏を頼った関東管領上杉憲政は、長尾家の当主・景虎(後に政虎→輝虎→謙信と改名、第4次川中島の戦いのときは輝虎)の庇護を得て、姓とともに関東管領職を譲った。

　越後の守護職は、輝虎の父・為景と戦って敗死した山内上杉顕定の弟・房能であった。この房能も為景と戦って討ち死にしていて、憲政にとって輝虎は、祖父

113

と大叔父の仇の子にあたる。しかし実力の時代では如何ともしがたく、憲政は旧主の甥という縁を頼って、輝虎にすがったのであった。

輝虎は、下克上の時代には珍しく、旧来の権威を正統として、秩序を重んじる男であった。

現世の権力には興味が薄く、しかし合戦には恐ろしく強い。

戦(いくさ)の天才といってよく、実に生涯勝率は、ほぼ100パーセントといっても差し支えないほどの男であった。

そうした男だから、第1に念願していたのは、京の将軍と、その公儀としての地位を保証する朝廷の権威を再興し、天下の秩序を回復することだった。

当然、天下統一という意識は薄い。輝虎にとって、合戦とは秩序を回復するためのものであり、人同士でも秩序を重んじる。戦国大名ではほとんど唯一といっていいほど"正義"を行動の基準にした男であった。

関東管領になった輝虎は、名目のみとなっていたその役職を実のあるものにすべく、関東の平定を志した。また、京で逼塞(ひっそく)を余儀なくされていた13代足利将軍・義輝(よしてる)のもとに上洛し、正式な関東管領への任命を得ている。その地位をもって、小勢力が割拠する関東への侵攻を繰り返すにあたって、同じく関東への進出を狙っていた武田晴信と直接衝突することになった。

さらに、信玄が信州を勢力圏としたことにより、輝虎の本領である越後は、直接に武田家の脅威にさらされることになった。

信州に割拠していた国人領主たちは、ある者は武田家家臣団に組み込まれ、あくまで対決姿勢を崩さなかった者は越後に逃れて、輝虎を頼った。

上杉憲政といい、村上義清(むらかみよしきよ)ら信濃の国人領主といい、領国を追われた者たちが輝虎を頼った理由は、ひとつには近隣に、信玄と互角に戦える者が輝虎以外にいなかったために違いない。しかし、より大きな理由は、輝虎が戦国大名には珍しく、私欲より自身が抱く正義を重んじ、頼ってくる者には応えずにはいられないという、希有(けう)な性格の持ち主であったためだろう。

輝虎の、自らが信ずる正義とは、従来の武家政権、朝廷の権威のもとに治まる天下であった。その正義を実現するには、父親を放逐し、国人領主たちを謀略の限りを尽くして併呑した信玄は、許せないと感じられたことであろう。そこに加えて、信濃から越後をうかがう姿勢を見せる信玄を、輝虎は排除すべき敵と断じたに違いない。

両勢力が激突する舞台となったのは、信濃と越後をつなぐ要衝、信濃の川中島であった。

川中島での宿命の戦い

　信玄と輝虎は、3度にわたって川中島に出兵し、衝突を繰り返してきた。
　信玄は前線の兵站基地として海津城を築城し、上杉勢との合戦に備える。城将には、かねてからの寵臣・春日弾正忠虎綱──信濃の有力国人である高坂家の養子に入って高坂昌信と名乗りを改めた武将を据え、上杉勢の来寇に備えを固めた。
　本領からの距離は、信濃を領土に組み込んだ以上、武田勢のほうが近い。にもかかわらず、前進基地を築いて兵力を集め、決戦に備えた予備兵力を集中できるよう整えた信玄の戦略眼は、やはり視野を広く取り、余裕をもって決戦に臨むという名将のものだった。
　一方、輝虎は実戦に即した対応よりも、信濃を救援し、関東を治めるという自らの立場を、公的な資格を整えることで固めていった。
　永禄4年(1561)2月、雪解けを待って輝虎は海路上洛し、将軍・足利義輝に拝謁した。このとき、輝虎は信玄に使者を送り、上洛中は出兵しないように要請している。
　このときには、信玄も輝虎の心映えを誉め、侵攻しないと約束した。公的な地位を承認してもらうための上洛であり、その留守を狙っては、たとえ勝利を得ても足利家をないがしろにしたことになり、非難を免れないと考えたのだろう。
　この上洛で、輝虎は足利義輝から正式に関東管領の地位を認められ、名の偏諱を受けて、上杉輝虎と名乗るようになっている。
　一方、信玄は輝虎の留守を利用して、信濃国内の引き締めに乗り出した。前年の小田原侵攻で、上杉輝虎が武田家をも相手に戦うと考えたのだろう。その機に乗じて反抗の気勢を示した国人領主3名を攻め、粛正して、総力戦の態勢を整えたのである。このとき粛正されたのは、信濃安曇、森城の仁科盛政と東筑摩の仁場城の城主・海野民部丞、そして更級の牧之島城の城主・高坂安房守。
　いずれも信濃の国人領主では名族で、上杉家を頼った国人領主たちとも深いつながりがあったのであろう。その後、信玄はその名跡を、一族や重臣の者たちに継がせている。次男ながら生来の盲目で、僧籍に入っていた竜芳に海野家を継がせ、五男の五郎盛信を仁科家の当主にした。高坂家を継いだのは、無論のこと春日弾正忠虎綱(高坂昌信)である。
　こうして、信玄は輝虎が京に目を向けている隙に、信濃の領主を一族に置き替え、武田の地盤として信濃を完全制圧し、関東攻略へと向かう意図を鮮明に示し

た。また、関東管領の地位を正式に認められ、室町幕府の重臣・上杉氏の正当な後継者となった輝虎を、牽制する意図もあったことだろう。

　将軍から認められ、関東の支配者としての資格を認められた輝虎が、越後を脅かす北信濃を固め、関東をうかがおうとしている信玄を、見過ごしておくはずがない。

　信玄はそう確信し、それまでは小競り合いに終わっていた輝虎との合戦も、次の機会には決戦とする意図を固めていたであろう。そのための海津城築城であり、信濃の完全な領国化であった。

　海津城を築き、大兵を集結させる拠点としたことで、輝虎を誘き出す意図もあったかもしれない。

　そして信玄の期待通り、輝虎は反応した。

　永禄4年(1561)8月16日。輝虎は越後の精兵1万3000を率いて信濃に侵入、海津城と相対する妻女山に布陣して、攻城の支度を進め始めたという。

「輝虎め、妻女山に陣を敷いたか。城攻めには陣城を築くが常道、なれど信州はすでに我が陣中なれば、城の普請もならず、山上に登ったと見える。輝虎は戦上手ということだが、どうしたことであろう」

　武田勢では、輝虎の行動を訝り、ともすれば侮る風潮が芽生えていた。しかし、信玄はそうした声を戒め、警戒を隠さずにいった。

「輝虎は、古今稀なる采配上手である。なるほど、かの仁は政事には堪能とは申せず、また戦を己が国を広げ、家の繁栄を興すための手立てとは見ておらぬ。また、戦に敗れ、逃げ延びた大将どもを受け入れ、養うている。無論、戦の先手に用いる考えはあろうが、それだけではあるまい」

　信玄は、自身とは全く違う型の戦上手として、輝虎に畏怖を覚えていた。

　甲府、躑躅ヶ崎館に集めた重臣たちを見回して、信玄は宣言した。

「儂は、今年で43歳となった。元来、儂は40までは勝つ戦を、40過ぎては負けぬ戦を為さんと心がけてきた。20歳より若いころにも、我より身代の小さな者には負けぬよう、勝ち過ぎぬよう、努めてきたつもりじゃ。なれど」

　息継ぎして、信玄は目を爛々と輝かせ、決意を込めていった。

「輝虎ほどな大敵には、左様な心根ではならぬ。とにかく、軍立場にては負けぬよう、なしうれば勝たねばならぬ。輝虎の首級を上げるが最上の策、戦場で勝ちを得て、越後に押し詰め、工夫を凝らして位詰めにするなど、畢竟、できぬ相手じゃ」

　今度は決戦である。

そう意図した信玄は、このとき集結できるだけの軍勢を率いて、甲府を出陣した。
　8月18日のことであり、軍旅のあいだにも各地より諸将の「頭」が着到した。ほぼ平定を終えた信濃であり、また季節も秋風が快く吹く時分になっている。順調に進撃した武田勢は、6日の後に川中島に着陣した。
　天文22年(1553)、村上義清、小笠原長時らが越後を頼ったことから起こった合戦を第1次とし、以来3回の合戦を重ねるうちに、川中島は次第に武田勢の領するところとなって、戦場は次第に北に移っていた。
　信玄が海津城を築いたのは、ほぼ武田の領地となった川中島の守りを固め、北信濃統治の要とすると同時に、将来起こるであろう越後侵攻の拠点とするためである。

第4次川中島合戦の経緯①
上杉軍は善光寺に1000の部隊を残し、全軍川中島に進軍。海津城の前を通って妻女山に布陣する。

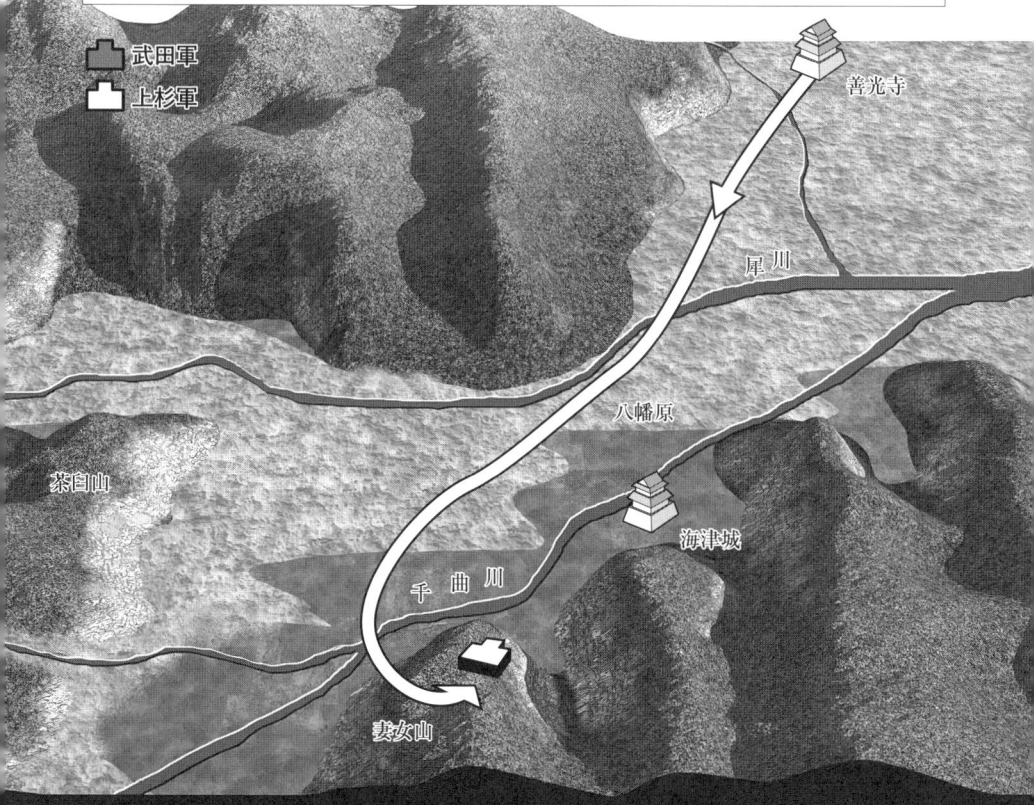

武田軍
上杉軍

善光寺
犀川
八幡原
海津城
茶臼山
千曲川
妻女山

妻女山に布陣する龍

　上杉勢から見れば、海津城に出入口を扼されてしまい、川中島へは進出できない。常識でいえば、川中島北部を東西に流れる犀川の北岸に布陣すると思われたが、輝虎は犀川を渡り、海津城の前面を通過して、その南西に聳える妻女山に登った。

　自ら退路を断った形である。その布陣と輝虎の性格から、信玄は輝虎が決戦の気構えでいると悟った。

　その気構えを確かめるためだったのだろうか、信玄は上杉勢が布陣する妻女山の前面を横切って、千曲川の雨宮の渡しを渡河し、妻女山の東方、茶臼山に陣を敷いた。

　この布陣に、上杉勢の諸将は危惧を覚えた。

「信玄め、越後への道を塞ぎ申した。袋の鼠にございまするぞ」

　大将分が幾人も顔を揃え、一刻も早く合戦に及ぶようにと進言したものの、輝虎は悠然としていった。

「浮き足立つことはない。信玄は、我が武略を承知しておる。海津の城と茶臼の陣に、軍勢を2分しておると知れているからには、無理攻めはいたさぬよ」

「なれど、御館様。信玄は采配の名人。いかなる詐術を用いて、攻めかかるやもしれませぬ」

　重臣の金津新兵衛や上条政繁がなおいう。と、輝虎は莞爾と笑っていった。

「武士なれば、武辺の働きは当然のことじゃ。いわば民が、鍬を持ち、鋤を用いて田畑を耕すがごとし。武士は平生、義理を正しくして生きるが値打ちよ。信義を重んじ、偽るを恥とし、他を欺いてはならぬ。信玄は他を偽る軍略を得手といたすゆえ、恐れるに足りぬ」

　そういい切って、笑みすらたたえた。

「見ているがよい。今に信玄め、必勝を期して詐術を仕かけてこよう。そのときこそ、戦機の熟したるときぞ」

「は……ははっ」

　自らを軍神毘沙門天の化身といい、事実、軍略には絶対の強さを見せる輝虎である。

　諸将は不安を抱えながらも、輝虎の言葉に服した。輝虎の軍勢は、武田勢の総勢より少ない。しかし、1万余という数は、輝虎が把握し、手足のごとく使うにはちょうどいい数だった。

多過ぎる軍勢は、輝虎には必要なかった。その天才をもって手足のごとく扱える人数が、上杉勢にとっては最適な数なのだ。

「武田勢がいかに多くとも、我が采配は軍勢を思うがままに動かし、敵勢の真ん中を貫通する。さすれば敵勢は、頭を失った蛇も同然。背後より包み込み、攻め潰してしまえばよいのだ」

「ただ、敵の動向を見定めることじゃ」

そう命ぜられ、上杉勢は妻女山に登ったまま、物見を怠ることなく、武田勢の動きを監視し続ける。

信玄、海津城に入城

茶臼山に布陣した信玄は、上杉勢が動かぬと悟って29日に陣を引いた。広瀬の渡しを渡河して海津城に入った。信玄にしてみれば、輝虎が決戦を挑んでくれば海津城からも軍勢を出し、挟撃するつもりであったのだが、相手が動か

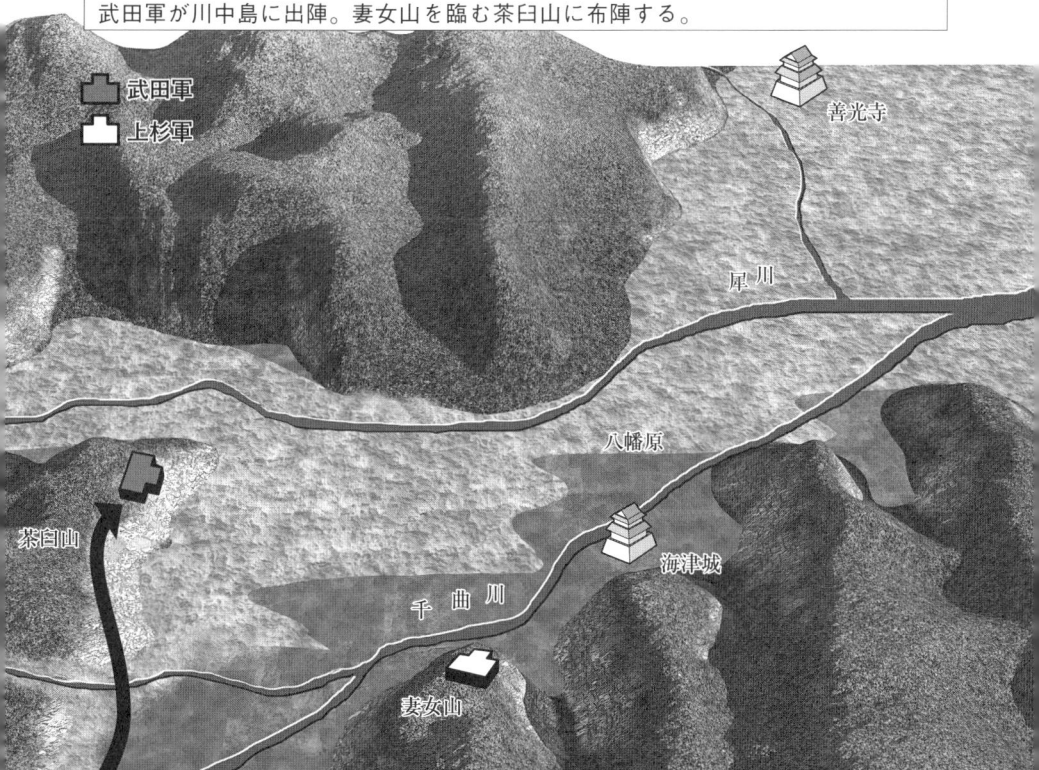

第4次川中島合戦の経緯②
武田軍が川中島に出陣。妻女山を臨む茶臼山に布陣する。

■ 武田軍
■ 上杉軍

善光寺
犀川
八幡原
茶臼山
海津城
千曲川
妻女山

ない。
　かといって、先に動けばその動きを気取られ、軍勢の起こり端を打たれる。軍勢の移動で、どうしても生じる隙間を衝かれれば、全軍崩壊のきっかけになりかねない。対陣を重ねている場合には、作戦を仕かけようとした側が軍勢の移動に時間差を生じ、受けて立った側が全軍で動けるために有利に戦う場合が往々にして起こるのだ。
　海津城に入った信玄だが、武田勢には一見、絶対に有利と見えた陣形を活かすことなく陣払いした信玄に、不審の目を向ける者が出始めていた。
　無論、表立って反抗する者はいない。しかし、軍神と異名を取るほどの強さを誇る輝虎を前にしては、さしもの信玄も恐れをなしたかと、士気の低下をきたし始めたのだ。
「此度は有無の合戦、早々と御一戦つかまつり、数に劣る上杉輩を、お破りなされるが肝要と存じます」
　陣中の不穏な気配を察したか、重臣の飯富兵部（おぶひょうぶ）が進言した。
「上杉勢は、越後への退路を自ら断っておりまする。いわば背水の気構えにて、尋常（いくさ）な戦になれば名立たる越後勢、こちらも損害を免れますまい。されど逆に申せば、一合戦つかまつれば、越後に立ち退くのではございますまいか」
「左様、犀川の畔に伏し備えを置き、その折を見定めて攻めかかれば、いかな輝虎とて采配はままなりますまい。ひと息に首級を上げるもかなうと考えまする」
　馬場信春（ばばのぶはる）も同調した。
　信玄も、その意見はもっともだと思う。しかし、このとき武田勢は、輝虎が不在のあいだに起こした海野、高坂、仁科らを攻め滅ぼした合戦で、歴戦の宿将を幾人か欠いていた。
　輝虎が自身の天才を恃（たの）み、軍議を開くことなく己（おれ）ひとりの直感で軍略を立てるのに対して、武田家では軍評定（いくさひょうじょう）に連なる重臣が、忌憚（きたん）なく意見を述べる。それを信玄が取りまとめ、取捨選択したうえに自身の考えを加えて、最良の戦法を取る慣習になっていた。

激突する策と読み合い

　このとき、信玄は身近に仕えさせ、幕営の一員として重用していた山本勘助入道道鬼（やまもとかんすけにゅうどうどうき）に、思案を聞いたという。
「勘助、そちはどう思う。今川殿、北条殿の軍営を渡り歩き、見聞を広めたそちのこと、存念もあろう」

「は、されば」

　と、勘助は膝を進めた。今川義元の駿府をはじめ、諸国を渡り歩いて兵法修行を重ねてきた歴戦の男である。また、隻眼で、戦で傷つけた片方の足が不自由という事情もあり、槍働きよりは吉凶、瑞兆を占い、出陣の儀式を執り行う役目も兼ねていた。伝説性の強い人物ではあるが、近年は使者を引き受けるほどの地位にあったという資料も見出されている。

「輝虎殿は古今の名将、御館様のいわれる通り、正面より戦っては侮れませぬ。それゆえ、こちらは奇手を用いて、妻女山の敵勢に、朝駆けをつかまつります」

　勘助が提唱した作戦は、上杉勢が籠もっている山上の陣に、背後から早朝の奇襲をかけるという案だった。

「お味方は2万、うち1万2000を妻女山に仕かけ、卯の刻(午前6時ころ)に合戦を始めまする。敵勢とほぼ同数なれば、奇襲ゆえ勝ちは疑いなし。輝虎殿は野戦にては鬼神の強さなれど、籠城の戦は勝手が違いましょう」

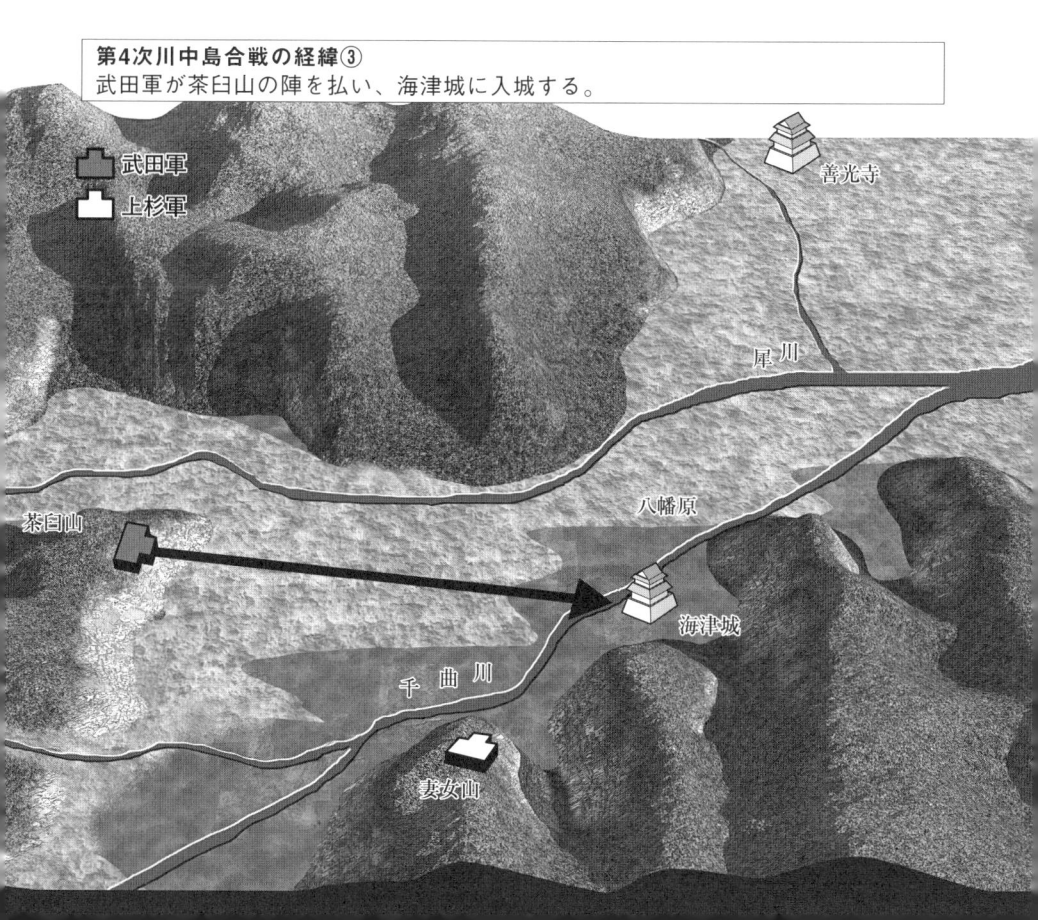

第4次川中島合戦の経緯③
武田軍が茶臼山の陣を払い、海津城に入城する。

「なるほど、山上の陣は陣城として用いたものじゃな」
　信玄が頷く。勘助は語気を強めて、作戦の詳細を説いた。
「城の戦は、輝虎殿がいかようになされるものかは、いまだ例がございませぬゆえ存じませぬ。なれど、人数がほぼ同数、こちらが攻め手となれば、輝虎殿の采配を上回ることもできましょう。よしんば勝ちを得ずとも、輝虎殿の目当てはこなたとの一戦」
　勘助の指が、両軍の布陣を示した絵図の上を、上杉勢の動きを示して動いた。
「退路を断たれているとは、輝虎殿も承知のはず。なれば勝っても負けても、面目は立ったとして退き陣いたしましょう。御館様はその道筋に伏せ備えとなり、二の備えとして八幡平に御布陣いただき、敵勢を押し止め、背後より妻女山仕かけの軍勢との押し挟み、討ち取りなされるが上策と心得ます」
「よう見た、勘助」
　信玄は顔を輝かせ、勘助の策を賞した。
「さながら、木の奥に潜む虫を、啄木鳥が突いて驚かせ、逃れ出たところを食らうがごとき策じゃな。されば啄木鳥の策と名づけ、これより支度に取りかかれ」
「ははっ、かしこまってござりまする」
　勘助は満面を紅潮させ、両手を突いて承った。
　山本勘助晴幸、入道して道鬼。三河牛窪の生まれといい、軍略修行を重ねた末に、板垣信方の推挙で信玄に仕えたと伝えられる。
　虚実取り混ぜた軍略を好む信玄の得意を呑み込み、帷幕に列して、その使者を務めるまでに重用されてきた。そうした役目を任せられたこともあり、新たに領土を広げるにあたって、国人領主や敵国との交渉をまとめ、あるいは調略も引き受けてきたことであろう。
　そうしたなか、信玄も諸国を遍歴してきた勘助の知識を重宝してきたと思われる。合議を重んずる武田家の軍法にあって、基本的には甲斐、信濃の山間での戦を得意としてきた武田勢のなかで、三河、駿河、それに相模といった平野での合戦を戦い抜いてきた今川、北条の合戦を見てきた勘助の言葉は、異彩をもって聞こえたに違いない。
　武田勢が従来戦ってきた、国人領主を相手の戦ではない。大勢力が動員できる限りの軍勢を揃えて、総力をあげた決戦にふさわしい、規模の大きな作戦でもあった。
　この壮大な作戦は、勘助以外には考え出せなかったものだろう。信玄はこれが優れたものと認め、翌朝の実施を決定した。

妻女山に早朝、奇襲をかけるのは、春日虎綱、飯富兵部、馬場信春、真田幸隆ら10名の重臣が率いる「頭（とう）」とされた。人数は1万2000。

　一方、妻女山から越後に向かう最短距離は、川中島の中央部、八幡原（はちまんばら）である。深夜に移動し、ここに布陣して待ち構える伏せ備えは、信玄を中心とした旗本、及び一族、譜代の重臣であった。

　信玄自らが中備えを務め、飯富三郎兵衛（おぶさぶろうびょうえ）（後の山県昌景（やまがたまさかげ））が直衛となり、左右に信玄の弟で名将の誉れ高い典厩信繁（てんきゅうのぶしげ）、穴山信君（あなやまのぶきみ）、内藤昌豊（ないとうまさとよ）、諸角虎定（もろずみとらさだ）ら。脇備えに原大隅守胤蔵（はらおおすみのかみたねぞう）、武田逍遙軒信廉（しょうようけんのぶかど）。信玄の嫡男・太郎義信（たろうよしのぶ）、信繁の息子の望月義勝（もちづきよしかつ）。後ろ備えにも譜代の旗本を揃え、人数は8000。

　ふた手に分かれた軍勢が、夜の闇に紛れて密かに移動し、上杉勢を挟撃する。本陣も同時に攻めかかるなら、合戦の才能では並ぶ者のない輝虎のことだ。先んじて攻めかかり、本陣を砕くという戦法を取るかもしれないが、その危険を避け

第三章　実戦上の戦術

> **第4次川中島合戦の経緯④**
> 武田軍は部隊をふたつに分け、山県昌景など1万2000を妻女山の上杉軍の背後へ向かわせて、信玄が率いる8000の本隊が八幡原に移動開始。啄木鳥の作戦を実行するが、謙信に見破られる。上杉軍は妻女山の陣を払って八幡原に向かう。

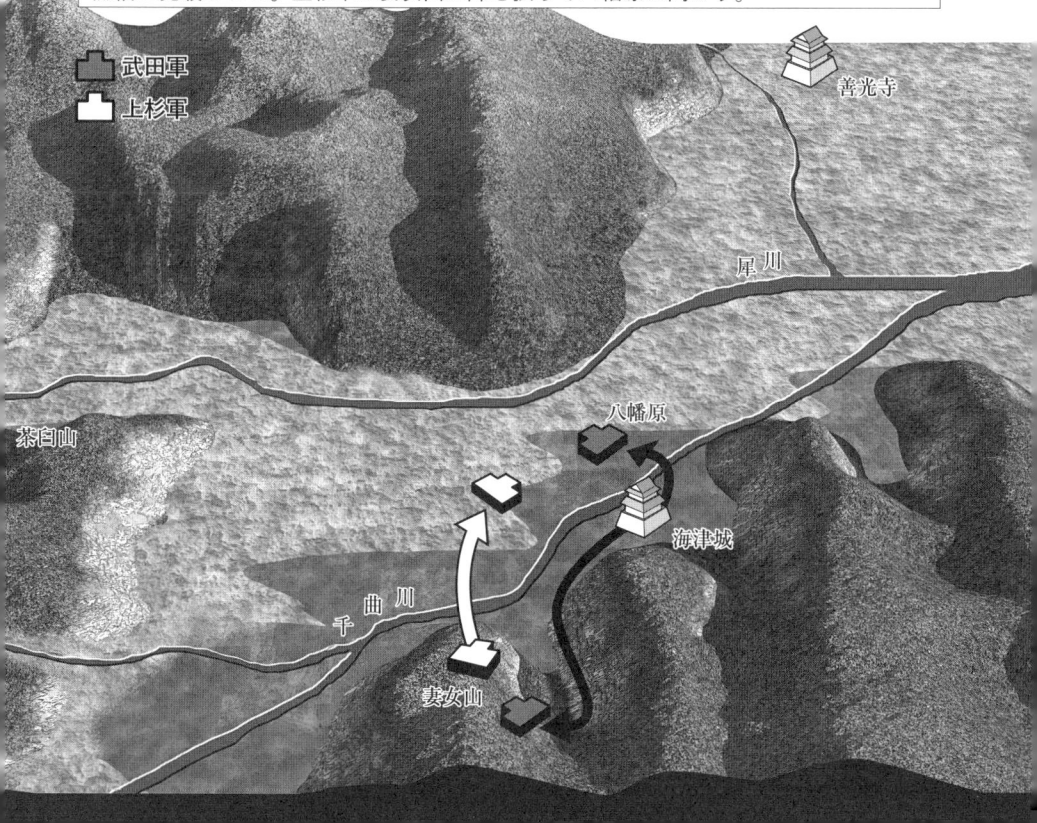

■ 武田軍
■ 上杉軍

善光寺
犀川
八幡原
海津城
千曲川
茶白山
妻女山

るため、本陣は待ち伏せに徹することになっていた。

　負けるはずのない、必勝の戦法と思えた。それぞれの「頭(とう)」を預かる武将たちは将士の士気を盛り立て、翌日は飯を食う暇もないと急き立てて、大量の飯を炊かせた。

　この時代、兵ひとりが1日に食べる飯は、6合から1升に及ぶ。そのすべてを炊き上げ、握り飯にして、足軽たちの打ち飼い袋に収めさせねばならなかった。

　海津城の台所だけでは到底足りず、城内の至るところに釜を据え、賄い方が総出で飯を炊く。味噌や梅干し、干し魚なども小荷駄から出されて、慌ただしく仕分けされ、配られていく。

「急げ、急げ。寅(とら)の刻(午前4時ころ)までに、2万人分の握り飯を作るのじゃ」

　台所方の奉行が手下の者を急き立てて、海津城は濛々(もうもう)とした炊煙に包まれた。その光景を見逃す輝虎ではなかった。

「見よ、海津城が、おびただしい炊煙に包まれておるわ。信玄め、さだめしこの輝虎に、詰めの戦(いくさ)を仕かけるつもりに相違ない」

「いかさま、これは多い。武田の人数、総がかりの様相にござりますな」

　重臣で一族の勇将、長尾政景(ながおまさかげ)が嘆声を漏らす。

無言の行軍

　輝虎は戦意を満身に漲(みなぎ)らせ、信玄の考え、読めた、といった。

「あれほどの飯を炊くのは、堂々と平野に押し出しての合戦ではあるまい。それだけの時が入りような奇策ということよ。おそらくは一手をもってこの妻女山を襲い、追い落として、越後に向かわんとするところに横入れいたす所存に相違ない」

「敵勢がふた手に分かれたとなれば、こちらは全軍をまとめて、分力を討つことにござりまするな」

　直江大和守実綱(なおえやまとのかみさねつな)が、武者震いするようにしていった。

　輝虎は頷いて、直ちに全軍に使番を送った。

「武田勢は軍勢をふた手に分け、我が軍勢を突き落とす所存と見えたぞ。我らは先んじて山を下り、急進して、伏せ備えであろう敵の分力を討つ。左様心得、すぐさま出陣いたせ！」

「敵に気づかれてはならぬ。馬には枚(ばい)を嚙ませ、馬沓(うまぐつ)を履かせよ。鉄砲は火縄をはずし、間違っても撃つな。私語も禁ずる」

「この禁に反する者は、理由の如何を問わず斬罪にいたす。左様心得よ」

物頭、足軽大将らが触れて回るが、軍律の厳しい上杉勢で禁じられた行為をなす者はない。

「此度は信玄を相手の、詰めの戦ぞ。千曲川を越え、夜を明かし、夜明けとともに合戦を始める。武田の先衆が駆けつける前に切り崩し、旗本同士で一戦いたし、儂と信玄で手を取り合い、刺し違えるもよし。いずれにせよ、水火の戦ぞ。皆、励め！」

その檄にも、鬨の声は上がらない。

無言のままに、上杉勢は亥の刻（午後10時ころ）に陣を払った。

上杉勢1万3000が、ひそともせずに山を下りる。武田勢に気づかれてはならないため、松明を灯すこともできない。しかし着陣以来、物見をくまなく出していたので、周辺の地理は知り尽くしていただろう。

ただ甲冑、具足の触れ合う音と、旗指物が風にたなびく音のみだ。1万3000も

> **第4次川中島合戦の経緯⑤**
> 両雄が八幡原で遭遇。謙信は車懸かりの陣を敷いて、武田軍に襲いかかる。信玄は鶴翼の陣でこれに対抗するが、上杉軍の猛攻で武田信繁、山本勘助ら多くの将を討ち取られる。

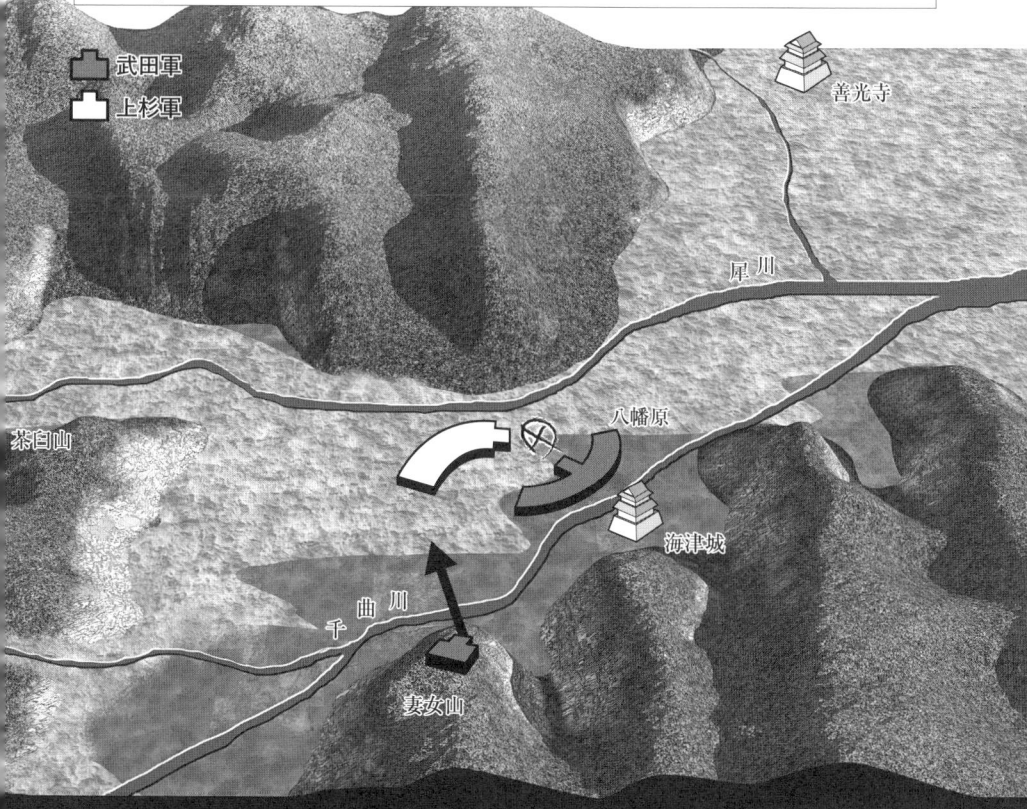

の人数が移動しているのだから、全くの無音ということはありえない。しかし、輝虎の神がかりまでの威勢が行き届いている上杉勢は、それだけの人数の行軍にしては、信じがたいほど静かだったに違いない。
　また、上杉勢では朝食の飯を炊くとき、ひとりが3人分の飯を作り置くよう、軍法に定めていた。武田勢のように、炊煙から作戦の開始を悟られることはない。馬の口にも板を噛ませ、いななきも聞こえないようにして、信玄が渡った場所と同じ雨宮の渡りを越して、八幡原に接近した。
　一方、信玄は9月10日、曙に広瀬の渡りを越えて、八幡原に進出した。
　この時期、ふた筋の川に挟まれた川中島は、気温と水温の差が大きく、深い霧が立ち込める。物見すら先に進めず、輝虎は一度、兵を止めた。
　そのとき、日が昇った。射し染める曙光に気温が上がり、霧が晴れていく。と、武田、上杉の両軍は、その霧のなかにそそり立つ無数の旗指物、長柄槍の穂先を、思いがけず間近に見た。

決戦、車懸かり

「ここに陣を敷いておったか、信玄！」
　輝虎は驚喜した。
「ば、馬鹿な！　何故に輝虎が、このような場におるのだ!?」
　信玄は仰天した。軍勢が互角であってさえ、おそらく正面切っての野戦では、信玄すら敵わないであろう合戦の天才、輝虎が相手である。まして、信玄の麾下にある兵は8000。5000の兵力差があっては、勝てようはずもない。
　しかし、さすがに信玄は、崩れかかる心を立て直し、方針を定めた。
「此度の戦(いくさ)は、とにかくも防ぎ抜け！　我らが死にさえしなければ、春日らが駆けつける。今ごろは妻女山がもぬけの殻であると知り、馳せつけている最中であろう。先衆が駆けつけるまで持ちこたえれば、戦は勝ちぞ！」
　すぐさま放った物見の浦野某(浦野民部か浦野左衛門尉幸次など諸説あり)が、上杉方の動きを急報した。輝虎麾下の旗本勢は、武田勢を迂回するようにして犀川の方角に向かっていると聞かされて、信玄は顔色を変えた。
「そちが知らぬのも無理はない。その動きは車懸かりといい、敵勢の守りを切り崩して本陣同士で討ち合う、捨て身の陣形じゃ。輝虎は此度の戦(いくさ)を、詰めの戦とする覚悟じゃ。思いがけず儂と間近に出会ったゆえ、捨て身の戦(いくさ)であろう」
　信玄は武者震いし、すぐさま下知を下した。
「さすれば、こちらは鶴翼(かくよく)で防げ！　車懸かりは、対する軍勢の備えを吹き飛

ばし、剥き身とするが真骨頂ぞ。その目論見を防ぐため、鶴翼にて敵勢の勢いを削げ！」

　もともとが、越後に向かう上杉勢を塞き止め、追撃する先衆と挟み撃ちにするための陣形である。鶴翼に近い形を取っていたこともあり、驚愕から立ち直った武田勢は、すぐさま陣形を整えた。

　対して輝虎が使った車懸かりという陣形は、実はどのようなものか定かでない。江戸時代に著された越後流兵法の書物によれば、本陣を中心に旗本の備えが時計回りに回転し、出会う敵陣を、あたかも回転鋸のように切り崩していく陣形となっているが、これでは遊兵となる兵力が多過ぎるうえに、敵の眼前で側面を見せて行進するなど、実戦で使えるとは思いがたい。

　そこで考えられるのは、先備え、二の備え、三の備えと、本陣の前に段階的に配置し、車が回るように次々と叩きつけていく戦法か、本陣を要の位置に置き、

第4次川中島合戦の経緯⑥
妻女山の別働隊が八幡原に到着し、横合いから上杉軍を攻撃。形勢が逆転し、上杉軍は善光寺に退却する。

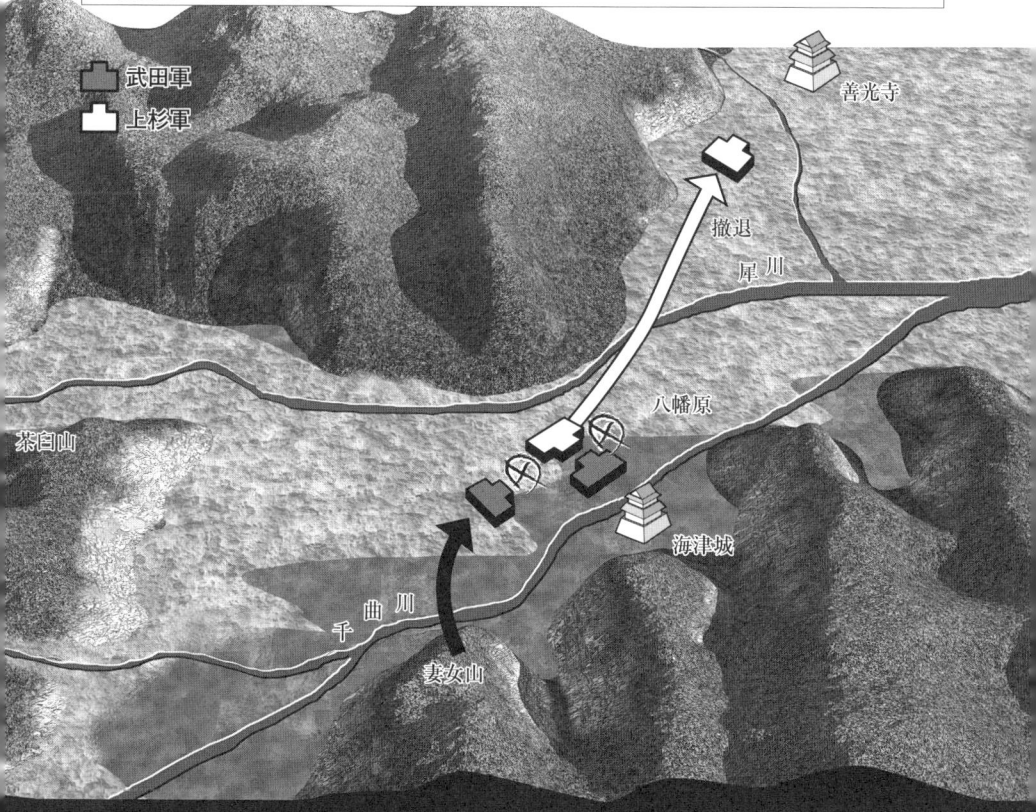

それぞれの備えを斜線状に配して、敵陣に接近するや、横合いから一斉に、車輪が回転するように叩きつけるという陣形だったろう。この陣形ならば、行軍隊形からの変化もたやすい。実戦での効果もありそうだ。
　ともあれ、上杉勢の攻撃は猛烈なものだった。武田勢が防御に徹しているのに対し、肉薄して激突し、力ずくで崩し去っていく。輝虎も、優位を保てるのは春日たち、先衆が戻ってくるまでだと気づいていた。
　それだけに、輝虎の采配は熾烈を極めた。限られた時間で、信玄を討たねばならない。そのために、本陣を守る武田勢に損害を顧みず白兵戦を挑み、突き倒し、切り倒し、撃ち倒して、本陣の守りを砕いていく。

越後勢の猛攻、武田軍の逆襲

　上杉勢の一の備えは、越後きっての猛将、柿崎和泉守景家であった。
　槌で叩き潰すような猛攻が、武田勢の一番備えを粉砕する。続く甘粕近江守、輝虎の旗本衆が、本陣の右手に固まって横殴りに叩きつけていく。
　車懸かりは、短期決戦に適した捨て身の陣形であった。武田軍は脇備え、後ろ備えまでもが、上杉勢の猛攻に壊乱し、次々に崩れていく。
　それでも武田勢は奮戦した。飯富三郎兵衛昌景（後の山県昌景）は、上杉方随一の猛将・柿崎景家と5分以上に渡り合い、3町にわたって後退させた。
　信玄の義弟の穴山信君もまた、柴田因幡守治時を押し崩し、4町ほど押しまくる。
　しかし、他の「頭」は苦戦を強いられていた。
　そして、武田典厩信繁討ち死にの悲報が、武田勢を震撼させた。兄の本陣に上杉勢を攻めかからせまいと盾になり、千曲川の支流のなかにまで乱軍を引き込んでの、壮絶な討ち死にだった。
　初鹿野源五郎が討ち死にを遂げ、諸角虎定もまた、奮戦の末に首級を上げられた。
　そして、信玄の間近にあって補佐を務めていた山本勘助も、軍略を逆手に取られた責を負うようにして討ち死にを遂げた。
　「御館様！　お味方の勝利にございますぞ！」
　輝虎の馬廻りが、血震いするようにして歓声を上げる。が、そのとき輝虎は、はるか南方から押し寄せてくる、怒濤にも似た人馬の轟きを聞いていた。
　妻女山に向かった先衆が、上杉勢がすでに山を下りて八幡原に進出したことを知り、猛然と押し寄せつつあるのだ。信玄の命が危ない。そう悟った春日虎綱他

の諸将は、馬を責め、兵を急かして、火煙を上げるようにして進撃してくる。

　上杉勢が戦場を支配できる時間は、もはや残されていない。しかし、もとより輝虎は、時間を見切っていた。その限られた時間で信玄を討ち取るために、車懸かりという捨て身の戦法を用いて、本陣同士を激突させるという、常識外の挙に出たものだった。

　すでに信玄が組んだ鶴翼12段の堅陣は崩れ、一方上杉勢もまた、武田の各備えを追い詰めて、本陣を助ける余裕はない。

　鶴翼の中心にある信玄の本陣は、孤立無援の状態で輝虎の本陣に突入された。

　すぐさま鉄砲の轟音が湧き起こり、弓弦の響きが耳を打つ。

　降り注ぐ矢の雨に、彼我の将士が、朱に染まって転倒する。

　右を切れば左に突かれ、前を組み伏せるあいだに後ろから首級を搔かれる乱戦のさなか、輝虎は萌黄の胴肩衣、行人包みに兜を包み、3尺余の太刀を振るって、月毛の馬で突撃した。

　信玄の本陣には、馬廻りもすべて防戦に注ぎ込んだため、一兵も残っていなかった。ただひとり、信玄のみが泰然として、床几に腰を下ろしている。長年の抗争に決着をつけようと、輝虎はその武者めがけて躍りかかり、猛然と太刀を振るった。

　信玄は、抜刀する余裕がない。もとより太刀打ちの勇将ではなく、手にした鉄張りの軍配で輝虎の斬撃を打ち払う。

　輝虎が8太刀まで切りかけたとき、ようやく信玄の中間衆頭の20騎ばかりが駆けつけた。

　駆けつけたなかのひとり、原大隅守が、輝虎めがけて槍を突き出した。が、その一撃は輝虎をはずれ、乗馬の尻を打つ。馬は狂奔し、輝虎は無念ながらも長蛇を逸した。

「御館様、御無事で!?」

　原が駆け寄り、信玄は満身を汗に濡らして、大きく肩で息をした。

　この、信玄と輝虎の一騎打ちは、実は確かな資料には見えない。輝虎自らが太刀を振るい、また法師武者が信玄に切りつけたとする資料はある。これらから生み出されたものであろうが、しかしこの伝説は、激戦の雰囲気をよく伝えているのも確かなことだ。

　そのときには、妻女山攻めの先衆が戦場に到着していた。

　人数は1万2000、上杉勢の全軍に近く、しかも上杉勢は今までの激戦で疲れている。

新手の大軍に抗する術はなく、輝虎もまた本隊と離れ、馬を乗り替えて、追いすがる武田勢と自ら太刀打ちしながら、ようやく犀川を越えた。
「信玄め、我が太刀を浴びて、蒼くなっておったわ！」
越後への出口にたどり着き、ようやく味方と合流して、輝虎は大笑した。このとき、追い討ちをかけた武田勢のため、上杉勢は3117の首級を奪われ、申の刻（午後4時ころ）に至って、武田勢は勝ち鬨を上げた。

両雄の勝利と遠のいた天下への道

　第4次川中島の合戦により、川中島は完全に武田勢の勢力下に帰した。
　早朝、卯の刻（午前6時ころ）に始まった合戦では、輝虎の捨て身の猛攻で、武田勢は壊乱した。
　しかし、巳の刻（午前10時ころ）に先衆が来援してからは、逆に上杉勢が押しまくられた。輝虎は軍勢をまとめて越後に引き、勝ち鬨を上げたのが武田勢であった事実を見れば、最終的な勝利は信玄が得たとも考えられよう。
　戦略目的を達成したのは、信玄であった。輝虎は多大な戦費と3000以上の兵を失いながら、信玄の心胆を寒からしめたのみで越後に帰った。
　しかし、一方で信玄は、有力な家臣や重臣を多数失った。なかでも、人望が厚く、家臣たちの信望を集めていた典厩信繁が討ち死にしたのは、取り返しのつかない痛手であった。
　このとき討ち死にした家臣たちを補うために、信玄は老臣たち以外に出来物を抜擢して、武田家の中核に据えた。宿将たちではなく、新たに平定した信濃や、隣接する今川、北条、あるいは美濃の斎藤といった強豪たちとの関係が重要視されるようになり、ことに跡継ぎになった勝頼は、信濃の豪族たちを中心に重用したため、旧来の重臣たちとのあいだに、目に見えない軋轢が生じていた。
　信玄が健在なあいだは、その軋轢は表に出ることはない。しかし信玄の死後、武田家家臣団は亀裂を生じて、ついにその亀裂が武田家の大敗につながり、滅亡への坂を転がり落ちていくことになる。
　信玄と輝虎は、当時最強であったろう軍備と軍才を持ちながら、隣り合って生まれた不運が死命を制した。しかし、大勢力同士が四つに組んで戦う合戦はこれを嚆矢として、以降大規模な合戦は、天下人を目指す者同士の、生き残るための試練と化していく。

がっぷり四つの大規模野戦
姉川の合戦

年　号	元亀元年(1570)	
対戦者	織田信長、徳川家康　VS　浅井長政、朝倉義景	
兵　力	織田勢　2万3000	浅井勢　8000
	徳川勢　6000	朝倉勢　1万～1万5000

織田氏と朝倉氏の浅からぬ関係

　尾張守護である斯波氏の守護代・織田大和守達勝の奉行職を務めていた織田信秀の代に主家を没落させ、代わって尾張の実権を握った清洲織田家に生まれた織田信長が戦国の世に確固とした位置を占めるのは、永禄3年(1560)のことであった。弟・信行との抗争に勝って尾張を統一しつつ、駿河、遠江、三河3国の太守である今川義元を破って敗死させた田楽狭間の合戦で、信長は尾張の戦国大名として、歴史に姿を現した。
　このころ、美濃には斎藤道三、甲斐には武田信玄、越後の上杉輝虎、相模の北条氏康と、関東甲信越にかけては名立たる強者が鎬を削り、互いに牽制し合っていた。
　室町幕府の権威が衰え、その支配が遠国から緩み始めたことが、信長が台頭できた理由のひとつといっていいだろう。ことに関東は、足利将軍家の発祥の地であり、独立不羈の気風が強い。関東公方、関東管領の実力は早くから衰え、それだけ早く、効率的なシステムを備えた戦国大名が、しかも複数並び立つことができたのだ。
　皮肉なことに、そのような状態だからこそ実力の拮抗する強豪が、隣接して現れた。彼らは中央に出る前に、まず近隣に勃興した強豪を制圧しなければならなかった。上洛のために国を空けようものなら、即座に近隣勢力の侵攻を受け、国を乗っ取られてしまうという状況になっていた。
　一方、近江など京に近い地域には旧制度の束縛が残った。官位は高いが身代の

小さな大名たちが鎬を削り合い、また応仁の乱の舞台になったため、身代の大きな管領や旗頭といった大名たちは、互いに潰し合った末に見る影もなく衰えていた。いわば、理由は違うが関東と似たような状況になっていたのだ。そのような状況下で、港町津島や熱田神宮の門前町がある清洲織田家は、商圏が確立していて、多くの住人を養える土地であったために、勢力を伸ばしていたのである。
　それでも、国力、軍事力ともに大きく上回る今川義元が、尾張侵攻の軍勢を起こしたときには、信長は滅亡の危機にさらされた。
　その危機にあたって、分散した今川勢の隙間を突破する形で義元の本陣に突入し、"全力をもって分力を討つ"という戦術の基本を忠実に実行して勝利を得た信長は、後背を脅かす最大の脅威を排除できた。そればかりか、義元の討ち死にに乗じて独立した三河の領主・徳川家康という味方をも得ることができた。
　義元を討つより前に、長年の宿敵であった美濃の斎藤道三の娘婿となり、最終的には美濃を奪い取り、近畿近辺では最大の勢力となった信長は、いち早く上洛の軍を起こした。
　この時期、京では足利将軍家の力は衰え切っていて、田楽狭間の合戦の5年後の永禄8年(1565)には、13代将軍・足利義輝が、京を牛耳る三好三人衆(三好長逸、三好政康、岩成友通)と松永久秀の手で命を奪われていた。
　義輝の弟の鹿苑院の周嵩も殺され、興福寺一乗院の門跡を務めていた弟の覚慶のみが、死を免れた。覚慶は和田惟政を頼って脱出し、近江守護の六角義賢を頼ったものの、義賢には三好、松永一党に刃向かう覚悟はない。
　次いで越前の太守・朝倉義景を頼り、さらに新興の信長に、将軍家再興の手助けを求めてきたのである。
　このころ、信長は近江の浅井長政に妹のお市を嫁がせ、攻守同盟を結んでいた。浅井家は、長政の祖父の代に近江北部の守護である京極持清の孫・高清に仕えて家運を起こし、六角氏と争いながらも、北近江に勢力を振るうようになっていた。一方、京の近隣では最大の勢力を持つ朝倉氏は、先祖は織田家と同じく、越前と尾張の守護を兼ねていた斯波氏に仕えていたものの、後に越前守護を命ぜられて、越前一帯に勢力を振るってきたものだった。
　朝倉家と浅井家は、領土が隣接していたこともあり、古くから同盟関係を結んできた。しかし、浅井長政は信長が近畿で最大の勢力となったことを知り、これとも同盟して、両面の守りを確かなものにしようと考えたのだろう。浅井家を味方に引き入れ、勇猛な長政を義弟とした信長は、覚慶の要請に応えた。
　和田惟政、不破光治らを越前に送って、このころにはすでに還俗して、足利

義昭を名乗っていた覚慶を引き取ったうえで、義昭上洛のために馳走するよう、京への途上にある大名たちに要請した。

しかし近江東部の六角義賢がこれを聞き入れなかったために追討し、その勢いをもって上洛を敢行した。

かつて上杉輝虎の上洛時には鳴りを潜めたものの、上杉勢が去ればすぐさま我が物顔に振る舞っていた三好一党も、京に常駐するようになった信長勢には刃向かえず、第15代将軍・義昭を擁した信長は、その意を受けた公儀として振る舞い始めた。

その後、信長は伊勢一国を平定し、また近隣の諸大名に呼びかけて、本人の上洛と、人質を差し出すように命じた。

多くの大名はこれに従ったが、朝倉義景は従おうとしなかった。

同じ斯波氏の家来の出だったが、その後、朝倉氏は斯波氏に代わって守護になった。この家格が違うという意識と、最初に義昭の面倒を見たのは自分だという考えがあったのだろう。永禄12年(1569)、義景は再度の上洛要請を無視して、兵を集めて反抗の姿勢を示した。

越前討伐

信長は徳川家康に援軍を要請し、元亀元年(1570)、名目上は若狭の武藤氏を攻める形で、近江坂本に兵を進めて、西近江から若狭に侵攻した。

朝倉勢の前進基地、手筒山城と金ヶ崎城を、鉄砲の火力を活かすなどして攻め落とし、そのまま越前に乱入。一気に義景の本拠地、一乗谷を突く計画だった。信長が動員可能な総兵力の約6割にあたる、3万の兵を動員している。

このときには信長はまだ、義景が降参すれば命を助け、義昭供奉衆に組み込むつもりだったかもしれない。当時の信長は、越前を落としたとしても、そこに家臣を送り込んで統治するほどの余裕はなかったと思えるのだ。

元亀元年(1570)の時点で信長が領有していた国は、尾張、美濃、伊勢、志摩、大和の北部、和泉、山城、摂津など、近江南部の、8か国と2か国の一部。石高に換算して、豊臣秀吉の検知がすんだあとでは、総計240万石を超えている。さらに、若狭守護・武田家の内紛につけ込んで若狭にも影響力を及ぼしていたが、この石高は信長の時代より30年ほどあとのものであり、耕作面積や技術もまだ劣り、また新田開発も進んでいなかったことを考えると、およそ6割から7割――160万石程度のものであったろう。

それでも、近隣の他の大名にくらべれば群を抜いている。戦国時代にあっては、

133

ことに尾張や近江といった商業資本が蓄積されている土地では、1万石あたり300人ほどの動員能力が可能と考えられるから、兵力の総計は4万5000から4万8000となる。もちろんそのすべてを回すわけにはいかない。信長は、可能な限り重点とする方面に兵を向けようと、活発な婚姻戦略を展開した。
　最も重視したのは、後背を固めるための徳川家康との婚姻、次いでその家康をも脅かす甲斐、信濃の武田信玄の懐柔だった。
　家康に対しては、嫡男・竹千代、後の徳川信康に徳姫を婚約させ、信玄に対しては、姪にあたる遠山友勝の娘を、信玄の次男・武田勝頼に娶らせた。
　さらに嫡男の奇妙、後の信忠に、信玄の娘の松姫（新館御寮人）を娶らせる約束をしている。そして、近江の浅井長政に対して絶世の美女と評された妹のお市を娶らせたのは、近江への進出が上洛には不可欠と判断したからであろう。
　信長が立てた基本戦略の柱は、総兵力5万にまで膨らんだ兵力を、重点とする方面に集中することであった。そのためには、ある方面に兵力を向けているとき、他の方面からの脅威があってはならない。朝倉義景が上洛を拒み、挙兵の準備を始めたのは、信長にとっては思うつぼであったことだろう。また、信長の用兵にはひとつの特徴がある。新たに同盟した大名の兵、あるいは降伏した大名の家臣を、すぐには動員しないという点だ。
　通常、新たに同盟を結んだものの、力関係で劣る大名や降伏した勢力の兵は、すぐさま次の合戦に動員されるものだった。
　先手として使われるのは、もちろん危険が大きい。それだけに、新参組にとっては新たな主人に忠誠を示す好機になるし、主君にとっては子飼いの兵を損ずることなく、必死に戦う兵が得られる。双方に利益があるものだが、このとき信長は、美濃衆や浅井家の兵を動員しようとはしなかった。
　このころから信長には、麾下に収めた兵は、その時点でそれぞれ降伏、同盟した大名の兵ではなく、自分の軍勢だという意識があったのかもしれない。織田家の戦術に通じていない兵を前線に出すより、その方針、運用を教え込んで、それから前線に出そうという配慮があったのだろう。
　しかし、いざ越前に侵攻しようとしたとき、信じがたい急報が飛び込んできた。
　浅井長政が父・久政の意見に従って同盟を破棄し、退路を断ったというものだった。また、織田勢に敗れたあと伊賀に逃れていた六角義賢も兵をあげ、信長の退路を断つ姿勢を示した。

信長の危機と怒りの反撃

　信長は、長政挙兵が事実だと知ると、すぐさま越前攻めを中止した。琵琶湖を迂回し、朽木谷を通って岐阜への帰城途中、杉谷善住坊という甲賀者の鉄砲名人に撃たれるという奇禍に遭ったが、負傷することもなく京に戻り、無事に岐阜に帰着した。

　このとき信長は、大きな危機に直面していたといっていい。

　他の大名に先駆けて上洛し、将軍を奉じて"公儀"と呼べる活動を始めはしたものの、中部から甲信越にかけての大勢力を押さえ切るほどの力があったとは思えない。長政は、その状況をよく知っていた。信長の権威が、実は他の強豪たちが互いに戦い、牽制し合っている隙間を衝いた、いわば抜け駆けのようなもので

姉川の合戦の経緯①
大軍を擁して小谷城を攻める織田軍だが、城は落ちずに兵を引き、支城の横山城を攻める。浅井軍の後詰めとの決戦を狙う。

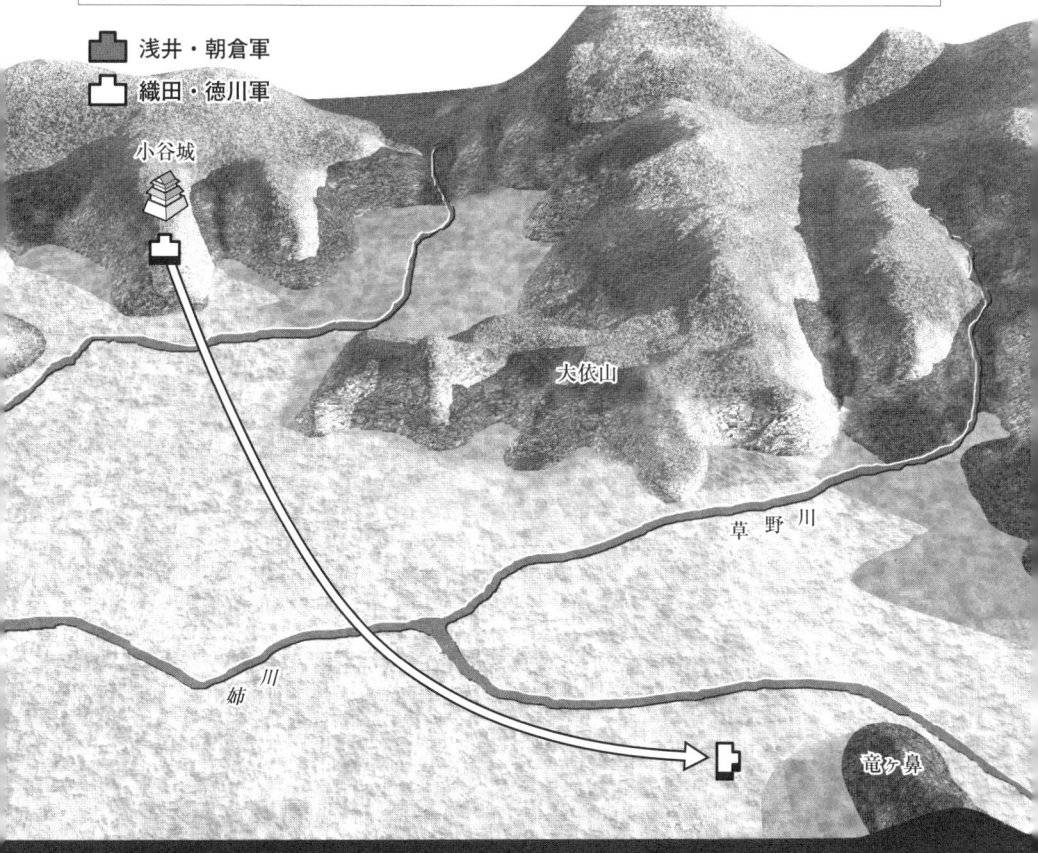

■ 浅井・朝倉軍
□ 織田・徳川軍

小谷城
大依山
草野川
姉川
竜ヶ鼻

あり、国力は増大していたものの、すべての国境を接する大名が一斉に敵対すれば、対処できるものではないとも知っていた。

長政は朝倉義景に対して、京に戻った信長が岐阜に戻れぬよう、先んじて岐阜に侵攻し、岐阜城を攻め落とすよう提言している。

また、六角義賢にも岐阜帰還を阻止するように要請しているが、領国を失った義賢にはその能力がなく、また義景は当面の越前侵攻を防げたと判断したのか、それ以上兵を動かすことはなかった。

このとき、六角義賢が甲賀の国人勢力を動かして一揆を起こし、浅井家の正規軍と呼応して不正規戦を展開する一方、朝倉勢が全軍を動員し、美濃の国人領主たちを懐柔しつつ南下して岐阜城を攻囲していたとすれば、その後の歴史もどう転んでいたかわからない。

しかし、越前王として君臨し、周辺にそれほどの敵を持たなかった義景には切迫した危機感はなく、ただ長政のみが切歯扼腕するという状況のなか、信長は5月21日に岐阜に帰った。怒った信長は直ちに態勢を立て直し、また浅井陣営に対して猛烈な調略を開始した。

長政は義景に交渉し、北近江の長比と苅安に砦を設けて、朝倉家の兵を呼び入れた。

一方、信長は浅井の大将である樋口直房と堀秀村を調略して寝返らせた。それを知った長比と苅安の守兵は退路を断たれると悟り、戦うことなく退散した。また、六角義賢が地侍を扇動し、近江南部の野洲川に侵攻。永原、長光寺の砦をそれぞれ預かり、南近江の警戒にあたっていた柴田勝家と佐久間信盛が一揆勢を引きつけたうえ、窪地に誘い込んだ敵を覆い潰すように殲滅して、南近江の敵はほぼ一掃された。

こうして、織田勢の兵力を心置きなく浅井と朝倉に向ける態勢が整った。

信長の出陣は6月19日。21日には長政の本拠である小谷城に攻めかかる。

城がある小谷山と、山間の平地を挟んで向かい合う虎御前山に信長が陣を敷き、その東隣にある小山の雲雀山に森可成、不破光治らが陣を置いて、小谷城下を焼き払った。

6月末といえば、現在では7月の後半で、稲穂もそろそろ実り始める時期である。その田が焼かれ、城下も灰燼に帰したということは、小谷城の兵糧を蓄えることができず、また城攻めが始まっても城下町の防御力には期待できないことになる。小谷城に入った城兵の焦燥が高まったと見たものか、信長は22日には虎御前山の陣を払った。

当然、追い討ちをかけるのが合戦の常道である。信長は殿軍を3手に分け、梁田広正、中条家忠、佐々成政に指揮をさせて、繰り引きで追撃してくる浅井勢に消耗を強いた。

織田勢の殿軍は、鉄砲が異様なほど多い。諸将の備えから集めた500挺の鉄砲を3手に分け、それぞれ退路をずらして互いに支援しつつ、敵を引きつけては鉄砲で撃ち崩し、すかさず白兵戦に持ち込んで、損害を与えては引くという行動を繰り返して消耗を強要する一方、信長の本隊は姉川を挟んだ小谷城の支城、横山城を包囲した。

両軍、姉川を挟んで布陣

信長が布陣したのは、姉川の畔の竜ヶ鼻という地点で、遅れて家康も着陣し

姉川の合戦の経緯②
浅井軍の援軍として越前から朝倉軍が着陣。大依山に陣を敷く。織田軍の援軍、徳川軍も参戦する。浅井軍は城を出て、朝倉軍と合流する。

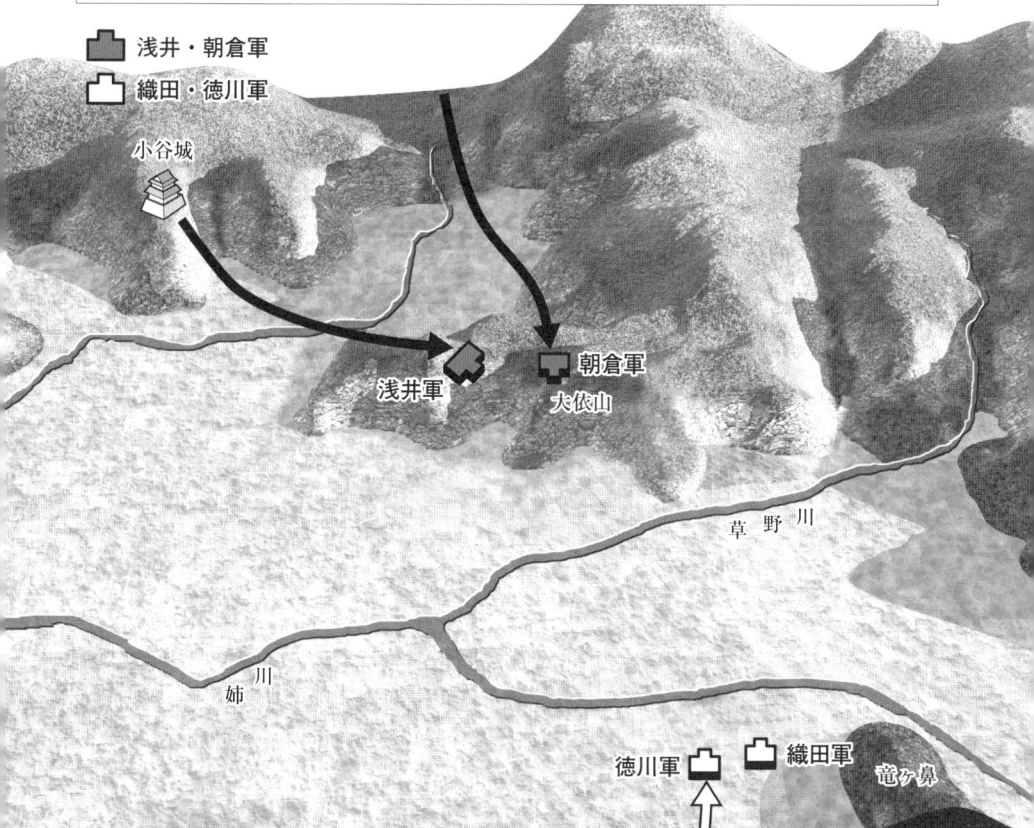

🏠 浅井・朝倉軍
🏠 織田・徳川軍

小谷城

浅井軍　朝倉軍
　　　　大依山

草野川

姉川

徳川軍　織田軍　竜ヶ鼻

た。横山城の守将は、大野木秀俊、三田村国定、野村直隆らで、守兵は2000足らずか。10倍を超える敵では防ぎようがない。

　織田・徳川連合軍の総勢は、2万9000に達した。これだけの軍勢が横山城を囲み、姉川の南岸に布陣している。横山城への後詰めを強要し、その過程で決戦を挑もうとしているのは明らかだった。

　これに対して、朝倉勢を率いる朝倉景健が1万余を率いて着陣、大依山に布陣した。浅井、朝倉両軍の首脳は、どう対応すべきか討議した。

　「朝倉殿の援兵はありがたいが、いまだ義景殿が御到着なさらぬ。義景殿が5000から8000を連れてこられれば、我が人数は2万を超える。さすれば、織田勢との差は、地の利で補えよう」

　こう主張する者は少なくなかったが、長政は横山城の救援を優先すべきと考えた。

　「義景殿がこられるのを待っていては、横山城が保つまい。横山が落ちては、小谷は裸城となり、長くは戦えぬ。戦うなら今だ。今夜のうちに陣を移し、払暁に朝駆けをいたそう」

　この言葉に、景健も了承した。

　朝倉勢の大将として、総帥・義景の優柔不断ぶりは身に染みていたのだろう。直ちに出陣し、姉川の北岸に布陣して、黎明時の奇襲を行うことに決した。

　浅井勢8000が本軍となり、先手は磯野員昌1500。二番備えは浅井政澄1000。三番備えに阿閉貞征1000。中備えに新庄直頼1000。そして本軍は浅井長政3500。

　朝倉勢はほぼ3つの備えに分け、先手に朝倉景紀3000、二番備えに前波新八郎3000、本軍を景健が4000を指揮して続いた。

　しかし信長は最初から、後詰めに出るだろう浅井・朝倉連合軍を迎撃する構えでいた。

　信長は7段の陣を組み、その7段を、姉川を前にして直線状に配した。

　孫子の兵法にはない布陣で、こうした布陣は進退、運動に不利なため、忌むものとされていた。しかし信長は案外と、この陣形を多用している。敵軍に対して兵力で優越していることが多いため、多重の陣を敷いて、敵勢がそれを突破するあいだに兵力を消耗させ、吸収し尽くしてしまうという考えによるものかもしれない。現代でいえば、旧ロシアからソビエト連邦で多用された、縦深防御陣に通じるものがある。

　先手に坂井政尚3000。その背後に順に池田恒興3000、木下藤吉郎秀吉3000、柴田勝家3000、森可成3000、中備えに佐久間信盛の3000、そして本軍は信長自

身が率いる5000という布陣した。

　織田勢の左翼には家康が布陣した。こちらは織田勢とはやや異なり、先手に酒井忠次1000、二番備え小笠原長忠1000、三番備え石川数正1000。そして家康は2000を率いて本軍とし、織田軍の稲葉一鉄の1000を、浮き備えとして後方に置いた。

　織田勢には、このほかに丹羽長秀の3000、氏家直元の1000、安藤守就の1000が、横山城の押さえとして後方に配置されている。

押しまくる浅井・朝倉勢が、遊軍の横槍で壊滅する

　払暁の奇襲を予定していた浅井・朝倉勢だったが、浅井勢が野村、朝倉勢が三田村に到着したときには、織田・徳川勢はすでに南岸に布陣していた。

姉川の合戦の経緯③
浅井・朝倉軍が大依山から進軍し、姉川を挟んで両軍の激突。横山城を攻めていた織田軍の別働隊も本戦に参戦する。

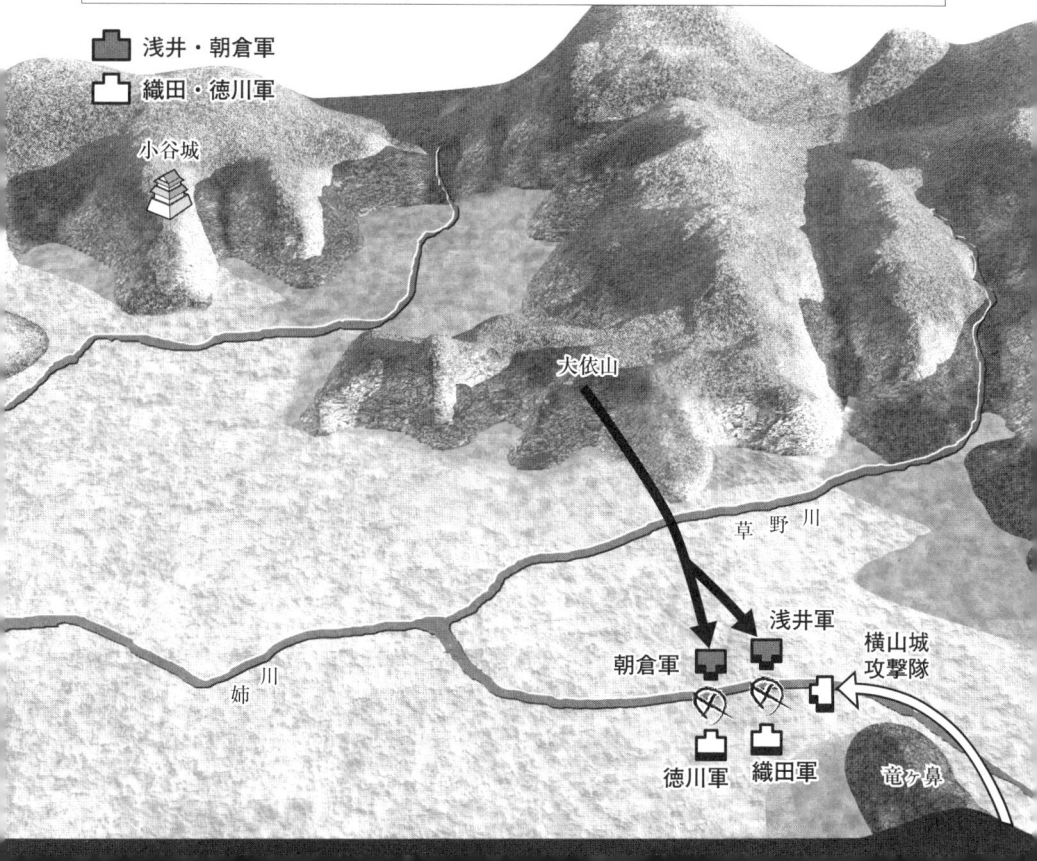

■ 浅井・朝倉軍
□ 織田・徳川軍

小谷城

大依山

草野川

浅井軍

朝倉軍

横山城攻撃隊

姉川

徳川軍　織田軍

竜ヶ鼻

■姉川の合戦　元亀元年(1570)6月28日

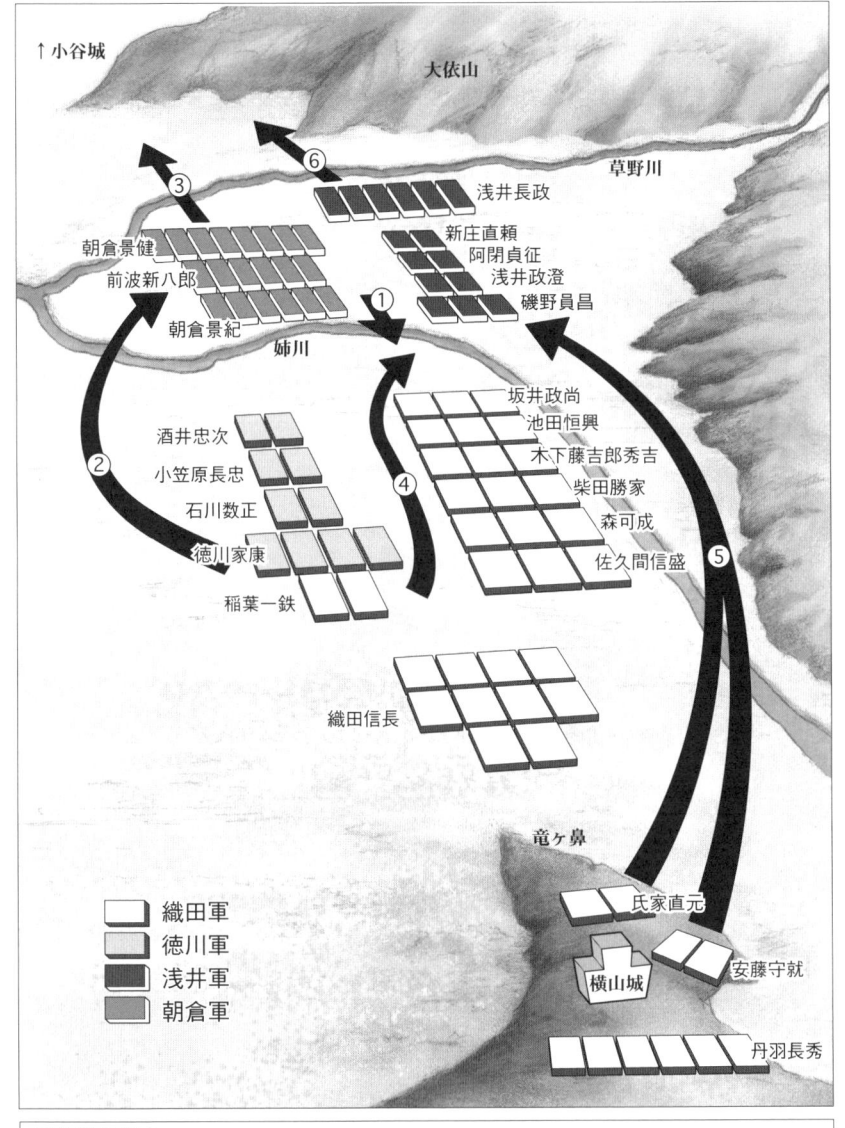

↑小谷城

大依山

草野川

浅井長政

新庄直頼
阿閉貞征
浅井政澄
磯野員昌

朝倉景健
前波新八郎
朝倉景紀

姉川

坂井政尚
池田恒興
木下藤吉郎秀吉
柴田勝家
森可成
佐久間信盛

酒井忠次
小笠原長忠
石川数正
徳川家康
稲葉一鉄

織田信長

竜ヶ鼻

氏家直元

横山城

安藤守就

丹羽長秀

□ 織田軍
□ 徳川軍
■ 浅井軍
■ 朝倉軍

●**合戦の流れ**
①朝倉軍対徳川軍、浅井軍対織田軍で、姉川を挟んだ両者が激突する。
②徳川軍の榊原康政が朝倉軍の側面を衝く。
③朝倉軍が乱れ、敗走を始める。
④稲葉一鉄が浅井軍の側面に回り、攻撃を始める。
⑤横山城を囲む氏家直元と安藤守就隊が本戦に合流する。
⑥浅井軍が敗走を始め、織田・徳川連合軍の勝利で終わる。

奇襲はもう通じない。方針を強襲に変更して、浅井勢は織田勢に、朝倉勢は徳川勢に向け、即座に進軍を開始した。
「放てえっ！」
待ち構える織田勢、徳川勢の先手が、まず鉄砲で迎え撃つ。
畿内では随一の鉄砲組を持つ織田勢である。遮るものもない川の上、浅井勢の兵は次々に撃ち倒されるが、遮るものがないのは浅井勢にとっても同じこと。鉄砲の援護を受けつつ、同僚の屍を踏み越えて、猛然と押してくる。
合戦の常道は、間合を置いての鉄砲、弓の応酬を続けた末、双方ともに長柄組が前進して、槍柵を作って押し合い、崩れた側に向けて徒歩武者、騎馬武者が突入、白兵戦になるというものだ。
しかし、今回は鉄砲を撃ち合いながら前進する浅井勢が、いきなり長柄槍を立てて突進してくるという、異例の展開となった。

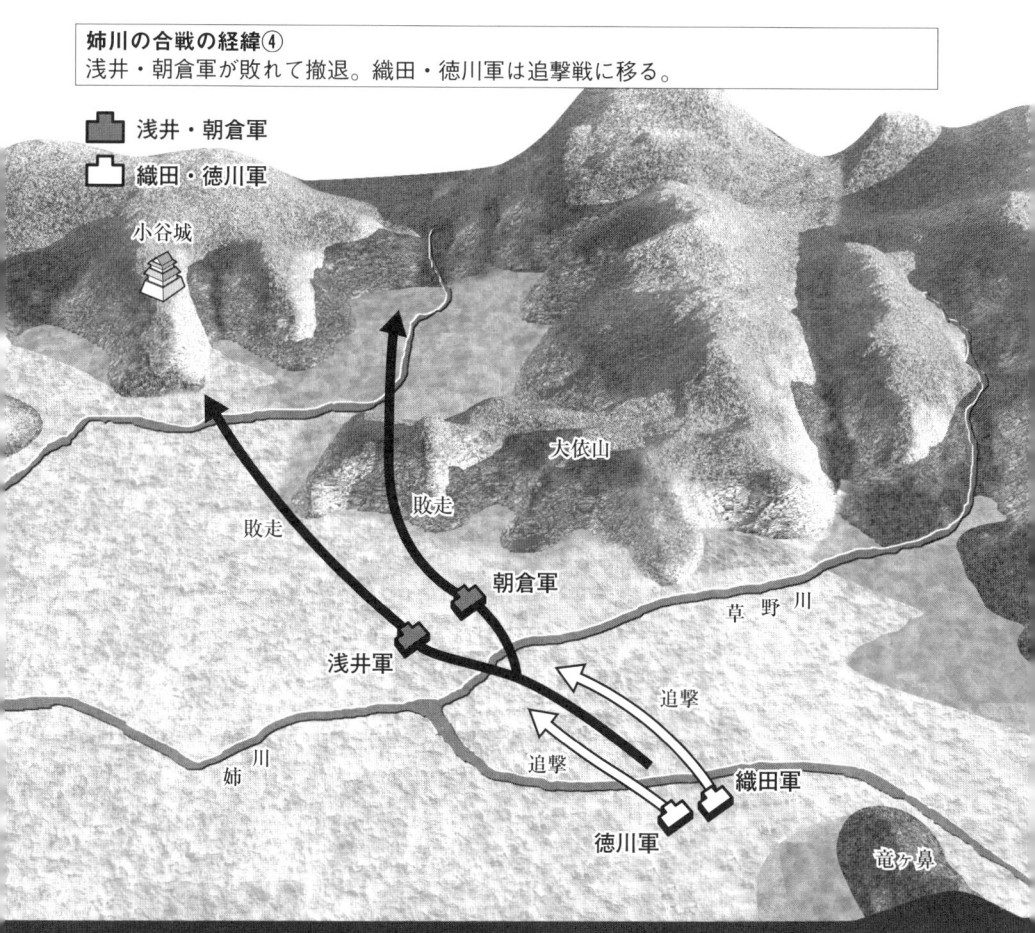

姉川の合戦の経緯④
浅井・朝倉軍が敗れて撤退。織田・徳川軍は追撃戦に移る。

朝倉勢も徳川勢の先手に襲いかかった。朝倉勢には、力士組という特殊な組がある。巨体、怪力の将士に厚い甲冑を着せ、その壁で敵勢を押し崩して、本軍の突入口を開く役割の部隊である。
　その一員で、朝倉勢随一の勇者として知られる真柄十郎左衛門直隆、直澄の兄弟は、長さ5尺を超える大野太刀を振るって徳川勢を切り立て、徳川勢の本多忠勝や松平家忠らと、互角以上の戦いを繰り広げる。
　朝倉勢の奮戦を見た磯野員昌は、手下の兵を叱咤した。
「朝倉勢に遅れを取るな！　此度の戦は、我らが主軍なるぞ。織田輩を切り崩せ！」
　鉄砲の弾雨をものともせず、浅井勢は織田家一番備えに突入した。
　その勢いを支え切れず、坂井勢は100余名の討ち死にを出して後退、二番備えに合流した。
　その池田勢も崩れ出した。長政は全軍に下知して、二番備え、三番備え、中備えから本軍までを一斉に投入する。
　織田勢は2万近い大軍だが、浅井勢8000が一斉に攻めかかれば、局所的な戦力は浅井勢が優越する。木下勢、柴田勢も支え切れず、五番備えの森可成が、懸命に防戦した。
　織田勢の多重布陣が破られていくさまを遠望した家康は、手元に置いていた予備兵力のうち、榊原康政が指揮する500ばかりを割いて戦場を迂回し、姉川を渡って三田村の西岸に上陸した。
　そこから右転した別働隊が、家康勢と激戦を続ける朝倉勢の右翼に横入れした。
　前方に向かって集中している軍勢は、側面や後方からの衝撃には極端に弱い。朝倉勢が動揺するのを見逃さず、家康は全面反攻を命じた。
　真柄直隆のような大力の将には、武勇の士が複数で立ち向かう。直隆はなおも荒れ狂い、十数人を叩き殺した後、同時にかかったふたりまでも切り倒したが、ついに力尽きて討ち取られた。
　一方、織田勢も五番備えが懸命に防ぐうちに、横山城への押さえについていた諸隊のうち安藤と氏家の2軍が駆けつけてきた。
　この軍勢が浅井勢の左翼に横入れし、さらに徳川勢に押し崩された朝倉勢が引き始めたのを見て、浅井勢に動揺が走った。
　さらに家康は、浮き備えとして温存していた稲葉勢を、浅井勢の右翼に差し向けた。
　浅井勢の突進力は、織田の軍勢4段を砕くうちに、大きく損なわれていた。さ

らに全軍を全面攻勢に投入したため、側面攻撃に対処する兵力が残っていなかった。突進力を失った浅井勢が、2方向からの横入れに混乱するさまを見た信長は、本軍の兵力を投入しての全面反攻を命じた。

さらに、朝倉勢を撃退した徳川勢が後方に回り込み、退路を断つ可能性に思い至った浅井勢は、ついに全軍崩壊し、潰走に至った。

磯野員昌(かずまさ)は佐和山(さわやま)城に走り、他の将士は小谷城に向かって敗走した。すかさず追い討ちを命じた信長の下知のもと、追撃した織田勢が、浅井勢の多くを討ち取り、小谷城下にまで迫る勝利を得た。

およそ3刻半——7時間にもわたる死闘の末、織田・徳川連合軍は、浅井家の野戦兵力を駆逐した。

信長が得た戦術と戦訓

姉川の合戦以降、浅井勢は、信長の野戦軍と野外決戦を行う術を失った。信長は小谷城と他の反織田勢力の連絡を絶ち、事実上無力化して京に戻った。

しかし、長政の無力化は一時的なものだった。信長が摂津(せっつ)に進出し、三好一党と戦っている隙に兵力を蓄え、再び8000余りの野戦軍を回復した。

しかし、総力をあげた決戦で敗れた浅井家には、もはや国力の回復は望めなかった。

信長はこの合戦で、彼が基本とする戦術の大きな戦訓を得た。

ひとつは、ひとりひとりの兵はさほど強くなくても、多数の兵を多層的に配置することにより、敵の兵力を消耗させ、無力化させうること。

もうひとつは、多数の鉄砲があったとしても、敵の運動が自由なら大損害を免れえないということだった。

信長は、大量動員の利点をさらに伸ばす一方、火力戦の弱点を補う工夫を凝らす。以降、この戦法を両輪として、天下布武への道を驀進していく信長であったが、この勝利を認めた反信長勢力は信長を主敵と定め、包囲網を強めていくのであった。

古典的戦術と野戦築城、火力重視の後詰め決戦

長篠・設楽ヶ原合戦

年　号	天正3年（1575）
対戦者	織田信長、徳川家康　VS　武田勝頼
兵　力	織田勢　3万余　　武田勢　1万5000 徳川勢　8000

傀儡将軍が企てた信長包囲網

　京を押さえ、足利義昭を擁して、半ば"公儀"となった織田信長の勢いは、衰えることがなかった。

　世に出た最初の合戦で、最も地理的に近く、また最も深刻な脅威であった今川義元を討ってしまった事実が、信長の行く手から障害を取り除いてしまったのである。

　姉川合戦で浅井長政の兵力を削ぎ、朝倉義景の北近江への影響力を大幅に削いだ信長は、周囲にその強大な敵がいないままに勢力を伸ばしていった。浅井、朝倉両家とは、その後も幾度か対峙したが、もはや両家とも、単独では信長の深刻な脅威とはなりえなかった。

　実力を蓄えた信長は、次第に足利義昭を軽んじるようになり、将軍を単なる傀儡として扱っていることが明らかになってきた。怒った義昭は、将軍としての権威を背景に、諸方の反織田勢力を結集させて、信長を倒そうと目論んだ。

　軍事的な能力はなきに等しい義昭であったが、信長の行動を間近で見るうちに、諸国の大名たちがどの程度の実力を持っているか見定めたのであろう。浅井や朝倉、六角といった大名たちには、信長を倒す力はないが、信長の兵力を拘束することはできる。

　合戦に勝利する条件は、望む時期、望む場所に、敵勢を圧倒するに足る兵力を集中することにある。

　信長の勢力圏は、元亀年間から天正の初年（1570〜1573）にかけて、尾張と美

濃、近江、山城、大和を中核とし、あらゆる戦線を内線作戦として、兵力を障害なく移動できるようになっていた。

しかし、その勢力圏を侵そうとする敵が外線の一面のみを攻めるなら、相手が動員可能兵力をその一線に集中すればいいのに対して、防御側は一定の兵力を拘束される。

同規模の敵勢力を複数蜂起させ、それを防ぐだけの兵力をそれぞれの防御戦に拘束しておけば、自由に使える兵力は限られたものになる。そこに、防御側が動員できる以上の兵力を叩きつければ、防御線は崩壊し、内戦作戦の利は失われる。

そこに目をつけた義昭は、戦略面でのセンスはたいしたものであったといえよう。自身の兵力は数千程度のものだったが、将軍の権威を用いれば、数万の兵を持つ地方の強豪を動かせる。無論、上杉輝虎のような、ごく一部の奇特な変わり者を除けば、ほとんどの大名は信長と同じく、足利将軍の権威を利用せんとしたものだろうが、義昭にとってはそれでよかった。

信長に取って代わる者が誰であろうと、その者が増長すれば、同じ手で倒せる。いわば自分自身を戦略兵器に擬する、捨て身の戦略であった。

信玄の西上と撤退

義昭が、信長を倒す主戦力として最も期待したのは、甲斐の武田信玄であった。上杉輝虎、北条氏康と関東の覇権を争い、その抗争に拘束されて天下の中枢に進出できずにいた信玄だったが、義昭の書状が状況を変えた。

北条と上杉が、義昭の仲介で講和に同意し、後背の圧力が取り除かれたのである。信玄はかつての盟友、義元の遺児・氏真を追って駿河の実権を得、家康の勢力圏を侵食して、三河までの道筋を確保した。

元亀3年(1572)、信玄は大動員をかけ、武田家が振り向けられる限りの軍勢3万をもって、西上を開始した。

武門の意地にかけて、その西上を阻もうとした家康であったが、居城の浜松城近くで行われた三方ヶ原合戦で文字通り一蹴され、その後は三河の支城群に兵を籠めて、西上を遅らせる戦略に出るしかなかった。

それでも三河が突破されるのは時間の問題であり、信長の兵力は、半ば以上が拘束されている。

この時期、衰えた浅井、朝倉に代わって、信長の戦力を吸収できる最大の勢力は、大坂の石山に拠点を置く本願寺の一向宗門徒になっていた。

一向宗は、大名と違って決戦というものが設定できない。また、地位や本領安

堵、あるいは加増といった手段で懐柔し、調略するという手も効かない。なにより、門徒は世俗の権力に従っているわけではなく、死を恐れない。

農民ばかりでなく、半ば農民の国人領主層にも一向門徒は多く、ことに織田勢に劣らぬ数の鉄砲を持つ紀州雑賀の地侍たちが本願寺の求めに応じ、一揆勢に味方しているために、信長は対応に追われていた。

そうした最中の、武田勢の西上である。義昭は喜んで、浅井長政と朝倉義景にも信玄西上に呼応して出陣するよう要請し、信長包囲網は一段と強まった。

しかし、信玄は三河野田城攻めのころから持病が悪化し、撤退に移った。

義昭や、信玄に呼応した反信長勢力が唖然とするなか、信玄は信州駒場で病没した。息を吹き返した信長は、信玄と戦うために温存しておいた軍勢を反転させ、まず小谷城を落城させて、浅井家を滅ぼした。

そして救援にきた朝倉勢を一蹴し、敗走するのにつけ入って、ついに一乗谷を灰燼に帰した。義景は一族の朝倉景鏡に裏切られて自害し、ここに近江、越前全域が、信長の領地となった。

勝頼対家康の長篠城をめぐる戦い

一方、信玄を失った武田家では、次男の勝頼が跡を継いだ。

信玄は、3年のあいだ喪を秘すように遺言したと伝えられる。しかし、互いに鎬を削る大名たちが張りめぐらせた情報網を騙しおおせるものではなく、信玄の死は数か月の後には、家康、信長の知るところとなっていた。

家康は即座に兵を動かし、信玄が三河に打ち込んだ橋頭堡である長篠城を攻めた。勝頼は動かずにいるわけにもいかず、逍遙軒信廉と信繁の長男・信豊、穴山信君らの親族衆に、山県姓に改めた飯富昌景、馬場信春ら重臣を長篠城救援に送った。

しかし、武田勢に属していた作手の土豪、奥平貞能が家康の調略にかけられて寝返った。もともとは徳川に属し、姉川合戦にも出陣していたが、その後武田家の侵攻に伴い、武田に属していたものだった。

その煽りで長篠城をも失い、信玄が三河に打った布石をことごとく覆されそうになった勝頼は、自身が信玄の跡取りにふさわしい器であることを示すべく、遠江を攻めて徳川勢の橋頭堡である高天神城を攻め落とし、家康とも対陣した。

こうして、勝頼はまず家康を退治するべく、三河への侵攻を計画した。

天正3年(1575)、信玄が遺言した3年が、この年になる。

勝頼は、三河国に深く楔を打ち込み、家康を攻め滅ぼすべく動員令を発した。

「3年のあいだに、信長の所領は倍に増え、その勢力は当たらざるものとなった。なれど、我が武田の所領もまた、美濃、遠江に増えている。信長は大身といえども、前年より一向宗を敵となし、足を泥田に取られているようなものだ。しかし」

重臣たちを集めての軍評定(ぐんひょうじょう)の席上、勝頼は白皙(はくせき)の美貌を紅潮させて、烈々と説いた。

「この機を逃せば、信長はいずれ、ますます大分限(ぶげん)となるやもしれぬ。三好(みよし)輩が本願寺と手を携え、刃向かっているものの、所詮は信長の手に合う相手ではない。畢竟(ひっきょう)、間もなく軍門に下ろう」

「されば、御館様。大殿様の御遺志を、お果たしなされますか」

信玄の代からの重臣、家老衆のひとりの跡部勝資(あとべかつすけ)が問い、勝頼は頷いた。

「まずは浜松城の家康を討ち、彼奴の首級を取る。信長が我ら武田や北条殿を気にかけず、西に所領を増やしておるのは、徳川めが盾となり、後背の憂いがないからだ。家康を成敗し、京への道を開けば、信長とて安閑としてはおれまい。この戦(いくさ)、信長退治の、前の段ぞ」

勝頼は、信長が唯一、同盟軍として遇している家康を討ち、織田の領地を直接脅かす糸口を手に入れようと考えたのかもしれない。

また、この時期の信長の所領は、信玄の死去当時に比して北近江、越前、摂津(せっつ)、河内(かわち)などを領有したため、400万石に迫るほどになっていた。

武田家の戦略

一方、武田家の領地は、信玄のころより実は増えている。

遠江の高天神城を落とし、その勢力圏9万石と、木曽(きそ)から攻め取った美濃の3万石を加えているためで、従来の甲州、信州と関東の一部を合わせ、約130万石。信長と正面から戦える勢力ではないが、家康の領地48万石前後を加えれば180万石に迫り、信長の半分近くになる。

これだけの勢力を持つ敵が国境を接しているとなれば、信長も西に兵力を集中するわけにもいくまい。幸い、信玄が死闘を続け、国力を消耗させた上杉輝虎は、信玄の死後、持ち前の義俠心を刺激されたのか、勝頼を気遣ってくれている。信玄の弔い合戦と告げれば、正義好きの輝虎のことだ。援軍にはこないまでも、留守を衝くようなことはないだろう。

「なれど、御館様。織田には、多くの鉄砲がござりまする。我が軍勢も揃えてはおりまするが、なにぶん堺(さかい)を押さえ、金銀も豊富な信長のこと、鉄砲を購(あがな)う数では、太刀打ちができませぬ」

財政を預かる長坂虎房が注意を促したが、勝頼は自信ありげに、

「案ずるな。間もなく梅雨じゃ。我らは梅雨のうちに三河を攻め、家康を誘い出す。信長は一向坊主の相手に忙しく、後詰めの余裕はなかろう」

「梅雨となれば、火縄は使えませぬな。雨鉄砲とやら申す法があるとは聞きまするが、それとて雨中で撃てるものの、弾込めの手際は鈍るとか」

「鉄砲は間合が長く、恐ろしい武器にござりまするが、我らの軍勢は速うござる。相手が筒先を揃えたなら、徒歩衆を置き去りにしても騎馬衆のみで乗り崩し、鉄砲勢を潰してしまえば、尾張者、三河者には手立てはござるまい」

信長の大兵、大量の鉄砲は脅威と思っていても、そこは信玄のもとで常勝を謳われた武田勢である。

互角の条件では、相手が大軍でも負けはしないという自負がある。また、勝頼は確かに強い。信玄がついに落とせなかった高天神城を見事に落城させ、勢力を伸ばした猛将としての誇りを漲らせて、勝頼は出陣を宣言した。

標的は、家康の調略で寝返った長篠城である。

長篠城は家康にとっても勝頼にとっても、戦略上の要衝である。長篠城が武田のものになれば、勝頼はこの城を拠点にして、三河国内での行動の幅が大きく広がる。また、現在の城将が、やはり調略で寝返った奥平信昌である。勝頼の攻撃から救わなければ、家康の人望は地に落ちる。

どのように不利な立場であっても、家康は後詰めに出なければならない。そこをとらえて決戦に持ち込む。城を使って後詰めを強いる、合戦のセオリーであった。

天正3年(1575)5月、勝頼は家康の家臣・大賀弥四郎を調略し、謀反を約束させたうえで1万5000の軍勢を率いて、古府中を出陣した。

この調略は、途中で露見したために徳川勢を割ることはできなかったが、陣営に疑心暗鬼の種は蒔けたと判断した。

5月21日、勝頼は長篠城の仕寄りに到着した。仕寄りは5月8日、すでに攻囲を始めている。勝頼はその囲みを強化し、陣城として長篠城の間近、鳶ノ巣山に砦を築いて、さらにいくつかの支塁を設けた。

武田勢の兵力は1万5000。対して城兵は500ばかり。しかし鉄砲は通常の種子島銃、大鉄砲ともに豊富にあった。

城攻めは、飛び道具の応酬で始まった。

武田勢も鉄砲を持っている。しかし、織田勢にくらべれば半分以下の数であり、しかも煙硝が貴重なため、きたるべき野戦に備えて、あまり潤沢には使えなかっ

た。そこで、幾度か強襲を繰り返した末に、水の手を断ち、食料の補給を受けられないよう封鎖して、兵糧攻めに方針を変えた。もともと、家康が後詰めに出てくれば幸い、決戦に持ち込んで、家康を軍門に下そうという考えがある。兵站(へいたん)も整えていた。

武田家の軍馬

　武田家は山国で、頑健な馬を産したことから、その馬を用いての小荷駄輸送が他の大名家に比較して、迅速で量も多い。
　軍旅(ぐんりょ)のあいだは馬を輸送に用い、合戦では突撃兵力として利用する。こうした馬の活用法からか、従来武田家の軍勢は騎馬軍団と伝えられてきた。
　近年になって、騎馬のみで構成された軍勢は、日本には明治になって陸軍騎兵隊が創設されるまで存在しなかったという説が有力になり、武田騎馬軍団の存在も否定されるようになってきた。

それは事実であろう。騎馬軍団と称するには、構成員はすべて騎馬でなければならない。それだけの馬は、いかに甲斐でもなかったし、また武田の軍役帖にも、騎乗の士は徒歩(かち)の家来を連れていて、その構成比は他国と変わらない。
　しかし、それが高じたのか、馬に乗って突撃するという戦法自体が存在しなかったという者まで現れてきた。
　この説も間違いである。日本の馬は、西洋の馬にくらべて小柄で、大兵の武者が乗れば爪先が地面に着いてしまう。それでどうやって戦うのか、と嘲笑に似た筆致で書いている者もいた。しかし、馬が乗り手に合わなければ、大柄な馬を連れてくればいいだけの話である。現在のように規格化されていない時代のことであり、同じ種類の馬でも、体格に驚くほどの差があった。
　実際に出土した甲斐駒の骨にも、現代でいうサラブレッドほどではないが、アラブ種ほどの巨馬がある。軍役に使われた馬は、体格が大きいものが選ばれたに違いなく、そうした馬に乗った武者は、徒歩(かち)武者や足軽より視点が高い。
　また、日本の馬が小柄なのと同様に、日本人の平均的な体格も、現代より小柄であった。同じ縮尺で現代人が騎馬の人間に向かうのと、ほぼ同じ比率になる。そうした騎馬の突撃は、徒歩(かち)の侍にはかなりの威圧感を与えたことだろう。
　おそらく騎馬武者は、徒歩(かち)武者や足軽の目となり、また柵などを乗り崩す、歩兵直協用の戦車に似た使い方がされていたのだろう。頑強な甲斐駒を産する甲斐では、体格の大きな馬が多かったろうし、他の軍勢より騎馬武者の割合が多かったとしても、なんの不思議もない。
　そうした戦力を持つ勝頼である。織田勢が多くとも、数の差を質で補う自信はあったであろう。まして徳川勢だけなら、鎧袖一触(がいしゅういっしょく)、完勝のつもりでいたに違いない。
　当の信長も、武田勢を相手に互角の勝負を挑んだ場合、必勝の自信は持てずにいたらしい。

信長の作戦

　信長の強みは、自軍の兵が弱いということを自覚していた点だった。
　気候が温暖で土地が豊かな国の兵は、概して弱い。三河兵ひとりに尾張兵3人と呼ばれていて、これが甲州兵だと、尾張兵は5人に増えた。
　そうした弱い兵で、いかにすれば勝てるか。信長の軍略は、そう考えることで始まり、その帰結として、数の優位と鉄砲の採用があった。
　信長の戦略は、質で劣るなら数で、また太刀打ちに弱いなら、距離を開けて、

自軍が傷つくことなく、敵勢を打ち据えてしまおうとするものであった。

しかし、そうした手当てを講じたとしても、全く味方の損害が出ないというわけにはいかない。

圧倒的多数の人数を揃え、十分な縦深陣を敷いたはずの姉川でも、浅井勢の死にもの狂いの猛攻に、かなりの損害を出した。

また、遮るもののない川の上での合戦だったにもかかわらず、鉄砲では浅井勢を完全には阻止できなかった。まして今回の相手は、当代最強と自他ともに認める武田勝頼の軍勢である。2倍の人数でも、勝利を確信することはできなかった。

長篠城への後詰めを求める家康の急使が到着して以来、信長はこの難問を考え続けたことだろう。それを解くきっかけが、どのようにして得られたのかは、今は知る由もない。ただ、姉川合戦や、本願寺を相手として戦ってきた幾多の合戦が、信長の脳裏に思い起こされていたに違いない。

> **長篠・設楽ヶ原合戦の経緯①**
> 武田軍が1万5000の兵を率いて長篠城へ出陣。長篠城を完全に包囲して猛攻を加える。城側は500の兵で応戦する。

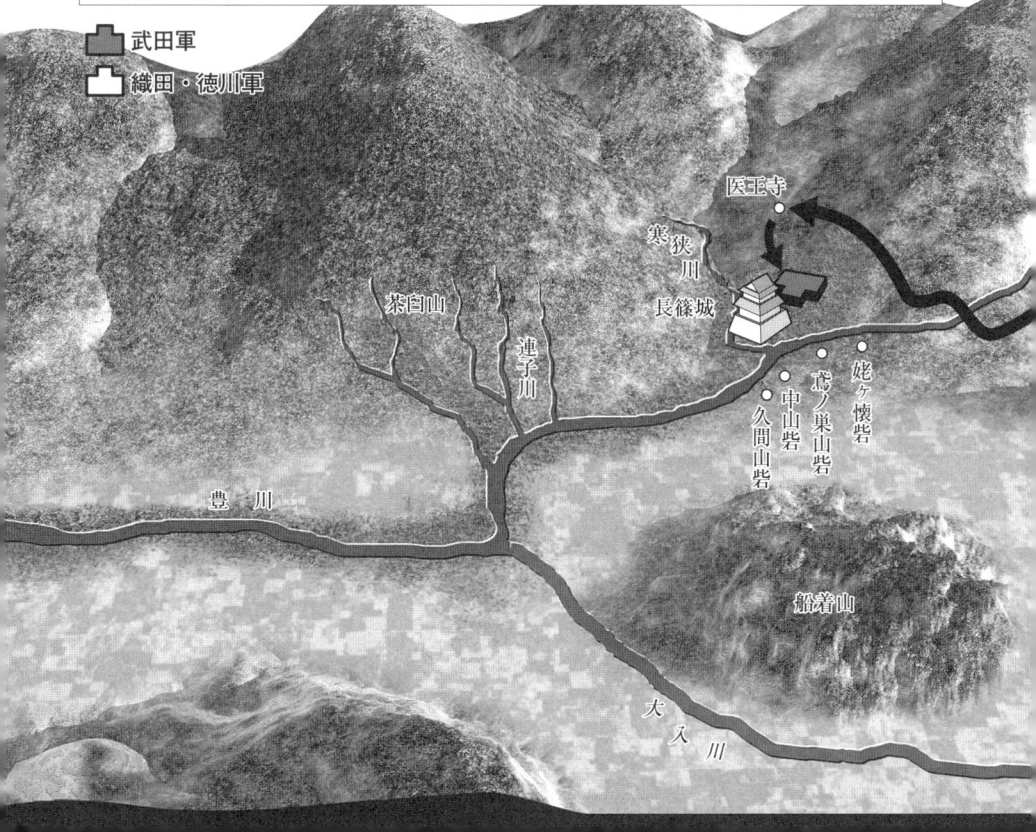

🏯 武田軍
🏯 織田・徳川軍

医王寺
寒狭川
長篠城
茶臼山
連子川
姥ヶ懐砦
鳶ノ巣山砦
中山砦
久間山砦
豊川
船着山
大入川

第三章　実戦上の戦術

「そうじゃ……」

その着想が閃いたのは、どのような状況下だったのか。

一度着想を得れば、信長の行動は素早い。軍評定が催され、駆けつけた重臣たちに陣割りを行って、奇妙な指示をつけ加えた。

各陣備えは、材木と、それを縛るための縄を携行せよ。また、黒鍬者のみならず、普請を行わねばならぬ。その支度をせよ、というものだった。

最強軍団と自他ともに認める武田勢との決戦を控えて、信長はどのような策を立てたのか。重臣たちは信長の考えを聞かされ、驚きながらも、それ以外の手立てはあるまいと思い定めた。

御旗楯無も照覧あれ

長篠城の攻囲は、半月も続いている。

無理攻めを避けた勝頼だが、機会があれば攻撃させる。500余りの城兵は、次第に打ち減らされ、城の守りもままならなくなりつつあった。

「このままでは、降伏開城もやむを得ぬ。だが、御館様と上様が、後詰めにおいでなされるものか……もしもおいでなされるなら、いかほどな行程までおいでなのか」

長篠城の守将・奥平信昌は、命がけで包囲の陣を越え、後詰めについて確かめようと考えた。

その役目を引き受けたのは、城兵の一員である鳥居強右衛門勝商であった。

勝商は、濠を兼ねている大野川に身を投じて、城からの連絡を封じるために水中に張られている縄を切り、無事城外に脱出した。

そして岡崎まで走り、信長の出陣を待っている家康に会った。

信長は家康の要請を聞き、すぐさま出陣を決めた。

使者として奥平貞能が岐阜城にやってきた、わずか2日後のことだった。3万の軍勢を揃え、決戦のために出陣するには、相応の時間がかかる。おそらく長篠城が包囲されたという知らせを受けてから、出陣の準備は整えていたのだろうが、それにしても信長の軍勢が、実に効率的に動けるように、システムが整えられていた証しである。

信長がすでに岡崎にきていて、間もなく後詰めに出陣すると聞かされた勝商は、城に戻って伝えようと、再び長篠城に戻った。

しかし武田勢に捕らえられ、城兵の見える場所で、磔にかけられた。そのとき、勝頼を偽って信長来援を告げた勝商の姿が、城兵に希望を与え、城を守る勇気を

奮い起こさせたのは事実であろう。

一方、勝商の尋問により、家康ばかりか信長までが大軍を率いて接近しつつあることを知った勝頼は、対応を迷った。

5月18日、信長、家康の連合軍は長篠城を直接救援するのではなく、長篠城から西方に2km半ほどの、窪地を前にした丘陵に布陣した。

この場所を設楽ヶ原といい、左に鳳来寺山から西に山が連なり、右にも武田勢が砦を築いた鳶ノ巣山から西に山並みが続いている。

その裾を、長篠城の濠を兼ねる豊川が流れ、北からは寒狭川が流れて、豊川に合流している。

織田、徳川両軍が布陣した茶臼山と長篠城の、窪地を挟んだ山並みのあいだは50町（約5km）ほどで、連合軍が陣を敷いた丘陵地帯の前面に、連子川という小川が流れている。

長篠・設楽ヶ原合戦の経緯②
織田・徳川連合軍が茶臼山に到着、設楽ヶ原に馬防柵を張りめぐらせ野戦陣地を作り始める。酒井忠次率いる別働隊が武田軍の鳶ノ巣山砦の攻撃に向かう。

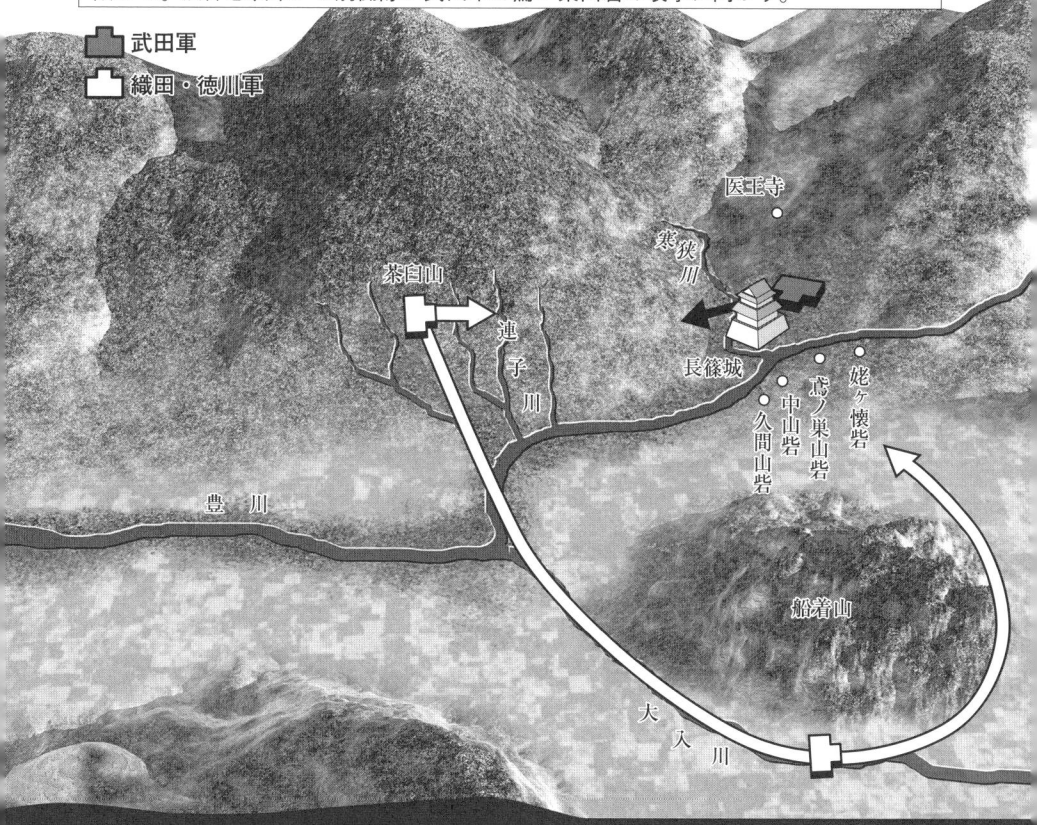

🏯 武田軍
🏯 織田・徳川軍

信長は兵に命じて、この川の西側に3段の溝を掘らせ、その後方に、馬防ぎの柵を作らせた。
　柵は互い違いに配して、隙間から出撃できるように整えた。その作業に2日ほどかかり、その間、武田勢は物見(ものみ)を出して、連合軍の動向を観察した。
　戦場経験豊富な武田の諸将は、軍評定(いくさひょうじょう)の席上、無理攻めはできない、と主張した。
「敵勢は3万余りなれど、実質は13万と心得ます。3段の切所を構え、また3重の柵を設けて、野戦ながら籠城と異なりませぬ。さればひとまず甲斐へ退き、敵勢が追って参れば信州まで引き込み、兵を返して戦(いくさ)を挑めば、必ず勝ちを得られましょう」
「それがならぬとなれば、まず長篠城を我攻めになさり、遮二無二攻め落として、御館様がお入りなされ、御親族衆を後陣に、総人数を先備えになさりて、折に触れ小戦を仕かけ、長陣をなされませ。お味方は近い信濃より、敵勢は遠く上

■長篠・設楽ヶ原合戦　天正3年(1575)5月21日

長篠の合戦の決戦場となった設楽ヶ原で、信長は武田軍の突進力を馬防柵で防ぎ、鉄砲の集中砲火によって、武田軍の多くの勇将を討ち取った。図中の①～⑤の順に突撃が繰り返された。■■■の武将はこの合戦で討ち死にした武田軍の将。
※下図の布陣は高柳光壽氏の研究をもとにしている。

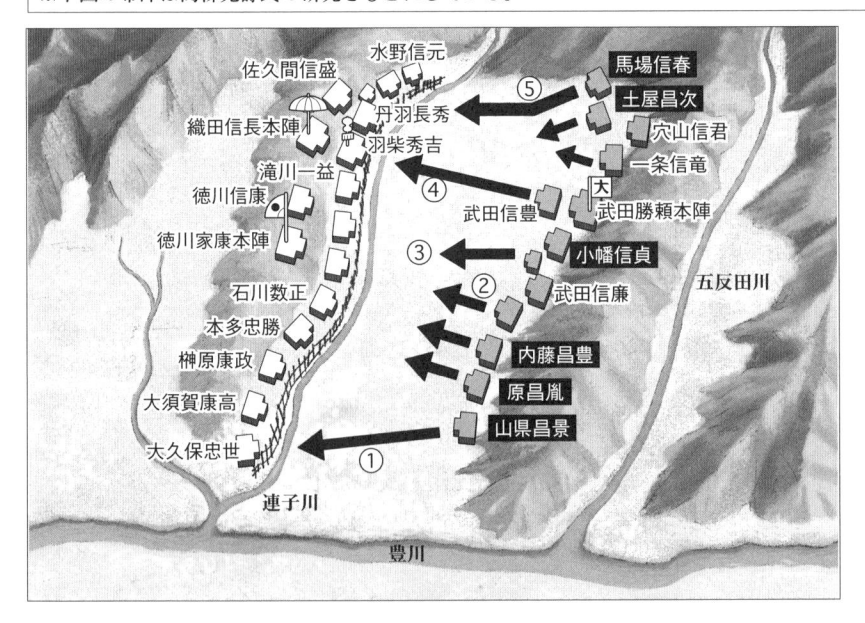

方より参っておりますれば、長陣に耐えかね、退き陣いたしましょう」

　その進言は的を射たものだったが、勝頼は思案の末、決戦と決めた。
　実はこのとき、佐久間信盛の使者と称する者が武田の本陣を訪れ、佐久間信盛の寝返りを約したともいう。
　また、1万を超える大軍の出撃は、莫大な費用を要した。
　信玄の死後、三河、遠江への遠征を重ねた武田勢には、再度大規模な遠征を行う余力がなかった。いくぶんかは不利であろうと後詰めの決戦を挑んだうえ、敵の大将ふたりが揃ったからには、決戦を挑む以外になかったのであろう。また、敵の大将を前にして、戦わず引くことで自分の力量が疑問視されようという危惧もあったかもしれない。
　財政上の要請と、指揮官の保身という、太平洋戦争開戦時の日本帝国にも似た事情のもと、勝頼は決戦を決意した。

長篠・設楽ヶ原合戦の経緯③
長篠城を包囲していた武田軍が設楽ヶ原に移動。織田・徳川軍に決戦を挑む。織田・徳川軍が馬防柵に守られた野戦陣地から銃撃戦を中心に戦う。織田・徳川軍の圧勝に終わる。

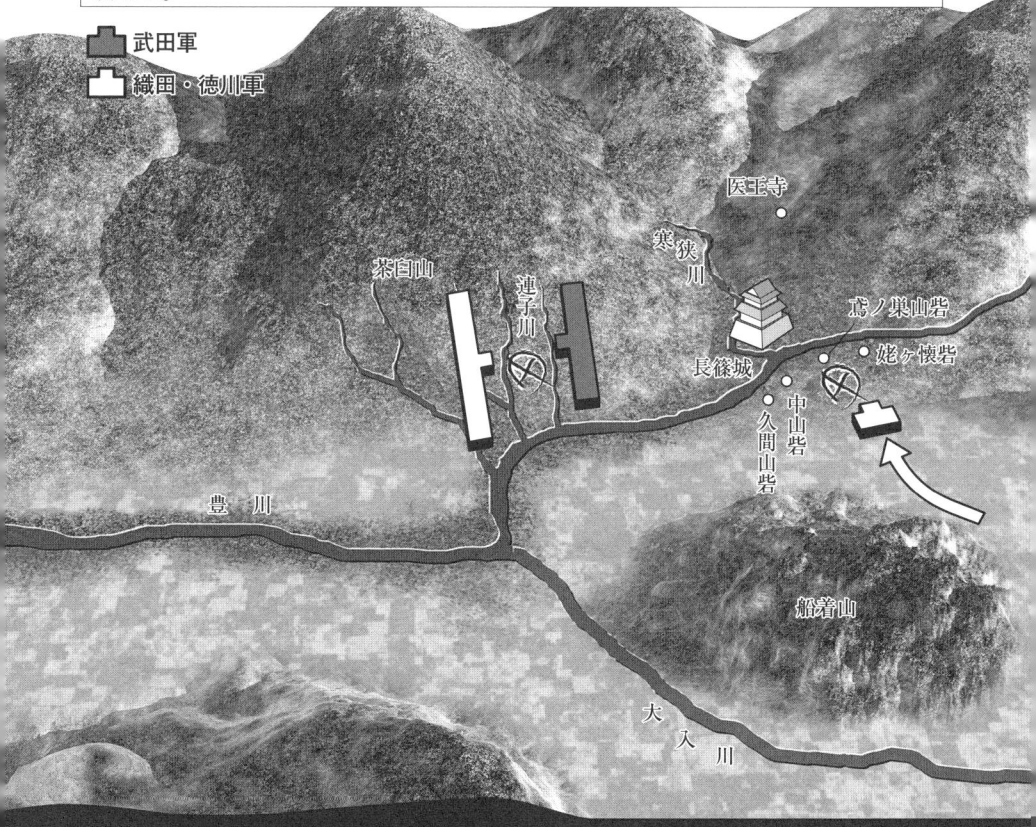

🏯 武田軍
🏯 織田・徳川軍

茶臼山　連子川　寒狭川　医王寺　鳶ノ巣山砦　長篠城　姥ヶ懐砦　中山砦　久間山砦　豊川　鶲着山　大入川

「御旗楯無も照覧あれ。此度は水火の働きをもって、織田、徳川の輩を打ち破るのじゃ！」

武田家の宝物、日の丸の御旗と楯無の鎧に誓えば、覆す術はない。

反対していた諸将も沈黙し、勝頼は長篠へは7つの「頭(とう)」を振り向け、自身は主力1万1000を指揮して寒狭川を越え、13か所に軍勢を配した。彼我の仕場居は20町あまりで、その間には無数の高低があり、平野とはいえない。しかし、このような地形こそ、山国での馬扱いに長けた武田勢が、騎馬武者と協力して、力量を発揮できる戦場であった。

退路を断たれた武田軍、突撃開始

勝頼勢が現れたとき、信長は家康と協議して、3000からなる別働隊を出撃させていた。

徳川勢の酒井忠次(さかいただつぐ)を大将として、鳶ノ巣山砦を奇襲し、敵に退路を断たれたと思わせるためである。

忠次は麾下(きか)の兵を3手に分け、1隊を中山の支塁に攻めかからせて、自らは主力を率いて、鳶ノ巣山砦を挟撃した。

砦を守る武田信実(たけだのぶざね)は力戦の末に討ち死にし、牢人ながら陣借りしていたとされる名和無理ノ介ほか多くの将士が討ち死にして、鳶ノ巣山砦は落ちた。

5月21日払暁、武田勢は後方から喚声が上がるのを聞いた。

勝頼が送った長篠城の攻撃軍7組は、陣城が落ちたことを知り、本軍に向けて退却した。

そのころ、信長は各備えの配置を終えた。しかしこの布陣では、武田勢が攻めかかってこなければ、戦いようがない。

信長は佐久間信盛の軍勢を柵の前に出し、さらに武田勢の近くまで足軽を進ませ、盛んに挑発した。

後方が襲撃されたと悟った勝頼は、進撃の号令をかけた。長篠方面からは攻撃軍が退却していき、その後方から奇襲部隊も追撃してくる。前後から攻撃されては、もはや連合軍を破る以外に、生き残る術はなかった。

押し太鼓が打ち鳴らされるなか、山県昌景、武田信廉の軍勢が、整然と押してきた。

昌景は、信長の目論見が、野戦を攻城戦に変えてしまうことだと悟っていた。小笠原(おがさわら)、跡部(あとべ)、甘利(あまり)の軍勢とともに、大久保(おおくぼ)勢の右翼に回り込み、馬防柵(ばぼうさく)のない場所から攻撃しようと試みたが、そこは川幅が広く、川岸もそそり立っていて渡

れない。やむなく正面に戻ったところで、大久保勢は鉄砲の斉射を加え、すかさず柵の外に出て突撃した。

　鉄砲には数十人が撃ち倒されたが、敵が出撃してくれば武田勢に敵う者はない。山県勢は白兵戦に持ち込み、かなりの損害を与えて、勢いに乗って攻め寄せた。

　が、連子川を渡ったところで、空堀が行く手を阻んだ。

　進みあぐねているところに、一斉射撃が加えられる。連合軍の鉄砲は1000挺ほどもあり、それが入れ替わり立ち替わり、続けざまに撃ってきた。

三段撃ちと車撃ち

　このときの連合軍の鉄砲隊は、三段撃ちと喧伝されていた。

　鉄砲足軽を3段に分け、前段が射撃、次の弾が装填、最後列が銃腔（じゅうこう）の清掃と、このひと組が入れ替わりながら撃ったとする説である。しかし、近年三段撃ちは不可能であり、したがってなかったとする説が有力視されるようになった。実相

```
長篠・設楽ヶ原合戦の経緯④
織田・徳川軍が追撃戦を開始し、武田軍は敗走する。
```

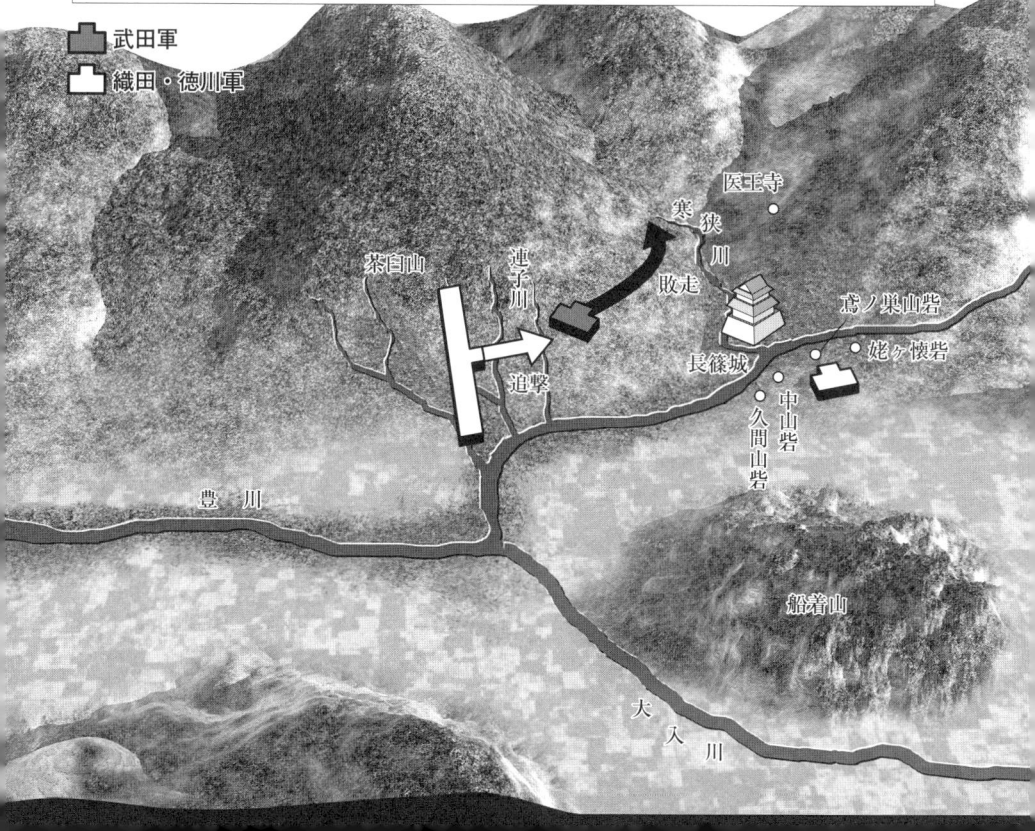

は不明だが、『信長公記』には「入れ替わり立ち替わり」という記述がある。また、武田勢が空堀を乗り越え、馬防柵を引き倒す前に斉射をかけなければならないのだから、射撃の間隔を短くする工夫はされていたに違いない。

このころ、薩摩の島津勢は「車撃ち」と称する射撃法を使っていた。

鉄砲組を幾列かに分け、前段が撃つたびに列ごと横に走って後ろに回り、後列が進出して射撃するというものである。

あたかも車が回転するように、火を吹きながら前進することからこの名がついた。列の入れ替わり射撃は可能なのだ。

信長がどのような方法を用いたかは不明だが、鉄砲組を多数揃え、連射したことは確かだろう。

宿老の討ち死にで崩れる武田軍

武田勢は起伏の多い地形を利用し、馬を乗りこなしながら肉薄する。武田勢の鉄砲組も、起伏によりながら、味方を援護するべく射撃する。

連合軍は楯を並べ、その陰に身を隠しながら、接近するまで待って撃った。徳川勢の一部を除いて、連合軍は軍勢を出撃させず、ときおり足軽を柵外に出して誘いをかけた。

そのなかで、武田勢右翼の馬場信春勢は、柵の外に配置された佐久間信盛勢に襲いかかった。

信盛が寝返るなら、ここを置いてない。しかし、佐久間勢は即座に柵の内に引き込み、馬場勢は佐久間勢が進出していた丘を奪って、そこに軍を留めた。

戦闘はたけなわとなり、武田勢は多大な損害を受けつつも、真田信綱、土屋昌次らが柵に迫った。

熾烈な射撃が加えられるなか、柵に縄をかけ、引き倒しにかかる。柵が揺らぎ始め、連合軍が蒼くなったとき、羽柴秀吉、柴田勝家らの人数が加勢に駆けつけて、多勢に無勢で土屋、真田兄弟は無念の討ち死にを遂げた。

戦況は、武田勢に不利だった。それでも屈せず、なお突撃を繰り返すうちに、山県昌景の体を流弾が貫いた。

「山県三郎兵衛殿、お討ち死に！」

この叫びに、武田勢は意気阻喪した。

跡部勝資の「頭」が退却を始め、それをきっかけに、武田勢はそれまでの勇戦が嘘のように崩れて敗走を始めた。

信長は、初めて柵を開いた。鉄砲組のみに活躍され、腕を撫していた軍勢が、

潮が溢れるようにして追い討ちにかかる。
　そのとき、馬場信春が殿軍を引き受けた。勝頼のもとに使者を送り、退却を促すと同時に、自らは軍勢を手足のように指揮して見事な繰り引きの戦を繰り広げた。この勇戦に阻まれて、連合軍はとうとう勝頼を逃した。信春は討ち死にしたが、その働きぶりは見事なものだった。
　逃げ遅れた武田の兵は、次々に討たれていった。武田勢の戦死者のうち、7割ほどはこの追撃戦で討たれたものだった。
　この合戦で、武田勢は山県昌景、馬場信春を筆頭に、小幡信貞、真田信綱、昌輝兄弟、土屋昌次、杉原日向守、横田康景(綱松)など、名立たる名将、勇将を失った。

野戦築城作戦の勝利

　馬防柵と空堀、そして鉄砲という、野戦を得意にしている武田勢に、全く異質な戦いを強要した信長の、その異質な思考法が生んだ勝利であった。信長の取った戦法は、要するに野戦築城である。火力の拠点となる保塁を連ね、十分な火力を備え、さらに自在に機動できる野戦兵力を合わせ持つ野戦築城戦法が、高機動力と打撃力を合わせ持つ野戦軍に勝利した、おそらく日本で最初の戦例であった。
　信長が、自身の作戦能力に絶対の自信を持つに至ったのは、この合戦からではなかったろうか。
　この後、信長は膨大な兵力と火力を自在に使い、天下布武の構想を推し進めていく。
　野戦能力では信長を明らかに凌いでいただろう上杉輝虎とは、ついに信長自身が対戦する機会はなかった。輝虎の戦力集中、中央突破戦術が、信長の大火力、野戦築城戦法に打ち勝ったかどうかは永遠の謎となり、これ以降戦国の合戦は、個人の戦闘能力や兵の質とは無関係に、システム化された大規模な総力戦に移行していく。
　そして武田勝頼は、勢力の大半を保ちながら人的資源の補充はついに及ばず、財政面でも破綻をきたして、このときから7年後に滅亡を迎える。
　しかし、そのわずか3か月後に、織田信長もまた、対毛利戦への出陣を目前に生涯を終える。
　信長を本能寺に討った明智光秀が、信長譲りの電撃戦を繰り広げた羽柴秀吉に敗れてから後、天下の後継者を争う大規模な合戦の幕が切って落とされるのであった。

土木工事を伴う大規模合戦

　戦国期、領主たちは臣従、あるいは征服、婚姻による融合を繰り返して、戦乱の時代に生き残るに足る規模を蓄えてきた。室町幕府が請け負っていた本領安堵のシステムが崩れ、応仁の大乱後には地方の治世を担っていた守護大名の勢力が衰え、三管領の権威も地に落ちて、無数に勃興した実力者たちがその空白を埋めて生き残りを目指していく。そんな、実力本位の時代となっていった。

　たとえば中国地方の大内氏、近江地域の佐々木氏や、越前、尾張の斯波氏といった、数か国を合わせて支配していたような大守護大名がそれら広範囲な所領を維持できなくなったとき、最初にその空白を埋めるのは、以前から地域に密着していた国人領主や、大勢力の家臣だった勢力である。

　そうした勢力は、まず自身の所領を守るため、郎党や地侍をまとめ上げ、自警団のような働きを始めた。守護大名の役目は、幕府の政事に沿って所領を治めることと同時に、その地域の"公儀"として治安を守ることにある。本拠地を保つだけで精一杯となった守護大名には、そうした機能は期待できず、地元に根ざした国人領主が治安維持の役目を担わざるをえなかった。

　そうしたなかで、一般の地侍や、寺院に付属する商業集団などとは一線を画する集団が、俄然、存在感を増してきた。

　築城や堤の造成、あるいは鉱山の開発など、特殊な技能を伝えてきた職能集団である。もともとは1か所に定着せず、関連する職能を持つ他の集団と交流

武蔵松山城攻城戦 →P.163

松山城攻城戦（1562〜1563）
北条氏康、武田信玄vs上杉憲勝

しつつ、諸国をめぐっていた移動集団であった。

　そうした集団は、統一政権がある時期には、従来通り諸国をめぐっては、必要のある場所に一定期間定住し、それぞれの仕事に就いてきた。ことに、良質の石材が産出する地域では、従来から特殊な技術を伝える石工の集団が定住し、常に一定の仕事をもたらす大規模な宗教勢力と共生関係にあって、技術の発展を続けてきた。また、古代から金銀、銅、鉛といった鉱山を掘り出すには、常人には知りようのない山中の鉱脈を読み、坑道を穿つ技術が必要とされる。

　そうした技術を伝える集団もまた、存在した。彼らは穴太衆（石垣などの石積み職人の集団）や、他の石工系、土木工事系の集団よりも漂泊性が高く、また閉鎖性も高かったことだろう。山の鉱脈や水脈を読み、その地勢に合った掘削工事を行うには、当時の人間に共通していた、人間が住む世界とは異なる異世界——神々や魔物が住み、人間が立ち入ることを許されない異界との交渉術を心得ているものと受け取られるからだ。

　また、鉱山技術者の側でも、そうした側面を強調し、諸人とは異なる習慣や言語を用いて、世俗とは一線を画することが多かった。

　しかし、国人領主たちの生存競争が進むにつれて、単純な武力対決に留まらず、国力を総合的に高めるために、鉱山の開発や治水工事、さらに防御を強める支城群の築城といった、総合的な戦略を整える必要が生じてきた。

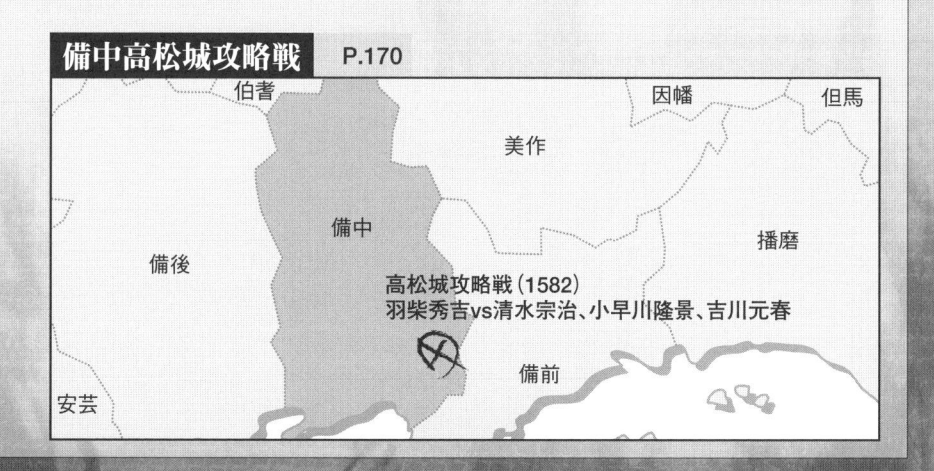

備中高松城攻略戦　P.170

伯耆　因幡　但馬
美作
備後　備中　播磨
高松城攻略戦(1582)
羽柴秀吉vs清水宗治、小早川隆景、吉川元春
安芸　備前

第三章　実戦上の戦術

たとえば甲斐の武田家は、領内に優良な金鉱山を多数持っていたこともあり、鉱山集団の金掘衆を、家臣団に組み込んでいった。

　彼らは諸国の山々に通じ、間道などもよく知っていた。鉱山集団の象徴として、坑道を支える棟木の列が、百足になぞらえられるとの説もある。事実、百足はさまざまな場所で山の神として語られ、また武田家の使番は百足を旗印にしていて、情報の伝達が非常に速かったという事実もある。それは、武田家が鉱山技術者を重用して、積極的に利用していた傍証になるかもしれない。

　また、本来の武士階級出身ではなく、なんらかの形でそうした職能集団とつながりがあったと思われる羽柴秀吉や滝川一益といった織田家中の出頭人は、穴太衆、あるいは畿内地方の鉱山集団と思われる黒鍬衆を積極的に活用した。

　そうした集団の技能者が一般の兵に指示を下し、大規模な土木工事を行って国を治める一助とする。大規模な工事には莫大な費用が必要であり、工事を行えること自体が、小勢力を集約して成立した大勢力が現れた証しでもあった。

　普通の合戦でも、大変な戦費を必要とする。加えて土木工事を行える大勢力の出現は、そうした負担に耐えられる、天下の権を間近にとらえた実力者のみがなしえる、それまでの武力戦とは次元を異にする新しい合戦形態を作った。

　勢力の集中がなしえた、戦場の環境そのものを変える大規模戦──それは、天下統一が近いことを証明する、新時代の合戦であった。

賤ヶ岳の合戦　→P.183

賤ヶ岳の合戦（1583）
羽柴秀吉vs柴田勝家

堅城を脅かした坑道戦術
武蔵松山城攻城戦

年　号	永禄5～6年（1562～1563）
対戦者	北条氏康、武田信玄　VS　上杉憲勝
兵力	北条・武田勢　4万6000　｜　上杉勢　数千

武蔵の要衝、松山城

　川越合戦で古河公方、関東管領の軍勢に大勝し、事実上その勢力を関東から放逐した北条氏康は、統括勢力を失った関東に北条氏の勢力を定着させるべく、着々と侵攻を進めていた。
　一方、関東を失った前関東管領上杉憲政は越後に逃れ、長尾景虎を頼って関東管領の職を譲り渡し、景虎は上杉家を継ぎ、憲政の一字を受けて政虎と改名して、関東の秩序回復に邁進するようになった。
　永禄4年(1561)、関東の諸豪族を糾合して北条氏攻めに打って出た政虎は、北条家の諸城を席捲しつつ小田原城に迫った。が、当時としては天下一の堅城・小田原城の守りは堅く、政虎は武勇を示したものの目的を達せず、撤退を余儀なくされた。このとき、武蔵の要衝・松山城を奪回した政虎は、同行した上杉憲政と図って、関東の国人領主中で依然として強勢を保つ武蔵岩槻城の城主・太田三楽斎資正に預けていた。
　資正は憲政の縁者である上杉憲勝を松山城に入れ、関東奪回の橋頭堡とした。背後に上杉政虎、上洛してさらに改名し、輝虎となった合戦の天才がいる限り、氏康の関東経営は、常にその影に脅かされる。
　永禄5年(1562)、上杉輝虎が前年の第4次川中島合戦でかなりの打撃を被り、短期間では関東に出陣するほどの戦力回復は無理と判断した氏康は、およそ2万6000の兵力を率いて松山城攻略に出陣した。
　しかし、松山城はかつて上杉家が武蔵の防衛拠点として築城した、要害堅固な城である。丘陵地を利用した半山城で、水と斜面を活用し、竪堀に誘い込まれた

163

攻城軍は、遮蔽物のない空堀のなかで城からの猛射にさらされる。
　さらに松山城には、この時期の関東にしては、かなり大量の鉄砲が配備されていた。しかも、その鉄砲が城方より、下面に向けて撃ち下ろされる。また近距離で城方の下方にいては、弓矢でも同じことだった。
　幾度かの我攻めにも、城方は要害を活用して奮戦し、寄せ手の侵攻を許さない。しかたなく仕寄りを築き、戦機をとらえて我攻めに出る備えを固めた氏康だが、兵力では圧倒的ながら、松山城は武蔵屈指の堅城で、陥落させるには多くの時が必要だと思われた。
　「此度の城攻め、さほどに時をかけるわけには参らぬ。越後勢に、兵を集め関東出兵に足る費用を集める余裕を与えてしまえば、輝虎が采配いたす10万の大兵が寄せてこよう。とてものことに、それでは手当てが覚束ぬ」
　思案をめぐらせたあげく、氏康はひとつの方策を思いついた。
　それは、かねてより同盟を約した甲斐の雄・武田信玄に援軍を要請し、松山城を攻める手助けを請うというものだった。

武田軍の参戦

　躑躅ヶ崎館に氏康の使者を迎えた信玄は、すぐさま軍評定を開いた。
　「氏康めの目論見、明白にござりまする。上杉方との遺恨を盾に、松山城の城攻めを我らに任せ、共倒れを望むに違いなし。御館様には懸命に御判断あそばされ、彼奴の奸計にお乗りなされぬよう、申し上げまする」
　「否、左様とばかりは申すまい。輝虎が関東に勢力を伸ばせば、我らは越後と上野、双方より太刀先を突きつけられたも同然。此度は北条の申し出を、お受けなされるが上策と心得まする」
　さまざまな重臣の意見を耳にした信玄は、おもむろに結論を下した。
　「皆の申し様、いちいちもっともである。なれど、儂は此度の氏康殿の申し様、受けようと思う」
　騒然となった評定の席だが、信玄は冷静に、その理由を口にした。
　「武蔵に松山城を回復いたせば、輝虎も信濃にばかり目を向けているわけにもいくまい。また、信濃をめぐって対陣に至ったとて、関東に左様な城があれば、すべての人数をこなたに向けるわけにも参らぬ。輝虎が軍勢が侮れぬこと、つい先年にも存分に味わったと思うが」
　典厩信繁をはじめ、多くの勇将、知将を川中島で失った武田家の宿将たちは、その指摘には声もない。

一同を見回して、信玄は言葉を継いだ。
「今、助力したとなれば、いずれ北条方に恩を売ることもあろう。先年、我が甲州は凶作にて、氏康殿より援助の米を送られた義理もある。また、氏康殿は早雲殿より培われた、我らの知らぬ軍旅の知恵をお持ちじゃ。ともに働く陣営のなかなれば、北条家秘伝の軍略を、細かに聞き取る機会もあろう。左様な知恵は、向後の当家に、限りない助けとなろう」
　信玄の裁可をもって、評定は氏康の頼みを聞くことで決着した。
　武田勢とて、先年の傷が癒えてはいない。
　しかし、それでも動員能力の上限に近い2万もの人数を動員した。
　永禄5年(1562)、11月に武田勢は上野に向けて出陣、武蔵国、北埼玉郡の要害、根古屋城をひと息に抜き、12月には松山攻めの陣中に到着した。

金掘衆と竹束

　北条の守将は、氏康、氏政親子であり、武田家の守将は信玄、義信親子である。それに逍遙軒信廉、甘利虎泰などの勇将を揃えた連合軍であったが、やはり城の守りは堅く、容易に攻勢を受けつけない。
　総攻撃も受けたが、決め手とはならなかった。武田勢の先手を務めた重臣の甘利虎泰は、我攻めの無理を信玄に知らせ、両軍は否応なく、長期戦に入らざるをえなかった。
　そうした折、越後に潜り込ませた諜者が、輝虎の動向を知らせてきた。川中島合戦で痛手を負った輝虎だが、前年に出陣を命じなかった越後国内の国人領主を動員し、関東再侵攻の機会をうかがっているという。
　まだ春は浅く、深雪に閉ざされている越後と上州の国境だが、なにしろ相手は輝虎である。片時も油断はならないうえ、長期戦となると、輝虎の庇護下にある関東の国人領主たちが蠢動を始めかねない。
　それゆえ一刻も早く落とさねばならなかった。武田勢、北条勢は、それぞれに工夫を凝らし、調略をめぐらせた。
　氏康が実行した軍略は、憲勝の親戚を城内に入れ、勝利の可能性はないうえに、北条家では寛大な処遇を用意していると説得せしむる方法だった。
　一方、信玄は武蔵のどの勢力も試みたことがないであろう、革新の軍略を用意した。
　事の起こりは、攻めあぐねた逍遙軒信廉が、強襲を中止して自らの陣を引いたとき、岩肌に穿たれた無数の洞穴を見たことだった。

吉見の百穴という。信廉も甲斐の大将で、武田勢の内証を賄う金山については知識があった。その知識に照らして、松山城一帯の地勢は意外にもろく、坑道を穿つことが可能ではないか、と思案したのである。

「甲州より金掘衆をお呼びなされ、松山の縄張り外より、城内に坑道を掘り進められてはいかがかと存ずる。その様子を敵に見せつけ、今にも城壁を崩し、総攻めにいたさんとの姿勢を示せば、北条殿が進める和議にも応じる気配が出て参りましょう」

「さすがは逍遙軒、よい思案じゃ」

信玄は、すぐさま急使を発し、金掘衆の一団を呼び寄せた。

城外より坑道を掘り進み、松山城の城壁が聳える真下に支えの棟木を揚げつつ、その坑道を広げる。そして、十分に深い坑道を築いたところで、坑道内に火を放ち、城壁もろともに、城の一角を崩そうという計画であった。

このような戦法を取ると決まっていなくても、武田勢には一定数の金掘衆が従軍している。ことに攻城戦では、城の水の手を断ち、兵糧攻めの効率を上げたり、または陣城を築いたりする役目があるためだが、その頭分が松山城の地勢を調べ、確かに坑道が掘れると確約した。

「よし、さすれば金掘衆が到着し次第、すぐさま普請にかかれ。城方よりは存分に撃ってこようが、その防ぎはいかにせんか」

信玄に意見を求められ、米倉丹後守重継が意見を述べた。

「金掘にて坑道を掘り、土竜のごとく攻め進むは上策なれど、いかな金掘衆とて間合は短いほうがようございましょう。市野川の下を潜るは無理なれば、竪堀より本丸に掘り進め、城壁を崩すがようござろう。なれど竪堀は行く手、両側より矢弾が降り注ぐは必定。そこで」

と、膝を乗り出し、説明した。

「天文21年(1552)、信州苅屋原の城を攻め落とせしとき、敵方の鉄砲、弓矢に、竹束を固く結わえ、いくつも重ねて盾といたし申した。この戦訓に鑑み、竹を束ねて仕寄りに立て、繰り寄りいたせばお味方の討ち死に、少なくなろうと存じまする」

「おお、甘利の手の者であるな。よし、すぐさま支度いたせ」

米倉丹後守は重臣・甘利左衛門尉晴吉(昌忠)の配下で、信玄の馬廻り二十人衆頭をも務め、使番を任されるほどに信頼が厚い。

信玄の裁可を得て、新たな作戦が開始された。

攻城勢は竹を刈り集め、円筒状に固く縛って、それをいくつも立て並べ、盾と

して仕寄りに配置した。その陰に隠れて進みつつ、鉄砲、弓矢で応射するなか、金掘衆は普請場を整え、城の横腹に穴を穿ち出す。

　このあたりは粘土質で、穴を掘りやすい。はっきりとは見えずとも、寄せ手が新たな戦術に出たことは気取ったのか、城方はますます熾烈に撃ってきた。

　飛来する弾丸は、ぴしっと音を立てて竹束に突き刺さる。

　外側の竹は貫通し、ささらのように割れるが、束の中心に至るまでには弾の勢いが減殺され、中途で止まる。矢も雨のように飛んでくるが、鋭い鏃は竹の表面で滑り、また兜割りの鏃をつけた矢は、外側の竹は貫通するものの、内側までは届かない。

　信玄と氏康は、それぞれ坑道の存在を悟られまいと、ますます熾烈に攻撃を続けた。使用に耐えないほど傷んだ竹束は、次々に新しいものに交換し、仕寄りと城方のあいだには、血で血を洗う死闘が繰り広げられた。

■武蔵の国のおもな城

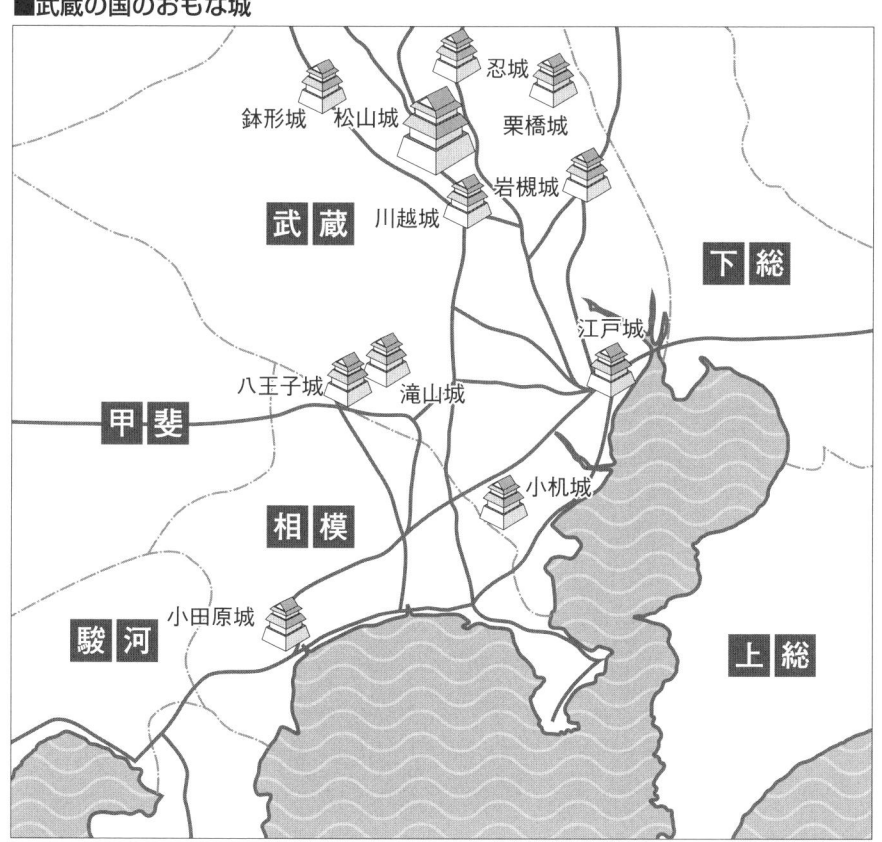

竹束の陰から出てしまい、敵弾を受けて転倒する者もいる。逆に竹束の隙間から銃口を突き出して狙い撃ち、城兵を仕留める者もいる。

成功する土竜（もぐら）攻め、松山城落城

　戦況は、一見、膠着状態に見えた。しかし、その間にも武田家の金掘衆（かなほり）は、着々と坑道を掘り進めていく。

　さして遅れることもなく、坑道は城壁の下に達した。このころ、武蔵の城には石垣はなく、土を盛り上げたうえに柵を立て、櫓を組んだものである。粘土質の土肌は滑りやすく、駆け上るのは難しい。

　防御の高い丘城のうえ、3方を市野川の流れが囲み、残る1方向には竪堀が設けられている城だが、坑道を広げて上部を崩せば、なだらかな坂になり、竪堀から一気に攻め上れる。

　その日も遠くはあるまいと期待していた信玄だったが、その目論見が頓挫したのは、突然のことだった。

　城壁の下に達し、空間を広げようと掘り進めていた坑道から、突然に大量の水が噴き出した。

「いかん、出水じゃ！」

　金掘衆（かなほり）は、慌てて坑道から逃げ出した。

　水は坑道を満たし、逆巻いて流れてくる。ほうほうの体で逃げてきた金掘衆（かなほり）の姿に、信玄はしかし、顔をほころばせた。

「鉱山で出水いたせば一大事であろうが、松山城は丘城じゃ。水脈があるとも

思えぬ。これは、もしやすると城の命の筋を、断ち切ったのではあるまいか」
「それでは、御館様。城方の水瓶を、金掘衆（かなほり）が抜いたとお考えにござりましょうや」
　訝（いぶか）しげにいう家臣たちだったが、果たしてその日を境に、城方の抵抗は、にわかに衰えた。
　信玄が察した通り、金掘衆（かなほり）の坑道は、本丸に設けられていた貯水槽を掘り抜いたのであった。折から季節は初春で、雨が多い季節ではない。市野川から引き込む水の手は、城の普請に長じた北条勢の手で、とうに断ち切られている。
　城内に掘った井戸と、雨水、地下水を貯める貯水槽が生命線であったが、その水がなくなった。それでも抗戦する上杉憲勝であったが、5万に近い大軍に包囲され、水が乏しくなっては勝ち目はなかった。
　時期を見計らって、氏康は笠を回した軍使を遣わし、憲勝に寛大な処置を約束した。
　憲勝は意を決した。上杉の勢力下から脱することになり、輝虎に預けた人質は犠牲にすることになろうが、城兵たちの命には代えられない。
　また、城将たる憲勝自身も自害することはなく、北条家への仕官を許すという。
　このあたりが、庇護者を失い、不安定な状態から生き残ってきた戦国の領主たちと、かつて関東随一の権力者であった上杉家の血を引く者の違いであったろう。
　憲勝は開城し、松山城は北条家の手に帰した。

激怒する輝虎

　上杉輝虎は松山城の後詰めに出陣したが、開城には間に合わなかった。太田三楽斎は、憲勝から取っていたふたりの人質を輝虎に差し出し、輝虎はふたりを撫で切りにしたものの、私市（きさい）の要害を攻めて落城させたのみで、越後に戻らざるをえなかった。
　こうして松山城を得た北条氏康は、関東への支配を強めていく。以降、輝虎は関東に備えざるをえず、信玄は越後への備えを薄くして、遠江（とおとうみ）と三河（みかわ）に戦力を傾注することができるようになった。
　また、この連合作戦により、信玄は氏康の軍略を親しく聞き取り、大きな収穫を得たという。
　この松山城攻防戦は、関東、甲信といった大勢力が定着し、さらに大きな天下統一へと向かう動きを象徴する、地味ながら重要な合戦であったといっていいだろう。

大規模工事による奇策！
備中高松城攻略戦

年　号	天正10年(1582)
対戦者	羽柴秀吉 VS 清水宗治、小早川隆景、吉川元春
兵　力	羽柴勢　3万／清水勢　5000余／小早川・吉川勢　3万

天下統一に進む織田家

　長篠の合戦に勝利を得た織田信長は、以降東方には北条氏康の嫡子である氏政と同盟を結び、武田勝頼は気にかけることなく、一向宗徒を相手の戦に専念することができた。

　足利義昭は、信玄の死後にも反信長包囲網の構築をあきらめず、本願寺の総帥・顕如と上杉輝虎を中心戦力に据えて謀略を進めたあげく、輝虎の上洛をあてにして自ら挙兵し、宇治槇島城に籠城した。

　しかし、頼みの上杉勢は来援せず、義昭は一戦の末敗北して、命は救われたものの放逐され、ついに室町幕府は滅亡した。

　このあと義昭は三好氏を頼り、さらに毛利輝元のもとに身を寄せて、あくまで信長打倒の執念を燃やし続けるが、信長は以降、本願寺との戦いを続ける一方、播磨、備前、備中、または因幡といった中国方面に兵を向け、毛利家討伐の姿勢を明らかにした。

　この間、越後の上杉輝虎が天正元年(1573)、信長との同盟を破棄して本願寺と同盟し、その翌年に剃髪して謙信と号し、信長との対決姿勢を露にした。

　謙信は、天正5年(1577)には能登国の七尾城を攻撃。後詰めに出た織田家重臣の柴田勝家や明智光秀ら数万と加賀国湊川(現手取川)で戦い、急進して中央突破、追撃して川に追い落とすという、謙信らしい豪快な戦いぶりで大勝利を博す。

　しかしその翌年、関東を平定すべく大動員令を発しながら昏倒し、そのまま死去すると、上杉氏は養子の景勝と景虎が後継者争いを始めて勢力を衰えさせ、信長

は本願寺、毛利との合戦に専念できることになった。

　本願寺は卓越した火力と一向門徒の死を恐れぬ戦いぶりを誇り、さらに本拠の石山(いしやま)が海に面しているため、海上からの補給を受けて粘り強く戦い続けた。しかし、信長が建造した装甲船のために海上補給が大幅に減り、また朝廷の斡旋もあって、天正8年(1580)、本願寺側は信長と講和を成立し、石山を明け渡して紀伊(きい)に退去した。

　これに先立つ天正5年(1577)、信長は琵琶(びわ)湖の畔、安土(あづち)に居城を築城して本拠地を移した。本願寺と戦うあいだ、援助を続ける中国筋10か国の支配者・毛利輝元を敵として、西進作戦に打って出た。その責任者となったのが、織田勢5人の重臣のひとり、羽柴筑前守秀吉(はしばちくぜんのかみひでよし)であった。

　このころの織田勢は、信長は総帥として安土か京にあり、実際の戦闘指揮は5人の重臣がそれぞれの任地に赴き、指揮を執っていた。

　織田家宿老の筆頭である柴田修理亮勝家(しゅりのすけ)は、景虎との抗争に勝利して上杉家を継いだ景勝を北陸方面で圧迫し、滝川左近将監一益(たきがわさこんしょうげんかずます)は伊勢(いせ)、伊賀(いが)方面を押さえ、さらに甲斐(かい)、関東への侵攻準備に入っている。

　丹羽五郎左衛門長秀(にわごろうざえもんながひで)は、どのような状況にも臨機応変に対処できるうえ、地に足のついた堅実な指揮ぶりで、信長の信任が厚い。それゆえ、万が一にも戦況が不利になった場合に備え、予備軍の司令官として待機していたが、近々四国侵攻を行うため、織田信孝(おだのぶたか)を大将に、泉州に向かっている。

　そして、明智日向守光秀(ひゅうがのかみ)は丹波の経略を経て、長秀に代わる総予備軍の指揮官として、居城亀山(かめやま)に残留していた。

　彼ら5将のうち、最も活発に運動して目覚ましい戦功をあげたのが、最も出自の低い羽柴秀吉であった。

秀吉とふたりの軍師

　秀吉が担当した地域は、小規模な国人領主が数多く割拠し、それぞれの地盤を守って争い合っていた、播磨から備前、備中、また因幡、伯耆(ほうき)といった国々で、この地域に住む国人領主は、団結心が強く兵も強い。

　信濃(しなの)や関東の国人領主と似たところがあるが、最も異なる点は、応仁(おうにん)の乱以降も守護大名がかなりの長期にわたって力を持ち続け、またそれが東国には見られない、強力な大名であることだった。

　室町幕府の有力な一員で、鎌倉(かまくら)幕府の時代から六波羅評定衆(ろくはらひょうじょう)を務め、応仁の乱では西軍で活躍して、周防(すおう)、長門(ながと)、安芸(あき)、備後(びんご)、石見(いわみ)、それに九州の豊前(ぶぜん)、筑前(ちくぜん)

171

と7か国の太守となった大内(おおうち)氏と、出雲の守護だった京極(きょうごく)氏の守護代として勢力を伸ばした出雲の尼子(あまご)氏、因幡の守護職・山名(やまな)氏などである。

こうした名族、大分限の守護大名が鎬を削る状況下、国人領主たちは団結して、状況に応じて荷担する相手を替え、生き延びてきたものだった。それだけに兵は強く、状況を見るのに敏な一方、自分たちの主権を侵す者には熾烈に抵抗する。

文化の先進地域だけあって、軍備も充実したものだった。こうした地域を平定するには、武略に優るものの、現地の国人領主などはあまり意に介さない柴田勝家や滝川一益らは向いていないと、信長は考えたのだろう。

まして、大内氏と尼子氏の衰退後は、この地域は大内氏に代わって実権を握った毛利元就が勢力を浸透させ、今では孫の毛利輝元が「毛利両川(りょうせん)」と呼ばれる叔父たちの補佐を得て、中国10か国の太守として絶大な影響力を持っていた。

こうした地域の国人領主たちは、多かれ少なかれ、毛利家の恩義を受けた過去がある。また毛利家も、信長の矛先がいずれ中国方面に向くと判断していて、一族や重臣を有力国人の城に送り込み、引き締めの強化を図っていた。

こうした状況下で、信長は軍立場での実戦よりも、調略(ちょうりゃく)を得意とする秀吉に白羽の矢を立てたのであろう。

また、国人領主たちが毛利家の統率下に、緊密な城塞ネットワークを組んでいる地域では、大規模な野戦は起こりにくいと考えたのだろう。

毛利家は開祖元就こそ、いくつかの大規模な野戦を行った。陶晴賢(すえはるかた)を討ち、大内氏の後継者としての地位を確立した厳島(いつくしま)合戦などがその代表だが、そうした創世記を除けば、毛利氏は野戦を好まない。

ことに大規模な野戦は、大きなリスクを伴う。軍事的な冒険というべきもので、成功しても失敗しても、財政的、人的な損害が大きい。軍事的冒険の最たるものとも呼べる厳島合戦を経験した元就だが、以降は堅実に領国経営を目指すべきだと考えたのだろう。

毛利家の家訓に「天下を目指してはならず、家を保つことを第1に心がけよ」とあるのは、そうした現実感覚に裏打ちされていると考えられる。

毛利家は、元就の性格を受け継いだように、堅実な経営を行ってきた。本願寺と同盟して援助を続けてきたのは、一向宗の領内蜂起を避けるのと同時に、信長が毛利家の独立を脅かす存在だと見たからだろう。

一方、信長もまた無駄な消耗は好まない。すでに500万石を超える所領を持ち、東方の脅威も排除して、西方に戦力を集中できる立場である。いざ、自分が陣頭に立ったときには兵力を惜しみなく注ぎ込むが、決戦の前に消耗戦に引き込まれ

るのは良策とはいえない。

　意外に思えるが、信長が苛烈に振る舞うのは、自分を苦しめた敵、理屈に合わないことを揚言して民衆を惑わす者、そして自分が定めた秩序に逆らう者で、本当に弱い立場にある者や、自分の定めた法に従い、額に汗して働く民衆には優しくて、親しまれてもいたのである。

　これから征服し、自分の領地になる地域の住人に憎まれるのは本意ではなかったに違いない。そこで、野戦よりも攻城戦を得意とし、力攻めよりも敵将に調略をかけて味方に引き込むか、あるいは兵糧攻めといった、兵を傷つけずに城を落とす戦法に長けた秀吉に、織田勢のなかでも声望の高い武将を寄騎させ、中国経略を任せたのである。

　秀吉には、この仕事はうってつけだったといっていい。秀吉自身は人誑(ひとたら)しと呼ばれるほど相手を心服させる術に長け、家臣には諜報や戦場での普請の名人が目立つ。

　また、秀吉には織田勢でも群を抜く、ふたりの知将が寄騎していた。

　それがまた、図ったように正反対の戦術を得意とする、対照的な性格の知将であった。

　ひとりは、竹中半兵衛重治(たけなかはんべえしげはる)。かつては美濃(みの)の斎藤(さいとう)家に仕え、道三(どうさん)、義龍(よしたつ)と、織田家を苦しめた武将に仕えたが、龍興(たつおき)の代に至って一部の家臣を贔屓(ひいき)し、政事(まつりごと)を蔑ろにする龍興を諫めるため、少人数で稲葉山(いなばやま)城を乗っ取り、自ら奸臣を刺殺するという意外な面を示した。しかし、せっかく奪った城を諫言状を添えて返還し、自らは責を負って蟄居するなど、並みの器ではない。

　『武功夜話(ぶこうやわ)』では、前野長康(まえのながやす)が

昵懇で、まだ秀吉が藤吉郎といっていたころ、重治が蟄居した先に幾度も訪れ、織田家に仕えるよう要請した、とある。
　戦国乱世には珍しく私欲に薄く、戦場での駆け引きは道楽を楽しむように見事だったと伝えられる。
　また、情勢判断も見事であった。黒田孝高が荒木村重を説得に赴いて監禁されたときには、荒木方に寝返ったと誤解した信長に、人質として差し出されていた孝高の嫡子・松寿丸を殺すように命ぜられた。このとき、重治は信長には殺害したと報告して、実は生かしたまま匿っていた。
　伊丹城が陥落し、孝高が土牢に監禁されていたと知った信長は、自分の間違った判断を悔い、松寿丸を生かしておいた重治を誉めたという。
　また、ひとりは黒田官兵衛孝高。
　前身は播磨の国人領主である小寺家の家老で、毛利家と織田家のあいだで去就を考え、信長に荷担するほうが得策として、織田家の家臣になった。
　半兵衛ほど恬淡としたところはなかったが、勝敗への執着が、味方の軍勢にはできる限り死傷なく、勝利を収める方策を取る原動力となったのだろう。
　小寺家にも私心なく仕えたように、自身が見込んだ人物を立身させることに、無上の喜びを感じる性格だったかとも思える。それだけに信義には厚く、自分の保身には気を遣わない。相手の立場になって考えるという、これも希有な美質を持っていた。
　得意とするのは、槍合わせに至る前の調略で、戦わずして開城させる。あるいは、籠城した敵が弱ったころに、降伏、開城の条件を示して、最小限の犠牲で勝利を得るというものだった。
　前述したように、荒木村重の土牢に1年余押し込められているうちに足を痛め、歩行が困難となった。しかし重治が三木城攻めの最中に病死したあとには、秀吉を助け、天下取りへの道筋を示す。
　このふたりは信長の直臣で、秀吉には中国経略の寄騎としてつけられた建前になっている。
　しかし現実には、ふたりともほぼ秀吉の専任になっていた。
　周囲からは「筑前殿の二兵衛」と呼ばれ、秀吉を合わせて3人の知将は、難しい中国筋の経略を、さまざまな戦法を駆使しつつこなしていった。
　中国経略は、天正4年(1576)に始まった。

調略による中国進出、毛利軍の防備

　備前の大豪族・宇喜多直家の部将、赤松義祐、別所長治、黒田孝高の旧主・小寺政職らは毛利家の圧迫を受け、信長に助けを求めてきた。秀吉はその経略を命ぜられ、やはり毛利家に圧迫されていた尼子勝久を救援して、播磨上月城に入れた。しかし、上月城は毛利勢の逆襲に遭い、そのころ一度は信長に服したものの、その後の待遇に不安を感じた小寺政職や別所長治らは、再び毛利家に属して兵を集めた。

　秀吉は、長治の居城である三木城攻めに取りかかろうとしたが、そのとき上月城が毛利勢の猛攻を受け、上月城にかかずらって兵力を消耗すると恐れた信長の命で、上月城から手を引かざるをえなくなってしまった。

　上月城を見殺しにし、三木城攻略に専念することになった秀吉のもとに、総大将として織田信忠が派遣されたものの、別所勢は猛反撃に出て、織田勢に大損害を与えた。

　秀吉は攻城の方針を変え、交通を遮断して川の水中にまで杭を打ち、縄を張って毛利勢の兵糧搬入を止めた。三木城内は食料が尽き、ついに18か月の後、城主の長治は妻子と叔父ともども自決することを引き替えに、城兵の助命を申し入れてきた。

　三木城攻めのあいだに信長の重臣・荒木村重が謀反を起こし、それを説得にいった黒田孝高が監禁されるという事件はあったが、摂津有岡城は天正7年（1579）に陥落し、孝高は足が不自由になったものの、救出された。

　天正7年（1579）、備前の宇喜多直家が秀吉に服属し、播磨を平定。竹中重治が病死し、秀吉は孝高を頼みとして、中国経略を進めた。

　天正8年（1580）、信長は本願寺と講和を成し遂げ、毛利攻略に本腰を入れた。3月15日、秀吉は姫路を出発し、4月4日に岡山城に入った。

　天正9年（1581）末ころに宇喜多直家は病死し、後の秀家となる八郎が家督を継ぐ。秀吉はこの子を可愛がり、自分の軍略を教え込む。

　一方、毛利家は織田勢の襲来を知り、防備を固めていた。

　備中の要は、両川の一翼である小早川隆景の部将・清水長左衛門尉宗治が籠もる堅城の高松城であった。

　毛利家の城塞ネットワークの中心とも呼ぶべき、難攻不落の城である。

　天正10年（1582）3月、秀吉は安土城で開かれた軍評定から姫路に戻り、備中侵攻の触れを伝えた。

第三章　実戦上の戦術

175

軍勢は3万。総大将はもちろん秀吉で、その弟の小一郎秀長と、信長の四男で秀吉の養子に与えられた羽柴秀勝を大将分に、姫路城を出陣する。
　第1の目標は、この高松城を落とすことである。秀吉は調略と強襲の2段構えで、この城に攻めかかる用意を進めていた。
　この時期、信長は天下統一に向け、新たな段階に取りかかろうとしていた。
　7年前に、長篠・設楽ヶ原で大損害を与えた武田勝頼が、再び軍勢を立て直し、新城を築いて徳川家康の領土を侵そうとしていた。信長は北条氏政と同盟を調え、家康、北条と呼応して、ひと息に武田家との戦いに終止符を打つ決意を固めていた。
「ようよう、勝頼め、命運が尽きたわ。一見、勢いは盛んなようじゃが、もはや武田の幹は、内側が腐れておる。今ひと押しいたせば、枯れ木のごとく倒れよう」
　織田家の当主となり、岐阜中将と呼ばれる信忠を総大将に、木曽口より信濃に侵入し、東海道からは徳川家康、関東口からは北条氏政が、武田家討滅に参加する。また、四国の長宗我部元親を討伐するため、丹羽長秀が織田信孝を擁して、四国遠征の準備を進めている。
　中国攻めも、一気に4方の強敵を攻め滅ぼし、天下統一をひと息に推し進めようとする信長の、大戦略の一環であった。つい10年前ならば、1方面だけでも難しかったろう大作戦を、1度に3つも実行できるほどに、織田家の実力は巨大なものになっていたのである。

包囲される高松城

　中国遠征の先手には、蜂須賀彦右衛門正勝と黒田孝高が、宇喜多秀家の居城である岡山城まで先発した。
　無論、家督を継いだばかりの秀家に、軍議の主役を務めてもらおうというものではない。長年毛利家の勢力下にあり、備中の城塞群と城将、毛利家家臣団の人となりに詳しい宇喜多家の重臣たちから聞き取りを行い、対策の一助にしようという考えがあってのことだった。
　正勝、孝高の両名は、3000の人数で宇喜多家の家臣である戸川秀安の常山城を取り込み、備中との国境に帯陣した。
　高松城は、東北に長野川、西南に足守川というふた筋の川に挟まれ、さらに北西から南東にかけて3方を八幡山、竜王山、立田山といった山々に囲まれた窪地である。

周辺は沼地で、大軍の行動には適さない。仕寄りを作るのも容易でなく、平地からは細い道筋が通じているのみだが、さらに城の周囲に深く広い空堀が設けられていた。

備中の内陸、庭瀬から備前に抜ける街道を押さえる要衝で、織田勢の本拠となる畿内からの交通を確保するには、是非とも高松城を落とす必要があった。

秀吉は、まずいつものように、誘降を促す調略を試みた。

高松城の支城、吉備一宮宮内、宮路山城と、同じく支城の冠山城を攻め落とし、高松城の手足を断つ。宇喜多勢が冠山城を落とし、宮路山城はやや手こずったが、秀吉はさすがに城攻めの名人で、水の手を見つけて断った。守将の乃美元信は降伏し、秀吉はすぐさま蜂須賀正勝と黒田孝高を宮路山城に送って、元信に宗治の誘降説得を命じたが、宗治はきっぱりと拒絶した。

「宗治殿は忠義に厚く、利を食らって旗を巻き替えるなど、到底無理と存ずる。また名うての戦上手にて、お味方3万なれば5000の兵を用い、よく守りましょう」

備中高松城攻略戦の経緯①
羽柴軍は高松城を完全に包囲して力攻めを行うが、城側の抵抗に遭い攻めあぐねる。

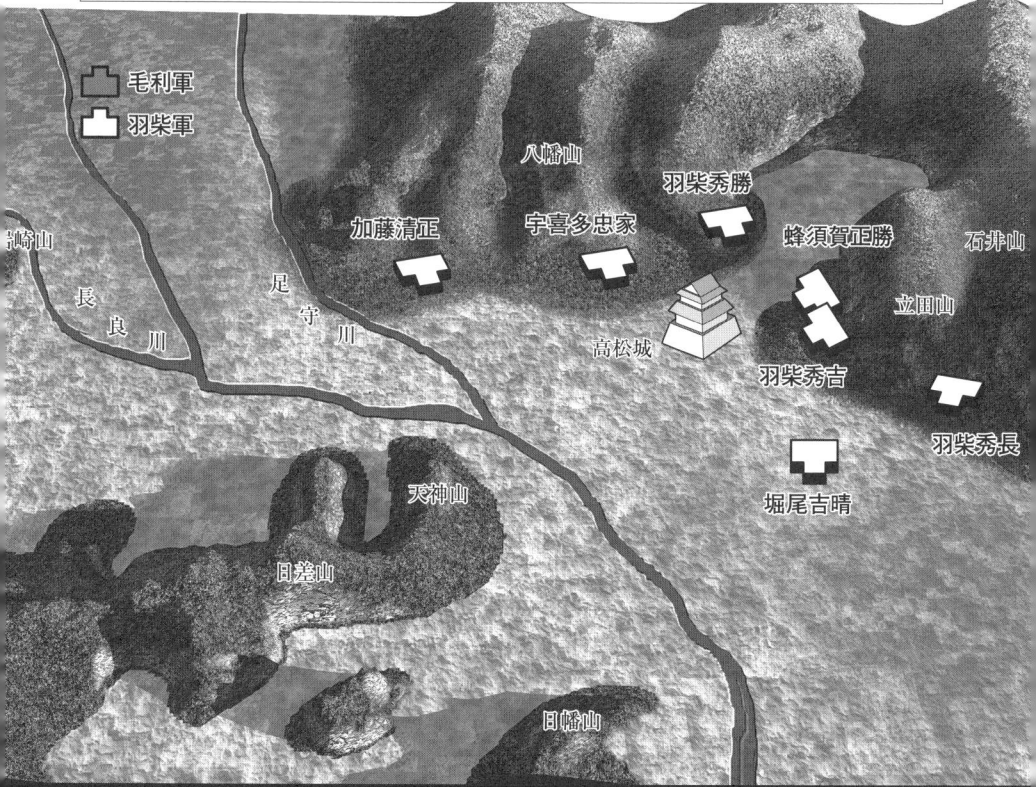

第三章　実戦上の戦術

乃美の言を聞き、秀吉はまず力押しの強襲を試みることにした。
　すでに、毛利の本拠である安芸広島から、小早川隆景と吉川元春の両川に加え、輝元自身も大軍を率いて進発の模様と聞かされて、調略は無理だろうと判断した。秀吉は高松城の背後の立田山に本陣を置き、地元の地頭である宮内平左衛門を呼んで、足守川の深さなど、川についての知識を得た。
　足守川の川筋は定まっていず、年によって湿地帯に流れを変える。さらに3年に1度は洪水を起こし、農民が難儀すると聞かされた。
　そうした知識を得たうえで、4月27日に包囲を終え、兵を進めて強襲を試みた。

戦国に生まれた奇策、水攻め

　城方は豊富な鉄砲を撃ちまくり、寄せ手が混乱したところに打って出て、多くの羽柴兵を倒した。城方は意気を上げたが、秀吉は力攻めで落とせると思っていたわけではない。噂通りの堅固な城だと知った秀吉は、方針を変えた。
「上様が御出馬なされるまでには、必ず高松の城を取り抱えねばならぬ。されば、足守川、並びに長野川に堰を設け、城の上方において塞き止め、城を真ん中に、150有余町を残らず水浸しにいたそう。さすれば、こちらには痛手を受けぬ。その普請を手配りするゆえ、堤普請を昼夜を厭わず行うことじゃ」
　秀吉の言葉に、居並ぶ諸将は仰天した。
　城攻めには、我攻めか兵糧攻め、さもなくば水の手を断ち、飢えて耐え切れなくなるまで待つのが常道であった。
　それを逆に、城地一帯に水を導き入れ、交通を断ってしまう城攻めなど、誰ひとりとして聞いたこともなかった。
　しかし、なるほどこの策ならば、成功すれば味方は一兵も損ずることなく、高松城も要衝を押さえる堅城の存在意義を失う。
　ただ、堤を築くにあたっては、1か所もおろそかにはできない。また、綿密に計算して築かなければ、水が意図した通りに溜まらず、無駄骨折りになるかもしれない。
　そしてなによりも、これだけの大工事を行う人出であったが、
「儂に任せておけ。なに、戦とはな、武士が槍、鉄砲を取って行うばかりのものではないのだ」
　染み通るような笑顔で、にやにやといった秀吉は、黒鍬の者、穴太の者を動員して、周辺の地勢を隈なく調べさせた。
　そして、堤を築くべき場所を特定し、普請の奉行に蜂須賀正勝を当てて、工事

の手順を取り決めた。

　直家の弟・忠家が率いる宇喜多軍(1万5000人)の担当は、門前村から下出田村まで。この普請は最も重要なもので、官兵衛とよく相談し、丈夫にあつらえるよう命じた。

　ほかはそれぞれ、寄せ手の部将たちに割り振った。水勢の強い部分は念を入れて頑丈に作り、さほど重要でない部分は、できるだけ手間を省いて効率よく働くよう指示したうえに、城方が妨害に出たときの備えとして、加藤光泰や神子田正治ら脇備えに防備を命じた。

　そして、堤が完成して高松城を浮城にした場合、後詰めにきた毛利勢が舟を用いて救援を試みるであろうと考え、その場合には浅野長政に、水軍の水主を呼び寄せて備えることまで調えた。

　そうした用意をすべて調えて始まった工事は、それまでの合戦の概念とは到底相容れないものだった。

備中高松城攻略戦の経緯②
足守川の流れを城側の窪地に引き込むように堤防を作り、水を流し込む。

毛利軍
羽柴軍

岩崎山　長良川　足守川　八幡山　加藤清正　宇喜多忠家　羽柴秀勝　蜂須賀正勝　石井山　立田山　高松城　水の流れ　堤防　羽柴秀吉　羽柴秀長　堀尾吉晴　天神山　日差山　日幡山

高松城を水没させるためのおもな水源は、城の間近を流れる足守川とされた。高松川の西側を流れ、南東に向かって流れる途中で長良川（ながら）と合流して、海に向かっていく。
　その流れを高松城西北西の門前村で塞き止め、立田山の麓に突き出した蛙ヶ鼻（かずがはな）という小山に至るまで、延々と堤防を築いて、3方を山に囲まれた高松城を、丸ごと湖にしてしまおうという計画であった。
　計画された堤の高さは7m余、幅21m余、門前村から蛙ヶ鼻まで、長さはおよそ3km。さらに高松城の北東、1里足らずを流れる長野川をも塞き止め、水を導き入れる。
　このような大規模な土木普請が合戦において行われるとは、誰ひとりとして考えていなかった。
「けれど、上様は長篠で、軍立場に砦をお築きなされた。そう思えば、殿は上様のお教えに従いなされ、かような戦を思いつかれたのやもしれぬ」いくさ
「古い御家来衆は知っていなさるが、上様が清洲（きよす）のお城におられた時分、殿様は城壁の普請を、手分けして首尾ようなされたとか。殿は、景気のよい普請がお好きなのじゃ」
　足軽たちは口々にいい合いながらも、合戦ならぬ普請に精を出す。また、秀吉は近隣の住民たちから、土1俵を銭や米で買い集める触れまで出した。
　ただの土が銭や米になるのだ。住民たちは先を争って土俵を持ち込み、秀吉はそのすべてを景気よく買い取った。
　初めは秀吉勢の行動を、狐につままれたような面持ちで見ていた高松城の城兵たちも、次第に堤の形をなしてくるに従って、秀吉がとんでもないことを企てていると気づいた。
　黙って見てはいられない。普請の邪魔をしようと出撃してきたが、その襲撃はことごとく、護衛の加藤勢と神子田勢が追い退けた。
　途中、流れが深く、埋め立てがうまくいかない場所があったが、秀吉は黒田孝高に意見を求め、孝高は家中の吉田長利（よしだながとし）を召して、舟に石を満載して沈める案を考案させた。
　そのようにして、堤防の完成まで擁した期間はわずか12日間に過ぎなかった。完成した堤防には柵を植え、櫓を建てて、そのまま砦として守りを固める。折からの梅雨で連日雨が降り注ぎ、6月に入って間もなく、高松城は城内まで、ほとんど水中に没してしまった。
　毛利の後詰めとして来援した小早川隆景と吉川元春は、3万の軍勢を長良川の

南方の岩崎山と日差山に布陣させたが、秀吉も1万の軍勢を長良川北岸に配して守りを固める。

　梅雨のこととて長良川の流れは速く、また秀吉勢は夜通し篝火を焚き続けて、密かに渡河するなど思いもよらない。

　毛利輝元も手勢を引き連れ、一族衆の穂井田元清が城主を務める猿掛城までやってきたが、長良川が天然の濠となり、毛利勢も歯噛みしながら、高松城が水没していくのを見守るのみだった。

高松城落城

　さらに、秀吉は城兵の士気を阻喪させるため、もうひとつの手を打ったという。

　毛利勢を押さえるための付け城を、1日で築いたというのだ。もっとも、これは柱のみを立て、近くから集めてきた戸板に墨を塗り、また杉の板を張りつけて、城に見せかけただけのものだったが、心が揺らいでいるときには、どのような詐

> **備中高松城攻略戦の経緯③**
> 毛利軍の小早川隆景と吉川元春が援軍として駆けつけるが、すでに高松城は完全に水没してしまう。このあと、信長の死により羽柴軍は毛利軍と講和を結んで撤退する。

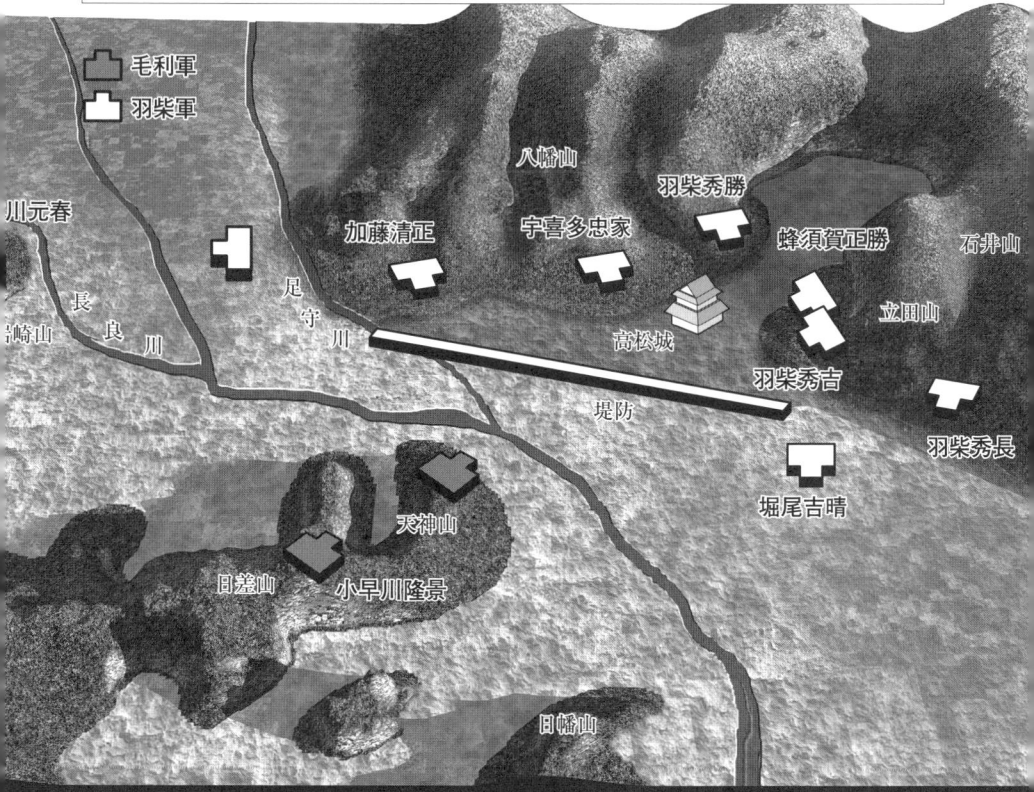

第三章　実戦上の戦術

術も真実と見えるものである。

　城兵は意気阻喪し、また城は曲輪(くるわ)まで水に沈んで、兵糧の蓄えも少なくなった。
　唯一豊富なのは水のみだが、無論それは、城兵を苦しめるのみである。
　さらに、近江(おうみ)より織田の本軍の信長と信忠が、6万の軍勢を率いてくるという知らせが入った。毛利勢は3万余、秀吉の軍勢と合わせて9万もの大軍を相手に勝ち目はない。
　毛利勢首脳は、断腸の思いで決意した。一度引いて軍備を立て直し、迎撃の準備をしなければならない。
　安国寺恵瓊(あんこくじえけい)を黒田孝高のもとに送って講和の打診を行ったが、秀吉は信長の出馬を求めていて、単に城兵の助命のみでは講和はできない。
　毛利の領地の半数、5か国を割譲するという条件でも折り合わないため、ついに城将・清水宗治の自害を条件に加えた。
　宗治は、己(おのれ)ひとりの命で城兵が助かるならと、即座に快諾した。
　しかし、そのときすでに織田信長、信忠親子は、この世の人ではなかった。宗治が自害を申し出たその当日に、明智光秀の反逆を受け、自害していたのである。
　急を知らせる長谷川宗仁(はせがわそうにん)の使者を隔離し、信長の死を秘した秀吉は、湖上に漕ぎ出した小舟の上での宗治の切腹を、何食わぬ顔で見守った。
　そして毛利勢とのあいだに臨監を交わし合い、即座に撤退に移った。
　信長の死を知って号泣する秀吉に、黒田孝高がこう囁いたと伝えられる。
　「殿に、天下人になられる御運がめぐってまいりましたぞ」
　と。
　秀吉がどう受け取ったにせよ、信長の仇は誰かが討たねばならない。
　そして、敵との講和を調え、最も速く兵を返せるのも秀吉であった。秀吉は毛利勢との講和を調え、すぐさま全軍を姫路に向けて出発させた。
　一方、騙された形になった毛利勢では、吉川元春が追撃を主張したという。
　しかし小早川隆景は一度交わした約定を重んじ、追撃を認めなかった。その信義が後々、秀吉との親交につながり、さらには400年以上あとの明治維新にもつながるとは、当事者の誰ひとりとして、思ってもいなかったに相違ない。
　秀吉は堅城・高松城を力攻めにすることなく、大規模な土木工事を経て、ほとんど無傷のまま開城させた。
　信長のやり方を学び、さらに発展させたこの戦法は、合戦の帰結だけでなく、歴史の流れまでも大きく変えたのであった。

双方、山間の陣地によっての持久戦
賤ヶ岳の合戦

年号	天正11年（1583）
対戦者	羽柴秀吉　VS　柴田勝家
兵力	羽柴勢　5万　｜　柴田勢　2万

天下を引き継ぐきっかけ

　天正10年（1582）6月2日、未明。
　羽柴秀吉の要請を受け、中国戦線に向かうために上洛した織田信長は、京の定宿に使っていた本能寺に宿泊し、茶の会を催して、招いた公家や茶人たちから出陣の祝いを受けていた。
　主力の兵は、明智光秀が率いる1万4000をはじめ、待機状態にある織田家諸将が率いてきて、間もなく合流する手筈になっていた。
　このときの陣容は、堀久太郎秀政が秀吉に向けた使者となり、高松城を攻略中の秀吉と信長のあいだの連絡役を引き受けていた。
　信長は毛利両川に加え、輝元自身が間近に出陣しているのは天の配剤と心得、一気に毛利一族を打ち破って九州まで遠征し、西日本の統一を図る心算だったという。
　そのために動員される兵力は、およそ6万。秀吉の3万を加えれば9万という未曾有の大軍で、その先陣として明智光秀、細川藤孝、池田輝政、塩河長満、高山重友らが出陣の命を受けた。
　彼らは領国に戻って軍勢を編成している最中で、信長はそのあいだに京で朝廷に出陣の挨拶を行い、要請されていたという征夷大将軍への就任について、中国、九州統一のあとになんらかの意思表示をする旨、報告したものと思われる。
　信長が連れていた家臣は、小姓衆2、30人で、ほかに信忠が2000の兵を連れて二条城に入っていた。
　わずかな供回りを連れた信長が、眠りに就いていた明け方ころ、真っ先に兵を

183

調えて中国筋に向かって秀吉に寄騎するはずだった光秀が、その軍勢で本能寺を急襲した。

また、分派した1隊は二条城を襲撃し、信長と信忠はそれぞれ自害して、信長の天下布武は思いがけない形で終焉を迎えた。

凶報を受けた織田家諸将のうち、光秀に立ち向かえるほどの戦力を持つ重臣たちのなかで、すぐに陣を解いて急行したのは秀吉のみだった。

秀吉は毛利勢との講和を成立させるや、全軍こぞって山陽道を取って返した。

講和の交渉中に先触れの1軍を出発させて、強行軍を支援する準備をさせておいたのだろう。兵が駆けながらつかみ取って食べることができるように、沿道の住人に飯を大量に炊かせ、塩水で湿した俵に詰めること、また馬糧を調えておくことなどを指示して、軍勢を止めずとも食事が摂れるように配慮し、全軍わずか3日で姫路城まで帰り着いた。

この電撃的な機動を、光秀は予測できなかった。頼みとした細川藤孝や高山重友は参陣せず、筒井順慶も城に籠もったまま出てこない。秀吉迎撃の準備ができないまま、光秀は摂津山崎を決戦場として秀吉勢と戦い、兵力の差に敗れ去った。

後継者争い

織田家の重臣たちのうち最高位と目されていたのは、北陸の軍事指揮権を任されていた柴田勝家だったが、勝家は上杉景勝の追撃を警戒しなければならず、光秀と戦う機会を逸した。この事実が持つ重みは大きく、信長の後継者の地位を争うにあたって、勝家はことごとに秀吉の後塵を拝することになってしまった。

残った4人の重臣のうち、事実上信長の後継者を争えるのは、秀吉と勝家のふたりであった。

ことに勝家は、織田家勃興前からの老臣として、織田家家臣団正統の意識を持っている。出自も定かでない秀吉を頭から軽視していたというし、秀吉も表面上は勝家を立てていながら、内心では軽んじていたことだろう。

勝家が総大将を務め、織田家の諸将がほぼオールキャストで参加しながら、上杉謙信を相手に徹底的な敗北を喫した手取川合戦でも、秀吉は勝家の傲慢な姿勢に嫌気が差したのか、開戦前に勝手に陣を離れて居城に戻ってしまっている。このときは信長の怒りを買ったが、特に処罰されることなく、中国筋攻略の命令を受けているところを見ると、信長の信頼が非常に厚かったのだろう。

織田家随一の出頭人である秀吉に対して、光秀討伐という点で決定的な遅れを取った勝家は、自分に同調する人物を織田家の当主に据えることで、実権を握ろ

うと考えた。

　信長は、すでに織田家の家督を信忠に譲っていた。それゆえ、残った信長の息子のなかから当主を選ばねばならない。

　このとき、織田家では次男の信雄と三男の信孝が、それぞれ信長の跡を継ごうと運動していた。

　普通なら、次男が継ぐことが当然と思える。しかし厄介なことに、ふたりは永禄元年（1558）正月という同年、同月の生まれで、しかも信孝のほうが早く生まれていた。

　信孝の母が信雄の母にくらべて身分が低かったために報告が遅れ、本当は次男でありながら三男にされてしまったということらしい。

　また、信雄が安土城を預かりながら光秀に対して復讐戦を挑むこともできなかったのに対して、丹羽長秀に補佐されて四国渡海を待っていた信孝は、秀吉の軍勢に加わって山崎の合戦に参加している。自然、自分が信長の後継者になれると思っていただろうが、信雄も制度のうえでは信長の次男である。

　譲るはずがない。

　信長の遺児同士が争えば、せっかく定まってきた天下統一の道筋が崩れかねない。歴史上、他を圧する強国が、後継者争いの内紛で衰退した例はいくらもある。現に勝家が攻めていた上杉景勝は、先代の謙信のころには関東までも勢力圏に組み込み、10万もの大軍を動員して、信長と決戦しうる実力を保っていた。

　しかし、謙信が後継者を名指しせずに死んだため、ふたりの養子——景勝と景虎が争った御館の乱の結果、国力は衰え、景虎の実家である北条家との関係は冷却した。そして勝家が采配を執る織田軍の北方方面軍に、押しまくられる形になってしまったのだ。

　そうした事態を避けるため、織田家の重臣たちは清洲城に集まり、織田家の家督を誰が継ぐのか、協議した。

　信雄、信孝を推す声がそれぞれ上がったのに対して、秀吉は信忠の息子の三法師が継ぐのが正統と主張した。

　信雄と信孝は別腹の兄弟だが、三法師は信長の嫡孫である。なるほど、誰が見ても、この裁定には道理があった。

　問題は三法師が3歳の幼児であることだったが、その後見役に信雄を当てて、織田家の政務を執ってもらうことで議論がまとまった。このとき信孝が除かれたのは、信雄の生母が信忠と同じ生駒家長の妹・吉乃で、信孝の母親より身分が高い——といった理由によるものだった。

185

そして、信孝の顔を立てるためであろう。三法師が居城とすべき安土城が修復されるまでのあいだ、信孝が岐阜城に三法師を預かることになった。
　信孝はこの結果に失望し、また勝家は、表面上は会議の結果を受け入れたものの、内心では秀吉に出し抜かれたと考え、経略をもって追い落とそうと考えた。
　しかし、勝家は領国が北陸の越前北ノ庄であり、秀吉の居城は安土や岐阜にも近い近江長浜である。そこで勝家は滝川一益と図り、三法師を安土に移さずに岐阜に留める信孝とも誼を通じて、秀吉との手切れも辞さずとの姿勢を示してきた。
　一方、秀吉は京都の大徳寺で信長の葬儀を行うと、信孝は参列しない旨を信雄のもとに届けてきた。信雄も、一門の意志が不参であるなら、あえて参列して混乱を招くこともないと考えたのだろう。滝川雄利と津田信澄を派遣して名代とし、形を取り繕った。
　信孝が参列しなかったのは、参列すれば三法師を連れていかねばならず、清洲の取り決め通り、信雄に渡さねばならないと考えたためであろう。信長の遺領を分配するにあたっても、秀吉は信長の仇を討ったことでもあり、播磨と丹波を得て、およそ60万石となった。
　勝家が得た越前の45万石よりも多い。勝家はこの裁定は呑んだものの、代わりに秀吉の居城である近江長浜を譲るように迫り、秀吉は受け入れたが、勝家にではなく、子の勝豊に譲るという形なら、と条件をつけた。
　長浜を手に入れれば、越前から京、近畿に向かう道筋を塞がれることはない。勝家は安堵した。
　しかし勝豊は体が弱く、武略に第1の価値を置く勝家に軽んぜられていた。勝家が愛していたのは加賀尾山城の城主・佐久間玄蕃丞盛政であり、世間ではいずれ盛政を養子に迎え、勝豊は廃嫡されるのではないか、と噂されていた。
　こうした背景があったため、秀吉は勝家の要請に応じたのである。
　すでに天正10年(1582)も11月になっていた。越前はもう雪で、帰国しなければ交通もままならなくなる。勝家と同心した滝川一益は、冬のあいだは越前の兵を動かせないため、春になるまで戦にならないよう、秀吉と講和しておくべきだと考えた。
　そこで、信長の遺臣たちが協力して三法師を盛り立てるよう、誓書を取ろうと考え、秀吉と仲のいい前田利家をはじめ、金森長近らを使者に立てた。秀吉は了承したものの、遺臣一同ということだったので同格の丹羽長秀らとも連絡を取り、署名をもらったあとで送る、と返事して現物は渡さない。もっとも長秀を入れないと形をなさないのは確かで、勝家は納得して北ノ庄城に戻った。

これから雪解けまでは、秀吉に行動の自由を与えたも同然だった。長秀は秀吉を高く評価していたし、政務能力が勝家より高いことも知っていた。そこで清洲会議以来、秀吉の支持を続けてきて、他の諸将にも働きかけていた。
　この時期、勝家が気づかなかったことがある。安土城の修復がなったにもかかわらず、信孝は三法師を岐阜城に留め、清洲会議の取り決めを守ろうとしなかった。すなわち、織田宗家への反逆であり、事実上織田家の宰相となった秀吉には、討伐の理由になるということを。
　勝家が動けずにいるあいだに、秀吉は兵3万を率いて近江に乱入し、堀秀政を使者として長浜城の勝豊に送った。
　勝豊は自ら秀吉の陣にやってきて、味方すると明言した。勝家の嫡子が秀吉についた効果は大きい。秀吉に寄騎する者は日を追って増え、総勢5万に膨れ上がって美濃に侵攻し、信孝は抵抗のしようもなく、丹羽長秀を頼って和を講うた。
　秀吉は三法師を安土に移し、信孝も安土に住むことになった。逆に人質にされたようなもので、面目を失うこと甚だしい。
　信孝を黙らせた秀吉は、関ヶ原の雪を越えて近江に戻り、諸将をねぎらって一度軍勢を解散させた。

伊勢攻めと柴田軍の進撃

　天正11年(1583)正月、秀吉は伊勢長島の滝川一益にいかに対処するか、軍評定に入った。

　そして正月6日、伊勢に向けて出陣した。先手1万5000、後巻き1万5000。近江から2000。総勢3万2000。安土に向かった秀吉は三法師に拝謁し、次いで上杉景勝に使者を送って、勝家の背後を脅かすよう依頼した。

　また、自分への味方を表明した諸将に使者を送り、その兵を集めて6万以上の大軍を編成した。

　伊勢に侵攻した羽柴勢は、桑名から亀山城を攻め落とし、次いで国府城を陥落させるなど、一益の支城群を落城させた。

　こうして支城群を攻め落として、敵勢の立体的な戦術行動を不可能にしてから本城を攻めるのが、秀吉の得意な戦法である。兵力の差を知った一益は、名うての堅城・伊勢長島城に立て籠もって出戦しない。

　長島城は信長も対本願寺戦で攻めあぐねた、湿地に囲まれた難攻不落の城である。秀吉は兵の消耗を避けるため、仕寄りを築いて長期戦の構えに入った。

　長島城と、その支城の関地蔵城、峰城を攻めていた秀吉のもとに、近江から急報が入ったのは3月のことだった。すでに春となり、北陸路の雪は解け始めている。諸城を攻めていた腹心の将を集めて、秀吉はこういい渡した。

　「長浜より急使が参った。柴田が外甥、佐久間玄蕃、不破彦三、前田孫四郎、金森五郎八が、人数1万余をもって押し出して参った。浅井郡、木之本天神山に着陣の急報これあり、今年は意外にも積雪、さほどにあらずとのこと。このうえ柴田修理が参っては、江北が危うくなろうゆえ、至急軍を返し北国往還筋を固めるべきとの注進であった。急々、皆の意見を聞きたい」

　予想より早い、佐久間盛政の進撃であった。いかに行動すべきか迷う秀吉に、小一郎秀長が進言した。

　「江州、勢州のあいだは1両日にて往復できますれば、兄者が案ぜられるは滝川殿、神戸三七殿の御領地をいかに塞ぐかにござろう。北畠中将様の軍勢、すでに勢州にお進みあり、峰の城、関地蔵は鈴鹿口の切所なれば、前野将右衛門殿、加藤作内、一柳市助が人数7000にて備え、北畠様が1万にて左近将監殿に備え、兄者はすぐさま、江州にお返しなされ」

　この言によって、方針が決した。その夜のうちに近江に向かって取って返した秀吉は、秀長を先陣に、江北の要所、賤ヶ岳に着陣した。

188

秀吉の所領はこの時期、播磨、丹波、摂津で合計95万石。

　寄騎の主力は、高山重友、中川清秀、堀秀政、池田勝入斎、細川藤孝らで、同格の織田家重臣として丹羽長秀が加わった。

　また、柴田勝豊も秀吉の軍勢に加わり、動員可能兵力は6万余。

　ほかにも備前や大和、伊賀、伯耆などに味方を明言した大名がいるが、いまだ毛利や長宗我部、さらには徳川家康らの動きを警戒したため、全員を動員したわけではない。

　それでも、総兵力で柴田勢を凌ぐことは確実と思われた。

　しかし、勝家の軍勢は強力な上杉勢と対峙しているために、織田家でも野戦に強い猛将が揃っていた。

　柴田勝家自身が織田家最強の猛将であるうえに、佐々成政、前田利家、佐久間盛政、その弟で勝家から姓を与えられた柴田勝政、金森長近らで、彼らの戦闘力を考え合わせれば、兵力の差は決して勝敗には直結しない。

両雄着陣、陣地を築く

　勝家が出てくる前に、と秀吉は自ら2万5000の兵を率いて柳ヶ瀬に着陣した。

　しかし、北方勢は出てこない。このときの秀吉の布陣は、第1陣に堀秀政、第2陣に柴田勝豊、以下、木村重茲、前野長康、生駒親正、羽柴秀次、羽柴秀長、筒井順慶、蜂須賀正勝、神子田正治、細川藤孝、羽柴秀勝、中川清秀らで、本軍を秀吉が率いる。

　総勢6万余の軍勢だが、琵琶湖の北方の余呉湖から北方勢が布陣した柳ヶ瀬は、いずれも越前に至る街道の両側を、山々が挟み込むようにして連なる厄介な地勢であった。

　北方勢も秀吉の軍勢も、急進しようとすれば北国街道を進むことになり、山麓に布陣する敵勢に頭上から逆落としにされ、敗軍は必至という情勢である。

　秀吉は、柴田勢も迂闊には出てこられないと判断し、琵琶湖北端の田上まで帰陣した。

　そして、長期戦の構えで監視の人数を置き、長陣に備えて山麓に砦を築いた。北国街道の出口を扼する東野山に堀秀政の5000を置き、その南方、北国街道の中ノ郷に小川祐忠の1000、その中ノ郷を支援できる位置にある堂木山に山路正国、柴田勝豊の臣も、木下一元の500、その南西、神明山に木村重茲らの500。

　そして東野山から堂木山まで壕を作り、柵を植えて、野戦築城の陣地とした。

　これを第1陣として、後方に予備兵力として置いたのは、余呉湖の北東、岩崎

山に高山重友の1000、その南方、大岩山に中川清秀の1000。余呉湖の南方、賤ヶ岳に桑山重晴の1000、北国街道南方の最深部、田上山に羽柴秀長が1万5000をもって後詰めに入った。

　そして琵琶湖の北方一帯は、丹羽長秀に守りについてもらうことにした。
　今回の合戦は秀吉と勝家の対決で、同格の長秀に直接布陣してもらうことは避けたのだろう。織田家重臣同士であり、温厚な長秀には、敵方に知己も少なくない。それゆえ、負担をかけまいとする配慮と考えてよさそうだ。
　一方、勝家は雪が解け切らぬ前に、2万余の兵を率いて北ノ庄城を出発、5日をかけて、4月9日に国境からやや近江に入った内中尾山に布陣した。
　勝家もまた、自軍の諸陣に壕を掘らせ、柵を植えさせた。
　設楽ヶ原で信長が築いたものに似た戦法だが、双方ともに設楽ヶ原合戦に参加している。同じ戦訓を持っているわけで、さながらこの合戦は、信長が考案した戦法を双方が競い合う、同窓会の様相を呈していた。
　このとき、勝家が連れてきた武将には、北国街道の羽柴勢を牽制できる橡谷山に金森長近と徳山則秀、その南方の林谷山に不破勝光、やや南西の中谷山に原長頼、そして内中尾山から西側の間道を通り、神明山や堂木山の後背を突きうる行市山に佐久間盛政らであった。
　秀吉は敵陣を遠望して、感じ入った様子でいった。
「さすがに修理亮じゃ。翼を張った鷹のごとく、当方の人数が攻め入れば、立ちどころに翼が閉じられ、神明、堂木の陣は退路を断たれ、ひとり残らず討たれよう。されど敵も同様であろう。柴田が出てくるのを待つことじゃ」
　実際、動きようがなかった。双方ともに隙間なく陣を固め、相手の侵攻を許さない。しかし、それは同時に、動けば隙間を生じて、つけ入る隙ができるということだ。
　囲碁でいう、千日手であった。秀吉がくれぐれも出戦せぬように、と諸将に伝えたころ、講和したはずの信孝が、再び岐阜に兵をあげ、大垣あたりまで攻め寄せているという。
　江北方面が膠着すれば、信雄が押さえている滝川一益も動き出しかねない。
「さだめし、修理亮と示し合わせてのことであろう。我らが軍を割けば、岐阜と呼応して、挟み撃ちにせんとしよう」
　秀吉は、これを好機ではないかと考えた。岐阜の情勢に兵を割けば、血気盛んな猛将揃いの柴田勢である。必ず兵を出してきて、我が陣に攻めかかるであろう。その陣は犠牲になろうとも、敵の備えは大きく崩れる。

秀吉の岐阜出陣と動き出した柴田勢

　秀吉は2万7000余を率いて、岐阜討伐に向かった。途中、安土で信孝が差し出した人質を処刑し、岐阜城を攻めたものの、折からの雨で長良川が増水し、岐阜城を攻められない。しかたなく大垣城に入ったところ、近江からの急報が届いた。

　秀吉はそれを一読し、満面に喜色を浮かべた。

「どうなさいました、殿」

　訝る石田三成に、秀吉は朗らかな声音でいった。

「玄蕃が堂木山に攻めかかった。修理亮も、佐久間の血気を抑えられなんだのであろう。これで勝った。儂は勝ったぞ！」

　躍り上がるようにして、秀吉はわずかな岐阜城への押さえを残し、全軍が直ちに出発した。根は勝家であり、その勝家を倒せば、信孝は立ち枯れると、すでに見抜いていたのである。

賤ヶ岳の合戦の経緯①
羽柴軍が着陣し、大岩山などに砦を築き、柴田軍も着陣。陣地を築き睨み合いになる。

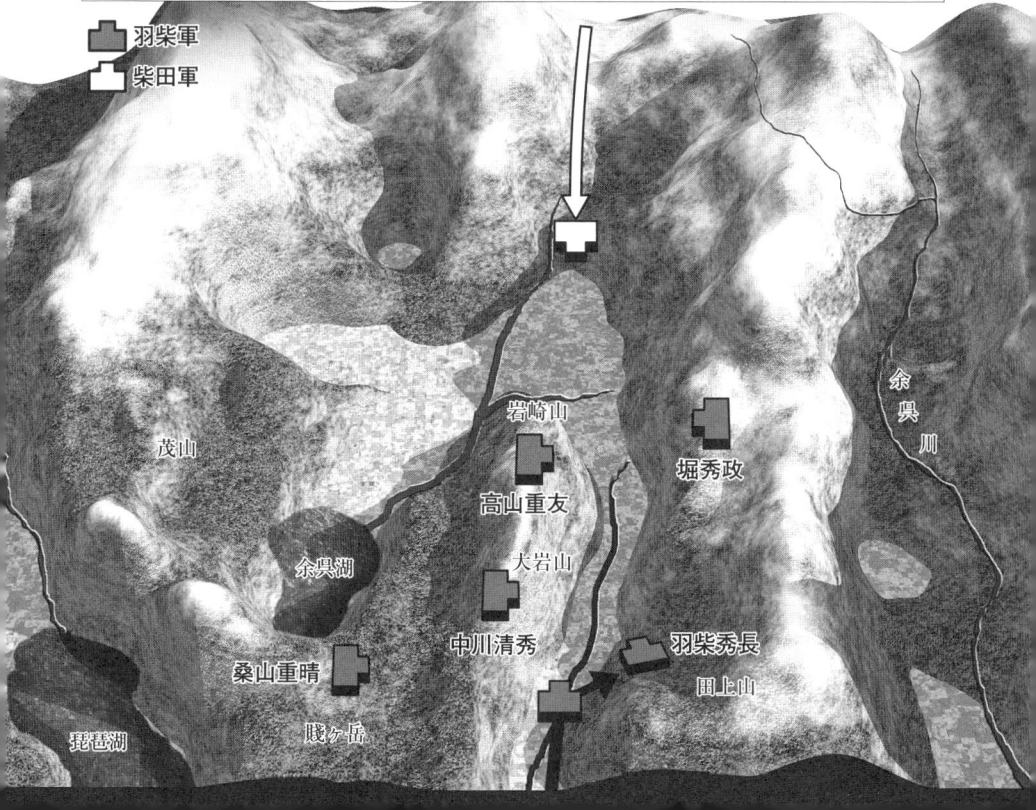

■ 羽柴軍
□ 柴田軍

余呉川
茂山
岩崎山
高山重友
堀秀政
余呉湖
大岩山
桑山重晴
中川清秀
羽柴秀長
田上山
賤ヶ岳
琵琶湖

第三章　実戦上の戦術

このとき、佐久間盛政に勝家の禁を破って出撃させたのは、勝家の調略でその陣に身を投じた勝豊の武将・山路正国であった。
　秀吉は岐阜に向かい、岩崎山、大岩山の敵は、背後から敵がくるとは考えていない。行市山から間道を使えば、この砦を背後から襲って、容易に壊滅させられる——。そう聞かされた佐久間盛政は、秀吉の裏をかけると喜んだ。
　盛政は勝家の娘婿で、資質としても勝家に近い若き猛将である。間近に敵陣が見えているのに、ただ柵をめぐらせたなかで敵が動くのを待ち続けているなど、耐えがたい。生来の血気が鬱して、苛立ちが募っていた。
　幾度となく勝家の本陣に赴き、出撃を進言したが、さすがに勝家は秀吉の恐ろしさを知っている。その常識では計りがたい行軍速度も、明智光秀を討った中国大返しの情報として知っていた。半ば信じられなかったろうが、それでも現実に光秀を撃破している以上、信じなければならなかった。
「玄蕃、はやるな。中入れは合戦の手立てでは最も難しく、また相手は筑前じゃ。かの者は、城攻めに長けておるうえ、足が速い。かような長陣の軍にて、両軍隙間もなく固めておるとなれば、先に動いた側が隙につけ入られて敗北するものぞ。軽々に動くでない」
　中入れとは、両軍が対峙して実力伯仲、攻め手がないときに、1軍を割いて敵の後方に回り込ませ、背後を攻撃させる手段である。うまく決まれば効果は大きいが、一方で兵力分散となるため、敵に気づかれてしまえば各個撃破の好餌となる。よほどの経験豊富な合戦上手でも、使うにはためらう戦法であった。
　加えて、こうした態勢では、先に動いて陣を崩したほうが負ける。
　長年の経験で、それを知り尽くしているだけに、言葉を尽くして出撃を戒めたが、盛政は聞き届けない。
「陣を崩すとおっしゃるが、さればば筑前めは美濃、伊勢に向かい、2万7000もの大軍を引き抜いているとのこと。さすれば、陣を崩したは羽柴側にて、これこそお味方の好機にございましょう。兵どもも、出陣の際の士気は長陣にて消沈し、由々しき有り様となっております」
　あくまで出撃を主張する盛政に、勝家はついに折れた。
　秀吉がいないあいだに少しでも打撃を与えておけば、兵の士気が高まるという思惑もあったのだろう。しかし、それ以上に、盛政が可愛かったに違いない。若武者らしい戦意を無下に押さえ込むのも、マイナス面が大きいと考えたのだろうが、あくまで一戦して砦を落とせば、すぐに帰陣するよう念を押した。
　盛政は勇躍して、兵8000をもっての奇襲に打って出た。

先鋒に不破勝光、徳山則秀、保田安政、原長頼、安井左近家清ら4000、本軍が佐久間盛政の4000。それに羽柴方のほかの陣が救援に動くのに備えて、1万2000の備えを割き、盛政の弟・柴田勝政の兵は賤ヶ岳方面に、前田利家の2000は堂木山方面に、そして勝家は自ら東野山に布陣して、全軍の指揮を執る形となった。

　4月20日、盛政の奇襲隊は羽柴勢が布陣する山々を迂回して、余呉湖の南岸を回り、大岩山の山麓に迫った。

　刻は20日の黎明時、奇襲隊は一斉に大岩山の砦に襲いかかった。

大岩山砦陥落、盛政の勝利

　この砦を守るのは、羽柴勢の猛将・中川瀬兵衛清秀の1000である。

　今は秀吉の麾下にあるが、もとは信長の直臣で、単に寄騎していたのみだった。今でも、秀吉と同格という意識はあったろう。しかし秀吉が総大将となっている

賤ヶ岳の合戦の経緯②
秀吉軍2万7000が岐阜へ出陣。前田利家、佐久間盛政、柴田勝政らが兵を率いて本陣を離れる。佐久間盛政の4000が、中川清秀や高山重友らが守る砦を奇襲し、激戦の末にこれを奪う。柴田勝政は賤ヶ岳の桑山重晴の砦を攻める。

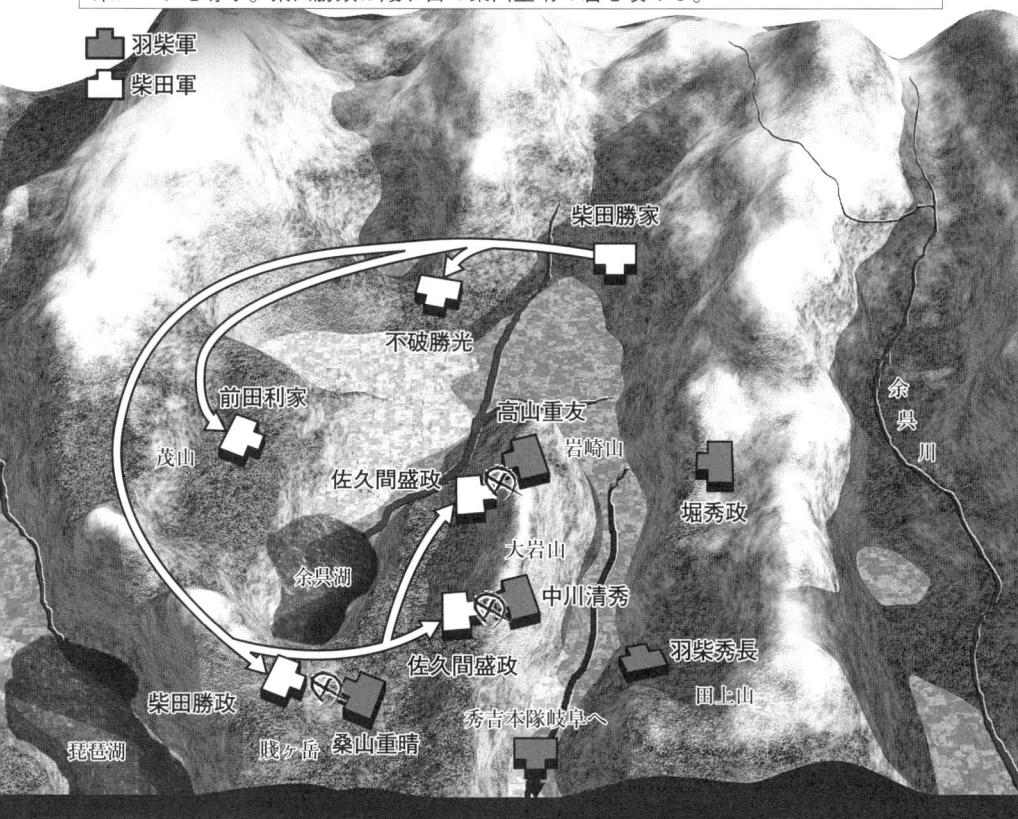

ことに、内心の反発を覚えていたかもしれない。
　その意地が、単独で盛政の猛攻を防ごうという思いになったのか、清秀は防衛戦を引き締め、一斉射撃を加えた後、一斉に打って出た。
　山上から攻め下る兵の勢いは凄まじく、一度は佐久間勢を、余呉湖の間際まで押し戻した。
　しかし、兵力の差が次第に顕著になってきた。さらに盛政麾下の徳山則秀は中川勢の主力を迂回して、砦の幕舎に火をかける。
　砦を焦がさんばかりの火焔に、中川勢は浮き足立った。
　そこに、隣の岩崎山に守りを固める高山重友や、後方の賤ヶ岳に陣取った桑山重晴から、相次いで撤退を勧める使者が駆けつけた。
「瀬兵衛様に申し上げます！　敵方の軍勢、勢い猛烈にして軍勢多く、大岩山、岩崎山砦では守りがたし。よろしく軍勢をお引きなされ、我が人数に合わせなされ」
　砦に籠もった敵を討つには、3倍の兵力が入り用とされている。
　が、盛政の軍勢は総勢8000。山上を攻めるとあって、一度に攻めかかれる軍勢の数は限られるものの、8倍では防げるはずもない。もっともな勧めだったが、清秀は言下に否定した。
「これしきの敵、防げぬとあれば、この瀬兵衛の武名が廃る。猿めに、己が上様の跡目などと浮かれるのは早いと知らしめてくれるのじゃ。たとえそれがしひとりとなろうとも、引きはせぬぞ！」
　己の言葉に突き動かされるようにしながら、清秀は鬼神のごとき戦いぶりを見せた。
　一方、一度は余呉湖畔にまで押し戻された盛政は、軍勢を結集して猛攻に出た。
　大岩山を守る柵に綱をかけ、かけ声をかけて引き倒す。その働きを阻止しようと、清秀麾下の兵が槍を揃えて突きかければ、すかさず進出した鉄砲組が、猛射をかけて撃ち倒す。
　ついに柵が引き倒され、佐久間勢は喚声を上げて、長柄槍を連ねて躍り込む。
　名うての猛将・清秀の下知で、中川勢の兵は絶望的な劣勢のもと、狂い立ったように戦った。
　しかし、多勢に無勢である。朝、辰の半刻――午前9時ころまでは幾度も勇気を奮い起こし、逆襲を繰り返していた中川勢だが、交代して攻撃を続けられる佐久間勢に対して、中川勢は疲労する一方だった。
　ひとり討たれ、ふたり討たれして、ついに清秀の周りには、わずかな馬廻りが

残るのみとなった。周囲は佐久間勢がひしひしと囲み、もはや脱出の余地はない。

なお、返り血と自身の血に全身を真っ赤に染めて奮戦していた清秀だったが、疲れに目も眩んでいたのだろう。巳の刻ころ(午前10時ころ)、ついに佐久間勢のひとり、近藤無一が躍りかかって突き倒し、首を上げた(清秀は近藤無一に倒されたのではなく、自刃したという説もある)。

撤退、合流の勧めを拒絶されながらも、なお大岩山の戦況を見守っていた高山重友は、清秀の討ち死にを知って兵を引いた。

そのまま北国街道を越え、対面の田上山に上って、羽柴秀長の軍勢に合流した。

本陣の帰還

秀吉の本軍2万7000余が戻ってこなければ、羽柴勢は主力を欠いた戦いになる。すでに、秀長から急使は送ってある。守りを固めて持久の一手であった。

一方、重友が引いた岩崎山砦も、難なく佐久間勢の手に落ちた。

賤ヶ岳の合戦の経緯③
賤ヶ岳に丹羽長秀の援軍が到着し、秀吉軍も大返しで戻る。形勢は逆転し、佐久間盛政軍と柴田勝政軍は敗走する。

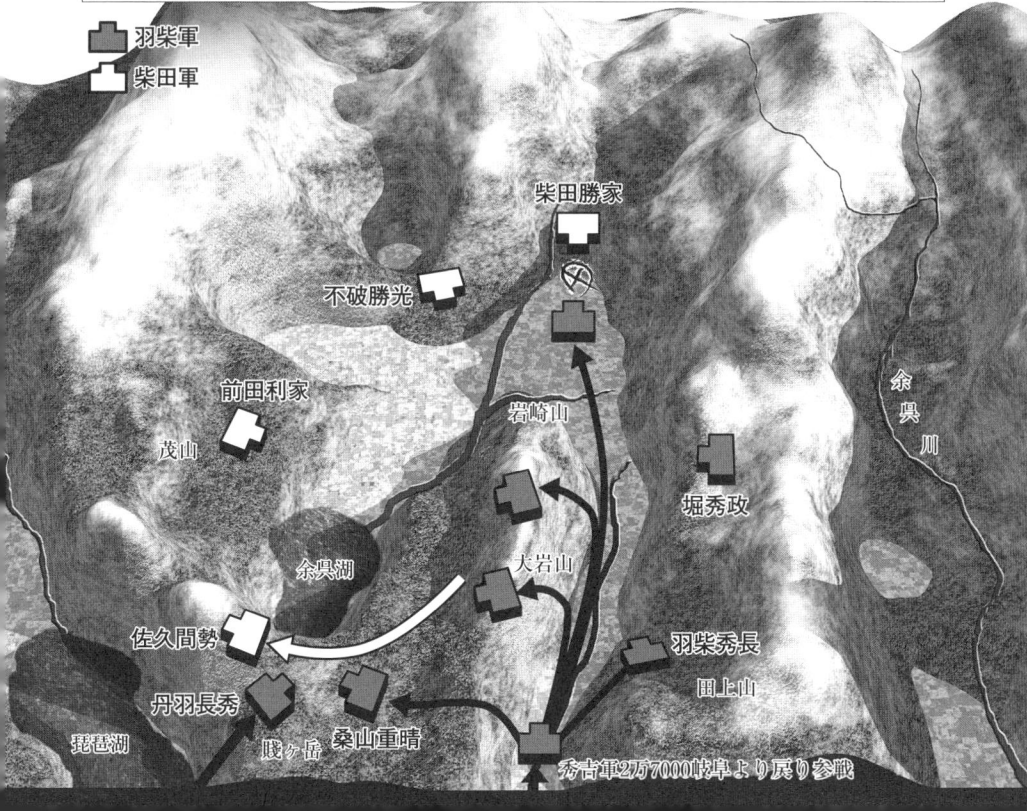

羽柴軍
柴田軍

柴田勝家
不破勝光
前田利家
茂山
岩崎山
余呉湖
大岩山
佐久間勢
堀秀政
余呉川
羽柴秀長
田上山
丹羽長秀
賤ヶ岳
桑山重晴
琵琶湖
秀吉軍2万7000岐阜より戻り参戦

盛政は血震いし、哄笑した。
「筑前が軍勢などとは申せ、歯応えのないことよ。難なくふたつの砦を占領したわ。勝政も賤ヶ岳に攻めかかっていようし、もはや手控えることはない。明日は賤ヶ岳を落とし、上方勢の退路を断って、袋詰めに攻め潰してしまおうぞ」
と、捷報を受けた勝家のもとから急使が届いた。
「大岩山、岩崎山をお落としなされたは祝着至極。このうえは約定通り、すぐさま兵をお引きあれ」
「お言葉ごもっとも。なれど夜通しの軍旅(ぐんりょ)ゆえ、我が人数は大いに疲れております。さればこれよりこの砦にてひと眠りいたし、明朝、引き上げまする」
口ではそういいながら、盛政は戻る気など毛頭ない。
「叔父上も、年を取られて気弱になられた。美濃におる筑前が、左様に早く戻ってこられるはずもなかろう。明日は賤ヶ岳を落とし、筑前が戻ってきても、戻る場所をなくしてくれるわ」
満腔(まんこう)を膨れ上がった自負に満たし、盛政は兵に休むよういいつけて、自らも仮眠を取った。
勝家は、いつ秀吉が戻ってくるかと気が気ではない。6度も使者を送ったが、盛政は聞かない。ついに日が暮れてしまい、勝家もやむなく、その日は狐塚(きつねづか)で野営に入った。
しかし、翌朝に攻撃しようとしていた賤ヶ岳では、すでに事態は急変していた。
柴田勝政が率いる3000の兵に迫られ、桑山重晴は戦勢利あらずと見て、日が暮れるのを待って砦を出た。
北国街道東側の木之本を目指したが、間もなく思いがけない使者が後を追ってきた。
琵琶湖北岸の警備についていたはずの丹羽長秀が、麾下(きか)2000の軍勢を率いて北上し、賤ヶ岳に入ったというものだった。秀吉が気を遣い、直接の戦闘には参加させていなかった長秀だが、相手が猛将・勝家であり、秀吉の不在を知って心配になり、自ら賤ヶ岳に入ったものだった。
さらに、秀長の指揮下にあった藤堂高虎(とうどうたかとら)も、手勢を率いて賤ヶ岳に入った。勇気百倍した重晴も、すぐさま取って返して再入城する。すでに上方勢の戦力は勝政のそれを超え、手出しできる状況ではなくなった。
そして、このころ、田上山砦に無数の松明(たいまつ)が列をなし、陸続と集まり始めたのである。
盛政が岩崎山砦を占拠したのが20日の午の刻(正午ころ)あたりとすれば、まさ

しくそのころ、揖斐川の激流に手をこまねいていた秀吉のもとに、秀長の急使が駆け込んだのである。

　急遽軍評定を召集し、大返しを始めたのが、その1刻から2刻の後。先行した堀尾茂助の家臣たちは、いく先々で呼ばわった。

「往還の途次、兵糧、馬糧は沿道の村々において、すでに手筈を調えてござる。気遣いは無用につき、一途にお急ぎなされい！」

「柴田が衆、1万5000、味方の山々、砦に攻め入り、半分ほどは乗っ取り候。北国勢意気盛んにしてお味方危うきがための大返し、江濃1日の道にござれば、休まず駆け抜け、お急ぎめされよ！」

　堀尾の兵はいく先々で、中国大返しのときと同じく、飯と水の支度を調えた。

　そして日が落ちれば、松明を持って沿道に立つ。おかげで秀吉の軍勢は、夜道を誤ることなく琵琶湖畔を駆け抜け、田上山の砦に到着したのは当日戌の半刻。現代でいう、午後9時ころであった。

> **賤ヶ岳の合戦の経緯④**
> 秀吉軍が総攻撃をかけ、柴田軍は総崩れとなり勝敗は決する。前田利家は戦わずに兵を引き上げる。

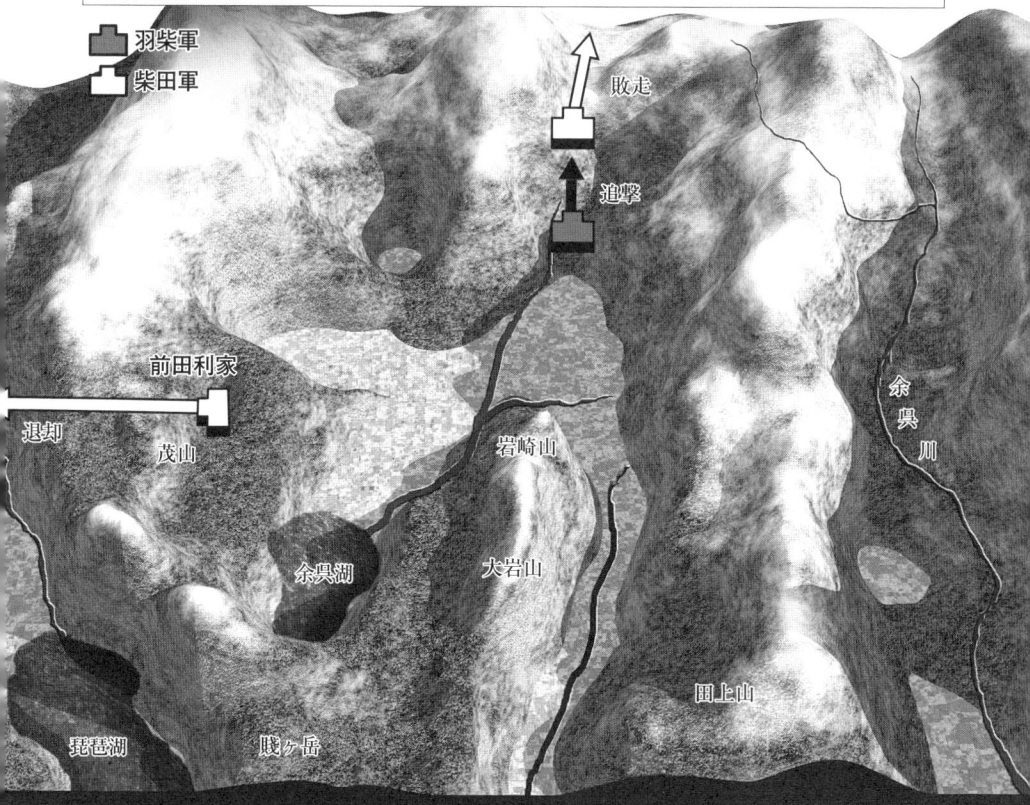

第三章　実戦上の戦術

秀吉軍の総攻撃で崩れる柴田勢

　盛政は大岩山から本陣を進めて、賤ヶ岳との中間に近い尾野路山(おのろ)に野営していた。熟睡していた盛政のもとに、色を失った家臣が駆け込んだのは、亥の刻ころ(午後10時ころ)であったろう。
　「一大事にございます！　北国脇往還に、松明(たいまつ)、兵馬が満ち満ちておりまする。羽柴筑前、早、到着の模様にございます！」
　盛政は、当初は信じられなかった。
　しかし物見(ものみ)の報告は、ことごとく秀吉の本軍到着を知らせるものだった。
　盛政の顔から血の気が引いた。勝家の言葉が脳裏をよぎる。陣形が乱れた北国勢は間隙を衝かれ、寸断されて各個撃破されてしまう。盛政は蒼白になったまま、陣形を立て直すために兵をまとめて、子の刻半ころ(午前1時ころ)、急いで退却を開始した。
　その動きを、秀吉は見逃さなかった。強行軍のあとで疲れた兵を、2刻ばかり休ませたあと、21日丑(うし)の刻ころ(午前2時ころ)に田上山を下りた。
　木之本の山々、谷々を埋め尽くすほどの人馬が、猛然と追撃に打って出る。秀吉は、まず2000ほどに盛政の追撃を命じ、自らも余呉湖南方に兵を進めた。
　羽柴勢は、強行軍のあいだに雨に遭い、濡れた鉄砲を木之本砦で取り替え、次々に打って出た。寅(とら)の刻ころ(午前4時ころ)、秀吉は余呉湖畔一帯を見下ろせる猿ヶ馬場(さるがばんば)に本陣を敷き、全軍の指揮を執る。
　盛政は勝政に殿軍(しんがり)を命じ、奮戦していた勝政は、翌朝に転進して本隊との合流を図った。
　古今東西、兵の向きを変える瞬間が攻め手にとっては好機である。それまで控えていた羽柴勢は猛然と銃撃を加え、混乱した勝政勢につけ入って、当たるを幸い突き崩し始めた。
　すでに陽が昇っている。その光景を見た秀吉は、麾下(きか)の馬廻りに突撃を命じた。
　このとき、えたりと槍を振るい、躍り込んでいったのが、加藤清正(かとうきよまさ)、福島正則(ふくしままさのり)ら「賤ヶ岳七本槍」と「三本太刀」の面々である。
　なおも戦いながら後退する勝政勢であったが、怒涛のような追い討ちに呑み込まれて勝政が討ち死にし、ついに崩れた。
　その有り様を見た佐久間勢から逃亡する兵も出た。盛政の軍勢が崩れ始めた──そう見た秀吉は総攻撃を命じ、丹羽長秀もまた、賤ヶ岳を守っていた自分の軍勢を投入する。ついに中入れに参加した兵は総崩れとなり、狐塚に布陣していた

柴田勝家のもとにも、その敗報が届けられた。

「間もなく秀吉がここにくる。おのれ、小僧の口車に乗って、我が軍は敗れるか！」

それでもなお、秀吉勢を迎撃せんとした勝家であったが、その後衛となるべき前田利家の軍勢が、勝手に陣を払って撤退を始めた。

勝家は唖然としたが、兵の動揺はなお大きい。味方に見捨てられた――その思いが、勇猛をもって鳴る柴田勢を、根底から打ち砕いた。

勝家のもとには、数十人が残ったに過ぎなかった。

これでは戦いようがない。勝家は北ノ庄城で最後の一戦を戦おうと、そのわずかな人数に守られて、越前に向かって落ちていった。

落城する北ノ庄城

4月24日、越前に急進した秀吉は北ノ庄城に猛攻を加え、さしもの堅城も1日で落城した。

勝家は自害し、その妻・お市もともに死んだ。

秀吉の作戦は、やはり大規模な土木工事を行って全山を要塞と化し、また52kmを5時間から7時間で踏破するという、凄まじい機動力を駆使したものだった。

勝家も、信長の野戦築城戦術は学んでいた。しかし、正統な野戦戦術には長じていただろうが、わざと隙を見せ、敵の動きを誘って、その後に高機動力で圧倒的多数の兵を叩きつける――後の先を取る秀吉の戦法は、ついに克服できなかった。

この一戦をもって、信長の後継者は秀吉に定まった。

以降、日本の合戦は、天下の大軍を糾合しての、元亀天正以前のものとは趣を変えることになる。信長から秀吉に受け継がれた、大規模な軍勢を召集し戦場に投入する戦法は、いわば国家の総力をあげた、大規模な合戦につながっていく。

中央以外の特徴ある戦術

　関東から畿内、中国地方といった地域で、割拠していた勢力の統合が進み、天下統一に向けた大規模戦が行われるようになった元亀天正年間(1570〜1592)だったが、兵力が大きくなるにつれ、それぞれの勢力の趨勢は、一度の大会戦で決定される傾向が強くなってきた。

　兵力が大きくなればなるほど、合戦の規模も大きくなる。

　小勢力同士が同盟と離反を繰り返し、領土争いをする段階では、合戦は半ば儀式めいた部分もあって、双方が暗黙の了解のうちに、勝利条件を定めているものだ。

　領土の境界線となっていた場所を占領する、あるいは、双方が適度な損害を受けたところで和睦の交渉を行い、劣勢の側が人質を出すなり、領土を譲るなりして、撤兵するというものだった。

　信濃攻略を進めた武田晴信は、しばしばそうした国人領主間の慣習を利用して、合戦の勝利を握っている。和睦した後、同盟関係を結ぶと装って、後に暗殺し、あるいは些細な咎をもって切腹を申しつける――といった例が、少なからず見受けられるのだ。

　晴信がいち早く気づいていたのは、一国を領有するほどの大勢力となるには、合戦――戦争に、儀式的な要素があってはならないということだった。合戦は戦闘(バトル)であり、そこに至る一連の動きは戦争(ウォー)である。戦争でな

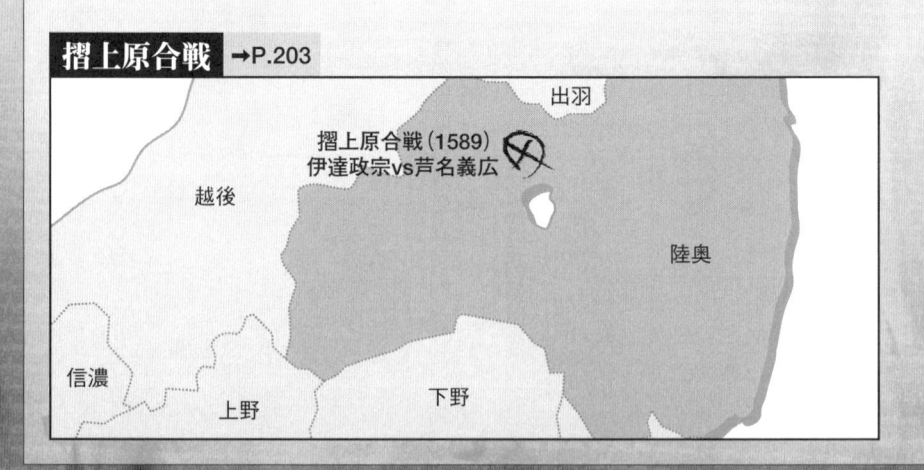

摺上原合戦　→P.203

摺上原合戦(1589)
伊達政宗vs芦名義広

出羽
越後
陸奥
信濃
上野　下野

すべきことは、戦闘で勝利を収め、その結果を戦略目的の達成に直結させることである。小勢力同士の合戦では、そこまで行き着くことは難しく、逆に国運をかけた大勢力が激突する合戦では、それぞれの国力を注ぎ込む総力戦とし、敵国の戦争遂行能力を、可能な限り奪おうとするものだ。

そうした大規模な合戦になれば、軍勢を手足のように操って繰り広げる戦術の妙といった機動は、影を潜めざるをえない。数万、十数万といった大軍を、戦術に沿って機動させるには、その隅々にまで達する通信手段が不可欠であり、元亀天正期の技術では、そうした手段がなかったためだ。

しかし、この時期にも中央を離れた地方では、それぞれの勢力に個性的な戦術が、生き生きと機能していた。

日本の戦術史を俯瞰していくと、それぞれの地域に根ざした戦法を、伝統的に伝えてきた勢力が見受けられる。天下の争奪戦に参加した勢力では、馬の機動力を活用した甲斐の武田家が代表といえるが、戦国時代の後期に至るまで独自の戦術を維持していた勢力は、鎌倉期や室町期に幕府によって配置された大名ではなく、それ以前から地元に定着し、勢力を浸透させてきた者たちに多かったと思えてくる。

それぞれの地勢に適した戦法を、幾度となく使っているうちに、その長所、短所を体で覚え、改良してきたためだろう。

耳川の合戦　→P.215

日向
肥後
耳川の合戦（1578）
大友宗麟vs島津義久
薩摩
大隅

201

そのなかで、ことに特徴的な戦術を持ち、戦国時代の終焉後まで生き残ったふたつの勢力の、それぞれの代表的な戦術を紹介する。
　ひとつは、陸奥国、伊達家の俊英で、独眼竜の異名を取った伊達政宗。そしてもうひとつは、九州の南端、薩摩、大隅に本拠を持つ島津家の当主・義久、義弘である。
　伊達家の戦法は、一種の敵戦力分散＋各個撃破戦法であった。
　会戦にあたっては、謀略の限りを尽くして、敵戦力の分散を図る。次いで自らの戦力を、2か所ないし3か所に分散配置し、自身は敵の中枢に最も近い位置に布陣し、敵戦力を離れた2か所に誘致する。
　そして、敵の中枢が手薄になったと見た瞬間、総力を上げて襲いかかる。同時に分散配置した味方も、攻めかかった敵を切り破り、全力を上げて主力に合流、敵の戦力が再集合しないうちに、戦力を集中して敵の本営を砕く。
　一方、島津家の戦法は、形だけ見れば、ごく単純な偽装反転戦法であった。
　しかし、その単純な戦法が、単純なだけに実用性では際立っていた。元亀天正期の合戦のみならず、この戦法は外国を相手とした朝鮮出兵、さらには江戸幕府末期の戊辰戦争や、その後の西南戦争でも効果を現した。
　さらには、第二次世界大戦や朝鮮戦争、その後の世界各地の戦争にも、実戦の場で多大な戦果を上げている。これは政宗の分散・集合戦法も同じで、陸戦に限らず、海戦、空戦においても、同様の概念を持つ戦法が、幾度となく使用されて効果を上げている。
　そのような戦例を鑑みるに、やはり戦術、戦法に、民族や時代の区別はないのだろう。
　戦理に即したものは、普遍的な効果を発揮するのだ。
　では、世界に通用する戦国武将の戦術が、本来はどのような形のものであったのか、検証していこう。

遅れてきた英雄・政宗の戦術
摺上原合戦

年号	天正17年（1589）
対戦者	伊達政宗 VS 芦名義広
兵力	伊達勢 2万3000　｜　芦名勢 1万6000

東北の雄、伊達家の生い立ち

　中央で織田信長が実権を握り、浅井氏、朝倉氏、石山本願寺、武田勝頼といった難敵を、あるいは滅ぼし、あるいは有利な条件で講和して天下統一への足固めを終えたあとを羽柴→豊臣秀吉が引き継いだころ、西は関門海峡、東は関東を境とした地域では、ようやく割拠する勢力を統一して、天下統一戦への参加資格を得ようとする者が現れ始めていた。

　関東の北、奥州では伊達政宗。毛利家、大友家といった実力者が海峡を挟んで鎬を削る九州では、その南端に位置する島津家である。

　これらの地域は京から遠く、幕府、朝廷といった中央の権威が影響を及ぼしにくい。

　また、商業や農業技術、鉱山の採掘技術といった、集約された国力を必要とされる技術の発展が後手に回り、大規模な領主の形成が必要とされなかった。そして、応仁の乱の影響も、主戦場から距離が開いているためかさほどのものはなく、従来からの国人領主が勢力を保っていたうえ、幕府に任命された探題や守護が実力を保ち続けた末に、元亀天正年間（1570～1592）に至って、ようやく統一勢力が現れ始めたのである。

　奥州の伊達家は、陸奥にも勢力を及ぼそうとする関東公方の足利氏と対決姿勢を保つため、幕府との連絡を密にした。伊達家の先祖は藤原氏であり、源平のころ陸奥を支配していた奥州藤原氏の正統な後継者として、奥州旗頭の地位を主張し続けていた。

　そうした運動が実を結び、14代稙宗の代で陸奥守護に任ぜられた伊達家は、一

時跡目争いのために勢力を衰えさせたが、16代輝宗(てるむね)の代で隣国の最上(もがみ)氏とのあいだに婚姻を結び、また早くから織田信長、徳川家康(とくがわいえやす)といった遠方の実力者と誼(よしみ)を結んで、自家の勢力を安定させる基盤とした。陸奥の中央部に領地を持ち、勢力回復に奔走する輝宗を危険視した芦名(あしな)氏、最上氏、大崎(おおさき)氏が伊達家包囲の同盟を結んだのに対して、輝宗はさらに反輝宗同盟を外線から包囲する、葛西(かさい)氏、留守(るす)氏、岩城(いわき)氏といった大名たちと同盟を結んだ。

一方、奥方"保春院(ほしゅんいん)"の実家、最上家の後継争いに介入して当面の脅威を除き、また強力な国人領主で、たびたび伊達家と抗争してきた"仙道の毒蜘蛛"こと大内定綱(おおうちさだつな)を服属させるなど、外敵からの干渉を極力防ぐことに成功していた。

また、奥方の兄・最上義光(よしあき)の干渉を避けるため、いち早く隠居を宣言して、家督を長男の政宗に譲った。近隣の領主たちは、それぞれ複雑な婚姻関係を結んでいて、後継者争いが絶えない。伊達家が衰亡したのも、稙宗が伊達家の勢力を安定させようと、近隣の国人領主との婚姻関係を野放図に結んだ結果、伊達家の相続問題に干渉させる余地を与えたのが契機となっている。そうした危険を前もって取り除く、思い切った決断であった。

その後、定綱は芦名氏の圧力に屈して再び反攻し、激怒した政宗は大内領に攻め込み、定綱の支城、小手森城(おてのもり)を陥落させたあとに、城内の兵士はもとより、逃げ込んだ住民、牛馬から犬まで撫で切り、根切りに殺し尽くした。定綱は芦名氏を頼って落ち延び、政宗は難敵大内氏を下した。しかし、この苛烈な処置が、1年後に悲劇を呼んだ。

父の死を乗り越えた当主・政宗の戦い

政宗が家督を継いだ1年後に、輝宗は、大内定綱と結んで敵対していた二本松(にほんまつ)城の二本松(畠山(はたけやま))義継(よしつぐ)との和睦の席上、身の危険を感じた義継に人質に取られ、二本松に拉致されかかったのである。

後を追ってきた政宗に、輝宗は自分にかまわず「撃て」と命じた。

政宗は心を鬼にして射撃を命じ、逆上した義継は輝宗を刺殺した後、逃れられぬと悟って自害した。父の死を供物として、伊達家当主の責任を知った政宗は、このあと苛烈なまでの戦いを繰り広げていく。

抜きん出た大勢力が存在せず、互いに地縁、血縁で複雑に結び合った陸奥の領主たちは、常に相手の領地を狙い、家を乗っ取ろうとする。

政宗も、幼いころから幾度となく命を狙われた。そうした危険を除き、中央に確立しつつある統一政権に抗して伊達家を保っていくためには、自ら奥州を統一

し、強大な勢力を築き上げる以外にないと悟ったのであろう。従来のように、婚姻で保つ不安定な平和より、力でまとめ上げる強力な統一を目指すようになっていた。

　その裏には、父・輝宗の死が大きく影を落としていた。政宗は、父の仇討ちとして畠山家の居城・二本松城を攻撃したが、畠山側も主君の仇討ちを叫び、義継の遺児・国王丸を擁してこれを迎え撃った。

　熾烈な戦いが始まったが、二本松城の城兵の士気は高く、伊達勢は攻めあぐんだ。その状況を知った、芦名盛隆の娘と結婚して芦名氏を継ぎ、芦名盛重を名乗った芦名義広は、父の佐竹義重を盟主とし、岩城常隆、相馬義胤、二階堂盛義らを語らい、伊達勢を潰す好機とばかりに、安積郡に出兵した。二本松城の後詰めの形を取ってはいるが、事実上、政宗を滅ぼすための出兵である。

人取橋の合戦

　政宗は7000の兵をもって3万を迎え撃つ。安積合戦と呼ばれるなかで、最も激戦となった人取橋合戦の名で知られる戦いだが、政宗は押されながらも猛将・鬼庭左月斎良直の討ち死にを引き替えにひと息つき、伊達成実、片倉景綱の奮戦で、互角のうちに夜を迎えた。

　政宗は北部の本宮城に入り、明朝の決戦を覚悟したが、佐竹氏の本国の常陸が里見氏などの勢力に攻められそうになったため、急遽帰国しなければならなくなって、九死に一生を得た。またこの撤退は、合戦の日の夜に、佐竹勢の将・佐竹義政が自軍の下僕に刺殺されたためと伝える説もある。

　とにかく、寡勢をもって多勢と互角に戦ったこの合戦で、政宗の声望は大いに上がった。

　翌年、政宗は再び二本松城を攻撃し、今度は畠山国王丸を会津に追った。

　また、天正16年(1588)には、佐竹義宣が3500を率いて安積表に来寇し、芦名義広が700騎とその郎党を率いて来援したうえ、近隣の国人領主を合わせて2万余となった軍勢を、激戦の末に和睦して再度面目を保った。

芦名氏との戦い

　こうした幾多の合戦を経て、政宗は会津に芦名家がある限り、伊達領は常に腹背に短刀を突きつけられているようなものだと悟った。大内定綱、片平親綱兄弟を味方に取り込み、芦名方が人質としていた兄弟の母を殺害したのを口実として、政宗は天正17年(1589)4月、芦名方の阿子島城と高玉城に攻め寄せた。

205

一方、会津の玄関口を守る猪苗代城の城主・猪苗代弾正忠盛国にも調略を仕かけ、また相馬義胤の領地である駒ヶ嶺城を落城させた。
　これは、相馬義胤が政宗の正室の実家・田村家を攻めるため、佐竹義宣、芦名義広を語らって三春表に出陣した隙を衝いたもので、政宗は休まず軍を動かし、次いで相馬郡新地城を落城させた。
　駒ヶ嶺城は田村の居城からは遠く、後詰めを受ける心配はない。また芦名義広は、田村攻めのため須賀川に出陣している。
　今が好機であった。この前年、安積表の夏の合戦のころ、政宗がかねてから調略していた猪苗代盛国が、自分が家督を譲った猪苗代盛胤が芦名勢に従っている留守を狙って隠居城を出陣、猪苗代城を乗っ取っていたのである。
　このとき、急を知った盛胤は、すぐさま主君の義広に言上した。
「我が父は御館様に返り忠いたし、隠居の身でありながら、我が居城を乗っ取り、大勢の家来を討ち申してござる。さだめし米沢に一味し、会津を傾けんがための策略と見え申した」
「なに、親は知らず、そちが儂に二心なく仕えてくれること、疑うてはおらぬ。弾正めを討つにせよ、我が父、佐竹殿が安積表に御出陣なさらねば、戦うのは難しい」
　そうした答えであったので、盛胤は和睦がなるのを待ち、急いで猪苗代に戻った。しかし、盛国勢は意外に多勢であり、盛胤は5里離れた支城の菊曲城を落として、そこに入った。
　盛国はすかさず攻め寄せ、親子の戦いとなった。見かねた義広は、芦名家の家臣である金上盛備と荒井長門守を遣わして盛国に意見し、兵を引かせる一方で、盛胤をさらに離れた横川城に移らせたということがあった。
　伊達成実と片倉景綱は、盛国が内通せんとしていると知った。
　この両名はそれぞれ居城を発ち、阿子島城を経て猪苗代城に到着し、難なく城内に入った。一方、政宗は家臣の原田左馬介に米沢城まで使いして、檜原表に攻め入り、大塩城を攻め落とすよう命じる一方、下長井、最上家との境に兵を割くよう指示を下して、自らは猪苗代から会津に攻め入る意志を示した。
　成実と景綱は、会津に攻め込むのは危険であるとして、政宗に兵を引いて、本宮に入るよう進言した。
　しかし、政宗は一言のもとにはねつける。
「両人のいい様、もっともではあるが、田村表には大勢の加勢を置いてあるゆえ、左右なく負けるとも思えぬ。また、儂が会津に働けば、急いで義広が戻るで

あろう。儂は若松城まで攻め入れば、儂の人数に加えて安房、小十郎が人数、長井の人数、檜原の後藤孫兵衛も加わり、また猪苗代殿の手の者、会津の国人どもも味方しよう」

　調略はすんでいるという言葉に、ふたりともそれならば、と頷いた。
　政宗は、この機会に決戦の気構えだった。果たして4日、磐梯山の山麓、摺上原で物見を出せば、早くも芦名義広は急遽、三春表より兵を返して、山麓に陣を敷いていた。
　芦名義広は15歳。名族芦名の当主とはいえ、生まれは常陸の太守・佐竹義重の次男で、本来は陸奥の国人領主である白川家の養子に入っていたのだった。
　しかし、会津黒川城を起点に陸奥を席捲した芦名盛氏の跡を継いだ義理の父・盛隆が伊達家の隆盛の前に勢力の縮小を余儀なくされ、家臣に殺害されるという奇禍に遭った。その跡を継いだ盛隆の遺児・亀若丸も、父の死の翌年に病死す

第三章　実戦上の戦術

摺上原合戦の経緯①
伊達勢が猪苗代城に入城すると、芦名義広は三春表より兵を返して高森山に陣を敷く。

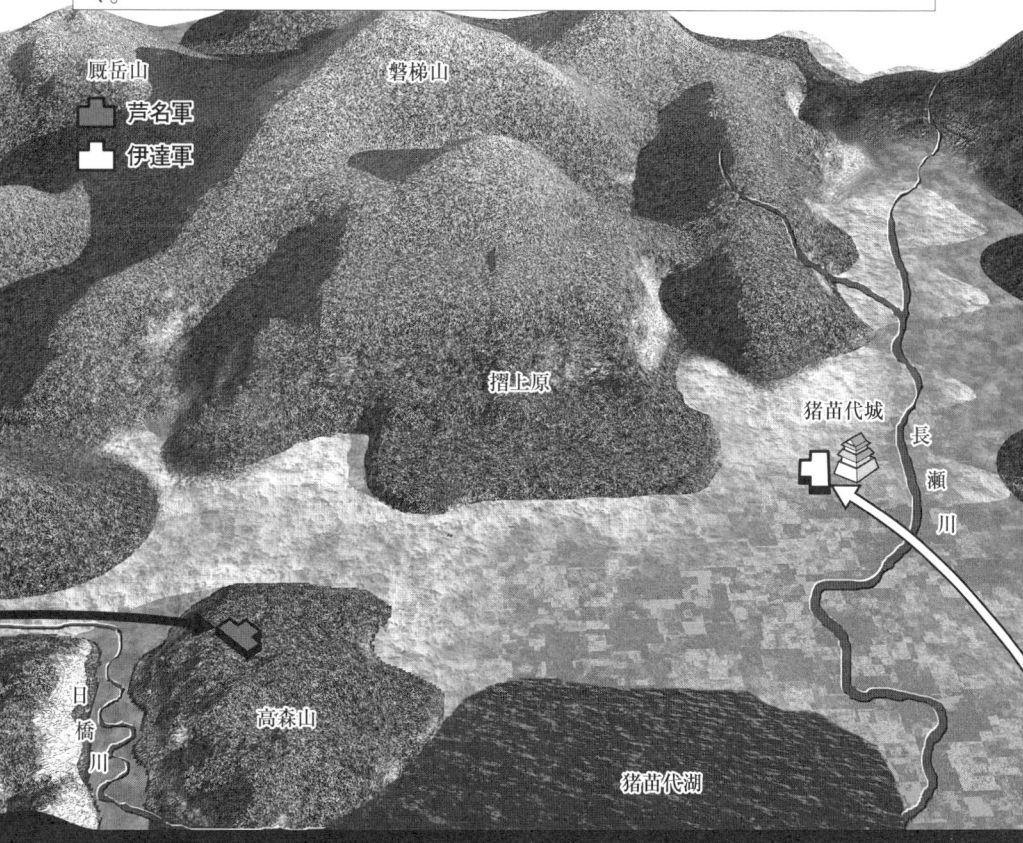

厩岳山
磐梯山
芦名軍
伊達軍
摺上原
猪苗代城
長瀬川
日橋川
高森山
猪苗代湖

る。疱瘡によるものと記録に残っているが、さて、本当に病死だったかどうか。

このとき、芦名家では義広か、伊達政宗の弟・竺丸のどちらかを跡継ぎに迎えようとして、内紛があったという。すでに芦名家は、強豪たちの勢力争いの渦中にあったのだ。家臣に斬殺された盛隆もまた、盛氏の実子ではなく、もともとは人質として入った者だったというから、芦名家の内情は、すでに幾年も前から分裂していたのだろう。

そうした状況であったが、かつては陸奥に抜きん出た実力を持つ名家なのだから、陸奥を統一しようとする強豪にとっては役に立つ。佐竹派の家臣は伊達派を破って勝利を収め、義広を当主に迎えたのだった。

政宗の戦略

ここ数年、政宗に対する芦名勢の戦略は、同じ佐竹家の出で、実の弟でもある岩城貞隆、やはり実兄の佐竹義宣の軍勢を合わせ、伊達勢を圧倒する大兵をもって当たることになっていた。

しかし、今回は政宗の動きが速かったのに加え、田村勢が意外に強く、後詰めを出す余裕がない。

しかし、だからといって見過ごすことはできなかった。猪苗代城が政宗の手に落ちたからには、黒川城の間近に橋頭堡を作られたことになる。芦名家内部に、自分を白眼視する者がいることは重々承知していたであろうし、だからこそ宿敵を相手に勝利を得て、自分の基盤を固めなければならなかった。

事実、富田美作守、佐瀬河内守、それに松本左馬、平田不休斎といった有力な一族18人ほどが、政宗に内通していたという。おそらくは、竺丸を迎えようと画策していた者たちだったのだろう。

「敵方に返り忠いたす者が大勢おるわ。この戦、勝ちを得るは必定」

政宗は勝利を確信し、猪苗代城を発った。

先陣に猪苗代盛国、二番備えに片倉景綱、伊達成実、本陣は政宗と、馬廻りの不断衆200余騎。

後ろ備えに浜田景隆、白石宗実、右備えに片平親綱、左備えには大内定綱。兵力は2万3000。猪苗代勢を先手とし、その後方に鶴翼の形に開いた、数の優位を活かした陣形であった。

一方、芦名勢は、先陣に富田将監、二番備えに松本源兵衛、佐瀬河内守、三番備えは富田美作守、平田左京で、右翼の猪苗代湖畔に平田周防守が布陣、そして芦名義広は磐梯山麓、摺上坂の西方に本陣を張り、7段の中備えを揃えていた。

資料によっては、伊達勢2万1000に芦名勢1万8000、または伊達勢2万3000に芦名勢1万6000という説もある。芦名勢は劣勢なうえ、政宗に気脈を通じた富田美作守、佐瀬河内守ら2000が、いまだ布陣に加わらず、馬を立てたまま傍観していた。

こうした状況から、味方の内情に分裂があると悟った芦名側の武将が開戦前に逐電し、また伊達側が意図的に流した噂なのか、最上義光(よしあき)から政宗に、加勢の馳走があるという情報が流れた。

芦名勢の猛攻に押される伊達勢

芦名勢に重苦しい雰囲気が垂れ込める。が、義広は人数の劣勢を補うべく魚鱗(ぎょりん)の陣形を取り、中央突破を方針とした。折から西方の風が強く、砂塵が渦を巻くようにして、伊達勢に向けて吹きつけた。

摺上原合戦の経緯②
政宗が猪苗代城から打って出ると、芦名義広も軍を進め、両軍が摺上原で自軍を展開する。

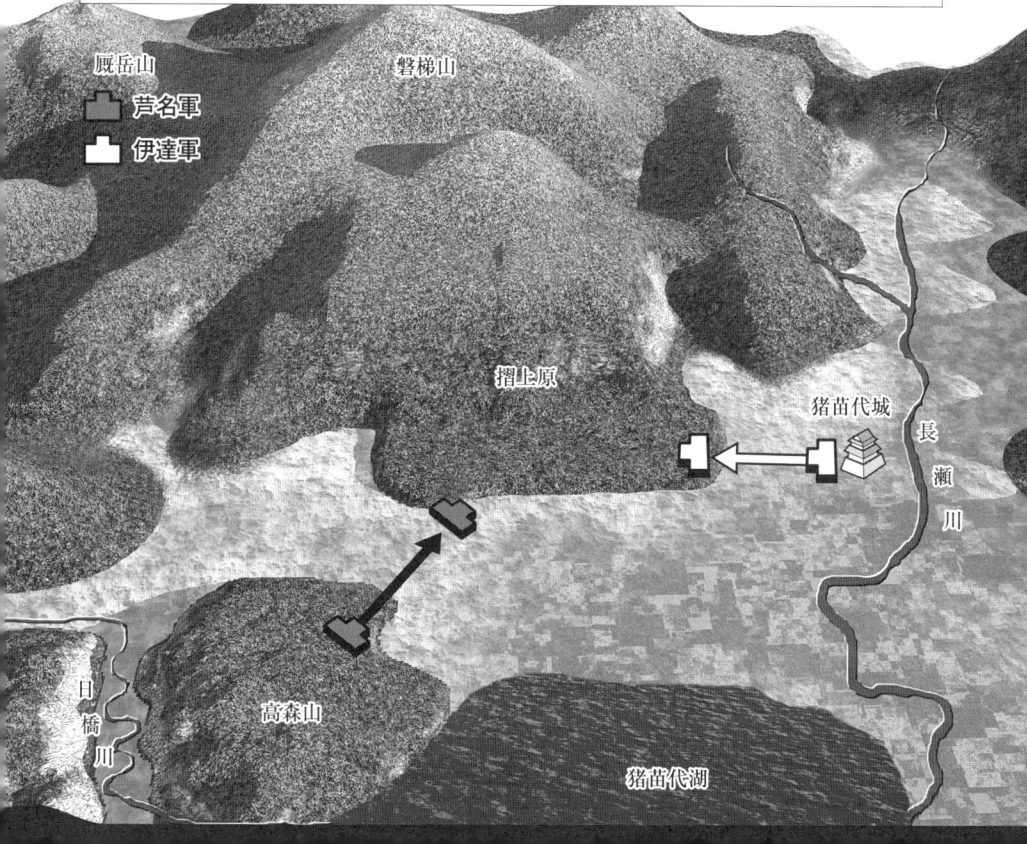

この風を有利と見た義広が、猛然と命じた。
「天佑、我にあり！　者ども、進め！」
　大将の下知を受け、芦名勢の陣中から寄せ太鼓が打ち鳴らされた。
　そのなかで、他の部将を圧する勢いで寄せてくるのは、猪苗代盛胤であった。寝返った父の首級を取り、猪苗代一族の恥を濯ぐのだと、鬼神を思わせる形相で号令した。
「すでに弾正は父ではないぞ！　天下に恥をさらした不覚者よ！　なんとしても猪苗代一党の手で、彼奴の首級を取れ！」
　呼ばわった盛胤の命を受け、猪苗代勢は先手に進みつつ、続けざまに鉄砲を放つ。敵味方、開戦と同時に始まった射撃戦だが、なかでも猪苗代勢の射撃は熾烈を極めた。先陣の猪苗代盛国勢は、その勢いに耐えかねて、たじたじと下がり出す。その猪苗代勢を押し分けるようにして、第2陣の片倉勢が正面に立ったが、盛胤は容赦せず、さらに猛攻を加えてきた。
　30匁弾を撃つ大鉄砲が、轟然と放たれる。片倉景綱の馬廻りが、3騎同時に撃ち落とされるほどの威力を示し、奮い立った会津勢は、鬨を作って押していく。
　西から吹きすさぶ烈風が、芦名勢を後押しした。駆けては撃ち、撃っては駆ける鉄砲組も、背後から吹く強風に、弾丸が威力を増しているように思えた。伊達勢もまた、鉄砲に力を入れていることでは引けを取らない。必死に反撃を試みるが、前方から吹きつける風が砂埃を叩きつけ、目も開けていられない。装填にも手間取るうちに、芦名勢が連続射撃を叩きつけ、伊達勢は反撃もままならぬまま、朱に染まって倒れていく。
「敵方は崩れたぞ！　今ぞ、槍入れいたせ！　手詰めの戦に持ち込み、この機を逃さず押し崩せ！」
　新国上総介が大音声に叫び、芦名勢は長柄槍を立て、武芸名誉の武者は槍を振るって、雄叫びを上げて押し寄せた。
　風に押された勢いに、鉄砲に撃ち崩された伊達勢は、受け止めることができずに押し崩された。
　怒濤のごとき芦名勢の猛攻が、伊達勢を1町ほども押し戻す。先陣、二番備えが押し戻されて、芦名勢は嵩にかかった。
「両翼より敵勢が参るぞ！　左右に開け！　包み討ちにされる前に、伊達勢が両翼を崩すのじゃ！」
　義広が采配を振り下ろす。磐梯山側に布陣していた軍勢が、その下知に合わせて押し出した。

予備戦力として温存されていた人数が、一斉に打って出た。

大縄讃岐守が自ら槍を振るい、乗り切りをかけて押し崩す。義広の中備えが押し出して、崩れ立つ伊達勢に、ここを先途と打ってかかる。

押しまくられる伊達勢が、奮戦のなかにも押されていく。

「政宗の本陣は、間近にあるぞ！　押し出せ！　政宗の首級を取れい！」

義広の下知のもと、中備えの諸将は政宗の旗本目指し、遮二無二突撃した。

勝利へ向かい、変わる風向き

政宗は、たまらず不断衆を投入した。馬廻りが死力を尽くし、政宗の本陣に押し寄せる会津勢を防ぎ止める。伊達成実は政宗危うしと見て、自らの鉄砲組を政宗の本陣に差し向けた。

ただ前のみを目指して突進していた芦名勢は、いきなり横合いから猛射を受け

摺上原合戦の経緯③
芦名勢は魚鱗の形に陣を敷き、伊達勢は鶴翼の陣を敷く。そして、午前8時ころ決戦の火蓋が切られる。西から東に吹く風に後押しされて、芦名勢が有利に戦闘を進める。

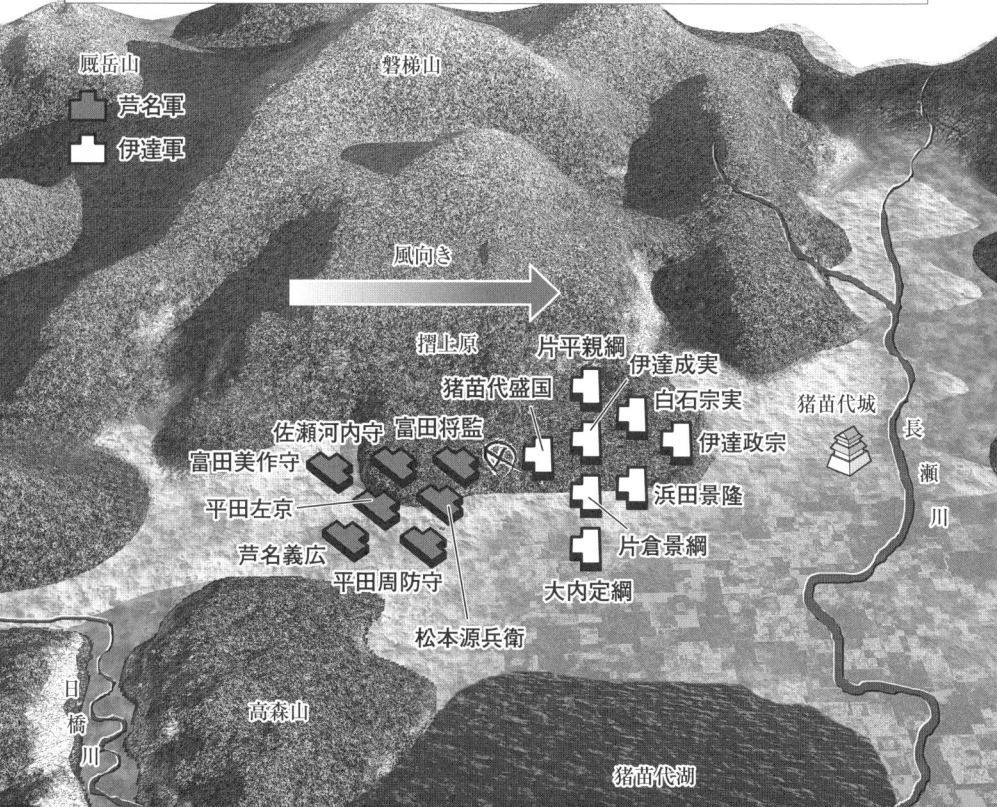

てつんのめる。そこにすかさず、成実麾下の猛者たちは、鬨(きか)の声を上げて突いて出た。

さしもの風を味方につけた芦名勢も、横槍を受けて備えを崩した。そのわずかな隙を見逃さず、白石、片倉の「頭(とう)」も、踏み止まって戦い出す。

そのとき、右備えの大内定綱が、手勢の500騎を放った。自ら"仙道の毒蜘蛛"の名に恥じぬ武勇を示し、猛然と押していく。思わぬ反撃に、芦名勢が足を止められたとき、彼らが思いもかけない出来事が起きた。

風が、にわかに変わったのだ。西から吹き寄せていた風が弱まり、逆に東から吹き始めた。その風は次第に強まり、やがて猛烈に、砂を巻き上げて吹き出した。

「風が変わったぞ！　今だ、押し戻せ！」

生き返ったような顔で、政宗が叫ぶ。

押し出していた芦名義広が、攻守一転、危うくなった。泡を食った浮き備えの者たちが、眦(まなじり)を決して打って出る。

彼らが必死に支えるが、風に後押しされたうえ、数に優る伊達勢の反攻を止めることは、もはや無理だった。

そのとき、いまだ戦いに加わらず、戦況を傍観していた富田美作守、佐瀬河内守らは、にわかに橋に火を放った。

橋はたちまち燃え上がり、芦名勢の退路を断った。猪苗代湖に注ぐ豊富な水に、追い詰められた芦名の将士が、悲鳴を上げつつ落ちていく。

退路を断たれた。

そう悟った芦名勢は、すでに戦意を喪失していた。

「御館様、後陣心変わりいたし、新橋を焼き落としましてござる！」

馬廻りの武者、平田五郎が、悔し涙にくれつつ言上した。

味方に裏切られた。そう悟った義広は、自ら必死の覚悟で反転し、伊達の軍勢に切り込んだ。

富田将監もまた、父・美作守の寝返りを知り、鬼神の形相で反撃する。

追い詰められた芦名勢の、死にもの狂いの反撃に、勢いに乗った伊達勢も散々に打ち破られた。

しかし、激怒に駆られた猛勇も、長くは続かない。伊達勢の数が今になって効いてきた。間もなく疲れ果て、動きの鈍った芦名勢は、伊達勢に群がり囲まれ、次々に討たれていった。

今はこれまで、と芦名義広は、馬廻り衆200ばかりに守られて、黒川城に落ちていった。追い討ちをかける伊達勢の前に、富田将監が立ちはだかって殿軍(しんがり)を引

き受ける。縦横の働きの末、力尽きて首級を討たれたものの、将監は見事に追撃を防ぎ止め、義広は辛うじて黒川城に落ち延びた。

伊達家の騎砲隊

　名族芦名の威勢を、曲がりなりにも保っていた精強な軍勢は、もはや四散した。

　伊達勢は兵力の再編成に努めているが、それが終了し次第、押し寄せてくるに違いない。そうなれば、勝ち目はなかった。

　芦名義広は、黒川城に入ったのも束の間、10日に至って城を置き捨てにして脱出し、常陸目指して落ちていった。

　翌11日、政宗は黒川城に入城し、陸奥の中心のひとつ、会津を手中に収めた。

　この合戦は、政宗得意の機動戦法を、遺憾なく発揮したものだった。

　政宗が多用した戦法の特徴は、軍勢をふた手か3手に分け、派手な陽動を繰り

摺上原合戦の経緯④
伊達成実、大内定綱の奮闘もあり、伊達勢が盛り返し始めると、突然風向きが変わり、伊達勢が反撃を開始。芦名勢は裏切りもあり、総崩れとなり退却する。

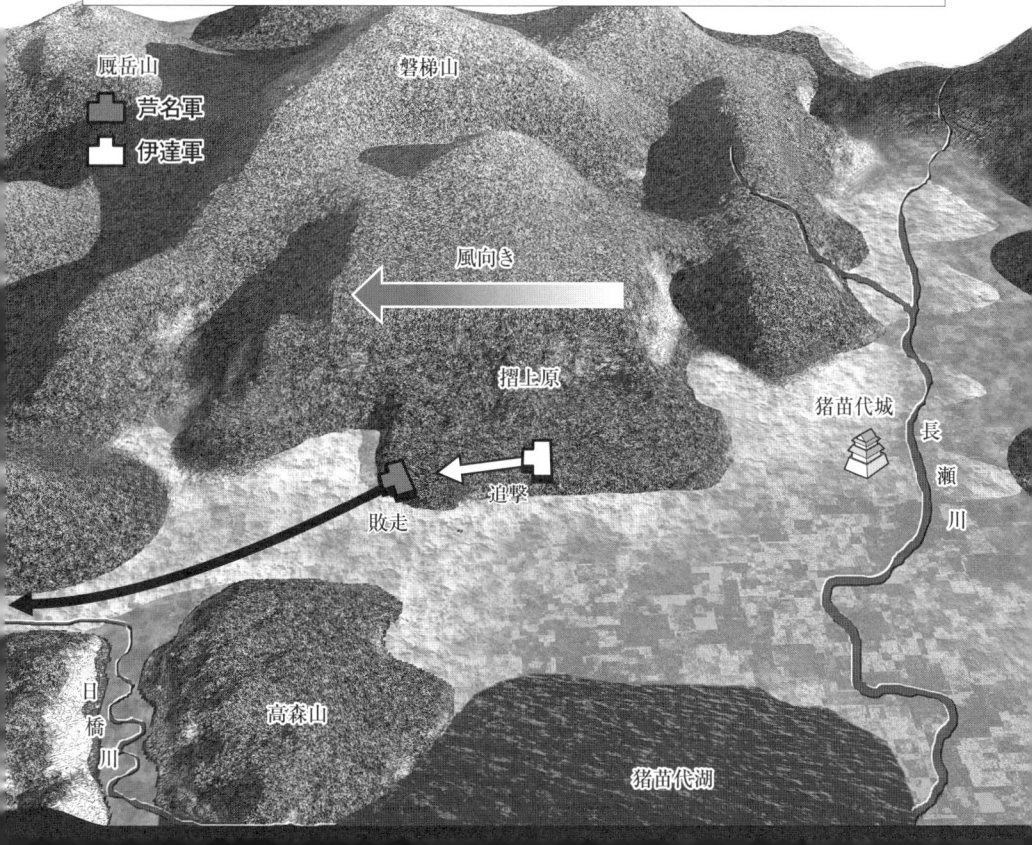

第三章　実戦上の戦術

広げて敵勢を引きつけ、後方に置いた主力を急進させ、同時に各方面の軍勢をも集中して、集中攻撃を加えるというものだった。
　戦法の性質上、緒戦は常に、守勢に回る。
　敵の猛攻を凌ぎ切り、その攻勢終末点が見えたところで、全面反攻に打って出る。そのとき、鉄砲の火力を多用し、動きの止まった敵を撃ち崩したところで、長柄槍を揃えた足軽が突入し、彼らが作った敵勢の隙間に、徒歩武者、騎馬武者が打ち込んで、全体を押し崩していくというものだった。
　政宗は火力を重視し、また騎馬の打撃力、機動力をも重要視していた。そうしたことから、伊達勢が騎馬武者に馬上筒を持たせ、数をまとめた騎砲隊と呼ばれる部隊を編成していたという話が語られるようになったのだろう。実際には、伊達勢がそうした部隊を編成していたという証拠は見つかっていない。しかし、政宗が好んだ戦法と、彼自身の趣味から見て、そうした部隊を編成していた可能性は十分にある。
　後世に伊達者と呼ばれたように、政宗は常に派手やかな衣装と行動を望み、その雄姿が人々の噂になることを望んだ。
　騎砲隊という兵種は、甲冑に身を固めて馬を駆り、駆けながら馬上筒（銃身を短くした、騎兵用の鉄砲）を放つ。その姿は、西洋の龍騎兵（ドラグーン）に似ていて、見る者の心を躍らせる。
　それはまさしく、政宗が好んだ伊達ぶりの、最も鮮やかな発露であったろう。

　摺上原合戦の結果、政宗は会津盆地を手に入れ、陸奥の旗頭としての地位をほぼ確立した。
　その実力が、後に屈服したとはいえ、一時は秀吉に対抗するための、北条氏まで巻き込んだ大連合構想につながっていく。以降、徳川家康が天下を取っても伊達家の勢力は依然、厳然として保たれて、幕末の動乱に、奥羽列藩同盟として戦う下地を作ったといえるかもしれない。

島津勢の必勝戦法「釣り野伏せり」
耳川の合戦

年 号	天正6年(1578)
対戦者	大友宗麟　VS　島津義久
兵 力	大友勢　4万3000　｜　島津勢　4万3000

剽悍(ひょうかん)な九州の兵

　西海道九州は、古くから中央政府とは一線を画し、半独立の状態で、独自の気風を培ってきた土地であった。

　温暖な気候だが、住人たちにははるかな南太平洋から、南海の波濤を乗り越えてきた冒険者たちの血が入っているのか、気性は独立不羈(ふき)で誇り高い。また戦うにあたっては剽悍で、合戦時にも冷静な判断力を保ち、一度心を許した相手には徹頭徹尾信頼を置く。そうした気風がある一方、中央政府とは海を隔てているため、日常は服従していても、一度動乱が起これば、一転して中立的な立場を取る。

　別段、意図してそうしているわけではない。九州は九州で、中央がふたつの勢力に分かれているときには同様の争いが起こるのだが、中央より早く、適度に妥協するなどして、その混乱を収めてしまうのだ。

　そして、中央で敗れた側が関門海峡を渡って落ち延びてきて、それが九州の国人領主たちの眼鏡に適う器量の持ち主であったなら、九州をこぞった大軍を編成して、反攻の手助けを買って出る。その結果、中央で一度は勝利を握った側が、結局は九州の剽悍(ひょうかん)な兵に敗れ、天下の統治者を代えるといった事例が、いくつも見受けられてきた。

　兵に向いていて、戦(いくさ)に強いといった、ある意味で民族的とも思える性質以外に、地理的に明(みん)国に近く、海外交易で得られる富により経済的に豊かであるという点も、九州の各勢力が擁する武力の基盤となっていた。ことに筑前博多(ちくぜんはかた)の港は、たとえば堺(さかい)にも劣らぬ賑わいを見せ、その賑わいが、しばしば争いの種ともなってきた。

大友氏の勢力拡大

応仁の大乱から戦国期にかけても、幕府が任命した九州探題が、やはり幕府が任命した周防の守護・大内義弘の工作で解任され、幕府に召喚されるという事態を経て、幕府の影響力は大きく削がれた。

義弘は、九州探題として優秀な成績を収めていた今川了俊(貞世)の存在を邪魔だと考えた。彼自身が九州に攻め込み、領土の拡大を目論んでいたため、博多の港が大きな魅力と映っていたのは事実であろう。

しかし、九州の国人領主たちは、義弘が考えていたように脆弱な存在ではなかった。むしろ、今川了俊の手腕で取っていた手綱を、義弘は自ら断ち切ることで、九州諸将の本性を目覚めさせてしまったのである。

幕府はもとより、その最有力な勢力だった大内氏を戦いの泥沼に引き込み、勢力を消耗させて、中国地方の雄・毛利元就を介入させる遠因となった国人領主の代表的な者は、肥後の守護・菊池氏、筑前、豊前の守護・少弐氏、薩摩の守護・島津氏、そして豊後の守護・大友氏、肥前の龍造寺氏などであり、なかでも大友氏は21代の義鎮——入道して宗麟の手腕のもとに、九州随一の勢力にのし上がった。

父の大友義鑑が、後継問題から重臣たちの反逆に遭って殺された、いわゆる「二階崩れの変」で家督を継ぎ、家中の組織を変えて権力を強めた義鎮は、権謀術数と婚姻政策を重ねて筑前の秋月氏、筑紫氏、筑後の高橋氏などを勢力下に収めて、北九州随一の勢力となった。

大内氏を討った陶晴賢と親交を結び、また大内家に弟の晴英を入れて、大内氏退潮に乗じて、大内義隆が九州に保持していた肥前守護職を受け継いだ。さらに足利義輝から豊前と筑前の守護職を認められ、北九州6か国に加えて、伊予、日向半国にわたる大領を支配した。

陶晴賢、大内氏と結んでいたために、新たに中国地方に勃興した毛利氏とのあいだでしばしば戦ったが、毛利氏は一方で出雲守護の尼子勝久と戦ったため、九州に全力を向けることができなかった。

尼子勝久は信長の援助を受け、その尼子と戦う毛利家は、必然的に信長の敵となった。強大な信長を相手とするために、毛利家は九州で戦い続ける余裕がなくなり、ために義鎮は、九州経略に専念できるようになったのであった。

一方で、義鎮は北九州一帯に勢力を伸ばそうとする意図のもと、肥前、豊前の名家に血族を盛んに送り込み、乗っ取りを図ってきた。

そのなかには、たとえば南北朝のころから筑前に勢力を張った立花氏があるが、もともとは大友氏で、義鎮の麾下にあった立花鑑載が毛利氏に内応し、反逆の気配を示したために重臣の戸次鑑連を送り込み、名跡を継がせたうえで、嫡流を滅ぼした。

鑑連は以降、立花鑑連と名乗り、また道雪と号して、大友家指折りの猛将として名を馳せた。立花道雪は、やはり義鎮が一族のひとりを送り込んで名跡を継がせたが、後に立花家と同様、毛利家と結んで敵対した高橋鑑種の嫡男・統虎を請うて婿養子に迎え、立花姓を名乗らせた。

これが後に日本一の勇将と称せられた立花宗茂だが、おもしろいのは、実は道雪は、鑑種の反抗を怒った宗麟から立花城攻めに送り込まれ、籠城する鑑種を攻める立場にいたことである。勇将の心は勇将が知る。槍、鉄砲を交わすうちに、道雪は鑑種に、他の者には推し量れぬ親近感を抱くようになったのであろう。

しかし、そのころから、義鎮の心理に変化が見られるようになってきた。

キリシタン大名

合戦に大量の鉄砲が必要なためだろうか、義鎮は南蛮との交易を盛んにしようと努め、天文20年(1551)に大内氏支配の山口から宣教師のフランシスコ・ザビエルを招いて、布教を許した。

ザビエルが国許に送った手紙には、豊後王義鎮――大友宗麟の威勢が記されている。宗麟は火器の威力を高く評価し、大友勢は大量の鉄砲ばかりか、当時はまだほとんど見られなかった石火矢――おそらくは元填め式の仏狼機と呼ばれるものだったろうが、この大型火器を購入して城の防御に使うなど、火器を大量に投入する作戦を得意としていた。

そうした攻撃的な戦術と、血縁関係を用いた一族の勢力育成、それによる兵力の大量動員、集中投入で、大きな合戦にはほとんど負け知らずである。天正元年(1573)には、宗麟の勢力は北九州で最大のものになり、抵抗しうる者は肥前の龍造寺隆信と、山口から九州をうかがう毛利輝元のみといっても過言ではない、という状況になっていた。

そうした状況下、永禄12年(1569)に龍造寺勢との一戦に及び、佐賀城攻防戦で大敗を喫した。宗麟自身が出陣したわけではなかったが、ほとんど常勝だった宗麟は肥前に深入りする危険を感じ、和睦を打診して、龍造寺家とのあいだに一時の平和を得た。

こうした息を抜けない状況下、合戦と謀略に明け暮れた生活を送ってきた宗麟

は、仏門に入ったものの飽き足らず、ザビエルの説くキリスト教に感銘を受けたのだろう。妻を離縁し、自ら洗礼を受けて、九州にキリスト教の王国を築こうと考えるに至った。

どうやら宗麟の胸中に、一種の厭戦思想が芽生えてきたと思える節がある。宗麟が九州諸国に蒔いてきた、名族、有力国人を大友の血で染める計画が、このころになると裏目に出て、急場とはいえない合戦を強いられる場面が増えてきたのと、あながち無関係とはいえまい。

そうした大友氏の血族のひとり、娘婿である土佐の一条兼定が、長宗我部元親に敗れて豊後に落ちてきたのに続いて、その兼定の娘が嫁いでいる日向都於郡の領主・伊東義祐が、息子の義益とともに豊後に落ちてきたのである。

義益は、宗麟の義理の曾孫にあたる。日向に地盤を持つ有力な大名で、足利幕府とのつながりも深い名家であったが、隣接する薩摩の太守・島津義久に敗れて、はるばる逃げてきたものだった。

九州の名族・島津家

島津家は、九州では最も古い、地生えの名族のひとつであった。薩摩と大隅の守護を兼ね、本拠地薩摩を囲む山々にいくつもの砦を構えて、難攻不落の要塞国家を築いている。

精強な兵が多い九州でも、島津の兵はことに剽悍で、また特異な戦術と軍事組織を駆使し、強豪の呼び声も高い。

その島津が、伊東氏を日向から追い払い、また延岡の国人領主・土持親成をも勢力下に取り込んだ。

この土持氏は、元来大友家の傘下にあった。伊東氏が放逐され、土持氏が寝返ったとなれば、大友家と島津家を隔てていた日向国は島津家の勢力圏となり、宗麟は南方に強大な敵を持つことになる。危機感を抱いた宗麟は、この機会に島津家をも攻め滅ぼして、九州一円を統一しようと考えたのであろう。

そうすれば、九州から戦は絶える。そのように思ったのか、宗麟は3万もの大軍で土持親成を攻め滅ぼし、その居城である無鹿城を拠点として、延岡を大友の領地に組み込んだ。

この無鹿が、ミュージックの意味だとする説がある。宗麟はキリスト教の宣教師を伴い、この土地に自らやってきて、教会を建て、神社仏閣を破却した。西洋の音楽が流れるキリスト教の理想都市を、この地に造ろうとしたのだともいう。

宗麟は、島津討伐の兵を無鹿から指揮せんと考えていた。おそらく、宗麟にと

っては生涯最後の合戦と考えていたことだろう。

　人数は4万3000という、空前の大軍であった。

　一方、日向に在陣している島津家の人数は、大友勢には及ばない。それゆえ、島津家は戦略的な行政ネットワークを築き、兵力をできるだけ温存しながら敵勢を自軍の有利な態勢に引き込んで、さらに本国からの救援を仰ぎ、兵力が拮抗したところで一気に殲滅する戦法を構想した。

　戦国大名として成立してから、島津家はどちらかといえば防御主体の姿勢を貫いてきた。

　元来、山地に囲まれて、防御の堅い地勢である。その地勢を戦略的に利用すべく、島津氏では独自の行政単位を敷いてきた。

　それが外城と呼ばれるもので、薩摩51郷、大隅42郷、日向の諸県郡に20郷。それぞれに地頭が在住し、外城防衛の任に就く武士が集中して住んでいた。

　なかでも重要な外城には、島津氏の直臣中でも身分の高い者が鹿児島から任命されて赴任し、赴任先に地生えの地侍を指揮していた。また、地侍が地頭を務める外城でも、その地頭は身分は軽いものの島津家の直臣で、島津の厳しい軍律に服する立場にある。

　また、有力な家臣たちは大抵が自分の領地として外城を持ち、その防衛に任ずることになっていた。

　いざ、敵が島津領国への侵入を図れば、侵攻路にある外城に増援の兵を集め、またその周辺の外城に予備兵力を揃えて、敵勢を牽制する。そして機を見て決戦を挑み、ひと息に殲滅するという戦略である。

　日向国南方で、最も重要な外城は高城という土地で、地頭は山田有信。最前線を預かるだけに有力な地頭で、このころには防御重視の戦略を超え、日向攻略の橋頭堡になっていた。

　その一方で、山間の要衝を押さえるものが多い外城のな

第三章　実戦上の戦術

かで、高城は日向の東側、日向灘に面した平地を睨む、敵方にとっても大軍を運用できる位置にある。当然、敵の目を引きつける地勢にあるため、島津勢が最も得意とする野戦の戦法に適した運用を担うことになった。

島津家の得意戦法・釣り野伏せり

　島津家の戦法は、釣り野伏せりという。戦術そのものは単純で、まず軍勢を3手から4手に分け、先手が進出して敵勢と合戦を行う一方、ふた組は地勢を利用して伏兵となり、4手に分けた場合は、残る1手は後方に布陣し、浮き備え（予備兵力）となる一方、敵方を呼び込む餌になる。

　先手は事実上の主力と呼べるだけの兵力を持ち、前進して敵勢と熾烈に戦う。しばらくは互角に戦うが、やがて押されたように後退し、間もなく敗走に移っていく。

　それまで必死に戦っていた島津勢が、力尽きて崩れたと見た敵勢は、当然ながら追撃に移る。敗走を始めた敵には追い討ちをかけ、徹底的に撃破するのが、戦術の常識である。

　追撃戦で取った首級は、追い首といって高く評価はされないが、個人の武功と一軍の勝敗は別物だ。状況によっては、そのまま敵の本拠地につけ入り、一気に勝敗を決することもできる。織田信長が浅井長政を滅ぼし、救援の朝倉義景をも撃破して、そのまま追撃して越前一乗谷を陥れたのは、追撃戦の効用を如実に現した戦例である。

　しかし、島津勢の釣り野伏せりは、その常識を逆手に取るものだった。「力の及ぶ限り力戦し、ついに力尽きて崩れた」。そうとしか思えない島津勢の敗走ぶりに、敵勢は引き込まれるようにして追撃する。そして、敵の戦列が伸び切ったころ、両側に配置されていた伏せ備え、伏兵が群がり立って側背を衝き、同時に逃げていた先手も反転して、混乱する敵勢を包囲殲滅するのである。

　もっとも、偽って敗走し、嵩にかかって追撃する敵を伏兵が襲うという戦法は、こうして書いてしまえばごく単純なものである。加えて、島津勢が釣り野伏せりを使ったのは1度や2度ではない。およそ大きな合戦では幾度となく使用され、島津は釣り野伏せりを使うという情報は、それこそ常識となっていた。

2方向から攻める大友軍

　当然、島津勢を相手取る軍勢は、その計略を用心してかかる。しかし、前もって知っているにもかかわらず、島津勢と戦う諸侯は魅入られたようにその術中に

陥り、惨憺たる敗北を喫した。

　その事実を、しかしまだ、宗麟は知らない。ただ圧倒的な軍勢を備え、伊東家の領地を奪った島津勢に懲罰の一撃を加えて、九州の支配を確立しようと思うのみだった。

　「儂は、この無鹿にて、そちらの勝利を祈っておる。神は天上より、そちらの働きを見ておいでじゃ。地上の天国を実現するために、存分に働くがよい」

　軍評定の席上、宗麟は十字架を握り締め、出陣する諸将をねぎらった。

　その表情は、かつて豊後、筑前、肥前と縦横に兵を采配し、謀略の限りを尽くした大友宗麟とは思えぬほどの輝きに満ちたものだったが、だからといって軍略に陰りが生じたわけではない。

　三稜城、坪屋城といった要衝の守りを固め、兵站の中継地として、日向侵攻の背後を固めた。そして重臣の佐伯惟教と田北鎮周を左右の将として先鋒を担わせ、島津方の最前線、高城攻めに向かわせる。

　さらに、肥後を経由して日向に侵攻させ、島津勢の兵力を分散させるため、志賀親教、志賀鑑隆、朽網宗歴といった諸将に出陣を命じた。

　総勢4万を超える大軍が、2方向から日向に雪崩れ込んでいく。宗麟は勝利を疑うことなく、間もなく築かれるであろうキリスト教徒の王道楽土を夢見ながら、修道士が弾くオルガンに心を委ねていた。

　大友勢、高城侵攻の報は、無鹿の南方を流れる五ヶ瀬川の対岸、延岡まで北上していた島津家の大将・島津家久のもとに急遽届けられた。

　「大友勢は大軍、我が軍は寡勢じゃ。まともに迎え撃ってはさすがに持たぬ。このうえは、軍立場を名貫川まで下げ、兵を集めて一戦に及ぶことじゃ」

　「ごもっともなれど、敵勢の勢い盛んなれば、その一戦にも遅れを取るやもしれま

■耳川の合戦要図

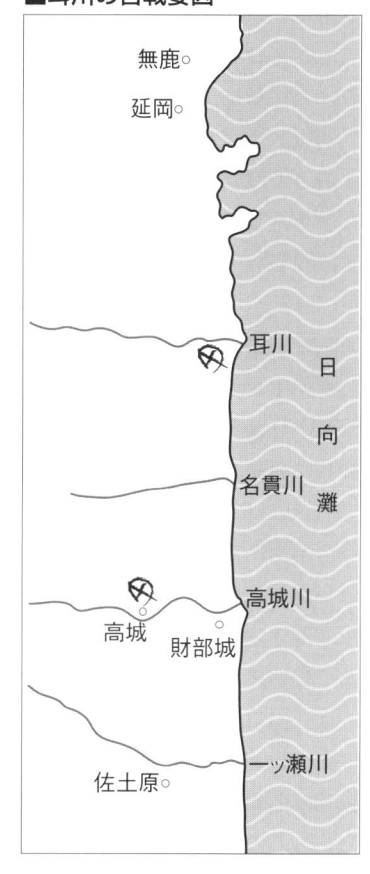

無鹿○
延岡○
耳川
名貫川
日向灘
高城川
高城 財部城
佐土原○
一ッ瀬川

せぬ。されば、その一戦にこだわらず、利あらずんば次々に引き、敵勢を我らが得手の土地に引き込んではいかが」

そのような意見が重臣から出され、家久はにやりと頷いた。

「釣り野伏せりじゃな。敵勢も用心していようが、島津の釣りはひとつにあらず、幾重にも仕かけ、敵が気づかぬうちに引き込むが本領。大友輩に、その神髄を見せつけてくれよう」

失敗する釣り野伏せり

決戦の意志を固めた家久は、集結した軍勢を指揮して北上し、耳川の南岸に布陣した。

対する大友勢は、先陣を務める田原親賢、そして佐伯惟教。数に優る親賢と惟教は、耳川を渡って猛射を加え、さらに島津勢が守りを固めぬうちに、長柄組を突撃させた。

さしもの勇猛な島津勢も、勢いに乗った大友勢の鋭鋒を受け切れない。息をもつけぬ猛射に崩れた島津勢前線につけ入るように、喚声を上げて突進する大友勢長柄組と激突し、束の間槍柵を立てて迎え撃つ。

が、一度守勢に回れば、島津勢とて鬼神ではない。じりじりと押され始め、後方から綻び出したと見た親賢は、采配を振りつつ下知を下す。

「槍絡みをかけよ！　押し崩せ！」

「島津方には、伏し備えがあるぞ！　敵が引いたとて、急追いたすな！　陣を組み直し、ゆるゆると追い討ちいたせ！」

さすがに、九州に名立たる大友勢を支える名将たちであった。あわよくば、と家久が目論んでいた釣り野伏せりは、追撃しかけた足を止め、整然と陣を組んで押していく大友勢には通じない。

「さすがに大友宗麟が家中よ。やすやすとははまらぬか」

苦笑した家久は、退き陣の下知を下した。

一度見込みがないと思えば、島津勢の退き足の速さは他の追随を許さない。敗軍に浮き足立ちながらも、島津兵はそれぞれの「頭」を指揮する頭に従い、勢いよく退いていく。

大友勢は、すかさず追撃にかかった。

とはいえ、釣り野伏せりを警戒しながらの追撃である。堂々と陣を組んでの軍旅であるが、それだけに速度は上がらない。

そのおかげで、家久は余計な損害を被ることなく南下して、高城川(小丸川)を

越え、対岸の財部城(高鍋城)に入った。

この財部城は、日向灘沿いの外城では高城に次ぐ位置にあり、高城川を防衛線として、侵攻する敵勢を阻む城である。大友勢は、高城川の北側に縄張りを構える高城を警戒して軍旅を留めた。迂闊に渡河して財部城を攻めれば、高城の島津勢に背後を衝かれる恐れがある。そこで、ひとまず財部城には見張りを置くに留めて、大友勢の主力は西方に転じ、高城攻めの陣立てを整えた。

高城の周囲は、高城川の支流を導き入れ、掘り割りとして利用している手強い地勢であった。大友勢は無理攻めを避け、取りあえず包囲の姿勢を取る。

一方、島津側には、耳川の敗報が届いていた。

大友勢が大挙して、後退する家久の軍勢を追撃している。島津義久は後詰めに出る決意を固め、予備兵力を擁して鹿児島を出陣した。

義久の弟・義弘も軍旅をともにした。この前夜、家久もまた財部城を出て高城に入り、山田有信に合流した。島津家直系の外城、佐土原に本陣を置いた義久は、

耳川の合戦の経緯①
耳川の戦いで島津家久を破った大友軍4万3000は、高城川を渡らず山田有信以下500が守る高城を包囲する。

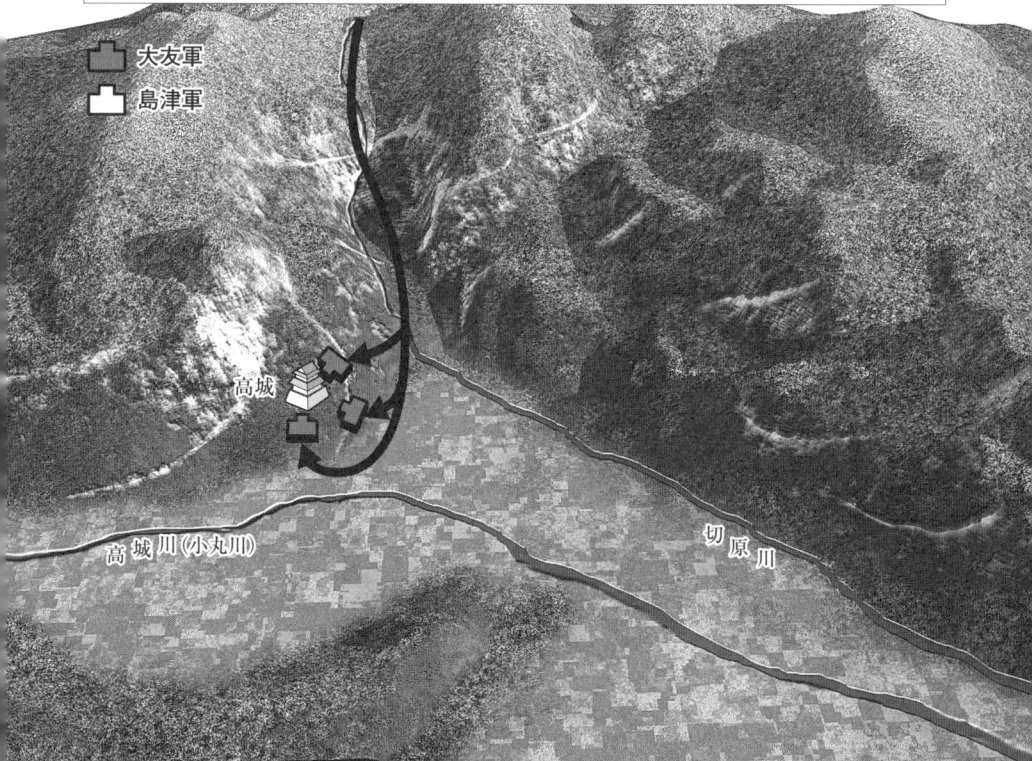

第三章　実戦上の戦術

南岸に兵を出し、北岸の大友勢と射撃戦を交わしたが、双方とも川に踏み込もうとはしない。

しかし、この時点で島津の軍勢は4万3000。大友勢と同等の大軍となっていた。

決戦前夜

天正6年(1578)11月11日、大友側の陣営で、作戦方針をめぐって軍評定(いくさひょうじょう)が開かれた。

いつまでも、こうして対陣していることはできない。高城攻城に全力を注ぎ込むか、あるいは高城には見張りの兵を置くに留め、全軍をあげて高城川を押し渡り、決戦を挑むかだが、大友勢上層部の意見は割れた。

「島津の得手は、敵勢と一戦して誘い込み、地の利がある場に引き込んで、伏し備えで包み攻めにいたす軍略である。迂闊に動けば、その術中に陥る懸念これあり、隠忍自重いたして守りを固め、敵方が痺れを切らせて寄せてくるのを待ち、討ち伏せるがようござる」

島津の野戦上手を警戒し、迎撃策を唱える佐伯惟教(これのり)に対して、田北鎮周(しげかね)は正反対の主張を口にした。

「お味方は、此度こそ西海統一の戦(いくさ)と心得、かような大軍を催してござる。ここで隠忍いたし、島津勢が寄せるを待つといわれるが、敵勢が寄せてこなんだらいかがなされるおつもりか。諸将の士気は落ち、御館様の威信にもかかわろう」

どちらの主張にも、一理ある。それだけに軍議は紛糾し、どちらの主張が通るとも予想がつかない状況下、ついに鎮周(しげかね)は憤りを露にして明朝の進撃を明言し、自身の陣屋に戻ってしまった。

たとえ全軍の意志が統一されていないとはいえ、一方の大将が出撃の意志を露にしたからには、合戦の支度をしないわけにはいかない。にわかに騒然とした大友勢の陣営から、その気配を察したのか、島津勢の一部が川を渡ってきて、大友勢めがけて射撃を仕掛けた。

「おのれ、島津輩が、生意気な!」

怒った大友勢の臼杵、柴田、斉藤といった部将が、麾下の「頭(とう)」を指揮して突出した。

大友勢が兵を出したと見るや、島津勢は射撃を続けつつも後退した。

逃がすな、と声が飛び、3人の兵が川を渡る。対岸に上陸し、勢いに任せて追撃したとき、突如として左右から、闇が盛り上がるようにして伏兵が襲いかかってきた。

慌てた3人は、兵を返そうと声を張り上げる。が、島津勢の槍先は鋭く、3人はろくな抵抗もできぬまま、次々に首を上げられてしまった。

　夜のことゆえ、対岸でなにが起こっているのか、定かにはわからなかったろう。しかし、渡河した兵が持参した松明が、地に落ちて燃え尽きるまでに、惨劇の一端を照らしたに違いない。

　その光景は、主戦派の鎮周に、身が震えるほどの怒りを覚えさせた。もはや、惟教の唱える慎重論など、鎮周の耳には入らない。しかし、暗夜に慌てて出陣しても敵情はつかめず、いたずらに釣り野伏せりの餌食になるのみと分別を働かせたのだろう。

突撃する大友軍

　ひたすらに夜明けを待ち、じりじりと身が焦がされるような思いで月の移動を見上げていた鎮周は、曙光が差し染めるなり、待ちに待ったとばかりに下知を下

耳川の合戦の経緯②
島津軍本隊が着陣。東に1軍の伏兵(島津以久)を配置。囮部隊を敵に向かわせて、釣り野伏せりを仕かける。

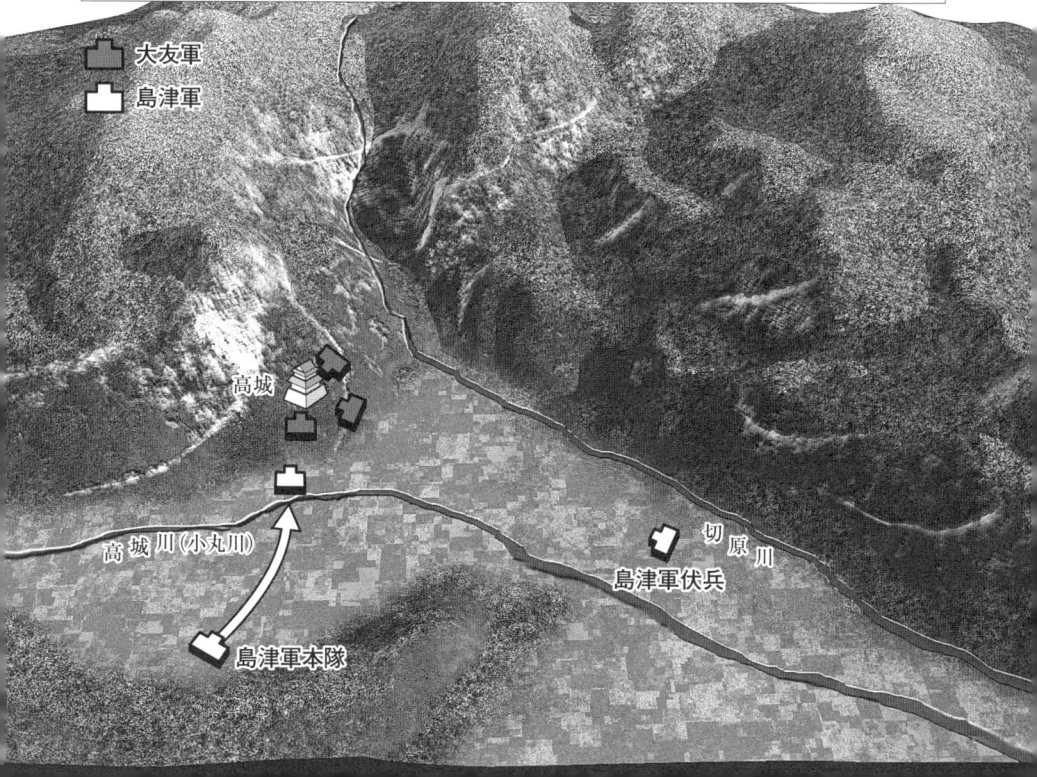

大友軍
島津軍

高城
高城川(小丸川)
島津軍本隊
切原川
島津軍伏兵

した。
「皆の者、我に続け！　瀬を渡り、島津輩に身の程を思い知らせてくれるのじゃ！」
　前夜の敗戦が、鎮周をはやらせる。鎮周麾下の軍勢は、高城川の浅瀬を見出すなり、猛射をかけつつ渡り始めた。
　その光景を、惟教も見た。
「あの猪武者めが！　島津の得手は、こちらが我を忘れて攻めかけたときに現れると、心得てはおらぬのか！」
　歯噛みしながらも、一度渡河を始めてしまったからには、田北勢のみを突出させるわけにはいかない。
　兵力の逐次投入は、あらゆる戦訓が戒めているところである。自身の考えとは異なるが、惟教はやむなく麾下の兵を率いて高城川の上流に向かい、鎮周より上流に浅瀬を見つけて、援護射撃をかけつつ渡り出す。
　大友勢が陣を解き、2か所で渡河する光景を、島津義久は胸を躍らせながら見た。
「まだぞ、まだ撃つな。敵勢が川を渡り切れば、さらに奥まで誘い込め！」
　義久は目を輝かせつつ、唇をなめなめ、自重を促した。
　そして、鎮周勢、惟教勢が、それぞれ高城川を渡り切った――と見るなり、采配を振るった。
　前線に布陣している鉄砲組が、一斉に射撃する。
　濛々と白煙が湧き上がり、そのなかに煌めいた発射焔が、弾丸を叩き出す。飛来した弾丸は、岸に上がって意気上がる田北、佐伯の両軍を、正面から打ち据えた。
「おのれ、小癪な！　撃ち返せ！」
　怒号を滲ませた下知が飛び、反撃の銃火が放たれる。
　大友勢の鉄砲は多い。猛射を浴びた島津鉄砲組は、血煙を浴びて薙ぎ倒された。鉄砲組の背後に布陣していた本隊が、おののくように揺らぎ、退き始めた。
「敵は怯んだぞ！　攻めかかれ！」
　歓喜を孕んだ鎮周の下知が聞こえる。危険だ、と思った惟教だったが、退いたはずの島津鉄砲組から、重ねて銃火が閃いた。
　幾人かずつが路上に座り込み、鉄砲を撃っては後方に下がり、装填する。前に出た列が轟発し、その列は後ろに下がる。ごくゆっくりと退きながら、間断なく撃ってくる。

その光景を見た惟教の頭にも、血が上った。負け戦にもかかわらず、往生際悪く鉄砲を置き捨てて、撃ってくるものと見た。彼奴らを蹴散らしてくれん、と、怒号が口をついて出た。
「島津輩を逃がしてはならぬぞ！　槍を上げよ。競り合い、打ち込んで追い討ちいたせ！」
　慎重論を唱えていた惟教の積極攻撃の指示に、大友勢は奮い立つ。

戦国最強の策にはまり大友軍壊滅

　鬨を作って長柄槍を傾け、地面を蹴り飛ばすようにして打ち込んだ。なお射撃を続ける鉄砲足軽を、突き出された長柄槍の穂先が、ひとたまりもなく突き伏せる。その勢いのままに、後退する島津勢に追いすがり、今にも先頭が槍入れすると見えたとき、突如として左右の藪が震えたように見えた。

耳川の合戦の経緯③
大友軍が囮にかかり、高城川を渡って攻め寄せる。島津軍は部隊を3つに分けてこれを迎え撃つ。戦線は膠着するかと思われたが、島津軍の伏兵、籠城していた山田有信と島津家久が参戦し、大友軍を包囲殲滅する。

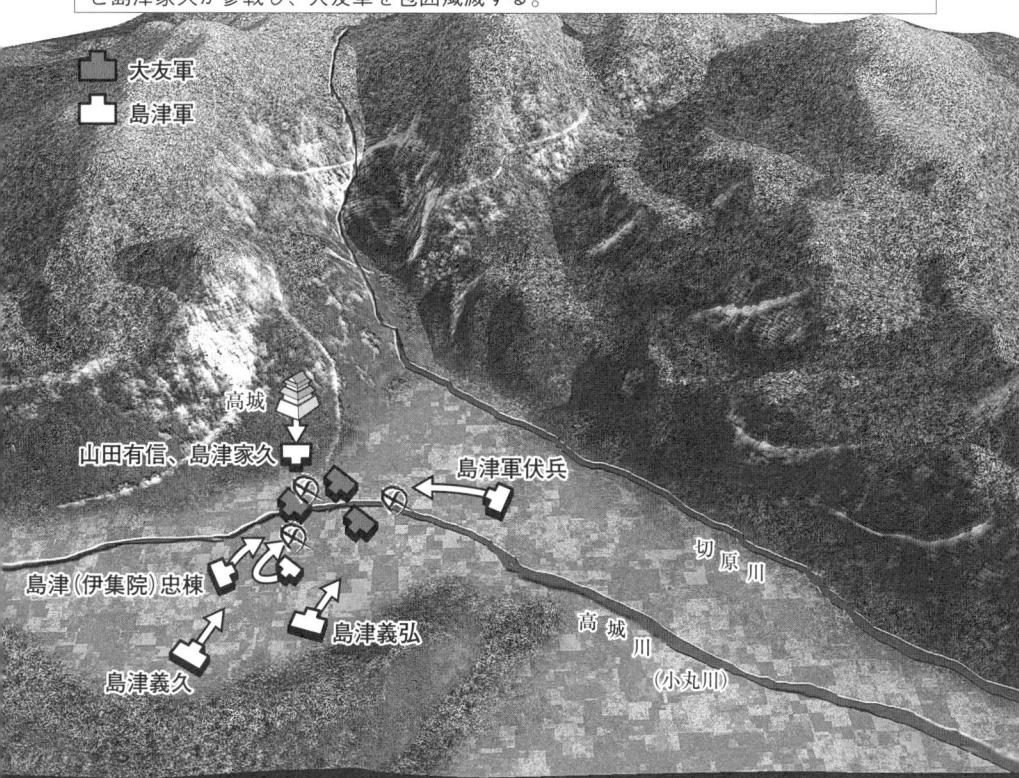

藪の木々が群がり立ったように、甲冑に身を固め、槍を振りかざした軍兵が、ひと塊となって腹背を襲った。

　前面のみに注意を集中し、突進していた軍勢である。突然の横撃に、大友勢は胴中に斬撃を浴びたかのように大きく揺らいだ。

　その途端、後退していた義久の本軍も、果然、反転して逆撃に移った。伏兵と共同して、立ち尽くす大友勢を突き崩し、撃ち崩す。

　思いがけない事態の転換に、鎮周(しげかね)と惟教(これのり)は血を吐くような下知を叫び、自ら血槍を振るって、血路を開こうと試みる。

　が、四周から一斉に襲いかかった島津勢の重囲は、個人の奮戦で破れるものではなかった。

　まして、相手は名にしおう島津の強兵である。大友勢は次々に討たれ、鎮周(しげかね)も、また惟教(これのり)も、乱戦のなかに討ち死にした。

　さらに高城の山田勢も、門を開いて打って出た。

　大友の大軍も、先鋒が押し包まれ、血煙のなかに粉砕される光景を目の当たりにしては、腰を据えた戦はできない。浮き足立つ(いくさ)ただなかに、高城川を押し渡った島津勢が、山田勢と呼応して猛然と打ち込んだ。

　一度崩れた大軍は、兵が多いだけに収拾がつかない。大友勢はただうろたえ、逃げ惑い、組織立った反撃など思いも寄らない。それでも辛うじて兵を掌握した大友方の部将が熾烈な抵抗を試みたが、それも島津勢の勢いに呑み込まれ、次々についえていった。

　必死に逃げる大友勢だったが、島津勢に追撃されて、耳川に至ってさらなる損害を強いられた。

　大友勢は壊滅し、名のある将は多くが討ち死にを遂げた。討ち死にした者は、4000とも、名のある武者だけでも3000、足軽の逃散を含めれば、損害は2万に及ぶともいう。

　敗走する兵をまとめた田原親賢(ちかたか)は、辛うじて無鹿にたどり着き、大敗北を報告した。

　宗麟は愕然としながらも、無鹿を引き払い、本拠の丹生島城(にゅうじま)に引き上げた。無鹿に建設中の教会は焼き払われ、キリスト教の天国は、完成を見ず灰燼に帰した。

　宗麟の敗北を知った龍造寺隆信は、講和を破って、公然と宗麟に反抗した。また、筑前の秋月種長(あきづきたねなが)が兵をあげ、筑紫広門(ちくしひろかど)もまた、自立の道を選択した。

　島津義久は、この6年後に龍造寺隆信と沖田畷(おきたなわて)で決戦し、釣り野伏せりで見事勝利する。その野戦戦法は無敵を誇り、世界的な水準で見ても、十分に評価でき

228

るものだった。
　一時は宗麟に代わって九州を席捲した島津氏だが、そのときにはすでに、中央の覇者が決まっていた。
　豊臣秀吉は九州侵攻を行い、さしもの島津氏も、手も足も出ずに臣従する。かくして日本は統一され、戦国乱世で培われた戦術、戦略は、統一政権たる秀吉のもとで、経験したことのない戦いの渦中に投げ込まれるのである。
　それがすなわち、秀吉が催した朝鮮遠征であり、戦国武者が初めて体験する、異国の軍勢との合戦であった。

第三章　実戦上の戦術

耳川の合戦の経緯④
大友軍は大敗して、敗走を始める。島津軍が追撃。耳川で大友軍の多数が水死するが、田原親賢は敗残兵とともに無鹿に逃げ切る。

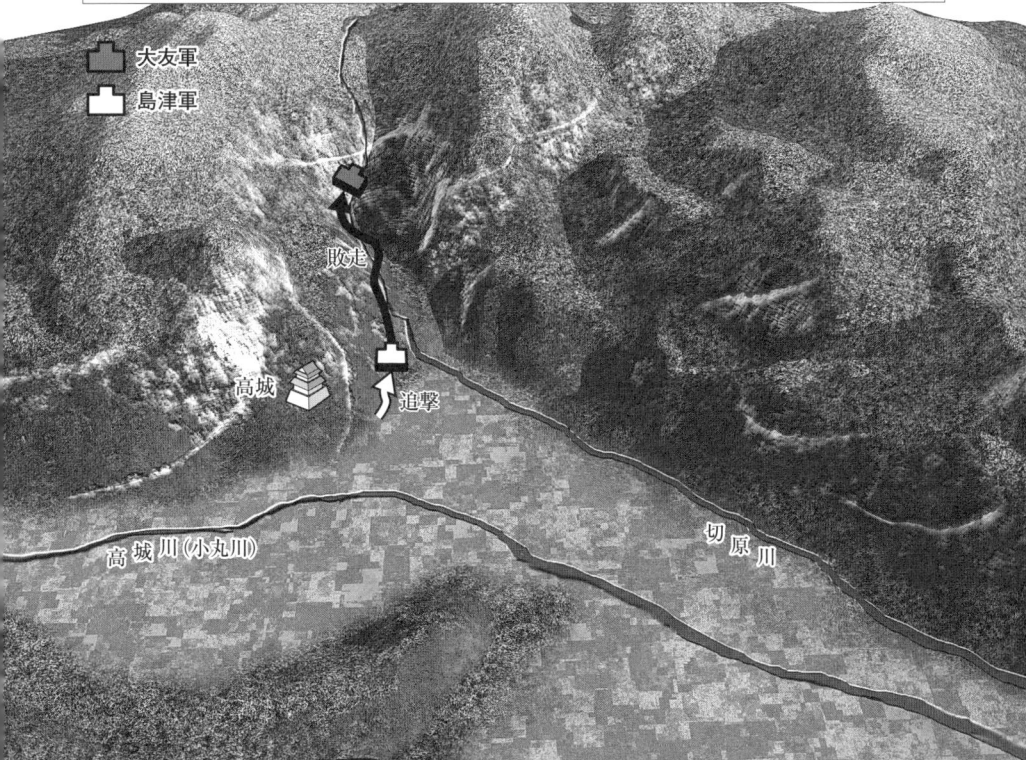

異国の軍隊との合戦、及び戦国時代の総決算

　天正年間末年、天下統一を果たした豊臣秀吉は、天下惣無事の令を発し、日本国内での一切の合戦を禁じた。

　応仁の乱以来、150年にもわたった戦乱に、住民たちも武士たちも、飽いていると感じたがゆえの処置だったろう。この方針は確かに正しく、日本国60余州の住民たちは安堵して、平和な暮らしに戻っていった。

　しかし、間もなく秀吉は、新たな戦争に乗り出した。国内を統一した段階で、戦国期に過剰なまでに発展した軍備を解消できていない以上、その流れは必然であったのだろう。

　過剰な戦力は、解消されなければならない。秀吉の意図がどのようなものであったかは本稿に譲るとして、戦国時代初の対外国戦の意義はどのようなものだったのか。

　かつての対外国戦、鎌倉幕府統治下での蒙古軍を迎え撃った戦闘は、当時の日本の合戦習慣――鏑矢や太鼓で合戦の開始を告げ、名のある武士が名乗りを上げての一騎打ちに続き、両軍入り乱れての乱戦になる、という手順などなかった蒙古軍の戦術に混乱した日本武士軍が苦戦を強いられるという展開になっていたが、長期にわたった戦国時代で、日本の武士団も各地に発展した、多様な戦術を身につけていた。

　朝鮮の軍隊と、明国の軍隊に共通する要素は、双方ともに、政府が組織し、

文禄の役　碧蹄館の戦い　→P.233

文禄の役　碧蹄館の戦い（1593）
日本連合軍vs明国軍

釜山○

常備する官軍であることだった。それゆえに、将軍は官僚であり、戦績如何によっては出世も望めるが、失脚、処刑もありうる。そのため、優勢なときには容赦のない攻勢を仕かける反面、劣勢となれば保身が先に立つ。政府の意向が重んじられるため、組織立った戦闘では、大量の兵力と相まって、凄まじい破壊力を発揮する。

　しかし、その最初から予定されている予定を崩されれば、臨機応変の対応ができず、実戦慣れした日本軍は、優勢に戦いを進められた。

　この戦いに見られる意義は、統一候補となった大勢力同士の合戦が、双方の国力を注ぎ込んだ総力戦であり、敵戦力を壊滅させる殲滅戦であったのに対して、膨大な予備戦力を擁する異国に向けては、その戦略が通用しないと悟ったことであろう。

　文禄の役の後期から、明国の大戦力を相手に苦戦を強いられるようになった日本軍は、明らかに戦略目的の転換を図った。

　海を渡らねば兵力、兵站の補給ができない日本軍に対して、明軍は陸路で補給が可能であった。明軍にとっては北方の女真族などへの備えを無視する限り、兵力の補給が無尽蔵であることを考えれば、殲滅戦略は取りようがない。

　碧蹄館の戦いに先んずる平壌の戦いを境に、日本軍の戦略は、防備を固めて敵を引き寄せ、打撃を与えて後退し、消耗に応じた増援を強いるという、遅滞

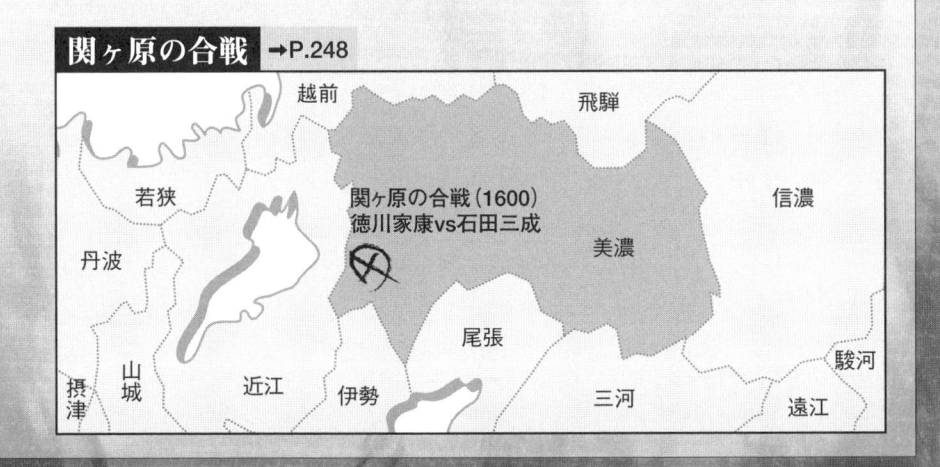

関ヶ原の合戦　→P.248

関ヶ原の合戦（1600）
徳川家康vs石田三成

消耗戦略に転じている。

　このような戦略は、日本軍にとっては戦場が敵地である以上、やむを得ないものであったろう。

　こうした戦略は、かつて織田信長が取った、敵を自身の勢力圏に引き込み、補給線が伸び切ったところで反撃に転じるという戦略に通じるものがある。

　敵軍は、その場を決戦とせず、勢力を保ったにせよ、果てしなく続く兵力補充に国力を削られ、その消耗がたび重なれば痛烈なボディブローとなって効いてくる。日本軍は秀吉の死によって撤退したものの、明軍はその消耗によって女真軍の侵攻に対処し切れず、滅亡のときを迎えた。

　対外戦争によって消耗戦略という戦略を編み出した日本軍、なかでも渡海せず、兵力の温存を図っていた徳川家康は、戦国乱世の総決算とも呼ぶべき関ヶ原合戦で、その戦略を応用した。

　関ヶ原の戦いで、家康は西軍兵力に、戦争に耐えられなくなるほどの消耗を強いたわけではなかった。むしろ、精神的な消耗を強いたものだろうと考えられる。参加した諸大名の兵力は、石田三成、大谷吉継、宇喜多秀家といった者たちを除いて、根こそぎ動員されたわけではなかった。

　しかし、天下の諸侯を動かすことで、総兵力動員の最終戦だということを、全員に認識させたことだろう。

　一方、家康は戦国時代を生き残り、最後の勝負を挑むにあたって、戦乱のなかで培った、最大の戦略に打って出た。

　それは、消耗戦略と同じく、人の心を揺さぶり、支配するものだった。

　戦国時代を通じて、優れた武将、あるいは軍師と呼ばれる者は、その心理につけ込み、調略を行い、軍勢を動かして勝利を重ねた。

　戦略、戦術の根幹をなすものは、人間の心理であろう。最終的に天下を取った徳川家康は、最後に戦理ではなく、人間の心理につけ入った。日本の戦史に見られる戦術、戦略に、他の地域と異なるものがあるとするならば、そうした同族間の戦争に見られる心理上の問題なのかもしれない。

外国軍勢との対戦

文禄の役　碧蹄館の戦い

年　号	文禄2年（1593）
対戦者	日本連合軍　VS　明国軍 日本軍　総大将・宇喜多秀家　　明国軍　提督・李如松
兵　力	日本軍　総計4万1000～4万2000　｜　明軍　総計4万3000

秀吉の天下

　天正14年（1586）、生母の大政所を人質に差し出すという決断と引き替えに、徳川家康を入坂させて大坂城に謁見した秀吉は、事実上の天下統一を終えた。

　この時点で、いまだ関東の北条氏、そして九州を統一しつつある島津氏、さらには遅れてきた俊英・伊達政宗と、その背後に控える陸奥の諸大名という勢力は残っていたものの、京と大坂を押さえ、権威の中心である朝廷と物流の中心である畿内を完璧な支配下に置いた秀吉にとっては、九州も関東も陸奥も、辺境の一勢力に過ぎなかった。

　軍勢の動員にも、秀吉は天下の大軍を、敵対勢力の妨害に遭うことなく行い、予定戦場に集結させられる。いわばすべてを内線として、思うがままの機動ができる立場を手に入れたのだ。島津義久がいかに野戦の妙を誇り、北条氏政の城塞群、わけても小田原城が不落を誇り、伊達政宗の戦術機動が意表を衝いたものであろうとも、戦略・戦術レベルで太刀打ちできるものではない。

　しかも、鎌倉幕府や足利幕府のように、諸大名の調停機関として担がれたのみではなく、織田信長の衣鉢を継いだ秀吉が、自身の兵站能力と軍事能力、そして政治能力で打ち立てた、武家政権としては前例のない独裁政権であった。抵抗のしようがない、強大過ぎる"公儀"の誕生であった。

　さらに、西国の武威を預かる毛利輝元にも、同様の意向が伝えられていた。天下の権を握った自分の意志は、唐国にまで及ぼすべきものである、と語っている。その意向を及ぼすために、島津の反抗は幸いであり、秀吉の威光を轟かすいい機

第三章　実戦上の戦術

233

会である、というのだ。

信長から受け継いだ大陸への野望

　天正14年(1586)12月に、秀吉は朝廷から豊臣の姓を賜る。そして翌年に九州遠征を控え、秀吉は対馬の領主・宗義調に向けて、九州遠征が上首尾に終わり次第朝鮮出兵を実行する計画であると告げ、準備を始めるよう求めた。

　さらに翌年、九州に討ち入り、島津勢を追い詰めていた秀吉は、同じく宗義調に対して、朝鮮国王に自ら来日し、朝貢するよう交渉せよと命じている。こうした言動から、秀吉は島津家や北条家を倒し、陸奥を平定する以前から、朝鮮を従属国化し、明国を服属させる意図を持っていたと見ていいだろう。

　どうやら大陸進出の野望は、秀吉の旧主にして師でもある織田信長が考えていたものらしい。信長は、キリスト教の宣教師を間近に迎え、親しくその話を聞くことで、世界情勢を頭に入れていた。日本をキリスト教国化し、あわよくば植民地化を考えていたに違いないイエズス会の宣教師は、キリスト教の優越と、その教義を奉ずる欧州の国々がいかに優れた軍事力、経済力を持っているかを、折に触れて話したに違いない。

　もっとも、信長が宣教師たちには礼儀を守り、敬意をもって接しているからといって、苛烈な性格の持ち主であることに気づかぬはずがない。十分に言葉を選び、キリスト教の布教が日本侵略の一段階であるなどとは、毛筋ほども気づかせないよう気を遣っていたであろうが、さまざまな情報を結び合わせ、本質を暴き出す洞察力では他の追随を許さぬ信長である。いずれは統一した天下の軍勢を率い、西欧の国々と戦う日がくると覚悟していたことであろう。

　信長と親しく接した宣教師、ルイス・フロイスの書簡に、信長がいずれ、中国大陸に侵攻する意図を持っていた、とする記述がある。信長は、宣教師たちが母国に日本侵略を勧めるであろうと見越して、明国にまで兵を及ぼし、併呑して、一大帝国を築き上げる意志を示したのかもしれない。

　西洋に対する牽制の意図があったとも思えるが、もとより旧来の権威には、ほとんど重きを置かない信長である。明国の皇帝の勢力が衰え、東南アジアの各所に、すでに西欧諸国の勢力が植えつけられているという事実を知った信長が、自ら明国を切り従え、旧態依然たる帝国から、自身が統括する新帝国を築こうと考えたとしても、さほど間違いではないように思える。

　天下布武の構想を信長から受け継いだ秀吉が、そうした対外構想のみ受け継がなかったと考えるほうが無理がありそうに思える。

まして、希有壮大で派手好みな点では、信長すら凌ぐ秀吉である。

さらに、秀吉は九州平定の後、キリスト教の禁令を発した。島津家を服属させ、ほぼ天下布武が完了した今、北条家や陸奥諸大名は問題ではない。日本国としての独立を守り、西欧諸国に対抗できる、東亜の大帝国を築こうという信長の考えを実行するときがきた。そう考えたとしても不思議はない。その前段階としてキリスト教を禁じ、さらに西洋の前線基地たるフィリピン、インドネシアまで勢力圏に組み込んで、一大帝国の防衛線とする構想が、すでに構築されていたのであろう。

また、秀吉は朝鮮国が日本の同胞だと考えていた節がある。

聞くところによれば、朝鮮国は明国に朝貢し、その属領にされているという。ならば明国を憎んでいるはずだし、宗家を通じて調略をかければ、日本の味方になるだろう。宗主国として君臨している明国の軛をはずしてやるのだ。断るはずがない。

戦国乱世を生き抜いてきた秀吉が、そう考えたとしても不思議ではなく、また朝鮮国が秀吉の構想を誇大妄想と断じ、宗主国に刃向かう怪しからぬ賊として排撃の態度を取ったのも、また当然のことだった。

進んで明国侵攻の案内を買って出ると思っていた朝鮮国が、案に相違してなんの連絡もしてこない。

秀吉は叛心を疑い、戦国時代を生き抜いてきた武将としては、ごく常識的な決意を固めた。

すなわち、合戦による服属の強要である。

朝鮮出兵への準備

天正19年(1591)、秀吉は本格的な外征の準備に取りかかった。肥前名護屋に出兵のための基地として名護屋城を築城し、諸大名に石高割による武器の準備、軍船、輸送船の建造、兵糧の調達を命じた。

そして、外征に専念するためだろう。関白職を、姉の子で養子になっていた豊臣秀次に譲り、太閤となって、初めての対外戦争に打って出た。

このとき、秀吉の血は沸き立っていたことだろう。北条氏政を下し、陸奥の諸侯を服属させてから、日本の戦は絶えた。しかし、今度はさらに大きな戦が、海外に待っている。

尾張中村の農家の倅から、信長が催す合戦で自らの人生を開いてきた秀吉である。合戦を人生の節目として、物語絵巻のような人生を駆け抜けてきた秀吉には、

合戦のない世界で過ごす自分など、考えることもできなくなっていたのかもしれない。朝鮮渡航の準備を進めるとともに、これは日本国として、正式に戦を催すのであるという意思表示だろう。日本の、ことに九州南部を根源地としていた倭寇の禁止を命じ、中国人、朝鮮人が主体となっていた倭寇も、ことごとく撃滅した。

文禄元年(1592)正月。秀吉は朝鮮出兵の大号令を発した。

さらに3月、秀吉自身も総大将の威令を整え、名護屋に向かった。

朝鮮出兵は高麗御陣と呼ばれ、先陣はふた手に分かれての、分進合撃戦法が採用された。

文禄元年(1592)のころ、日本の戦力は、検知の結果が総計2253万石、1万石あたり300人という、よく使われる基準から算出すると、総兵力は67万5900人。高麗御陣では、おもに西国の大名に渡海の軍役を課し、なかでも九州、山陽、山陰、そして南海道――四国の兵を中心にして、外征軍20万、名護屋駐屯軍10万、京都の防備軍が3万という陣容となった。

指揮を執る者は、豊臣家の譜代の将とされた。そのため、侵攻軍の1手は小西行長が指揮を執り、もう1手は加藤清正が大将となって、それぞれ釜山から内陸に侵攻した。

朝鮮・明側の対応

一方、朝鮮王宣祖は、秀吉軍の来寇を本気とは考えていなかった。

しかし、万が一ということがある。南方の三道、すなわち慶尚道、全羅道、忠清道の城や壕、それに道路を点検、修理させたが、朝鮮では長年合戦がなく、また巡邏の役人たちも、点検はおざなりにして、賄賂を貪るばかりであった。

明国兵部省からは、琉球から入った情報として、日本王が軍を催し、朝鮮がその道案内を務めるという詰問があったという。

慌てた朝鮮政府は、その情報を根も葉もないものとして釈明し、日本軍の侵攻に備えた。

しかし、軍事に堪能な武将を送るのではなく、単に官位の上下に沿って、それぞれの軍司令官――兵使にふさわしい官位にある者に交代させただけともいう。儒教の正統な弟子を自認し、小中華としての誇りを抱く朝鮮では、軍人は分別のある人間がなるものではなく、無頼漢でも雇っておけばいいとする思想があったようで、軍事に向かう関心は低くなりがちだったという。

一方、明の軍隊は、日本とは違い、政府が持つ官軍であった。

日本には、官軍という組織は古代の朝廷時代を除いては存在しない。今回の侵攻に動員される軍勢も、政府の軍隊ではなく、軍令を下された諸大名の、いわば私兵である。官軍は統一運用ができるため、装備や兵の質を均一にできる利点がある一方、基本的に役所であり、行動にはいちいち書類が必要で、皇帝の裁可が求められる。また、武将も役人であるために、上部から出た命令から逸脱しないように行動しがちとなる。常に情勢が変転する戦場では、臨機応変の判断が求められるものだ。しかし、役人は本能のようにして、自己保身を行う。上部から出た命令が実相に合っていなくても、従っていれば責任は問われない。それゆえ、硬直化した行動を取りがちになり、日本軍のように大方針に従ってさえいれば、個々の戦場ではそれぞれ適切に判断して兵を動かせる軍に対しては、後手を踏みがちになる。

　日本軍は戦国乱世を通じて、臨機応変の戦術に慣れていた。また割拠していた群雄が淘汰されるにつれ、大勢力が他の勢力を呑み込み、自軍の勢力として扱う

例が増えてくる。

　そうしたときには、たとえ大勢力のもとからの家臣でも、新たに傘下に加わった武将が武勇豊かならば、その采配には敬意を払う。各大名の私兵とはいえ、それを指揮する武将は乱世を戦い抜いた、いわば戦友である。それぞれの武勇も十分に知っていただろうし、大将格の者の器量次第で臨機応変に戦うことができた。

日本と明の武器の違い

　武器の面からいえば、朝鮮軍と明軍の主要な武器は槍と矛、剣であり、日本軍のそれは槍であった。

　足軽の使う長柄槍と、徒歩武者、騎馬武者の使う持槍の違いはあれど、長柄槍が組織的に敵勢を食い止め、押し崩し、戦勢利あれば、後方に待機していた武者が前進し槍入れして白兵戦に持ち込むというものが、日本軍の基本戦術である。

　足軽の組織戦術は、官軍である明軍もまた、得意としたことだろう。白兵の合戦ではさほどの違いはなかったと思われるが、日本軍と朝鮮軍、明軍の装備で大きく異なるのは、日本軍が大量の鉄砲を装備していたことだった。

　日本軍が使っていた火縄銃は、当時西欧で使われていた軍用銃ではない。当時のマスケット、ヤクトビュクス（Jacht buks）は重く、弾丸の威力はあるが、取り回しが容易でなかった。発砲には銃身を支える銃架が必要で、戦場での機動にはかなりの負担があったという。

　日本に伝わった火縄銃は、マラッカあたりで使われていた狩猟用の小銃であったとの説もあり、銃本体も軽く、命中率も高い。弾丸1発あたりの威力は欠けるが、戦争に使う銃は戦闘力を奪えばいいのだ。威力の不足は、数を揃えて補える。

　明や朝鮮にも銃はあったが、発砲機構が日本のものより劣り、命中精度もはるかに低かったという。仏狼機銃（フランキ）というもので、3本の銃身をひとつに束ねてあり、1挺を3人で操作するので扱いにくく、発射速度も遅い。日本軍の鉄砲に対抗できるものではなかった。

　さらに当時の日本は、ヨーロッパ全体の銃を集めたよりも多量の銃を保有する、世界一の火器保有国だった。鉄砲が常用されるようになって以来、自国での生産数を増やし、また運用の実戦経験を積み上げてきた日本軍は、開戦と同時に大量の鉄砲で雨霰と射撃を加え、朝鮮軍、明軍を圧倒する展開が顕著だったという。

　対して、明軍が優っていたのは、大筒、仏狼機、石火矢（いしびや）といった大型火器だった。巨大な石弾を飛ばす将軍砲や、初歩的なロケット弾を束にして放つ火箭（かせん）、また元填め式の仏狼機など、日本軍がほとんど持たない重火器は、野戦機動には不

向きなものの、方々で威力を発揮した。
　弓は日本軍の長弓に対して、明・朝鮮軍の弓は短弓で発射速度が速い。貫徹力は日本の弓の方が上だが、明と朝鮮の矢は軽いぶん、遠くまで飛んだという。
　また、明軍は歩兵と騎兵の区分けが比較的なされていて、南方の兵は徒歩戦に、北方の兵は騎馬戦を得意とした。こうした戦法の違いが、両軍ともに初めて体験する異国の軍隊との合戦に、微妙なずれを生んでいく。

日本軍の進軍

　文禄元年(1592)、4月上旬から下旬にかけて、小西行長の第1軍、加藤清正の第2軍は、釜山から慶州（キョンジュ）を抜き、黒田長政（くろだながまさ）が指揮する第3軍も朝鮮に上陸した。朝鮮軍は連戦連敗し、行長と清正は2方向から京城（ケイジョウ）に向かう。そして京城を占領した5

碧蹄館の戦いの経緯①
明・朝鮮軍の先鋒3000を立花宗茂率いる3000の軍勢が奇襲して勝利するが、第2陣との乱戦になる。

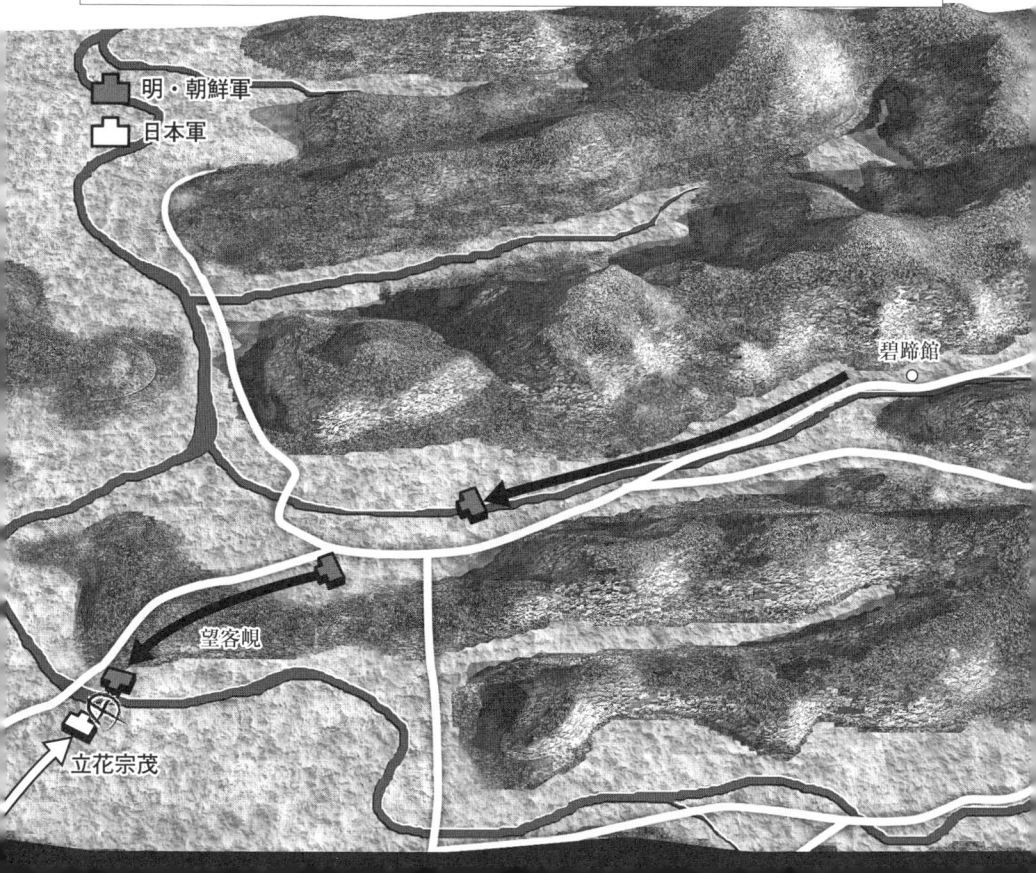

明・朝鮮軍
日本軍

碧蹄館

望客峴

立花宗茂

第三章　実戦上の戦術

月初め、宇喜多秀家が指揮する8番隊が釜山に上陸した。

　このころから、朝鮮の水師提督に就任した李舜臣が日本の水軍を攻撃し、勝利を続けて、兵站を脅かし始める。しかし陸戦での快進撃は止められず、清正がふたりの王子を生け捕るなど、朝鮮は敗亡の瀬戸際にまで追い込まれた。

　朝鮮の苦境に、明国皇帝は救援軍の派遣を決した。日本軍をなめてかかった明の祖承訓は、寡勢で平壌を攻めて小西軍に大敗し、明国にも日本軍が容易ならざる相手であることが伝わったのだろう。10月16日、李如松を提督に任命し、10万の軍勢を派遣するよう決定した。

　しかし、この時期には明の官軍も定数を大きく割り込み、全体で50万ほどに過ぎなかった。北方の騎馬民族などに対処するため、全軍を動かすことはできない。李如松は、まず4万余りの兵を集めて、平壌に向けて進撃した。

　名護屋の秀吉は、自身が渡海するつもりであったが、海上交通路が朝鮮水軍に脅かされているため予定を延ばし、代わりに石田三成、大谷吉継、増田長盛の3人を奉行とし、前野長康、加藤光泰ら4将を京城に派遣して、全軍の戦いぶりを監督させることにした。

　そのころ、日本軍との講和交渉を買って出た沈惟敬という人物が、小西行長とのあいだで交渉にあたっていた。実は、明国はこの沈という男に期待していたわけではない。沈は講和を成功させて出世の糸口をつかもうとしていたが、明軍は面子にかけても、「東夷の蛮族」と対等の和を結ぶわけにいかない。そこで沈に偽りの交渉をさせて、日本軍が騙されたところに奇襲をかける心づもりでいた。

　果たして、沈は行長とのあいだで人質交換の交渉を続け、李如松は講和交渉を続ける素振りを見せながら、日本軍が集結している平壌に奇襲をかける作戦を実行に移した。

明軍の奇襲と日本軍の一時撤退

　文禄2年(1593)、元旦のことである。李如松の軍勢は、4万3000を左協、中協、右協の3手に分け、大砲で城門を破壊して、総攻撃をかけることを決した。

　行長には、沈惟敬が朝廷での交渉を終えたと伝えて油断させ、密かに麾下の軍勢を平壌に近づけた。

　行長は、沈を迎え入れようと兵を送った。李如松は彼らを捕えたが、17人ほどが囲みを切り破り、明軍の策略を急報して、行長は急遽、戦闘準備を整えた。

　日本軍1万5000ほどに対して、明軍4万3000の攻防となった。明軍の大砲は城門を砕いたが、城内に突入しようとした明軍を、日本軍手練の鉄砲が倒していく。

しかし衆寡敵せず、日本軍は内城に追い詰められて、夜陰に紛れて脱出した。
　平壌陥落の報を聞いた周辺の日本軍は、急遽撤退して、開城の小早川隆景と京城の石田三成、宇喜多秀家たちが対策を協議した。
　隆景は、このころ病を得たと称していたが、京城に入った諸将が浮き足立っているのを見て、いっそ京城を捨ててはどうだ、といってきた。
「すでに兵糧も尽きていよう。どのような強がりを申しても、石を食しては戦はできぬ」
「これは、中納言様のお言葉とも思えませぬ。大軍が迫っているとて退いては、日本武士の恥となりましょう」
　奉行たちは反駁し、隆景はさらにいった。
「都は広い。されば、日本の軍勢にて敵の多勢を引きつけ、防ぎ切ることは適

第三章　実戦上の戦術

碧蹄館の戦いの経緯②
小早川隆景率いる本隊が進軍して、乱戦に参戦。立花軍は日本軍本隊に道を空けて小休止する。

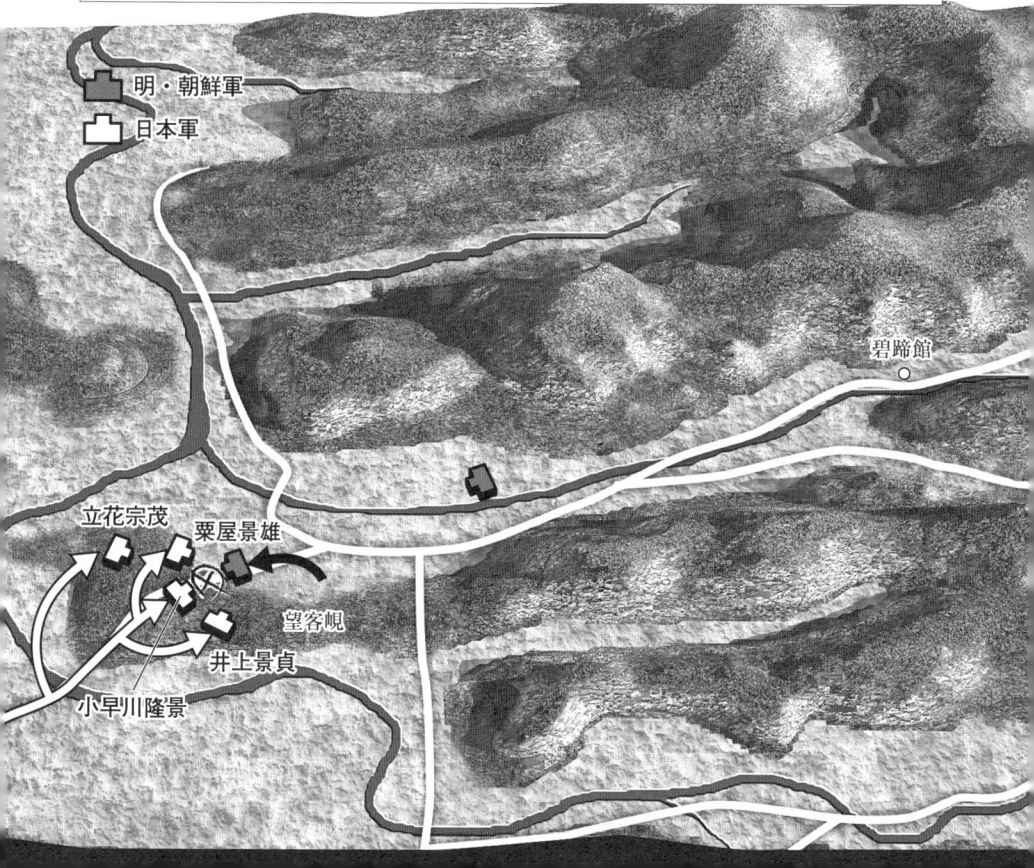

明・朝鮮軍
日本軍
碧蹄館
立花宗茂
粟屋景雄
望客峴
井上景貞
小早川隆景

うまい。ここで日本勢が討ち死にしたとて、後世、日本のためにはならぬ。大将は我慢できようとも、下々の兵は食なくしては戦えぬ」

その言葉に、諸将は退き陣もやむなし、と思い始めた。が、すでに京城に入った大谷吉継が、周辺の日本軍をすべて京城に集結し、決戦を挑もうと提案した。

隆景もその案を呑み、撤退に移った。明軍は平壌から動くにも食料が足りず、近辺から兵糧を集めて、ようやく18日に至って前進し、開城を占領した。

そのころ、明軍が大挙して来援し、日本軍が平壌、開城から撤退していると聞きつけた京城の住民たちは、そこかしこで城内に放火し、日本兵を脅かした。日本軍は市中の取り締まりを強化するとともに、開城方面に物見を出して、明軍の動向を探った。

李如松(リジョショウ)は、副総兵を務める査大受(サタイジュ)に1軍を預け、先行させての偵察を命じた。

この軍勢が日本の物見と遭遇し、さほどの戦力を持たない物見の人数は敗北して、急ぎ京城に逃げ戻る。一方、李如松(リジョショウ)は捷報に気をよくして、日本軍を侮る言葉を吐いた。

「倭賊の精鋭は平壌で討ち死にしてしまい、京城には敗兵が集まっているに過ぎぬ。大砲を揃えて打ち砕き、皆殺しにしてしまおうぞ」

先の戦勝、平壌と開城の占領で強気になった李如松(リジョショウ)は、1月25日の朝、開城を出陣した。

このとき、一度は敵の接近を許した日本軍は、幾重にも物見を出して、厳重に警戒していた。

今度の物見は、敵の大軍と遭遇したときにはある程度の時間は戦え、敵の兵力を探る大物見——威力偵察である。宇喜多秀家、立花宗茂(たちばなむねしげ)らの軍勢が代わる代わるその役目を務めていたが、26日未明、その大物見からさらに前方に進出させていた物見が、大軍の接近を察知した。

日本軍反撃開始、碧蹄館(へきていかん)の合戦

すぐさま宗茂は、京城に急使を送った。

えたりとばかりに、待ち受けていた日本軍が出撃する。

隆景がいう通り、広い京城に大軍を迎えては、また大砲で城門を砕かれ、押し込められるかもしれない。それよりも敵が大砲を使えず、味方が得意な野戦に引きずり込もうという策だった。

このとき、日本軍の編成は、大物見の立花宗茂3000、小早川隆景8000、その養子の秀包(ひでかね)が5000。毛利両川(りょうせん)の今ひとり、吉川広家(きっかわひろいえ)の軍勢が4000。

さらに京城を出陣した軍勢は、黒田長政5000、石田三成、大谷吉継らが5000、加藤光泰3000、そして宇喜多秀家が本隊となり、8000。

　先鋒の1万2000のうちでも、立花宗茂が武勇第一の猛将ゆえ、先手となった。小早川隆景は宗茂を呼び、明日の心得を話した。

　「左近殿は無双の剛勇ゆえ、敵と会えば必ず先駆けなされよう。されど、敵は大軍にござる。敵勢は大勢たりとも、一息の戦をいたさず、押せば引き、退けば押す心得にて、存分に悩ましなされよ。さすれば敵勢、疲れたころに本軍が打ち込み、詰めの戦といたす所存」

　大軍を相手に戦うときには、遮二無二戦うのではなく、奔走させて疲労を呼べとの作戦であった。

　作戦の場は、碧蹄館と決まった。南北に長い峡谷で、どのような大軍を擁して

碧蹄館の戦いの経緯③
小早川隆景軍が第2陣を突破して、明・朝鮮軍の本軍と激突。右側から小早川秀包、左側から小休止した立花宗茂が参戦し、3方向から明・朝鮮軍を攻める。

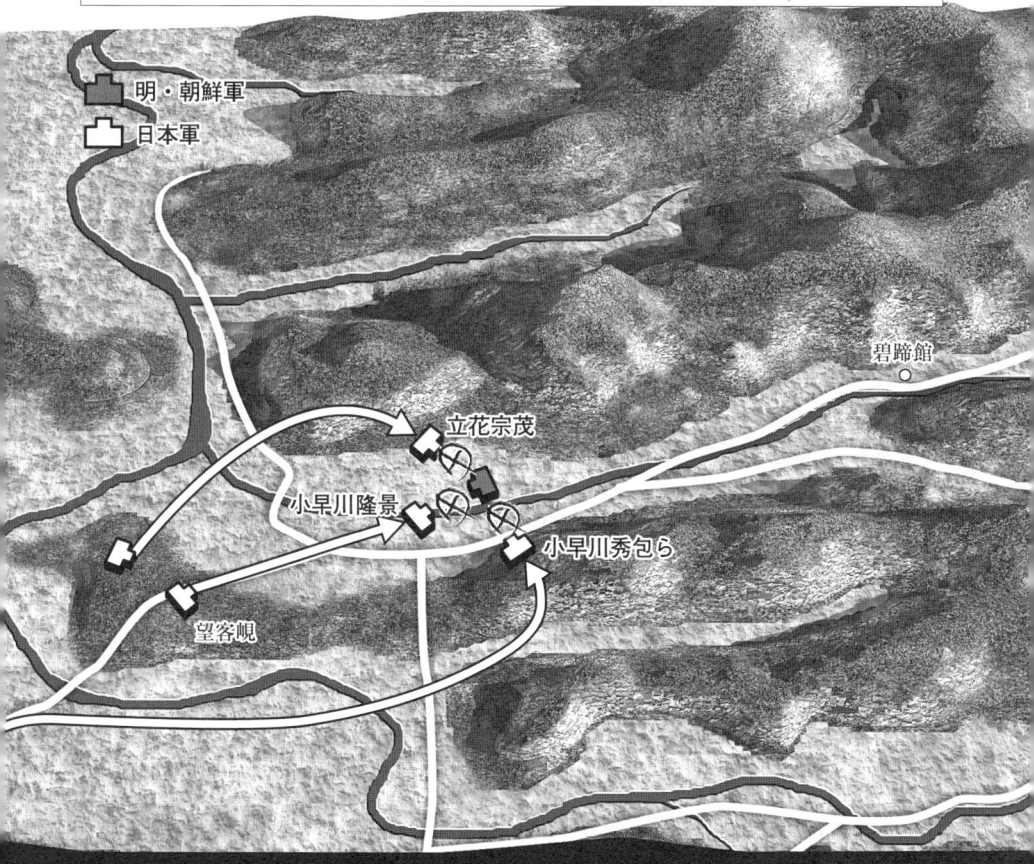

明・朝鮮軍
日本軍
立花宗茂
小早川隆景
小早川秀包ら
望客峴
碧蹄館

第三章　実戦上の戦術

いても、この土地では包囲はできない。宗茂は先発して兵を3手に分け、先手は円陣を組み、守りを固める。その中心戦力は鉄砲組で、早くも弾を込め、火縄をつけて待ち受けた。

その朝は、ひどい霧が立ち込めた。日本軍が待ち受けるなかを、明軍は足音を忍ばせ、ひっそりと進んでくる。

その先鋒3000ばかりが、立花勢の先手に気づいたのは、ほとんど目と鼻の先にまで迫ったときだった。

「て、敵が！」

明軍の先鋒が仰天するのに、宗茂はすかさず全力射撃で応じた。

「放てえっ！　鉄砲の列を入れ替え、息もつかずに撃ち止めよ。野戦で仕場居を開けねば、敵は大筒を使えぬぞ！」

突如として、何百という銃声が鳴り渡った。弾丸の豪雨が明軍を撃ち倒し、霧と硝煙を吹き上がる鮮血が紅く染め、入り交じって凄まじい光景となった。

射陣を入れ替え、撃ちまくる立花勢鉄砲衆の猛威に、さしもの明軍も怯んだ。そこに、

「乗り崩しをかけいっ！　揉み潰せ！」

立花家の家臣・十時連久（伝右衛門）、内田忠兵衛なる騎馬武者が、持槍をかざして突入する。突撃を受けた明軍は混乱し、退き始めた。

が、さすがに明の官軍である。集団機動は訓練してあると見え、退いた人数の側面から新たな部隊が出現、そちらに向かうと、先に退却した部隊のなかから湧くようにして、新たな人数が現れた。

立花勢先鋒は、新たな敵に向かって、遮二無二に突入した。

日本の武者が身につけている当世具足は、防御力で明軍の官兵が着ている甲冑を上回る。それに、兵から将軍までお仕着せの軍装でいる明軍に対して、足軽こそお貸し具足であるものの、武者以上は自分で意匠を凝らした具足を自分で発注する日本軍の軍装は目が覚めるほどに美しく、明軍はそれにも驚いた。

それでも、先手が突入すると見た明軍の、それまでに崩れた軍が、後方まで逆進して新たな部隊を作った。

出口を塞がれたような形である。が、十時、内田らはその瞬間馬首をめぐらせると、急な展開でまだうまく動けない後方の囲みを破って脱出し、後方の宗茂と合流した。

それまで温存していた軍勢2000を、宗茂はそこで投入した。

しかし、敵勢は日本軍が間合を詰め、大砲を封じようとしていることを看破し

たのだろう。騎兵を放ち、それが両側の丘陵の斜面を回るようにして、矢継ぎ早に襲ってきた。

　さすがの宗茂も、これには苦戦を強いられる。が、そのとき隆景の軍勢8000と吉川広家の4000が、鬨(とき)を上げてやってきた。

　「今ぞ、しばし休む。左手の丘に向かえ！」

　宗茂の下知を聞き、立花勢が道を空ける。

総力戦での勝利

　立花勢が退いたところへ、小早川勢の先手、粟屋景雄(あわやかげかつ)と井上景貞(いのうえかげさだ)が、ふた手に分かれて押し寄せた。明軍は、騎兵を繰り出して粟屋勢を襲う。

　一方、宗茂が一時の休息を得た丘陵には、本隊として進撃してきた宇喜多秀家、黒田長政、石田三成らが布陣した。機を見て全軍を投入せんとするが、隆景はま

碧蹄館の戦いの経緯④
明・朝鮮軍は碧蹄館を捨てて敗走。日本軍の勝利に終わる。

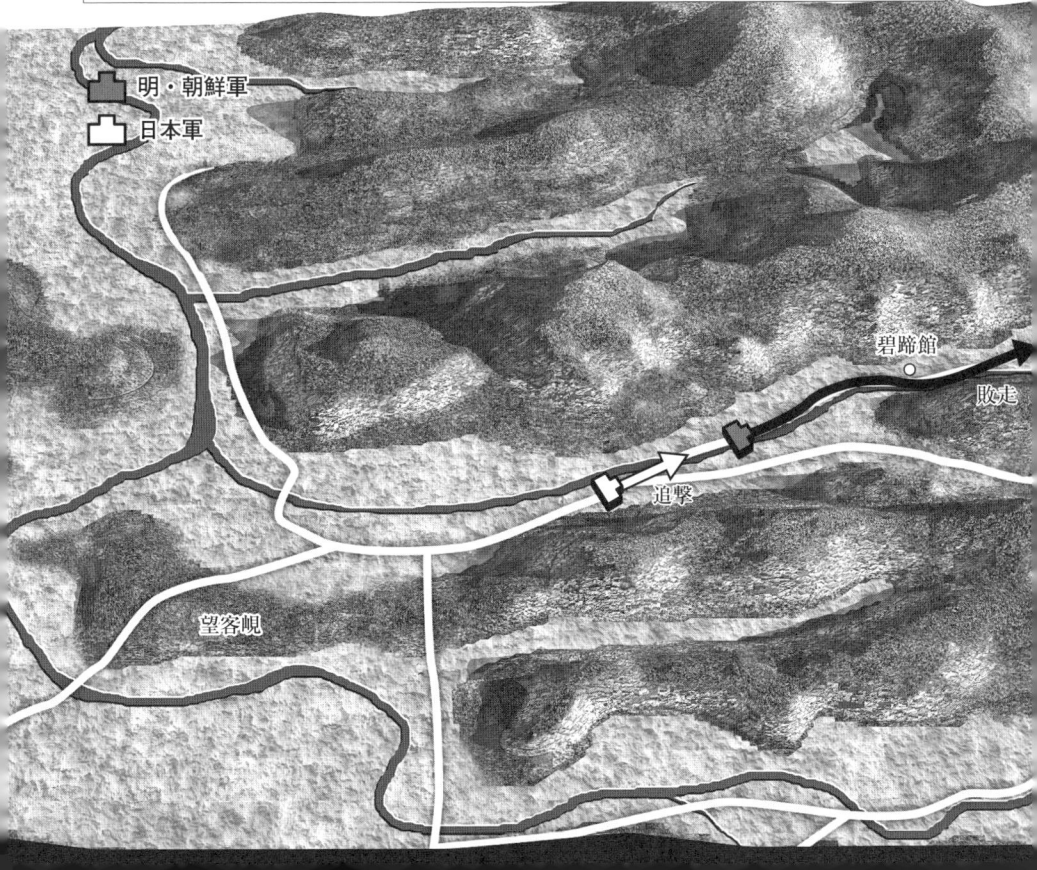

だ動かない。
　その間に、粟屋勢が危うくなった。が、隆景は援軍を督促する声にもかかわらず、動こうとしない。
　押されていた粟屋勢が、自ら後退した。井上勢がよる丘陵に登って、戦力の立て直しを図ったのだ。
　しかし明軍騎兵が、軍鼓を打ち、銅鑼を鳴らして、嵩にかかって追撃する。と、そのとき山上に上がっていた井上の「頭(とう)」が、雪崩を打って落ちてきた。
　そのとき、隆景が動いた。
「敵勢は怯んでおるぞ！　いざ、押し包め！」
　両側の丘から、小早川秀包(ひでかね)、毛利元康(もうりもとやす)、筑紫広門(ちくしひろかど)、そしてもう片方からは、休息を取った立花宗茂、黒田長政、宇喜多秀家らの軍勢が押し寄せる。
　そして隆景は正面から前進し、両翼から横撃されてうろたえる明軍を押し崩す。
「おのれ、怯むな！　楊元(ヨウゲン)の増援が、間もなく参るぞ！」
　劣勢の味方に焦るあまり、李如松(リジョショウ)は必死に兵を立て直す。
　間もなく、その援将・楊元(ヨウゲン)が、新手の兵を率いて乱戦に割り込んできた。が、そのとき。狭い地形のなかで、しかも泥沼が点在する難所に大軍が密集したため、明軍は動きが取れなくなっていた。
「今ぞ、撃て！　撃ち崩せ！」
　凄まじい連続射撃に、明軍は狼狽し、次々に鮮血を撒いて転倒する。
「こ、これ！　しっかりせぬか。一度軍を立て直し、再戦を起こすのじゃ！」
　李如松(リジョショウ)は必死に兵の掌握に努める。が、そのとき1弾が李如松(リジョショウ)の乗馬を貫いたのだろう。哀しげないななきを上げて馬が倒れ、投げ出された李如松(リジョショウ)めがけ、日本軍の武者が、鎧通しを抜きつつ襲いかかった。
「如松(ジョショウ)様、危のうございます！」
　ひとりの武将が、身を投げ出すようにして李如松(リジョショウ)の前に立ちはだかる。この狭い場所では、槍より剣が有利と判断したのか、その武将——井上景貞は、李如松(リジョショウ)の私兵、李有昇に躍りかかり、横腹に鎧通しを突き立てた。もがく有昇の首から大量の鮮血が噴出して、必死に抗っていた手がぱたりと落ちた。
　兵の犠牲で、李如松(リジョショウ)は辛くも逃げた。
　京城は守り抜かれ、また碧蹄館の敗戦は、日本軍強しの印象を明に与え、講和の機運を呼び起こす。
　その後もいくつかの戦闘を経て、文禄の役は終了した。
　しかし、間もなく起こった慶長(けいちょう)の役で、日本軍はまたしても辛い合戦を続ける

ことになる。

　加藤清正の蔚山籠城、島津義弘の釣り野伏せりを用いての泗川の大勝など、異国の軍勢を相手に戦っても、日本の戦術はかなりの効果を持つことが証明された。しかし、その勇戦は、やがて慶長の役の難戦と、その間の太閤秀吉の病死によって、大きく転換した。

　軍略とは関係のない部分──人間の感情という面で武将同士の軋轢を呼び、それは天下分け目の合戦、関ヶ原合戦へと至るのであった。

苦杯をなめた海戦

　朝鮮の役においては、陸戦において勇戦、ときとして明軍を圧倒した日本軍だが、海戦においては朝鮮水軍に及ばず、ことに李舜臣が建造した亀甲船には対抗の手段がなく、一戦するごとに敗れていた、といわれてきた。

　実際に、舜臣が指揮した朝鮮水軍には、日本水軍はしばしば苦杯をなめさせられている。この理由を、亀甲船の装甲した船体、武士の接舷移乗戦を阻む構造、そして多くの大筒を備え、竜骨を持つ堅牢な船体が、日本船では太刀打ちできない戦闘力を発揮した、とされている。

　しかし、朝鮮水軍の任務は日本軍の兵站補給線の切断であり、また日本水軍の任務は物資の輸送で、舜臣が戦った船の多くは輸送船であり、戦闘力に乏しい。また、日本水軍の多くは中型の関船や小早船で、亀甲船にくらべるとかなり小さい。事実、大将が乗り込む将船として使われた大型の安宅船が、海戦で沈んだ例はないという。

　近代の海戦でも、戦闘艦の戦闘力は、艦の大きさに比例する。まして、水雷のような武器がある時代ではないのだ。船体が大きければ大筒が多数積めるし、防御力も高まる道理である。亀甲船に対する日本水軍の劣勢は、単純に船の大きさの問題であったとも考えられる。

　竜骨を持たないとはいえ、安宅船の船体を形作る分厚い瓦板は、竜骨構造船に劣らぬ堅牢なものであった。大筒、石火矢をも備え、戦闘力は亀甲船に劣らぬものであったともいえよう。

　舜臣の偉さは、そうした強大な戦闘船ではなく、輸送船や確実に勝てる中型船、小型船を主敵として戦いを挑んだことにあるのだろう。水軍の任務が補給線の切断にあり、これは現代の海軍でも変わらない。水軍の本質を把握し、自らの任務に徹した点が、李舜臣の偉大さであり、現代に至るまで世界の名提督に名を連ねている理由なのであろう。

戦国乱世の総決算
関ヶ原の合戦

年　号	慶長5年（1600）
対戦者	徳川家康他、東軍　VS　石田三成他、西軍
兵　力	東軍　7万4000〜10万2000　｜　西軍　8万2000

秀吉の死により始まる政治戦争

　慶長3年（1598）8月、豊臣秀吉は幼い遺児・秀頼を残して、伏見城に没した。
　碧蹄館の戦いのあと、一度は講和がなったものの、日本と明国の認識の食い違いから生じた2回目の侵攻、慶長の役も、優勢な場面は多々あったが、明の大軍との連戦に、膠着状態が始まりつつあった。
　そうしたなか、秀吉の死が伝えられ、日本軍は撤退に移った。それを察した明・朝鮮軍は追い討ちをかけたが、日本軍は熾烈に抵抗し、両軍にかなりの損害を出しつつ撤兵は終了して、戦国時代最初にして最後の対外戦争は幕を閉じた。
　代わって国内で始まったのは、刀槍に訴えない政治戦争である。
　日本史上に類のない、武家としての独裁政権を築いた秀吉であったが、その政権は秀吉が1代で築いたもので、譜代の家臣も、また盤石の基盤もない。跡取りの秀頼も若年で、政権を支える者は石田三成や長束正家のような財政テクノクラートと、軍事力を司る秀吉子飼いの武将たちの両輪体制であった。
　しかし、福島正則、加藤清正をはじめとした武断派の諸将と、三成ら吏僚派とのあいだには、深い溝ができていた。
　どこの国でも、政権の創世記にはそうだが、軍事的功績を上げた者は、自分たちの働きがあればこそ、その政権ができたと考える。
　一方、政権が成立した後には、吏僚派の手腕がなにより重要なものとなる。また、軍事優先のころでも、その勢力の全力を注ぎ込まねばならない大勢力同士の総力戦の時代には、実際に戦端が開かれる前段階の、装備の充実と兵力の集中、兵站の確立が、なにより重要なものとなる。

そうした条件を整えるのは、経済、流通に精通した敏腕の官僚なのだが、軍人たちにはそれが理解できない。頭では理解していても、感情が受けつけないのだ。自然、吏僚派と武断派は対立することになり、往々にして亀裂を生じるものだった。

また、戦国乱世の記憶がまだ生々しく、諸大名は生き残るために強い者につくという功利的な感覚を、濃厚に残していた。

彼らにとって、秀吉ひとりが成立させていた豊臣家の天下は、後継者が幼いという一点で、十分危惧に値するものだった。

爾来、どのような大勢力でも、後継者が幼かった場合はろくなことにならない。有力な家臣に操られるか、主君の幼さにつけ込んだ他の勢力に襲撃されるか、いずれにせよ、安泰ではいられない。それが、乱世の習いというものだった。

しかし、今回の豊臣家は天下人である。豊臣家を侵す外敵は存在せず、秀吉は自分の死後にも天下の安定を保つよう、豊臣家の政体を、敏腕の官僚5名が政務を執り、それを最大級の有力大名5名が監督するという、相互監視の制度を定めていた。

五奉行、すなわち増田長盛、浅野長政、石田三成、長束正家、前田玄以。

そして五大老筆頭・徳川家康以下、毛利輝元、上杉景勝、前田利家、そして小早川隆景亡きあとにその一員となった宇喜多秀家である。

これら有力大名が、相互に監視して政務を執り、秀頼を擁立し続けていけば、豊臣家の天下は揺らぐこともなく、そのまま武家と公家を融合させた、日本としては初の政体が続いていったことであろう。

しかし、そうはならなかった。

秀吉の死後、天下を取る最後の機会にかける人物が、一度は定まったかに見えた体制を打ち壊すべく、一度は隠した牙を、再び露にしたのであった。

動き始めた家康

隠した牙を露にしたのは、五大老筆頭にして、関東6か国を領国とする徳川家康であった。250万石もの所領を持ち、最大動員能力は6万を超える大々名が、天下を奪うべく策謀をめぐらせ始めるとは、豊臣家の家臣たちは想像だにしなかったことであろう。

もっとも家康にしてみれば、それは予定の行動であったに違いない。もともと家康は、信長が築きかけた天下を受け継ぐ正統な後継者は、秀吉ではなく自分であると考えていた節がある。

信長が雄飛を始めたころ、唯一の同盟者が、今川義元の軛から解放された家康であった。

　信長が同盟を結んだ相手には、武田信玄や上杉謙信といった強豪たちもいる。が、それは単に十分な勢力を蓄えるまで攻撃されないための便宜的なものであり、信長に協力し、また窮地にあたっては救援されるという、文字通りの意味では、家康のみといっていい。

　同じ立場にいた者には浅井長政がいるが、長政は朝倉家への対応をめぐって信長と対立し、滅び去った。また、形のうえでは同盟でありながら、家康は事実上、信長の部将として武田家との盾になり、また戦力をも提供しながら、武田家とのつながりを疑われた嫡男の信康を、信長の命ずるままに葬り去っている。

　そうした立場からいえば、他の織田家家臣たちと対等の立場であったともいえよう。しかし、家康から見れば、三河34万石とはいえ、独立した大名であったことに、他の者とは格が違うという誇りを抱いていたのであろう。

　また、信長の晩年に遠江27万石と駿河17万石、本能寺の変後に甲斐25万石、信濃の半ば35万石を加えて、138万石もの大領を持つに至っている。

　秀吉が天下人となる過程では、織田信雄と同盟し、小牧、長久手の合戦で秀吉を翻弄して、優勢のまま引き分けた実績も持っている。秀吉が天下人となったことを示すため、大政所を人質に大坂に上らされたこともあり、秀吉亡き後の天下は自分が継がねばならないと、強く意識していたことだろう。

　折しも、秀吉の死で中断された朝鮮出兵の後遺症で、天下が騒然としていたこともある。秀頼が幼君であるために、戦後の仕置きに不安を抱いていたこともあるだろう。本来は不安を感じる必要はなかったともいえようが、家康が積極的に動き始めたために、誰もがその不安に巻き込まれてしまっていた。

家康の野望と策略

　家康は、秀頼が幼君であることから、諸侯が漠然と抱いていた不安を巧みに煽った。有力な諸侯を足繁く訪問し、戦国乱世の思い出話に花を咲かせる一方、大名間の婚姻を取り持って、存在感を高めていく。

　こうした行為から、家康の野望に気づいた人物がいた。

　秀吉の信任が最も厚く、豊臣家の天下を支えてきた五奉行中最大の傑物――近江佐和山城の城主・石田治部少輔三成である。

　大名間の勝手な婚姻は、秀吉の遺令に背く行為であった。三成は仲間の奉行と図り、糾問使を送って釈明を求めるが、家康は逆に秀吉が、家康ら5人の大老に

後事を託したと開き直る。

　さらに家康は、豊臣家家臣団の分裂につけ込んだ。朝鮮で苦戦してきた加藤清正、福島正則ら豊臣家の天下を維持してきた者は、実際に戦場働きしてきたのは自分たちだという自負を持っている。なのに、秀吉は武功もない三成らを重用し、武闘派を疎んじた。それは三成らの甘言がなせる業であり、また朝鮮の役においても、軍奉行として派遣されてきた三成ら吏僚が、事実をねじ曲げて讒言した────そう思い込んでいた。

　そこに、家康はつけ入る隙を見出した。戦場にあって、家康は隙間探しの名人と評される。華々しい戦術とは無縁ながら、腰を据えた采配で守りを堅くし、敵勢が動くうちに、その陣備えに生じた隙間を見逃さず、疾風迅雷のごとく兵を動かして、その隙間をこじ開ける。

　それが家康の得意な戦法であり、その戦法を、戦場ならぬ政治の場に応用したのであった。

　家康が応用したものは、そればかりではなかった。幼君が残された名家に襲いかかる、もうひとつの定番──お家乗っ取りを図る奸臣を仕立て上げ、諸大名の危機感を煽り立て、その奸臣から主家を守る忠臣に自らを見立てるという、凄まじいまでの策略であった。

　折から、秀吉が後事を託した大老のうち、家康に拮抗する名声と人望を持つ唯一の人、前田利家が没した。

　この機会に乗じて、福島正則、加藤清正ら武断派の諸将は三成を討ち、禍根を断とうといきり立つ。

■大鉄砲(大筒)の各部の名称

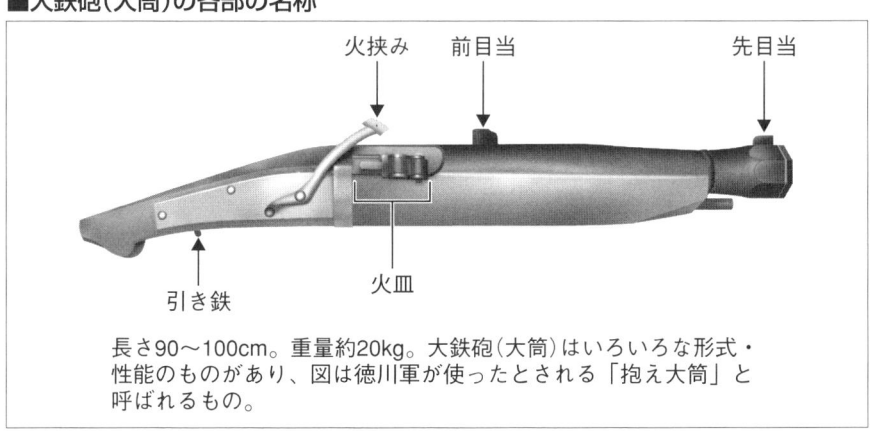

長さ90〜100cm。重量約20kg。大鉄砲(大筒)はいろいろな形式・性能のものがあり、図は徳川軍が使ったとされる「抱え大筒」と呼ばれるもの。

その面々は、加藤清正、福島正則という豊臣家の武門を背負って立つ両輪に、加藤嘉明、藤堂高虎、黒田長政、浅野幸長、池田輝政である。身の危険を感じた三成は、伏見城下の家康の屋敷に庇護を求めた。家康が天下簒奪の道具として三成を使おうとしているなら、機が熟するまで三成を殺すはずがない。そう考えた三成の賭けは当たり、家康は7将を一喝して三成の命を守った。

　しかし、ただ助けたばかりではなかった。武家の鉄則ともいうべき喧嘩両成敗の原則に従い、三成は奉行の職を辞して、佐和山への蟄居を余儀なくされる。

次々に手を打つ家康

　三成を放逐した家康は、大坂城西の丸に居を移し、政治を壟断し始めた。家康は、島津家中に生じた家臣との軋轢を処理して、自身の声望を高めていく。また、豊臣家の天下を狙う奸臣として、前田利家の跡を継いだ加賀の太守・前田利長に謀反の疑いありと揚言し、討伐の支度を下令した。

　その知らせを受けて仰天した利長は、生母の芳春院を人質に差し出して討伐を免れた。ここに至って、諸侯は家康の意図を悟った。秀吉の盟友で、信長の時代を知る数少ない人物であった利家の跡取りを恫喝して従わせたことで、家康は事実上、天下随一の実力者であると天下に宣言した。

　家康に従わなければ、今度は自分が謀反の疑いをかけられる。家康に従うことが自家の安泰につながると、多くの大名が認識した。

　さらに、家康は大坂城内に自身の暗殺計画があるという噂を撒いた。その流言に引っかかり、秀頼の乳母の息子・大野治長、浅野幸長といった人々が放逐される。もはや家康は、事実上の天下人にほかならない。

　しかし、いまだ日本には、家康に敵対する人々がいた。彼らと一戦し、その勢力を除かなければ、天下の簒奪はならない。そのためには今一度、大きな賭けに出なければならなかった。

　慶長5年(1600)、家康は会津120万石の太守・上杉景勝が帰国したまま戻らず、城の修復を行い武具を集めて、家臣の新規召し抱えを行っていると非難する詰問状を送った。

　景勝は、先代の謙信以来、武勇と信義を重んじる家柄である。織田信長に敵対し、北陸を担当した柴田勝家の圧迫から、賤ヶ岳合戦を通して解放してくれた秀吉への恩も忘れていない。家康の専横に対して、最も激しく反感を抱いている大身大名のひとりである。

　その景勝を追い込み、あわよくば討伐の兵をあげる。それが家康の目論見であ

った。

　戦場となるであろう会津に大兵を率いて向かうなら、上方からは徳川家の戦力が消える。

　その隙を狙って、三成が決起するであろう。敏腕をもって豊臣家の財政を取り仕切り、忠誠心に厚い三成である。家康に反感を抱く大名たちは、三成の檄に従って兵をあげるに相違ない。

　そこを狙って兵を返し、一戦に及べば、炙り出していく労を要せず、反家康の大名たちを一掃できる。戦が絶えた世にあえて戦を起こし、天下を奪うという無理を侵しての野望を実現するためには、避けて通れない賭けであった。

　その賭けに、景勝は乗った。あるいは、三成と気脈を通じていたのかもしれない。景勝の腹心・直江兼続は、家康を散々に嘲弄する書状を送り、全軍をあげて迎撃の準備に入った。

　豊臣家の天下を奪おうとする者と守ろうとする者、双方の思惑が期せずして一致した。

家康の会津討伐と三成の挙兵

　6月、家康は会津討伐の大号令を発し、大軍を催して大坂を発した。

　すでに、家康の野望は誰の目にも明らかだった。秀吉の定めた制度では、軍事行動には奉行の合意が必要とされていた。しかし、このとき家康は、毛利輝元、宇喜多秀家の反対を押し切って、強引に出兵を決定した。

　まさしく、その隙を狙って三成が立った。同輩の小西行長や長束正家、あるいは高松城からの大返しで交渉にあたって以来、昵懇の間柄となった毛利家の外交僧・安国寺恵瓊と図って同志を募る。

　家康は膨大な書状を諸侯に送り、きたるべき天下分け目の戦にあたって自分に味方するよう求め、またその際には莫大な恩賞を約束した。

　一方、三成もまた家康の行いを糾弾し、自分に味方するよう求める調略を繰り広げた。その結果、毛利輝元を総大将に、西軍大名――なかんずく五大老のひとり宇喜多秀家、近江に配置されている諸大名や、越前敦賀に居城を持つ同輩・大谷刑部少輔吉継に、筑前柳川に居城を持つ日本最強の武人・立花宗茂ら、陸続と武勇の誉れ高い将が集まった。

　三成は、必勝の策を立てていた。これらの将は、数のうえで家康が引き連れていった軍勢を上回り、また武勇のほども上回る。なにより、豊臣秀頼は大坂にあるのだ。秀頼の出馬を願えば、いかに三成を憎んでいるとはいえ、豊臣家恩顧の

諸将が刃向かえるはずがない。豊臣家の恩を受けた大名たちが、その恩を忘れて信義に反する振る舞いをした家康に従うはずがないと考えていた。

しかし、家康は三成と違い、乱世で家を保ってきた古豪であった。

生き延びるためにはなにが必要かを知り尽くしている。また、戦場で培ってきた戦上手（いくさ）の定評がある。秀吉すら遠慮した実績と、その末に稼ぎ取った大身代がある。

三成が信じる正義より、その実力に重きを置く者が想像以上に多いであろうことに、三成は思い及ばなかった。

三成自身が、彼が当てにする豊臣家恩顧の大名たちに亀裂を生む元凶となっていることにも、理解が足りなかった。

そうしたなかで、三成と家康が両者ともに会戦の帰趨を握る男と考えるのは、筑前名島城の城主で、小早川家の養子に入った秀吉の甥・小早川秀秋（こばやかわひであき）であった。

秀秋は1万4000もの大軍を指揮できる。一時は秀吉の後継者に据えられながら、朝鮮の役での失策がもとで、一度は筑前の大領を失ったことがあり、それを三成の讒言の仕業と信じて、恨みを抱いてもいた。

しかし、家康側にも踏み切れない。逡巡する秀秋に、家康は大領を約束し、三成は秀頼が成長するまでの関白職を提示した。

秀秋の心は揺れたに違いない。中納言とはいえ、数え24歳の若年である。自分がどのように重要な立場にあるのかを、果たして理解していたかどうか。

しかし、三成は豊臣家の血縁につながる秀秋が、敵対するはずはないと考えていたのであろう。大坂城に戻り、長束正家、増田長盛（ました）らと図って諸侯の妻子を人質に取り、ついに挙兵に踏み切った。

戦いの前哨戦

西軍は、家康の宿将・鳥居元忠（とりいもとただ）が籠もる大坂城の押さえの城の伏見城を攻め、また細川忠興（ほそかわただおき）の居城・田辺城（たなべ）をはじめとする、蜂起に荷担していない諸侯の城を攻め落としていく。

折から、家康の会津攻撃に参加すべく、薩摩から島津義弘（しまづよしひろ）が着到した。機を見るに敏な島津のことである。家康の策謀にも気づいていたろうし、事実、家康方に加わる心づもりだったらしいが、すでに西軍は蜂起し、家康は東国にある。さらに伏見城への援軍を申し出てみたところが、元忠に拒まれて、やむなく西軍に身を投じることになってしまった。さらに西軍の総帥に擬せられた毛利輝元が3万の兵を率いて着到し、大坂城西の丸に入った。

三成の軍略は、着々と実現しているかに見えた。
　しかし、三成の不幸は、ともに計画を進めている西軍の中枢部、ことに全幅の信頼を置いていただろう奉行衆に、西軍の勝利に確信を持てない者がいることだった。
　大坂城を預かる増田長盛が、こともあろうに西軍挙兵の準備を進める一方で、家康にも気脈を通じていたのである。長盛は勇猛な武者でもあったが、本質は能吏である。本能的に保身を考え、西軍が敗北した場合にも、生き残れる道を用意しておこうとしたのだろうか。
　長盛を含む複数の情報で、家康は三成の挙兵を知った。
　ついにきた、と家康は胸が躍る心境であったろう。両者は図ったかのように、互いが仕かけた罠にはまり合い、決戦に駒を進めていく。
　会津攻めは即座に中止され、上野国小山の陣で、西軍挙兵の事実が告げられた。そのとき、家康の意を受けた黒田長政が、豊臣恩顧の諸侯に三成こそ奸臣と告げ、家康に馳走するよう、工作していたという。
　その工作が功を奏したのか、秀吉に向けた忠義では人後に落ちない清洲城城主・福島正則が、真っ先に家康に味方すると宣言した。
　正則が東軍荷担を宣言したことで、迷っていた諸将も決心がついたのだろう。豊臣家に弓引くことになるのだが、そこに向けた罪の意識も、大勢なら軽くなったに違いない。ほぼ全員が、雪崩を打って東軍荷担を表明し、わずかに岩村城城主・田丸直昌と、信濃上田城城主・真田昌幸が西軍荷担を表明して去ったに過ぎなかった。
　全軍は直ちに旋回し、西上した。家康は江戸に戻り、軍勢の編成を急ぐ。そして三成は、美濃国大垣城に移動して、東海道を急いできた東軍の陣に相対した。
　決戦の前哨戦として、美濃岐阜城に籠もる西軍の将で、信長の嫡孫・織田秀信が、東軍の猛攻を受けて城を落とされた。一方、西軍は田辺城を落とし、毛利秀包、立花宗茂といった九州の勇将たちを、東軍に荷担した京極高次の大津城攻めに差し向けたが、この城が意外に頑強で、三成は肝心の決戦に貴重な戦力を使えないという事態に陥った。
　そうした前哨戦を経て9月14日、家康が美濃、赤坂の陣に来陣した。

	東軍
	西軍

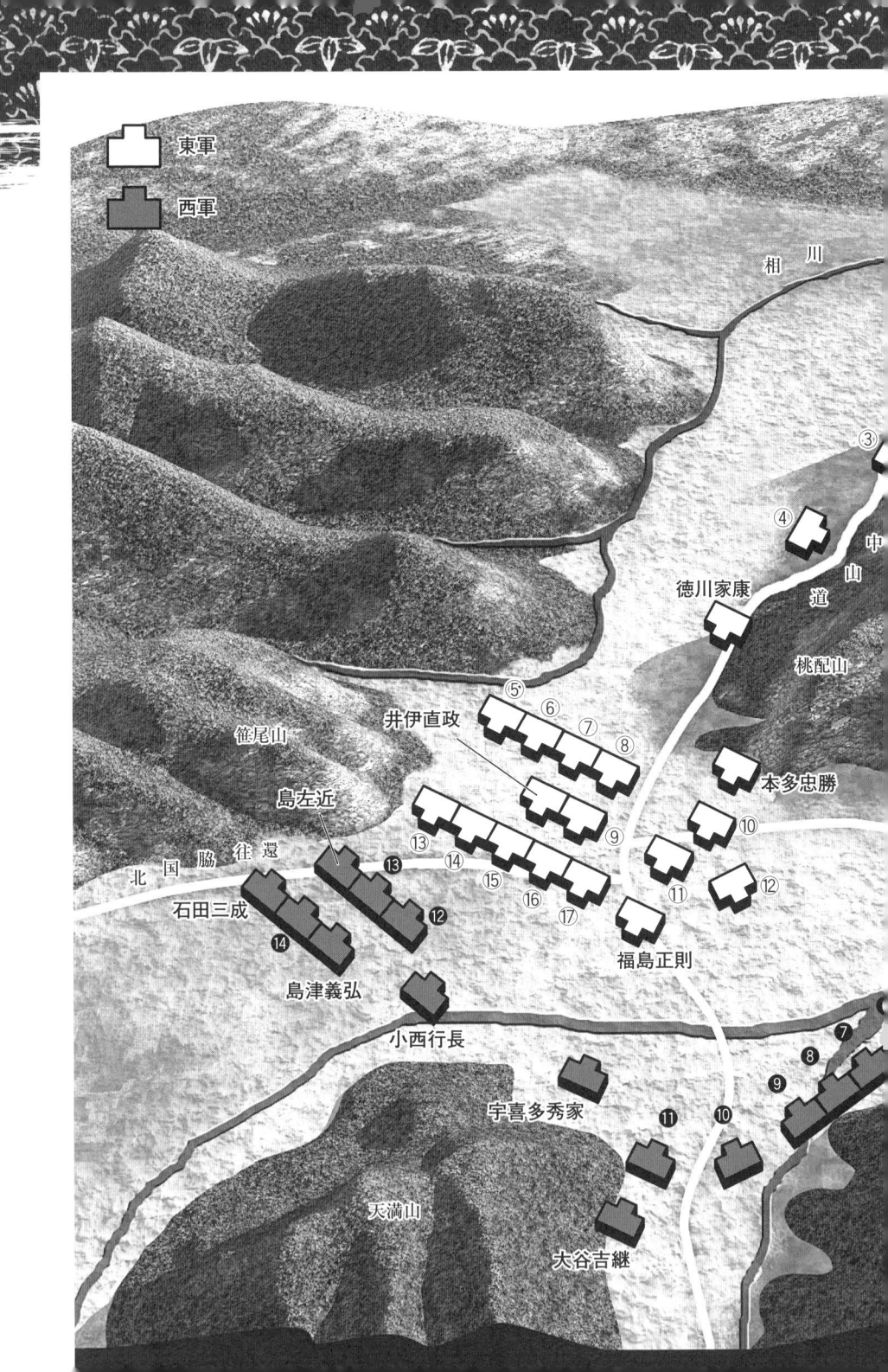

相川

中山道

徳川家康

桃配山

井伊直政

本多忠勝

笹尾山

島左近

北国脇往還

石田三成

福島正則

島津義弘

小西行長

宇喜多秀家

天満山

大谷吉継

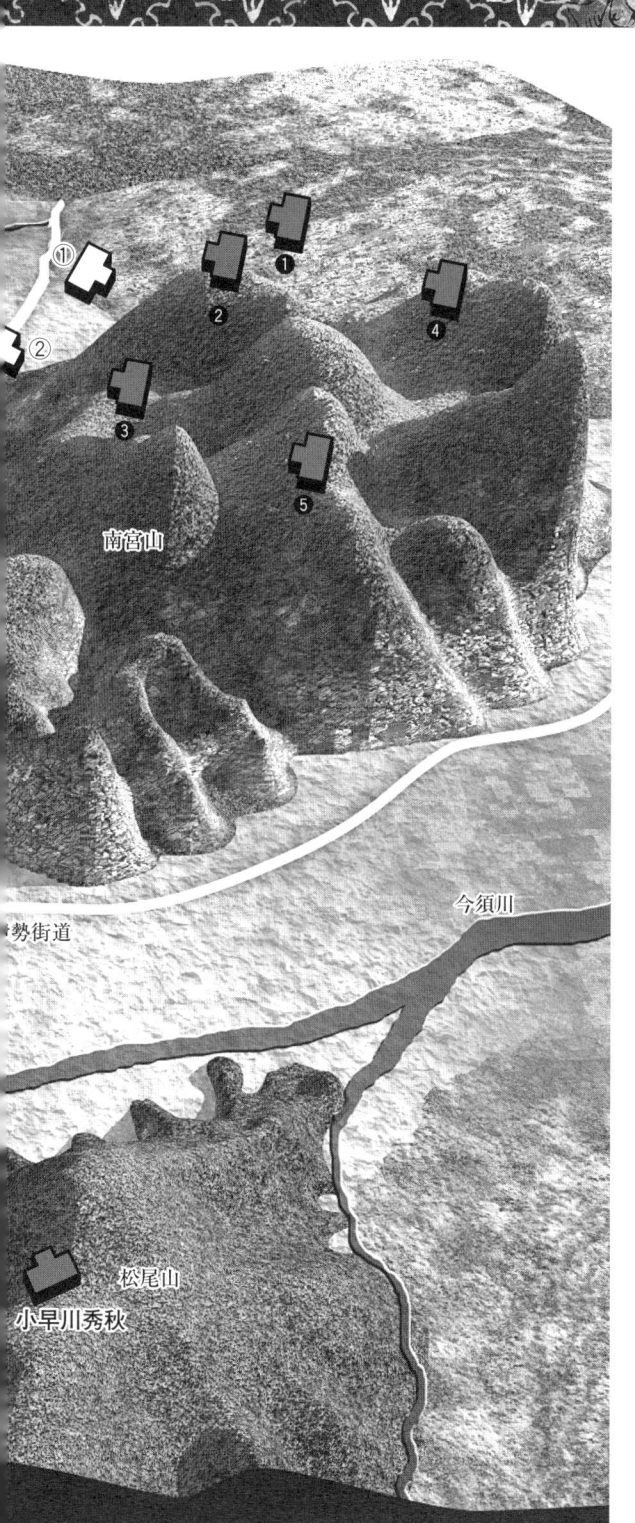

関ヶ原の合戦の経緯①
おもに東軍は中山道を通り、西軍は北国脇往還を通って関ヶ原に着陣する。

東軍
①池田輝政
②浅野幸長
③山内一豊
④有馬豊氏
⑤古田重勝
⑥織田有楽斎
⑦金森長近
⑧生駒一正
⑨松平忠吉
⑩寺沢広高
⑪藤堂高虎
⑫京極高知
⑬黒田長政
⑭細川忠興
⑮加藤嘉明
⑯筒井定次
⑰田中吉政

西軍
❶長束正家
❷安国寺恵瓊
❸吉川広家
❹長宗我部盛親
❺毛利秀元
❻脇坂安治
❼朽木元綱
❽小川祐忠
❾赤座直保
❿大谷吉勝
⓫戸田勝成、平塚為広
⓬島津豊久
⓭蒲生郷舎
⓮豊臣麾下

第三章　実戦上の戦術

南宮山
伊勢街道
今須川
松尾山
小早川秀秋

両軍、決戦の地・関ヶ原に布陣

　意気上がる東軍勢に向けた示威のように、三成の重臣・島左近らが少人数での挑発を行い、東軍の中村一栄の人数を誘い出して杭瀬川上で撃破。西軍の士気を高めた。

　その夜、家康は大垣城を置き捨てにして西進し、佐和山城を攻撃しつつ主力を大坂に進める作戦案を提示した。

　その情報が、三成の手にも入った。老練な家康のことである。おそらくは故意に、西軍方の諜者の耳にも入るよう、仕向けたのであろう。

「内府は大坂に向かわんとの知らせなれば、速やかに兵を移し、待ち備えをつかまつらねばならぬ。全軍城を出、敵方に気づかれぬよう、関ヶ原に軍立場を設けんと思うが、いかが思われまする」

　三成に問われた秀家も、大軍を引き受ける戦場は関ヶ原以外にないと考えた。

　関ヶ原は4方を山に囲まれ、北国脇往還と伊勢街道、中山道が交わる交通の要衝であり、畿内への侵入を防ぐには、守るに易く、攻めるに難い難所である。

　また、この関ヶ原を見下ろす山々には、すでに南方の松尾山に小早川秀秋が、関ヶ原への入り口を見下ろす南宮山に吉川広家と安国寺恵瓊、毛利秀元といった毛利一党と、四国土佐から来陣した長宗我部盛親が布陣して、関ヶ原を見下ろす形でいた。

　東軍が佐和山、京、大坂に向かうつもりなら、必ず関ヶ原を通らねばならない。彼らに先んじて西軍が進出し、奥深くに陣を占めたなら、家康は是非にも関ヶ原に侵攻し、決戦を挑まねばなるまい。

　そのとき、東軍は袋の鼠となる。盆地に布陣した軍勢が戦い、敵を引きつけているあいだに、高所に布陣した各軍勢が雪崩落ちて蒸し討ちにする――敗北するはずのない、必勝の戦略であった。

　すぐさま評定は一決し、西軍は福原長堯ら5000ほどを残して大垣城を出た。

　三成が取った布陣は、非の打ちどころのないものだった。最奥部の笹尾山を背後にして、石田勢、小西勢、宇喜多勢、島津勢が布陣し、その背後に大谷吉継が、平塚為広、戸田勝成ら近江の小大名とともに、赤座直保、朽木元綱、脇坂安治らを指揮して盾を並べたような陣を敷く。

　この陣形は、決戦時に侵攻してくる東軍を横撃するとともに、背後の松尾山に陣取る小早川秀秋への備えでもあった。吉継は、秀秋が寝返る可能性を捨てていなかったのである。

また、戸田勝成と平塚為広は、身代は小さいが秀吉が将来を嘱望した合戦上手であった。石高が少ないのは、大坂の近くに領地を与え、いざ事が起こったときに、秀吉が持つ大軍勢を預けて采配を取らせる構想があったためだった。その構想は実現しなかったが、松尾山の麓には、こうして豊臣家が誇る合戦上手が陣を並べることとなった。

　西軍動くの報を受けた家康もまた、麾下の全軍を西進させた。

　15日未明、すでに西軍は関ヶ原に布陣し、またこの季節には、山から下りてくる空気と地上の暖気がぶつかり合って霧が深い。松平忠吉と福島正則の人数を先頭に、そろそろと進んだ東軍は、やがて福島勢の戦端が宇喜多勢の殿軍と接触した。

関ヶ原の合戦の経緯②
松平忠吉・井伊直政の軍勢が宇喜多秀家の軍勢と戦い、決戦の火蓋が切って落とされる。

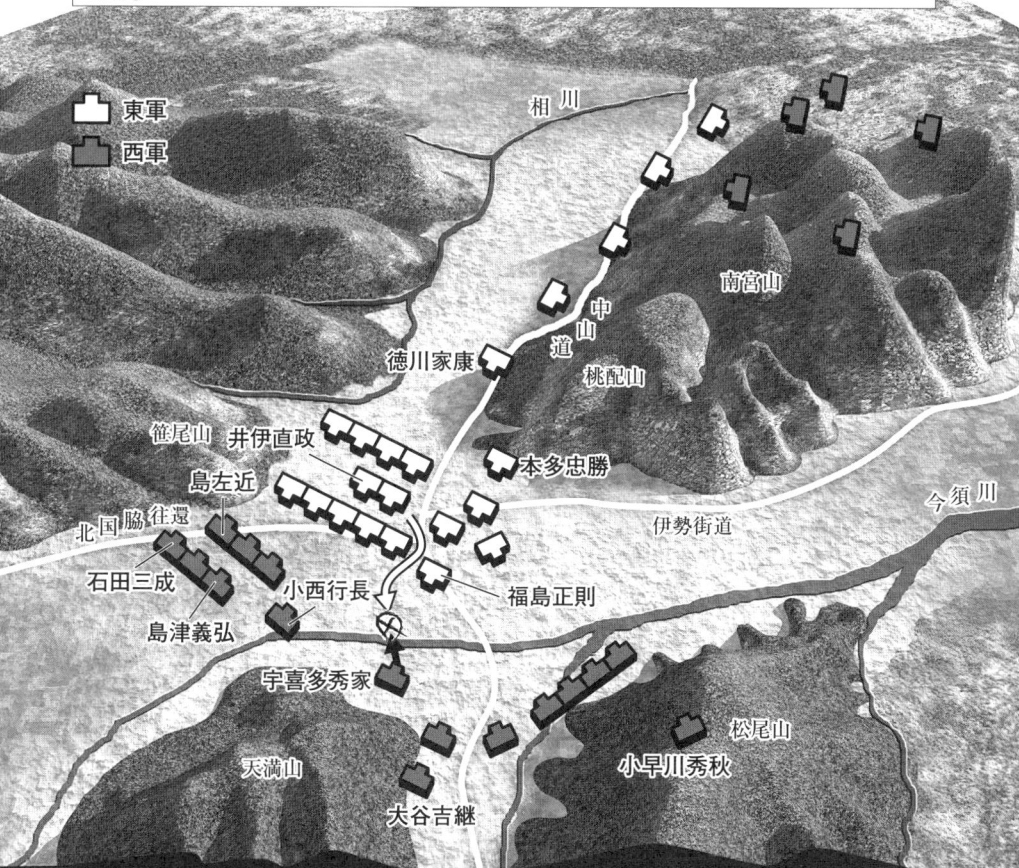

宇喜多勢では、味方の兵と思ったらしい。しかし、東軍側ではこれより先にいる軍勢はないため、西軍の布陣が知れた。
　家康は、関ヶ原東端の入り口近くの桃配山に本陣を置いた。
　毛利勢が駆け下りれば、後背を直撃できる位置にある。しかし、家康は動じる気配を見せなかった。
　実は毛利家の重臣で、小早川家が豊臣に乗っ取られた今となっては家臣団中最高の地位にある吉川広家から、不戦の約束を受けていたためだった。家康が敗れれば、天下は再び乱世となり、毛利家はその渦中に投げ出される。元就ならいざ知らず、輝元は合戦の実相を知らない。混乱のなかで揉み潰されてしまうに相違ない……そう案じた広家が、戦わないことで家康に天下を取らせ、恩を売ろうと考えたための措置だった。
　同様に、松尾山の秀秋にも、十分な工作が施してあるはずだった。
　戦理のうえでは、東軍は必敗の情勢にある。しかし、そうした調略の成功を信じていた家康は、自信を持って死地に兵を入れた。
　もっとも、不安がないはずがなかった。どれほど固く約束していても、相手は家を残し、戦功を上げることを第1の目的とする武将どもである。戦況如何によっては、いつ心変わりするかもしれない。
　加えて中山道を進んだ徳川家の別動軍で、跡取りの秀忠が指揮する精鋭3万が、信州上田の真田昌幸が仕かけた挑発にかかってしまい、足止めされていた。この3万は実戦を知る徳川家の主力軍で、家康が連れている3万は、その子弟に過ぎない。戦闘力は心許なく、できれば使わずにすませたかった。

開戦

　9月15日、卯の下刻(午前7時ころ)、物見に出た井伊直政と松平忠吉の人数が、宇喜多秀家の先鋒と接触し、銃撃戦が始まった。
　その射撃に、本来先鋒を任されていた福島正則は驚き、怒って自らも戦闘開始を命じた。
　井伊、松平、福島勢と宇喜多勢のあいだで始まった戦闘が、両軍をなし崩しに戦闘に引き込んだ。
　宇喜多秀家は若年ながら、備前の梟雄・宇喜多直家の嫡子であり、また秀吉が、手ずから軍略を教えた青年である。
　秀吉への敬愛の念を胸に、勇猛果敢に戦いを繰り広げる。その勢いに鼓舞されて、三成の軍勢を指揮する島左近、舞兵庫ら重臣たちは、黒田、細川、藤堂、加

藤嘉明といった、本来なら豊臣恩顧の軍勢を引き受けて、激しく戦った。

さらに小西行長の軍勢も、織田有楽斎、古田重勝らの軍勢を引き受けて戦った。

銃声が山々に反響し、地面を轟かせて駆ける長柄組が、凄まじい勢いで激突し、相手を槍絡みでねじ伏せようと試みる。また、三成はかつての島津の家臣・長寿院盛淳らから贈られた仏狼機を轟発させて、東軍の度肝を抜いた。ならば、と東軍も猛射を加えるが、全軍死兵と化した石田勢、宇喜多勢は崩れない。

そのまま2刻が過ぎ、陽が沖天にかかっても、一進一退の攻防が続いた。今や、東軍は主力が関ヶ原に入り、西軍が見下ろすなかにある。

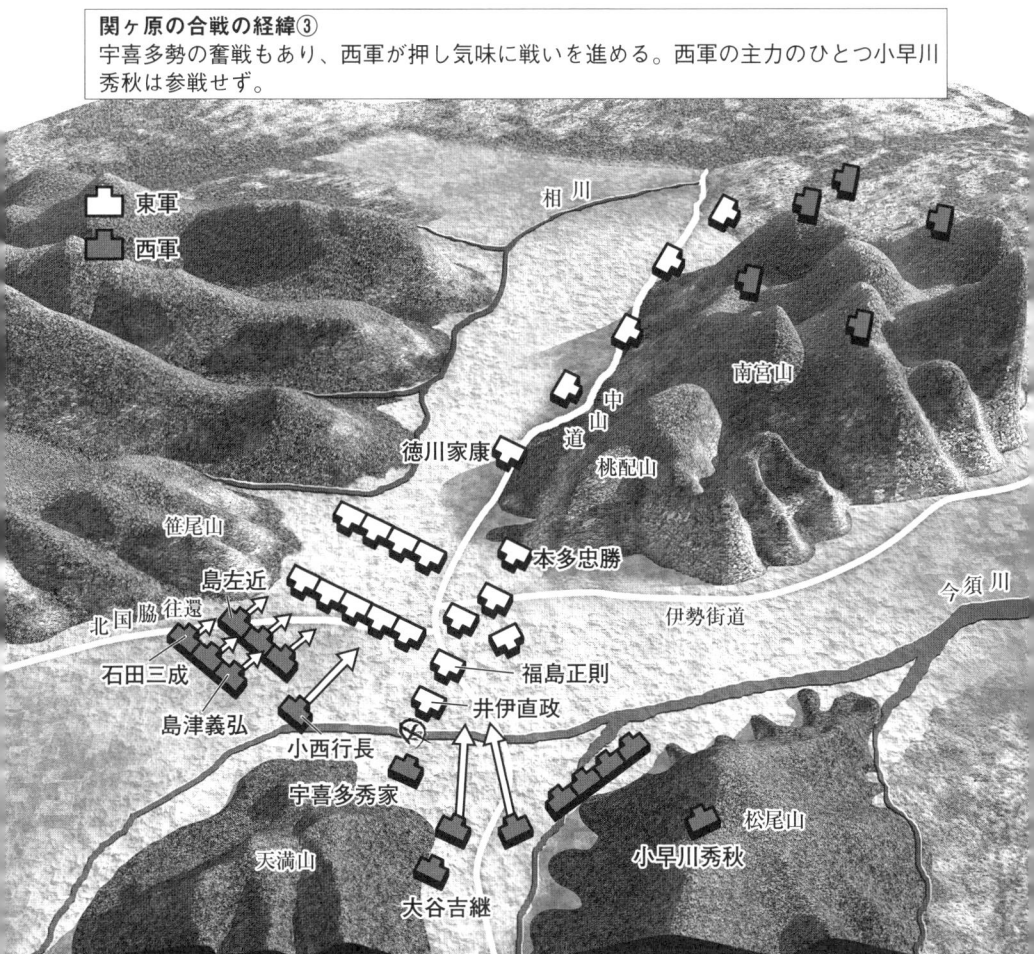

関ヶ原の合戦の経緯③
宇喜多勢の奮戦もあり、西軍が押し気味に戦いを進める。西軍の主力のひとつ小早川秀秋は参戦せず。

第三章　実戦上の戦術

動かない小早川軍

　三成は用意の狼煙を上げて、松尾山、南宮山に布陣する小早川勢、毛利勢に参戦の合図を送った。

　しかし、両軍とも動かない。三成は焦りを覚え、幾度も狼煙を上げる一方、自ら島津義弘の陣を訪れた。

　が、義弘は思いがけない言葉を口にした。数日前、家康が到着しないうちに夜襲をかけようと提案し、三成に一蹴されたのである。誇り高い薩摩隼人は、今日は各人が各々、戦をすればいいといい放つ。

　三成は唖然とし、次いでなぜ、輝元が秀頼を奉じてこないのか、と悲痛な気持ちで思った。

　しかし、輝元は大坂城を動けなかった。

　秀頼の生母・淀の方が、16歳になるまで秀頼を外に出すなという秀吉の遺言を盾に抵抗したためと、裏切り者が城内にいて、毛利勢が出陣し次第、城を奪うという流言が流れていたはずだった。

　実は、そのようなことがあったとしても問題にはならないことに、輝元は気づかなかった。万一大坂城が奪われても、西軍勝利の後に取り戻せばすむことである。しかし、実戦の経験があまりない輝元は、自分が動かずにいるのが最良だと信じ込んでいるかのようだった。

　そのまま死闘は続き、さしもの西軍にも疲れが見えてきた。

　次第に押された戦勢を挽回するために、島左近は浮き備え（予備兵力）を投入する。しかし、そのとき黒田長政が放った別働隊が、戦場を迂回して、島左近の間近に忍び寄った。

　轟然と射撃を浴びて、左近は落馬した。三成は急いで後方に移す。戦闘指揮官が倒れたことで、士気の低下は否めない。

寝返りで瓦解する西軍

　一方、家康もまた、焦慮に駆られていた。

　早い時期での内応を確約していた秀秋が、まだ動かない。

　「おのれ、金吾めに謀られたか！」

　憤怒した家康は、秀秋に対して一か八かの脅しをかけた。

　本陣から松尾山に鉄砲を撃ちかけたというが、それでは遠過ぎて届かないし、銃声も他のものに紛れてしまう。おそらく、家康は忍び者のような、山歩きに優

れた者を選び出して松尾山に向かわせ、そこで大鉄砲を轟発させたのだろう。さらに家康の怒りを告げ、一刻も早い寝返りを促したかもしれない。

　戦況を見るうちに、どちらか勝ちそうな側に荷担しようと思っていた秀秋は、この恫喝に震え上がった。思わず西軍への攻撃を命じてしまい、罪の意識に責め苛まれながらも、自ら槍を取り、馬腹を蹴った。

　1万以上の大軍が、大谷の陣、戸田、平塚の陣に攻め寄せる。

　しかし、かねて寝返りを警戒してきた吉継は、慌てることなく迎撃を命じた。

　豊臣家きっての合戦上手たちが、猛然と迎え撃つ。

　「金吾は裏切り者ぞ。生かして戻すな！」

　吉継の下知のもと、大谷、平塚、戸田の軍勢は、秀秋の軍を止めにかかった。

関ヶ原の合戦の経緯④
松尾山の小早川秀秋が東軍に寝返り、大谷吉継の軍に襲いかかる。脇坂、朽木勢も西軍から東軍に寝返り、西軍は総崩れになる。

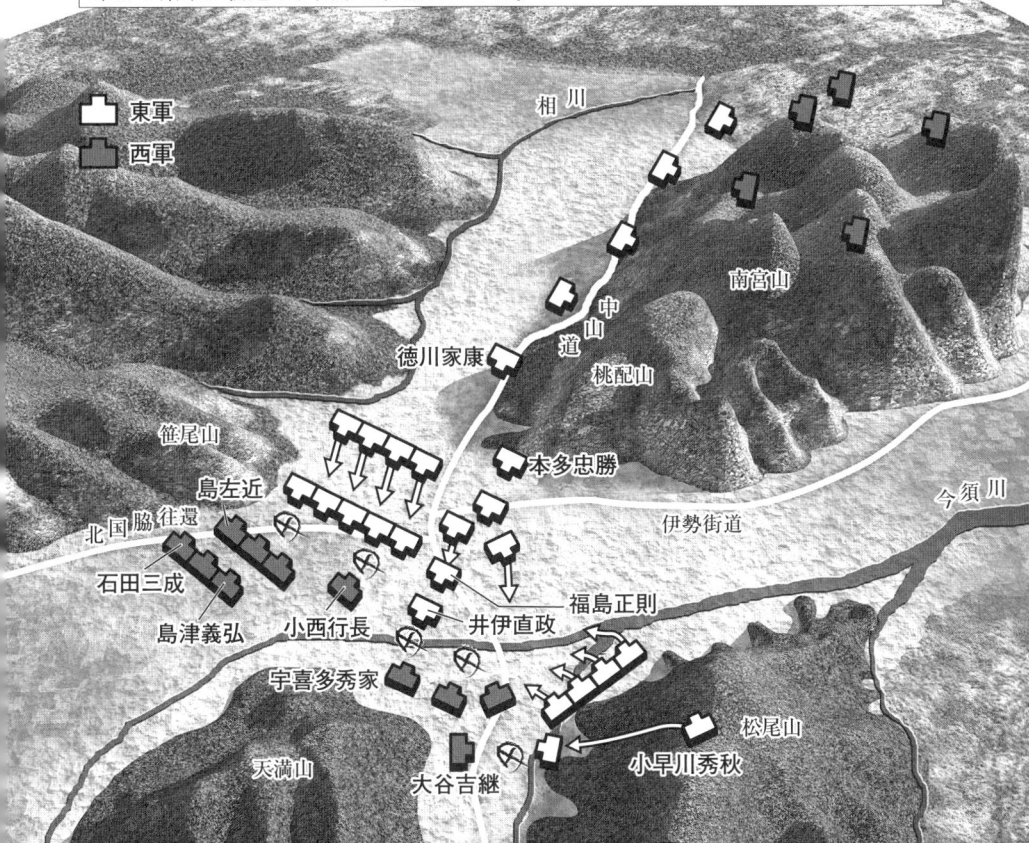

そのときだった。赤座、朽木、脇坂らが、にわかに寝返った。
　呆気に取られた大谷、平塚、戸田の軍勢めがけ、ともに戦うはずだった諸侯の軍が撃ってくる。信じがたい思いを振り捨てて、吉継は反撃を命じた。
　が、正面からならばともかく、側面を、しかも味方と信じていた諸将に衝かれて、さすがに吉継も覚悟を決めた。
　そのとき、平塚為広が駆けつけてきた。取った首級を放り出し、悲痛な声音でいった。
「この首級は拙者が討ったものにござれば、冥土とやらの土産になされ。御身も疾く自害なされ、御首を敵に取られなされますな！」
　その叫びを残して、為広は敵中に打ち込み、討ち死に。
　戸田勝成も倒れ、さしもの奮戦していた宇喜多勢、石田勢も、ようやく崩れ始めた。
　この戦（いくさ）は負けだ。覚悟した吉継は、秀秋に向けた怒りの言葉を残して自害し、西軍の右翼は崩壊した。
　その煽りを受けて、まず宇喜多勢、小西勢が崩れ、奮戦していた石田勢も、ついに進退窮まった。
　すでに予備兵力はひとりたりともない。三成は敗北を覚悟したが、それでも再起の望みは捨てなかった。大坂に戻ってもう一戦戦おうと、全軍を解散し、伊吹（いぶき）山中に逃れていった。
　ただ1隊、残った島津勢に攻撃が集中し、島津は敵中突破を敢行し、1500名の軍勢が50名足らずになるまで戦って、大将の義弘を逃がすという壮絶な撤退戦を生き抜いた。

　かくして、戦国乱世の合戦の歴史は、関ヶ原にて幕を閉じた。
　武器の発展、経済力の高まり、そして各勢力がそれぞれ別勢力の吸収を繰り返し、そのたびに進化を続けてきた日本武士の戦術は、ついにその極限とも呼ぶべき大合戦に至って、発展の歴史に終止符を打った。
　その最後の戦術は、戦場での駆け引きよりも、それを政治に応用した家康の手で、決戦の前に用いられたものであった。
　戦術の要諦（ようてい）は、洋の東西、時代の如何を問わず、相手より大きな兵力を、己（おのれ）が望むとき、望む場所に投入することにある。
　家康は、自軍の兵力を糾合すると同時に、政略をもって、敵方の軍勢までも味方につけた。

いわば、敵の兵力をも味方として投入したことになる。戦国乱世最後の生き残り、徳川家康は、その知識と経験をもって、戦術の最も効率的な使い方を編み出したともいえよう。

　以降、徳川幕府が倒れる直前まで、およそ260年。西洋の軍制が入るまで、日本の戦術は、長い眠りに就いたのだ。

> **関ヶ原の合戦の経緯⑤**
> 石田三成ら西軍主力は北国脇往還を敗走。東軍は追撃戦に入る。ただひとつ島津軍だけは敵中突破の伊勢街道への道を選び、5度の捨てがまりを使い、大将の島津義弘を逃がす。

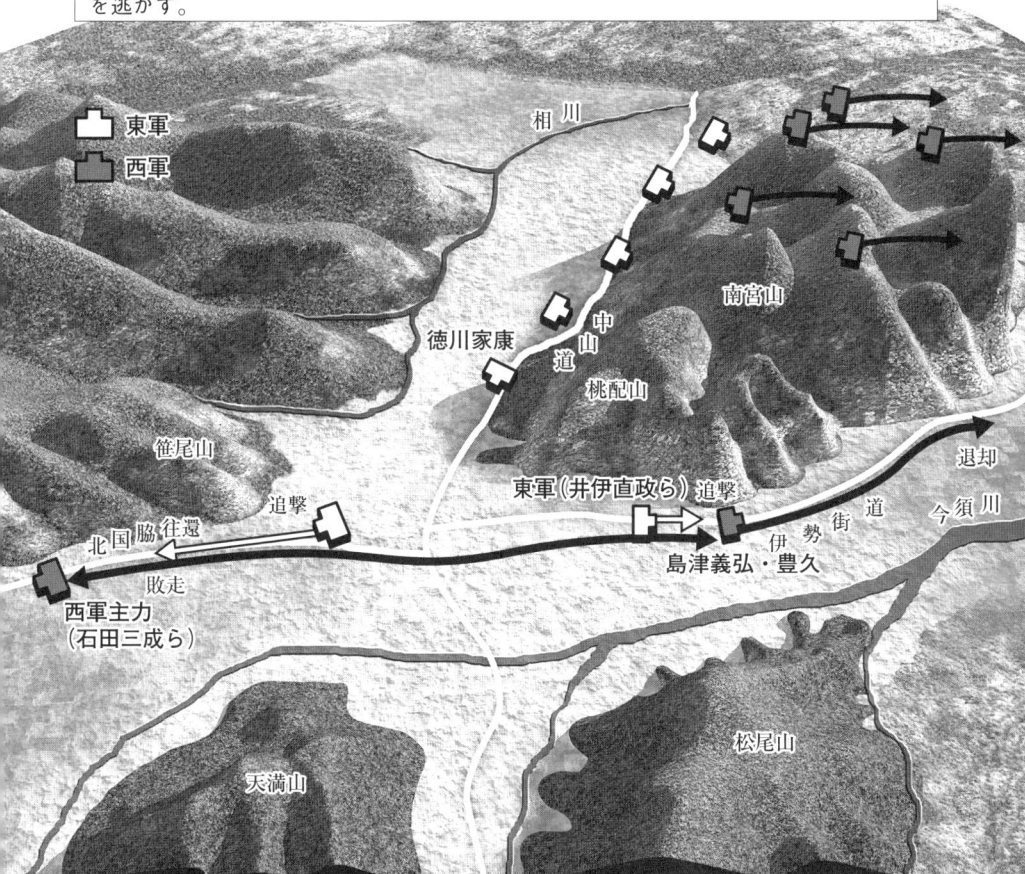

第四章
軍師の肖像

軍師の肖像

　合戦にあたっては、軍営内にいくつもの役職が設けられ、効率的な軍事運用が行われる。

　総大将として大名本人、あるいは、その主君から軍配を委ねられた軍大将を頂点に置き、以下『甲州流軍学』によれば、総大将を補佐する武者奉行、あるいは侍大将がふたり、大将の側に控え、作戦立案、または軍陣にあたって吉凶の判断にあたる軍者ひとり、本陣に加わる者として旗奉行、太鼓役、貝役が控える。

　軍大将と侍大将の違いは、軍大将が軍事一切を統括する総指揮官であるのに対して、侍大将は実戦での兵の進退を統括し、自身、戦場に立つということで、侍大将には総大将の信頼厚い、武勇の重臣が就く。

　そして、旗奉行は、本陣であることを示す軍旗を奉じ、また全軍に進退を指示する旗を預かる。たとえば、上杉謙信の軍勢では総攻撃のとき、「乱れ懸かり龍」の軍旗が掲げられ、決戦突撃を指示する。そのため、旗奉行には采配を預かることも許され、諸兵を指揮する権限が与えられている。

　太鼓と貝も兵の進退を指示するもので、重要な役職として大将に直属する。

　その下に、実戦にあたる長柄奉行が、決戦兵力とする長柄足軽を統括する。さらに最前線では足軽大将が、鉄砲、弓、後方の長柄槍など足軽が担当する諸兵科を統括し、実戦の場で指揮にあたる。大名家によっては、長柄組、鉄砲組、弓組の指揮官をそれぞれ足軽大将と呼ぶ場合もあり、このときにはその上に侍大将がいて、すべての兵科を統率する。

　長柄、鉄砲、弓の各兵科では、槍奉行が最上位とされた。

　このような、それぞれの兵科を指揮、統率する役職にある者を「物頭」と呼び、そのなかから統率力に優れた者が2、3人選ばれて、物頭を統率し、足軽大将の指揮に服する。この統率者を鉄砲奉行、あるいは弓奉行と呼ぶ。

　ほかに、兵糧の輸送、調達を預かる兵糧奉行、野営の支度と運営を担当する幕奉行、船を用いる場合には船奉行などが置かれる。

　また、こうした統括職とは別に、大将に直属する役目として使番、物見番がある。

　使番は大将の指揮を各備えに通達し、また具申された意見を大将に伝える。それぞれの状況を見るのも役目で、そのために機転が利き、戦略眼もある優秀な者が選ばれる。戦場では大きな権限を持ち、また敵に狙われるので、武芸に練達し

ていることも条件となる。

物見番は偵察の任にあたるため、これも優秀な人材があてられた。

また、戦闘指揮とは別に、兵の動向、勤務ぶりを監察する軍目付が置かれ、軍の規律を正した。

直接戦闘には関係しないが、軍の運営に必要な役職には、ほかに評定の様子を記録し、また感状や陣触れ通達などの書類作成にあたる祐筆、大工頭や黒鍬者といった工兵の統括を行う役目、あるいは医師などが従った。

これらのなかで、軍大将、武者奉行に次ぐ位置にある、軍者という役職がある。

これが、いわゆる軍師であって、古くは軍陣の吉凶を占い、また大将の生まれ月、誕生日などから、合戦の開始日や進撃路などを決めた。

もともとは陰陽師が行う仕事で、軍師は陰陽道の知識を持つ者が本陣につき、そうした特殊技能を使って、合戦の進行に助言する役職であった。

こうした軍師には、修行の旅に出て諸国の有名な陰陽師に学び、その過程で師匠が携わる合戦を経験する者がいた。

必然的に、さまざまな大将の戦術や、地形、人数、気象といった要素によって変化する合戦の様相を見聞することになる。そうした経験を積んだ軍師は、実戦にあたって陰陽道の知識ばかりでなく、経験してきた実戦の知識を用いて、戦闘指揮の助言をするようになっていった。

世は戦国乱世である。合戦が儀式めいた要素を廃し、一国の存亡に直結するようになってから、作戦参謀としての軍師の地位が高まっていった。

名将、知将として知られる武将たちには、それぞれ有能な軍師がついていた。その軍師たち自身にも、名将、知将と呼ばれて武者働きをした者も少なくない。

そうした軍師たちを、紹介していこう。

太原雪斎(崇孚) たいげんせっさい(すうふ)

今川義元の軍師。また今川軍の宰相として、政事をも司った。

臨済宗の禅僧で、義元が出家させられていた駿河国、富士郡の善得寺で修行していた。

後に義元が還俗し、家督を継いだことから、その補佐をするようになった。宗教家であると同時に兵法家でもあり、織田信秀と戦った小豆坂の合戦で勝利し、また安祥城を攻略して、織田家に人質にされていた松平元康を駿河に連れて帰った。

家康の師でもあり、また義元が、武田家、北条家との関係で主導権を握るにあたっても、雪斎の存在が大きな力となっていた。

山本勘助 やまもとかんすけ

名を晴幸、入道して道鬼。近江の生まれで、京の寺に暮らした後、安芸、丹後、陸奥、常陸、下野と遍歴し、今川義元に仕えようとしたものの伝手もなく、甲斐に至って武田晴信に仕えたという。

隻眼で片足が悪く、容貌魁偉ながら軍略に明るく、物見や使者として重用された。また、晴信の間近で政事や作戦の助言を行った。

対戦相手の心理を読み、的確な判断を下すのに長けていて、永禄4年(1561)、上杉輝虎との川中島合戦で啄木鳥の策を進言した。しかし、輝虎に見破られ、信玄が苦戦するなか、奮戦の末に討ち死にしたという。

竹中重治 たけなかしげはる

通称半兵衛。美濃の斎藤龍興に仕えていたが、性格は温厚で沈着、兵の進退には芸術的な冴えを見せた。

龍興が暗愚なのを憂え、また沈毅な重治を侮った龍興に侮辱されたため、諫めのために計略をめぐらせて、家臣17人で龍興の居城、稲葉山城を乗っ取るという離れ業を演じた。

その後、稲葉山城を渡せば美濃半国を進上するという信長の申し出を断り、龍興に返却して隠遁していたが、木下藤吉郎秀吉の要請を受けて信長に仕え、秀吉の寄騎となった。

立身出世の欲がなく、ただ合戦に、敵味方の損害をできるだけ少なくして勝利する方策を取るため、ときとして秀吉の立てた陣備えを独断で変更したともいう。

将来に禍根を残すという理由で、秀吉から受けた加増の言質を記した書状なども、ことごとく破り捨てた。天正7年(1579)、三木城攻めの最中に病死。しかし、死因は刺客に襲われたためであるという言い伝えも残っている。

黒田孝高 くろだよしたか

　通称官兵衛。播磨の国人領主、小寺藤兵衛に仕えていたが、藤兵衛が今後の方針を決めかね、毛利、織田、三好のいずれにつくべきかと問うたとき、信長を推奨して、その傘下に入るべく使者に立った。

　後に小寺家を離れ、信長の直臣として登用されて、秀吉に寄騎する。竹中重治と並び称され、「筑前殿の二兵衛」と呼ばれるが、重治が合戦の駆け引きが得意なのにくらべて、敵将の調略、誘降に才能を示した。

　重治が世を去ったあとは、秀吉の腹心として仕えたが、本能寺の変で信長が死んだと知ったとき、秀吉にいち早く天下人になるよう進言し、大返しの支度を調えた。

　秀吉は孝高の謀才を高く評価する一方、大領を与えようとはせず、豊前中津12万石に留めた。関ヶ原合戦に際しては、主力を嫡子の長政が率いていったにもかかわらず、西軍の意を受けた大友義統の軍勢を農民や町人主体の軍勢で破り、その兵をも加えた即成軍で、西軍の城を攻略して回った。野戦の才能も、なかなかのものだったのだろう。

　このとき、あわよくば天下取りの野望を持っていたのかもしれないが、関ヶ原合戦が1日で終わったために、一切の野望を捨てて、飄々としてこの世を去った。

直江兼続 なおえかねつぐ

　山城守。越後与板城城主・樋口惣右衛門の子で、旧名与六。

　謙信の死後、上杉景勝に仕えて、名族直江家を継いだ。知性豊かで、また正義を信じる心が強く、常に誇り高く己を保っていた。

　秀吉の在世中に、伊達政宗が当時まだ珍しかった黄金の貨幣を持ち出し、諸大名が珍しがって手に取っていたものが、兼続に回ってきた。兼続は扇を取り出し、その上で跳ね上げてそれを見ていたところ、政宗が兼続が陪臣であるゆえ、遠慮しているのであろうといって、貨幣を手に取るようにといったところ、

　「恐れながら、拙者は謙信公御在世のころより先陣の下知を承り、采配を任されており申した。その手に、かような賤しいものを取るわけには参りませぬ」

　と、扇の上の貨幣をそのまま政宗に跳ね返したという逸話が残っている。

　寡黙な景勝の補佐を務め、上杉家の武威を貶めぬように努めた。関ヶ原合戦に先んじて、景勝謀反のいいがかりをつけた家康に、詰問のすべてに反駁し、嘲弄

の限りを尽くした返書を送って、我を忘れるほど怒らせたという。いわゆる直江状の挿話であるが、この後、小山から兵を返した家康を追撃するよう景勝に勧めるなど、常に武勇を掲げた。

会津の役では、会津防衛の配置を決め、自らは最上義光と戦った。優勢に戦ったものの、関ヶ原での西軍の敗北を聞き、謙信が遺した「懸かり引き」の戦法を用いて、無事に殿軍を務めた。

その一生を上杉家を保つことに捧げ、元和5年(1619)、死去。

片倉景綱　かたくらかげつな

奥州伊達家家老。伊達政宗が幼少のころから守り役を務め、幼いころには人見知りで、一方の目を疱瘡で失い、そのために醜くなったと劣等感を抱いていた政宗の非凡な資質を見抜き、ことごとに励まして、伊達家の跡継ぎとしての意識を育んだ。

政宗の劣等感の源となっていた、潰れた眼球を小刀で刺し潰し、政宗は本来の資質を取り戻した。以来、常に傍らにあり、政宗の覇業を支えた。

会津の役において、直江兼続に攻められた叔父・最上義光の救援要請について、このように主張し、全面協力を戒めたという。

「山形城を攻め落とすには、並大抵のことではござらぬ。上杉方、最上方、ともに双方入り乱れ、疲労が極みに達したとき御館様が攻め入られれば、上杉方は刀槍を持つもままならず、やすやすと叩けましょう」

山形城には、政宗の生母・保春院がいる。さすがに政宗も怒ったが、結局は出陣したものの、兼続を牽制するのみに留めて、無理攻めはしなかった。

景綱の姿勢は、常に俯瞰的に天下の情勢を眺め、伊達家の利益になるよう、行動するものだった。秀吉に抵抗する姿勢を示していた政宗に、小田原に参陣するよう建言したのは景綱である。

主君と軍師のつながりとしては、上杉景勝と直江兼続のそれに匹敵する、戦国時代最後の名軍師であった。

懸かり引きの戦法

　直江山城守兼続が上杉謙信から伝えられたとされる、撤退に際しての戦法である。

　合戦に利あらず、戦力を残した状態での撤退は、戦術上、最も難しい。敵勢は当然追撃をかけて戦果の拡大を目指すうえ、現代の訓練を受けた軍隊でも、味方が敗勢濃く、撤退となれば心が萎える。

　通常の力を半分も出せず、自分が取り残されないように退き足も速くなって、隊形が乱れる。その結果、秩序立った撤退はできなくなり、全面潰走に直結しがちとなるものだ。

　こうした危険を防ぐために、撤退の最後尾を引き受ける殿軍には、最も精強で、指揮官が把握している「頭」——部隊が選ばれる。この部隊が盾になり、主力を無事に後退させようとするものだ。

　それでも、過酷な任務であることには変わりはない。そこで、撤退に際しては繰り引きと呼ばれる、ふたつの部隊が協調して殿軍を務める戦法がよく見られた。

　一方の部隊が追撃する敵と戦い、その間に片方が引く。ある程度後退したところで、今度は先に引いた部隊が敵を引き受け、その間に今まで戦っていた部隊が引く。これを繰り返して全軍が後退する戦法である。

　兼続が伝えられた懸かり引きとは、この繰り引きを積極的にしたもので、撤退前に敵に進んで一撃を加え、敵が後退した隙に引くものである。

　後に編纂された越後流兵法の兵法書によれば、騎馬、徒歩の兵で4隊を組み、それぞれ弓、鉄砲を備えて、3隊は追撃する敵に向かい、1隊は地勢によって兵を伏せ、繰り引きを行う、とされている。

　関ヶ原合戦にあたって出羽に侵攻した上杉勢は、最上義光と伊達政宗の軍勢を相手に戦い、関ヶ原本戦の敗北を知って撤退した。

　このとき、兼続は鉄砲を備えた伏兵を山道を見下ろす上部に置き、殿軍を追撃してきた敵勢に高みから射撃を加えたうえ、反転攻勢をかけて後退を強いている。これが兼続の秘策、懸かり引きであると見ていいだろう。

総索引

◆ あ ◆

赤座直保……………………256,258,264
赤松義祐 ……………………………175
秋月種長 ……………………………228
明智光秀……24,28,159,170,171,182〜185,192
浅井長政…111,131,132,134〜144,146,220,250
浅井久政 ……………………………134
浅井政澄 …………………………138,140
朝倉景鏡 ……………………………146
朝倉景健 …………………………138,140
朝倉景紀 …………………………138,140
朝倉義景……111,131〜134,136,138,144,146,220
浅野長政 …………………………179,249
浅野幸長 …………………………252,257
浅利信種 ……………………………108
足利成氏 ……………………………13
足利尊氏 …………………………70,81,113
足利茶々丸 …………………………67
足利晴氏 ………………62,66,68〜75,77,79〜82
足利持氏 ……………………………70
足利義昭 ……………132,133,144〜146,170
足利義輝 ……………20,114,115,132,216
芦名盛氏 …………………………207,208
芦名盛重 ………………………◯芦名義広
芦名盛隆 …………………………205,207,208
芦名義広 …………………200,203,205〜213
阿閉貞征 …………………………138,140
安土城 ………………………171,175,185〜187
跡部勝資 …………………………147,156,158
穴山信君 …………………………123,128,146,154
姉川の合戦 ………30,111,131〜144,146,151

甘粕近江守 …………………………128
尼子勝久 …………………………175,216
甘利虎泰 ……………………………165
甘利晴吉 ………………………◯甘利昌忠
甘利昌忠 …………………………53,166
荒木村重 …………………………174,175
有岡城 ………………………………175
有馬豊氏 ……………………………256
粟屋景雄 …………………………241,245,246
安国寺恵瓊 ………………182,253,257,258
安祥城 ………………………………269
安藤守就 …………………………139,140,142

◆ い ◆

井伊直政 ……………30,256,259〜261,263,265
池田勝入斎 …………………………189
池田恒興 …………………………138,140,142
池田輝政 …………………………183,252,257
生駒家長 ……………………………185
生駒一正 ……………………………256
生駒親正 ……………………………189
石川数正 …………………………139,140,154
石田三成…31,191,231,232,240,241,243,245,
　　　　　248〜256,258〜265
伊集院忠棟 ……………………◯島津忠棟
李舜臣 ……………………………240,247
伊勢長氏 ………………………◯北条早雲
磯野員昌 …………………………138,140,142,143
板垣信方 ……………………………122
伊丹城 ………………………………174
一条兼定 ……………………………218

274

一乗谷……………………………133,146,220
一条信竜 ……………………………………154
厳島合戦 ……………………63,65,83〜95,172
伊東義祐 ……………………………………218
伊東義益 ……………………………………218
稲葉一鉄………………………………139,140,142
稲葉山城 …………………………………173,270
猪苗代城 ……………………206〜209,211,213
猪苗代盛国 ………………32,206〜208,210,211
猪苗代盛胤 …………………………………206,210
井上景貞……………………………241,245,246
今川氏真 …………………………………96,145
今川氏親 ……………………………………67
今川貞世 …………………………◯今川了俊
今川義元…18,22,30,69,72,73,96,113,121,131,
　　　　　132,144,145,250,269,270
今川了俊 ……………………………………216
岩城貞隆 ……………………………………208
岩城常隆 ……………………………………205
岩槻城 ……………………………15,72,163,167
岩成友通 ……………………………………132
岩櫃城 ………………………………………97
岩村城 ………………………………………255

◆ う ◆

上杉顕定 ……………………………………113
上杉景勝…170,171,184,185,188,249,252,253,
　　　　　271,272
上杉景虎 ……………………………170,171,185
上杉謙信…13,20,21,96〜98,102,105,106,110,
　　　　　113〜131,133,145,147,159,163〜
　　　　　165,169,170,184,185,250,252,268,
　　　　　270〜273
上杉定実 ……………………………………20
上杉輝虎 …………………………◯上杉謙信
上杉朝定 ……………………62,66〜68,71,72,74,80

上杉憲勝 ……………………………160,163,165,169
上杉憲政…20,62,66〜82,97,98,113,114,163
上杉房能 …………………………………20,113
上杉政虎 …………………………◯上杉謙信
上田城 ……………………………………38,255
宇喜多忠家………………………………177,179,181
宇喜多直家………………………………175,179,260
宇喜多秀家…175,176,232,233,240〜243,245,
　　　　　246,249,253,256,258〜261,263,
　　　　　264
氏家直元………………………………139,140,142
浦宗勝 ………………………………………94
海野民部丞 ………………………………115,120

◆ え ◆

江戸城 ……………………………………67,167
江良房栄 …………………………………86〜88
偃月の陣 …………………………………41,49

◆ お ◆

お市 ………………………………132,134,199
王直 …………………………………………54
大内定綱 ……………………204,205,208,211〜213
大内義隆 …………………………………85〜87,216
大内義弘 ……………………………………216
大垣城 ……………………………191,255,258
大賀弥四郎 …………………………………148
大久保忠世 ……………………………154,156,157
大坂城 ……………………………233,252,254,255,262
大須賀康高 …………………………………154
太田三楽斎 ………………………………◯太田資正
太田資長 ……………………………………67
太田資正 ……………………71〜73,75,77,79,80,163,169
大谷吉勝 ……………………………………256
大谷吉継…232,240,242,243,253,256,258,259,
　　　　　261,263,264

275

大津城	255
大友宗麟	86,201,215〜218,221,222,228,229
大友晴英	86,216
大友義鑑	216
大友義鎮	○大友宗麟
大友義統	271
大野木秀俊	138
大野治長	252
大政所	233,250
小笠原長忠	139,140
小笠原長時	117
岡山城	29,175,176
小川祐忠	189,256
奥平貞能	146,152
奥平信昌	148,152
折敷畑の合戦	17,85,86,90
忍城	15,104,167
織田有楽斎	256,261
織田達勝	131
小谷城	135〜141,143,146
織田信雄	185,186,188,190,250
織田信孝	171,176,185〜188,190,191
織田信忠	134,175,176,182〜185
織田信長	20,22〜24,28〜30,33,52,57,97〜99,111,112,131〜148,150159,170〜176,181〜186,188,190,193,199,203,204,216,220,232〜235,249,250,252,255,270,271
織田信秀	69,131,269
織田信行	131
織田秀信	255
小田原城	14,15,29,67,72,75,81,97,100,102,104,109,163,167,233
小手森城	204
鬼庭良直	205
小野因幡守	70

小幡信貞	105,106,154,159
飯富兵部	120,123
飯富昌景	○山県昌景
尾山城	186
小山田信茂	99

◆ か ◆

海津城	115〜121,123〜125,127
懸かり引き	272,273
柿崎景家	128
覚慶	○足利義昭
鶴翼の陣	38,41,43,44,125〜127,129,208,211
春日虎綱	115,123,126,128
春日山城	20
片倉景綱	205,206,208,210〜212,272
片平親綱	205,208,211
加藤清正	177,179,181,198,236,239,240,247,248,251,252
加藤作内	188
加藤光泰	179,180,240,243
加藤嘉明	252,256,260
金上盛備	206
金津新兵衛	118
金森五郎八	○金森長近
金森長近	186,188〜190,256
金ヶ崎城	133
亀山城	171,188
亀若丸	207
蒲生郷舎	256
唐沢山城	21
唐沢山城の戦い	21
苅屋原城	53,166
臥龍の陣	50,51
川越合戦	62,66〜82,96,97,163
川越城	15,67,68〜75,77,79〜96,167

川中島合戦 ……… 18,50,96,98,110,113〜130,
　　　　　　　163〜165,270
雁行の陣 ……………………………… 38,41,44
神戸三七 ………………………… ●織田信孝
冠山城 ………………………………………177

◆ き ◆

北ノ庄城 ………………………… 186,190,199
北畠中将 ………………………… ●織田信雄
吉川広家 ……………… 242,245,257,258,260
吉川元春 …23,85,86,88,89,91,161,170,178,180
　　　　　　　〜182
吉乃 ……………………………………… 185
木下一元 ………………………………… 189
木下藤吉郎 ……………………… ●豊臣秀吉
岐阜城 …………… 136,152,186,187,191,255
木村重茲 ………………………………… 189
京極高清 ………………………………… 132
京極高次 ………………………………… 255
京極高知 ………………………………… 256
京極持清 ………………………………… 132
清洲城 ………………………………180,185,255
魚鱗の陣 ……………… 38,41,42,44,46,49,209,211

◆ く ◆

草津城 ………………………………… 90,92
九島弁千代 ……………………………… 74
福島正成 ………………………………… 70
楠木正成 ………………………………… 68
朽網宗歴 ………………………………… 221
朽木元綱 …………………… 256,258,263,264
熊谷信直 ……………………………… 92,94
栗橋城 …………………………………… 167
来島通康 ………………………………… 93
車懸かりの陣 ………………………50,125〜129

黒川城 ………………… 32,207,208,212,213
黒田長政…174,239,243,245,246,252,255,256,
　　　　　　260,262,271
黒田官兵衛 ……………………… ●黒田孝高
黒田孝高 ……… 174〜177,179,180,182,271
桑山重晴 ……………………190,191,193〜196

◆ け ◆

顕如 ……………………………………… 170

◆ こ ◆

高坂安房守 …………………………115,120
高坂昌信 ………………………… ●春日虎綱
上月城 …………………………………… 175
衝軛の陣 ……………………………… 38,41,45
古河城 ………………………………… 68,70
国府城 …………………………………… 188
小机城 ………………………………… 15,167
小寺藤兵衛 ……………………… ●小寺政職
小寺政職 …………………………… 175,271
後藤孫兵衛 ……………………………… 207
小西行長…236,239,240,253,256,258,259,261,
　　　　　　263,264
小早川隆景…23,85,86,88,89,91,94,161,170,175,
　　　　　　178,180〜182,241〜243,245,246,
　　　　　　249
小早川秀秋 …………………………254,257〜265
小早川秀包 ……………… 242,243,246,255
駒ヶ嶺城 ………………………………… 206

◆ さ ◆

斎藤龍興 …………………………… 173,270
斎藤道三 ……………………… 69,131,132,173
斎藤憲広 ………………………………… 97
斎藤義龍 ………………………………… 173

277

佐伯惟教	221,222,224〜228
酒井忠次	139,140,153,156
坂井政尚	138,140,142
榊原康政	140,142,154
佐賀城	217
佐久間玄蕃	◯佐久間盛政
佐久間信盛	136,138,140,154〜156,158
佐久間盛政	186,188〜196,198
桜尾城	85,90
佐瀬河内守	208,209,211,212
査大受	242
佐竹義重	205〜207
佐竹義宣	205,206,208
佐竹義政	205
佐々成政	137,189
里見義弘	68
真田信綱	158,159
真田昌輝	158,159
真田昌幸	38,255,260
真田幸隆	123
猿掛城	181
佐和山城	143,250,258
三法師	185〜188
三本松城	85

◆ し ◆

塩河長満	183
志賀鑑隆	221
志賀親教	221
竺丸	208
宍戸隆家	85
賤ヶ岳の合戦	28,162,183〜199,252
柴田勝家	28,136,138,140,142,158,162,170〜172,183〜193,195,196,198,199,252
柴田勝豊	186,187,189,192

柴田勝政	189,193,195,196,198
島左近	256,258〜263
島津家久	221〜223,227
島津貴久	25
島津忠棟	227
島津豊久	256,265
島津以久	225
島津義久	25〜27,201,202,215,218,223,226〜228,233
島津義弘	25〜27,202,223,227,247,254,256,258,259,261〜265
清水宗治	161,170,175,177,182
縦深防御	22,96,98,100,102,104,109,138
松寿丸	◯黒田長政
上条政繁	118
諸葛亮孔明	41
白石宗実	208,211,212
沈惟敬	240
新庄直頼	138,140
新地城	206

◆ す ◆

陶晴賢	16,63,83〜95,172,216
杉谷善住坊	135
捨てがまり	26,27,265
摺上原合戦	32,200,203〜214

◆ せ ◆

関ヶ原の合戦	27,31,231,232,247〜265,271〜273
善光寺	117,119,121,123,125,127

◆ そ ◆

相馬義胤	205,206
宗義調	234

祖承訓 …………………………………240
曽根昌世 ………………………………38,108
孫子 ……………………………………41,138
宣祖 ……………………………………236

◆た◆

太原雪斎 ………………………………269,270
太公望 …………………………………41
第4次川中島合戦…18,50,110,113～130,163～165,270
平清盛 …………………………………83
高城 ……………219～221,223～225,227～229
高玉城 …………………………………205
高天神城 ………………………………146～148
高鍋城 …………………………………223
高橋鑑種 ………………………………217
高橋統虎 ………………………◯立花宗茂
高松城 ……………………29,175～183,253
高山重友…183,184,189～191,193～195
財部城 …………………………………221,223
滝川一益 ………154,162,171,172,186,188,190
滝川雄利 ………………………………186
田北鎮周 …………………221,224～226,228
滝山城 …………………………15,100,167
武田勝頼…100,103,105,106,108,112,130,134,144,146～148,150～156,159,170,176,203
武田信玄…18～20,22,38,64,72,73,96～110,113～131,134,145～148,155,160,163～170,200,250,270
武田信廉 ………100,123,146,154,156,165,166
武田信実 ………………………………156
武田信重 ………………………………18
武田信繁 ………123,125,128,130,146,164
武田信豊 ………………………………146,154
武田信虎 ………………………………18,113

武田晴信 ………………………◯武田信玄
武田盛信 ………………………………115
武田義信 ………………………………123,165
武田竜芳 ………………………………115
竹中重治 ……………………173～175,270,271
竹中半兵衛 ……………………◯竹中重治
立花鑑連 ………………………◯立花道雪
立花鑑載 ………………………………217
立花城 …………………………………217
立花道雪 ………………………………217
立花宗茂 ………217,239,241～246,253,255
伊達成実 ………32,205,206,208,211,213
伊達稙宗 ………………………………203,204
伊達輝宗 ………………………32,204,205
伊達晴宗 ………………………………32
伊達政宗…32,33,200,202,203～214,233,271～273
田中吉政 ………………………………256
田辺城 …………………………………254,255
玉縄城 …………………………………15,104
田丸直昌 ………………………………255
多目周防守 ……………………………79
田原親賢 ………………………222,228,229

◆ち◆

筑紫広門 ………………………………228,246
中条家忠 ………………………………137
長寿院盛淳 ……………………………261
長宗我部元親 …………………………176,218
長宗我部盛親 …………………………257,258
長蛇の陣 ………………………………41,47

◆つ◆

築山の方 ………………………………30
津久井城 …………………………15,101,103～107

279

津田信澄 …………………………………186
土持親成 …………………………………218
土屋昌次……………………154,158,159
筒井定次 …………………………………256
筒井順慶 ……………………………184,189
躑躅ヶ崎館 …………………………116,164
常山城 ……………………………………176
釣り野伏せり…25,26,215,220,222,225,228,247

◆ て ◆

手筒山城 …………………………………133
寺沢広高 …………………………………256

◆ と ◆

藤堂高虎 ………………………196,252,256,260
戸川秀安 …………………………………176
徳川家康…19,30,31,33,96,97,99,111,112,131～
　　　　　134,137～149,151～156,176,189,
　　　　　204,214,231～233,248～256,258～
　　　　　265,269～272
徳川信康 …………………………30,134,154,250
徳川秀忠 …………………………………260
徳姫 ………………………………………134
徳山則秀…………………………190,193,194
戸田勝成 ………………………256,258,259,263,264
十時連久 …………………………………244
富田将監 ………………………………208,211,212
富田美作守 ……………………………208,209,211,212
豊臣秀次 ………………………………◯羽柴秀次
豊臣秀吉…23,28,29,31～33,99,101,109,133,
　　　　　138,140,142,154,158,159,161,162,
　　　　　170～199,203,214,229,230,232～
　　　　　236,240,247～255,259,260,262,270
　　　　　～272
豊臣秀頼 …………………248～250,252～254,262
鳥居勝商 ……………………………152,153

鳥居元忠 …………………………………254

◆ な ◆

内藤昌豊 ……………103,105,106,108,123,154
直江兼続 ………………………253,271,272,273
直江実綱 …………………………………124
長尾景虎 ……………………………◯上杉謙信
長尾為景 …………………………………20,113
長尾晴景 …………………………………20,98
長尾政景 …………………………………124
中川清秀 …………………189～191,193～195
長久保城 ……………………………69,70,73
長坂虎房 …………………………………148
長篠・設楽ヶ原合戦…22,30,112,144～159,
　　　　　170,176,180,190
長篠城 ……………………………146,148,151～157
長島城 ……………………………………188
長浜城 …………………………………186,187
中村一栄 …………………………………258
名護屋城 …………………………………235
名島城 ……………………………………254
長束正家 ………………………248,249,253,254,257
七尾城 ……………………………………170
ナポレオン・ボナパルト …………30,31,82
難波田弾正左衛門 ………………………70

◆ に ◆

二階堂盛義 ………………………………205
仁科盛政 ……………………………115,120
二条城 ……………………………………183,184
新国上総介 ………………………………210
仁保島城 …………………………………90
二本松城 ……………………………32,204,205
二本松義継 …………………………◯畠山義継
丹生島城 …………………………………228

280

韮山城 …………………………………15,67
丹羽長秀…139,140,154,171,176,185〜187,189,
　　　　　190,195,196,198

◆ ぬ ◆

沼城 ………………………………………29

◆ ね ◆

根古屋城 …………………………………165

◆ の ◆

野田城 ……………………………………146
野村直隆 …………………………………138

◆ は ◆

初鹿野源五郎 ……………………………128
羽柴秀勝 ………………………176,177,179,181,189
羽柴秀次 ……………………………189,235
羽柴秀長…176,177,179,181,188〜191,193,195
　　　　　〜197
羽柴秀吉 ……………………………●豊臣秀吉
長谷川宗仁 ………………………………182
畠山国王丸 ………………………………205
畠山義継 ……………………………32,204,205
八王子城 …………………………15,99,103,104,167
鉢形城 ………………………………15,104,167
蜂須賀正勝 ………………………176〜179,181,189
馬場信春…103,105,106,108,109,120,123,146,
　　　　　154,158,159
浜田景隆 ………………………………208,211
浜松城 ……………………………19,96,145,147
原田左馬介 ………………………………206
原胤栄 …………………………………123,129
原長頼 …………………………………190,193
原昌胤 ……………………………………154

◆ ひ ◆

樋口惣右衛門 ……………………………271
樋口直房 …………………………………136
備中高松城攻略戦 ………………161,170〜182
一柳市助 …………………………………188
姫路城 …………………………………29,176,184
平田左京 ………………………………208,211
平田周防守 ……………………………208,211
平塚為広 …………………………258,259,263,264
弘中隆兼 …………………………………92

◆ ふ ◆

風魔小太郎 ………………………………102
福島正則…198,248,251,252,255,256,259〜
　　　　　261,263
福原貞俊 …………………………………85
福原長堯 …………………………………258
伏見城 …………………………………248,252,254
フランシスコ・ザビエル ……………217,218
古田重勝 ………………………………256,261
不破勝光 …………………………188,190,193,195
不破彦三 ……………………………●不破勝光
不破光治 ………………………………132,136
分進合撃 ……………………16,17,84,85,88,91,95,236
文禄の役 碧蹄館の戦い …230,231,233〜248

◆ へ ◆

碧蹄館の戦い ……●文禄の役 碧蹄館の戦い
戸次鑑連 ………………………………●立花道雪
別所長治 …………………………………175

◆ ほ ◆

穂井田元清 ………………………………181
方円の陣 ……………………………38,41,48
鋒矢の陣 ……………………………38,41,45,46,49

281

芳春院	252
北条氏邦	103〜106
北条氏綱	14,67〜70,72,80
北条氏照	103〜106,108
北条氏規	100
北条氏房	104
北条氏政	21,29,104,105,108,165,170,176,233,235
北条氏康	14,15,62,64,66〜77,79〜82,96〜109,113,131,145,160,163〜167,169,170
北条早雲	14,67,70,80,98,165
北条綱成	62,66,67,70,71,73〜75,77,79,80,104,107
保春院	204,272
細川忠興	254,256,260
細川藤孝	183,184,189
細川幽斎	⇒細川藤孝
骨皮道賢	11
堀尾茂助	197
堀尾吉晴	177,179,181
堀秀政	183,187,189,191,193,195
堀秀村	136
本願寺	145〜147,151,170〜172,175,188,203
本多忠勝	142,154,256,259,261,263
本能寺	28,159,183,184,250,271

◆ ま ◆

舞兵庫	260
前田玄以	249
前田利家	186,188,189,193,195,197,199,249,251,252
前田利長	252
前田孫四郎	⇒前田利家
前波新八郎	138,140
前野将右衛門	⇒前野長康
前野長康	173,188,189,240
真柄直澄	142
真柄直隆	142
牧之島城	115
槙島城	170
増田長盛	240,249,254,255
松平家忠	142
松平清康	30
松平忠吉	256,259,260
松平広忠	30
松平元康	⇒徳川家康
松永久秀	132
松姫	134
松本源兵衛	208,211
松山城	15,79,163〜169

◆ み ◆

三方ヶ原合戦	19,145
三木城	174,175,270
神子田正治	179,180,189
三崎城	15
水野信元	154
三田村国定	138
源義経	68
峰城	188
箕輪城	106
三増峠の合戦	18,64,65,96〜109
耳川の合戦	201,215〜229
宮尾城	87,89〜93,95
宮川房長	85
宮路山城	177
三好長逸	132
三好政康	132

◆ む ◆

武蔵松山城攻城戦 ……………160,163～169
無鹿城 ……………………………218,228
村上義清 ……………………18,114,117

◆ も ◆

毛利隆元 ……………………………89,91,92
毛利輝元…16,23,170～172,178,181,183,217,
　　　　　233,249,253,254,260,262
毛利秀包 …………………⇒小早川秀包
毛利秀元 …………………………257,258
毛利元就 ……16,17,63,83,85～95,172,216,260
毛利元康 ………………………………246
最上義光 …………………204,209,272,273
望月義勝 ………………………………123
森城 …………………………………115
森可成 …………………136,138,140,142
諸角虎定 …………………………123,128

◆ や ◆

安井家清 ………………………………193
保田安政 ………………………………193
野戦築城 ………22,23,29,52,144,159,189,199
梁田広正 ………………………………137
山内一豊 ………………………………256
山形城 ………………………………272
山県昌景…100,103,105,106,108,109,123,128,
　　　　　146,154,156～159
山路正国 ……………………………189,192
山田有信 ……………………219,223,227,228
山本勘助 …………………120～122,125,128,270

◆ よ ◆

与板城 ………………………………271
楊元 …………………………………246

◆ ─ ◆

横田康景 ………………………………159
横山城 ………………………135,137～140,142
吉田郡山城 ………………………………90,95
吉田長利 ………………………………180
吉見正頼 …………………………………85
淀の方 …………………………………262
米倉重継 ……………………………53,166

◆ り ◆

李如松 ………………………233,240,242,246
龍造寺隆信 …………………………217,228

◆ る ◆

ルイス・フロイス ………………………234

◆ ろ ◆

六角義賢 ……………………………132～134,136

◆ わ ◆

若松城 ………………………………207
脇坂安治 ……………………256,258,263,264
和田惟政 ………………………………132

283

おわりに

　戦国時代中期から末期にかけ、戦国大名が足利幕府の任命を受けた地方為政者から、独立した地方政権に変わっていくにつれ、軍師も日常の吉凶を占う陰陽師から、軍事参謀へと性格を変えていった。

　戦国大名の淘汰が進み、生き残った者は周辺の勢力を切り従え、または平和裡に服属させて家中に組み込むことで、地方政権として確立していった。

　それぞれの大名は、自身の支配領域内では"公儀"として振る舞い、戦国大名同士の合戦は、従来のような小競り合いではなく、独立国家同士の征服戦に変化を遂げた。

　そうした、国の興亡に直結する合戦には、国家の総力を注ぎ込まねば勝ち残ることはできない。戦国大名自身ももちろんだが、それを補佐する軍師もまた、常に情報を求め、諸国の動向を把握し、的確に分析しなければ、役目を果たせない時代となっていた。

　元亀天正から慶長にかけては、生産力の向上に努め、新たな軍事知識を取り入れて、軍事改革を怠らなかった大名が生き延びた。その背後には、政務に追われる大名を補佐し、軍事能力の向上に努めた軍師の姿があったことだろう。

　RMAという言葉がある。《Revolution of Military Affair》——革命的軍事改革。銃器や蒸気機関、新たな通信手段、火力の投入手段といった軍事技術改革や、たとえば生産力の向上により、従来より多量の人的資源動員が可能となったとき、その状況に合わせて軍事思想が大きく転換することをいう。

　西欧では、社会状況の変化や技術の発達によって、そのRMAが幾度となく起こった。一方、西欧諸国に植民地化されたアジア、南米の諸帝国では、その改革が起こらず、旧態以前の軍事体制であったため、西欧の軍隊には太刀打ちできなかった。

　しかし日本では、社会状況の変化や新兵器の登場を敏感に察知し、自軍に導入した者が、それによって軍事改革を成し遂げ、続く安定の時代にも生き残りを果たしている。

　日本の戦国大名が培ってきた戦略、戦術も、当時の西欧世界で使われていた戦術、戦略にくらべて遜色ない。火砲を持たない点が見劣りするといわれるが、それは起伏の多い地形に適しなかったためであろう。もしも戦術上、必要となれば、すぐさま製作し、組み込んでいったに違いない。

　歴史は連続している。これまでに日本人が生きてきた、すべての時間に原因があり、結果として現代がある。

　現代を生きる我々にも、戦国乱世の時代、天下人を目指して鎬を削り、死力を尽くして戦った戦国大名の努力の軌跡が、しっかりと刻み込まれているに違いない。

　混迷の時代を生きるには、やはり先の見えない時代に、命をかけて戦い抜いた武将たちの苦闘を思い起こすのは、我々の行く手を導き照らす、大いなる篝火となることだろう。

参考文献

書名	著者／訳者	出版社
日本の合戦3 群雄割拠(上)	高柳光壽監修	人物往来社
日本の合戦4 群雄割拠(下)	高柳光壽監修	人物往来社
日本の合戦5 織田信長	高柳光壽監修	人物往来社
日本兵法全集・全七巻 甲州流兵法～諸流兵法	有馬成甫監修 石岡久夫編	人物往来社
奥羽永慶軍記(上)(下)	今村義孝校注	人物往来社
甲陽軍鑑(上)(中)(下)	磯貝正義、服部治則校注	人物往来社
改訂信長公記	桑田忠親校注	新人物往来社
日本の合戦 第三巻 群雄割拠(上)	桑田忠親監修・編集	新人物往来社
日本の合戦 第四巻 群雄割拠(下)	桑田忠親監修・編集	新人物往来社
考証戦国武家事典	稲垣史生編	新人物往来社
関ヶ原合戦のすべて	小和田哲男編	新人物往来社
戦国人名事典	阿部猛、西村圭子編	新人物往来社
戦国大名家臣団事典	山本大、小和田哲男編	新人物往来社
前野家文書 武功夜話一～四	吉田蒼生雄全訳	新人物往来社
定本武田勝頼	上野晴朗著	新人物往来社
定本名将言行録(上)(中)(下)	岡谷繁実著	新人物往来社
武田・上杉軍記	小林計一郎著	新人物往来社
図説戦国合戦総覧	新人物往来社編	新人物往来社
戦国合戦大事典	戦国合戦史研究会編著	新人物往来社
歴史読本 臨時増刊 日本紋章総覧		新人物往来社
別冊歴史読本 作戦研究 戦国の籠城戦		新人物往来社
別冊歴史読本 激闘！戦国武将三三〇傑		新人物往来社
別冊歴史読本 作戦研究 戦国の攻城戦		新人物往来社
歴史群像シリーズ①織田信長【天下一統】の謎		学習研究社
歴史群像シリーズ②戦国関東三国志		学習研究社
歴史群像シリーズ④関が原の戦い		学習研究社
歴史群像シリーズ⑤武田信玄		学習研究社
歴史群像シリーズ⑥上杉謙信		学習研究社
歴史群像シリーズ⑨毛利元就		学習研究社
歴史群像シリーズ⑪徳川家康		学習研究社
歴史群像シリーズ⑫戦国九州軍記		学習研究社
歴史群像シリーズ⑭戦国北条五代		学習研究社
歴史群像シリーズ⑲伊達政宗		学習研究社
歴史群像シリーズ⑳激闘織田軍団「天下布武」への新戦略		学習研究社
歴史群像シリーズ㉗風雲信長記 激情と烈日の四十九年		学習研究社

書名	著者／訳者	出版社
歴史群像シリーズ㉚豪壮秀吉軍団天下に雄飛した精鋭列伝		学習研究社
歴史群像シリーズ㊿戦国合戦大全上巻		学習研究社
歴史群像シリーズ㉛戦国合戦大全下巻		学習研究社
歴史群像シリーズ【戦国】セレクション 激震 織田信長		学習研究社
歴史群像シリーズ特別編集【決定版】図説・戦国合戦集		学習研究社
歴史群像シリーズ特別編集【決定版】図説・戦国甲冑集		学習研究社
歴史群像シリーズ特別編集【決定版】図説・戦国地図帳		学習研究社
戦国の城 目で見る築城と戦略の全貌(上)(中)(下)	西ヶ谷恭弘著	学習研究社
戦略戦術兵器事典② 日本戦国編		学習研究社
全集 日本の戦史 桶狭間・姉川の役	旧参謀本部編纂 桑田忠親、山岡荘八監修	徳間書店
全集 日本の戦史 三方原・長篠の役	旧参謀本部編纂 桑田忠親、山岡荘八監修	徳間書店
全集 日本の戦史 中国・山崎・賤ヶ岳の役	旧参謀本部編纂 桑田忠親、山岡荘八監修	徳間書店
全集 日本の戦史 小牧・九州・小田原の役	旧参謀本部編纂 桑田忠親、山岡荘八監修	徳間書店
全集 日本の戦史 朝鮮の役	旧参謀本部編纂 桑田忠親、山岡荘八監修	徳間書店
全集 日本の戦史 関ヶ原の役	旧参謀本部編纂 桑田忠親、山岡荘八監修	徳間書店
戦国武将ガイド	米沢二郎、小山内新共著	新紀元社
天下布武 通史織田信長	小山内新著	新紀元社
Truth In History4 織田信長	草野巧著	新紀元社
Truth In History8 武田信玄	吉田龍司著	新紀元社
週刊朝日百科 日本の歴史23 鉄砲伝来		朝日新聞社
週刊朝日百科 日本の歴史24 戦国大名		朝日新聞社
週刊朝日百科 日本の歴史27 信長と秀吉		朝日新聞社
国史大辞典		吉川弘文館
戦国武将・合戦事典	峰岸純夫、片桐昭彦編	吉川弘文館
戦国史事典	戦国史事典編集委員会編著 桑田忠親監修	秋田書店
信長	秋山駿著	新潮社
戦国武家事典	稲垣史生編	青蛙房
島津義弘の賭け	山本博文著	読売新聞社
別冊太陽 戦国百人		平凡社
謙信軍記・上杉二十五将	中村晃著	勉誠社
合戦騒動事典	歴史と文学の会、志村有弘共編	勉誠出版
武家戦陣作法集成	笹間良彦著	雄山閣出版
鉄砲と日本人	鈴木眞哉著	洋泉社
図録 日本の甲冑武具事典		柏書房

Truth In History 9

戦術 〜名将たちの戦場〜

発行日	2006年9月21日　初版発行 2014年2月10日　３刷発行
著者	中里融司
編集	新紀元社編集部／堀良江
発行者	藤原健二
発行所	株式会社新紀元社 〒160-0022　東京都新宿区新宿1-9-2-3F TEL：03-5312-4481　FAX：03-5312-4482 郵便振替　00110-4-27618
カバーイラスト	諏訪原寛幸
本文イラスト	山崎フミオ／藤原昭二／福地貴子
デザイン・DTP	株式会社明昌堂
印刷・製本	株式会社リーブルテック

ISBN978-4-7753-0503-4
定価はカバーに表示してあります
Printed in Japan

■新紀元社のホームページアドレス
http://www.shinkigensha.co.jp/